吉林大学哲学社会学院"哲学—社会学"高峰学科项目资助出版

行动·拓展·创新

社会组织案例集

崔月琴 ■ 等著

Action, Expansion and Innovation:
The Cases of Social Organizations

中国社会科学出版社

图书在版编目（CIP）数据

行动·拓展·创新：社会组织案例集/崔月琴等著. —北京：中国社会科学出版社，2021.12
ISBN 978-7-5203-9021-7

Ⅰ.①行… Ⅱ.①崔… Ⅲ.①社会组织—研究—中国 Ⅳ.①C912.21

中国版本图书馆 CIP 数据核字（2021）第 179897 号

出 版 人	赵剑英
责任编辑	朱华彬
责任校对	谢　静
责任印制	张雪娇
出　　版	中国社会科学出版社
社　　址	北京鼓楼西大街甲 158 号
邮　　编	100720
网　　址	http://www.csspw.cn
发 行 部	010-84083685
门 市 部	010-84029450
经　　销	新华书店及其他书店
印刷装订	北京市十月印刷有限公司
版　　次	2021 年 12 月第 1 版
印　　次	2021 年 12 月第 1 次印刷
开　　本	710×1000　1/16
印　　张	22.5
插　　页	2
字　　数	332 千字
定　　价	138.00 元

凡购买中国社会科学出版社图书，如有质量问题请与本社营销中心联系调换
电话：010-84083683
版权所有　侵权必究

前 言

改革开放以来，社会组织于中国社会转型的价值日显，渐成为理解和分析中国社会发展的关键，政府相继出台相关政策给予扶持，学者也从多角度给予研究和关注。特别是中国共产党的十八大以来，"加强基层社会治理，激发社会组织活力"已为各界所共识，伴随社会治理创新话语坏境的建构和实践的深入，社会组织发展在资源和空间等方面已获得了长足进步。若干学科和话语中，研究者围绕社会组织从不同侧面开展了系列研究，积累了社会组织发展和研究的中国经验，出版了一批形式多样的研究成果，既有蓝皮书、系列研究报告等连续出版物，也有社会组织各领域专题问题的研究文集。

然而，相较西方发达国家社会组织的规模和发展格局，中国社会组织发展还处于起步阶段，尚有发展的空间和差距，主要表现在行动能力有待增强、活动领域相对集中以及发展模式创新不足等方面。社会组织发展缺憾也伴随着相关研究的深化不足，诸多学科的社会组织研究采取了繁复的研究范式，由于共同的经验基础缺乏以系统持续的案例分析阙如等原因，导致这一领域的研究仍多停留在理论探讨和宏观分析层面，尚未形成与社会组织发展现实的充分互动。另一方面，近年来各地社会组织的发展呈现出了诸多新局面，形成了若干创新模式、累积了大量有益经验，其对于未来社会组织的发展不乏模范的价值。

有鉴于此，我们在开展国家社科基金重大项目——"社会组织管理模式创新和推进路径研究"课题调研的基础上，希冀以"社会组织案例集"的形式来记录这些社会组织发展的案例和经验，一方面希望能够反映和记录近年来社会组织发展的新经验与新趋势，以为社会组织的发展提供行动参照与模式选择；另一方面尝试为社会组织研究积累和整理以案例为基础的经验材料，以期促进不同学科领域同人对话和交流的深入。于前一目的，案例的选取拟汇聚社会组织发展各领域、地域以及层级具有典型性和代表性的组织发展或运作案例，注重其代表性和典型性；于后者，我们希望"案例"能在阐释研究主题之外，尽可能包含社会组织的基本要素，以为不同领域和方向的研究者提供可以共同解析的社会组织案例，因而强调案例写作的完整性和系统性。

针对目前社会组织发展的若干缺憾，案例此辑的主题以"行动、拓展和创新"立意，力图呈现若干具有较强行动能力、积极拓展其活动领域或发展创新模式的社会组织。我们在案例选取上，一方面注重案例的真实性，必须是有身临其境的调研；另一方面注重案例的典型性，每个案例都代表一种典型或具有地域性和创新性的特色。具体呈现为以下三个方面：

首先，改革开放以来社会组织以其自主的行动力展示着自身的魅力和社会公益实践。40年来，在中国社会变迁的大背景下，社会组织如雨后春笋般大量涌现。无论是活跃在各个行业中的协会、商会组织，还是立足生态保护的环保组织及各类的公益慈善组织，他们在中国社会变迁中发挥着中间组织的功能，在促进社会福利、公民参与和社会创新等诸多领域都发挥了桥梁和纽带的作用。但由于社会自主性和社会组织的功能还有待社会各方不断地认识和开发，社会组织在其中的活动效能和影响力都受到诸多制约。因而一些能够有效突破某些领域结构性制约，并对该领域产生一定影响的社会组织就显得难能可贵。例如，我国东北地区有一家在中国环保领域声名卓著的NGO——盘锦市黑嘴鸥保护协会，早在1991年就诞生了，目前已经走过了28年的生长轨迹。而"自然之友"这样的知名环保NGO的出现也要晚于黑嘴鸥保护协会整整4个年头。28年的生存和发展使得黑嘴鸥保护协会由一个默默无名的NGO，成长为一个在中国环保界赫赫有名的"中国环保NGO第一家"，他们在对黑嘴鸥的保护和繁殖方面取得了卓著的成就，使黑嘴鸥由1990年的1200只，增加至2015年的11000只，创造了保护世界级濒危物种的惊人纪录和成功案例。我们关注的北京市西部阳光农村发展基金会、北京市新阳光慈善基金会、北京春苗儿童救助基金会，都是发起于

前　言

社会人士。他们汇聚公益慈善力量，致力于改善西部偏远地区农村儿童的教育环境、建设白血病儿童的病房学校、完善孤残儿童服务和贫困儿童先心病的社会救助体系等。呈现了新世纪以来中国公益基金会的兴起和社会自助和互助力量的形成的美好图景。这些社会组织的社会行动和社会参与有效地变革了传统上"一切交由政府"的社会管理方式，形成了多方协作、共同治理的社会共建之路径。

其次，社会组织正在以其多功能、宽视角的优势参与社会建设和社会治理。社会组织作为一种社会自我保护运动，有其传统的活动领域，由于受到过去体制的种种限制，目前社会组织主要的活动领域仍较为集中。然而，社会治理创新背景下，一些针对新的社会问题和需求的社会组织应运而生，而一些传统社会组织也开始积极拓展过去活动的边界，例如：一些新型的基金会不仅在福利领域扩展服务边界——关照留守儿童、失独家庭等，而且也开始涉足行业规范制定、政府智力支持以及基层社会治理创新等领域。我们选取的案例中既有在基层社区自主生长起来、服务于社区的上海的"绿主妇"、成都的"爱有戏"，还有立足于培育社会组织、促进公益慈善事业发展的各种类型的支持型社会组织。以公益孵化著称全国的上海"恩派非营利组织发展中心"，已经在全国多个省市扎根立足，为国内社会组织的培育和成长做出了有益的尝试。

最后，中国社会组织的发展曾长期处于借鉴和模仿阶段，水土不服和隔靴搔痒的情况并不鲜见。因而，针对本土和地方情景的创新发展则成为中国社会组织成长的必由之路，一些社会组织在这方面已经做出了有益的探索和尝试。例如：近年来在互联网领域中活跃着一批新型组织，他们运用互联网的优势，为公益慈善组织服务。我们选取了"路人甲"的公益实践作为创新的路径探索案例呈献给读者，他们与许多同类网络公益组织一道开启了新型的、智慧公益之路；我们还选取了发达国家和中国发达地区的社会治理和社会组织发展的案例，可从中汲取有益成分，启迪我们在推动社会组织发展和社会治理方面创新实践，从中国改革与发展的现实问题出发，回应当代中国社会公共性构造转变的时代需求。

众擎易举，独力难支。在近些年的社会组织管理模式创新的研究和探索中，我们得到国内外许多研究机构和学术同人的帮助和支持。案例的写作，既包含课题组成员深入调研的成果，还有许多学术同人长期学术研究的成果，每个案例都凝结了撰写者的辛苦劳动和智慧。在此，我对所有参与案例写作的专家学者及课题组成员表示真诚的谢意！

关于社会组织的研究，国内已经汇集许多研究成果，我们整理出版此本案例的目的，在于为社会组织的研究者、管理者、实践者提供具有参考性、复制性、引领性的经验和反思成果，让社会各个层面认识和支持社会组织的有序发展和创新，激发社会组织的活力，激励社会改革和创新，让社会主体健康自主地发育和成长。

崔月琴
2019 年 10 月 6 日

目 录

第一编 社会组织的行动力

第一章 文化、传播与嵌入式社会行动：黑嘴鸥保护协会的生态智慧 ………… 3

第一节 黑嘴鸥保护协会的成立、发展运作及其保护成就 ……… 4
第二节 黑嘴鸥保护协会的生态智慧——飞鸟战略与保护使者 ……………………………………………… 8
第三节 黑嘴鸥保护协会的成功经验 ……………………… 17
第四节 黑嘴鸥保护协会的创新和意义 …………………… 19

第二章 北京市西部阳光农村发展基金会：项目的有机生长 ……… 22

第一节 组织简介 …………………………………………… 23
第二节 案例呈现和模式分析 ……………………………… 26
第三节 成功经验 …………………………………………… 38
第四节 案例总结 …………………………………………… 42

第三章 教育服务嵌入医疗服务的探索
——以北京市新阳光慈善基金会病房学校为例 ……… 44

第一节 案例背景 …………………………………………… 45
第二节 机构情况 …………………………………………… 46
第三节 项目运作模式 ……………………………………… 48

目 录

　　第四节　病房学校的核心价值 ………………………………… 52
　　第五节　项目延伸的社会影响 ………………………………… 58
　　第六节　总结 …………………………………………………… 61

第四章　人文化社会服务：春苗困境儿童服务体系的探索与
　　　　创新 …………………………………………………………… 63
　　第一节　组织简介 ……………………………………………… 63
　　第二节　案例介绍及分析 ……………………………………… 64
　　第三节　案例总结 ……………………………………………… 78

第五章　合法性悖论：淘宝村民间团体的生存困境 …………… 80
　　第一节　组织的发育：淘宝联谊会 …………………………… 81
　　第二节　组织的发展：电子商务协会 ………………………… 86
　　第三节　组织的困境：陷入体制牢笼 ………………………… 88
　　第四节　社会组织发展的路径展望 …………………………… 92

第六章　农民合作社的运行机制及模式创新
　　　　——基于胜利果香农民合作社的个案分析 ………………… 96
　　第一节　胜利果香农民合作社概况 …………………………… 97
　　第二节　胜利果香农民合作社的运行机制 …………………… 99
　　第三节　胜利果香农民合作社的创新模式 …………………… 104
　　第四节　案例总结 ……………………………………………… 109

第二编　社会组织的拓展力

第七章　地方政府扶持下的枢纽型社会组织
　　　　——宁波海曙区社会组织服务中心案例 …………………… 113
　　第一节　不成功的开端 ………………………………………… 114
　　第二节　社工协会服务项目停滞的原因 ……………………… 118

第三节　新路径的探索与海曙区社会组织服务中心的成立……　120
第四节　政府与社会连接的新形式："掌柜式组织"…………　127
第五节　项目制角度下的进一步探讨……………………………　129

第八章　草根枢纽型社会组织的发展与挑战
　　　　——以辽宁利州公益为例………………………………　133
第一节　利州公益的发展及影响…………………………………　134
第二节　利州公益的实际工作与成绩……………………………　136
第三节　利州公益稳步发展的原因………………………………　143
第四节　草根枢纽型社会组织的发展及其意义…………………　146

第九章　草根NGO与农村社区互哺
　　　　——通榆县环保志愿者协会的治沙之道………………　149
第一节　协会与当地农村社区简介………………………………　150
第二节　融入与吸纳：互哺发展的第一阶段……………………　151
第三节　孵化与协治：互哺发展的第二阶段……………………　157
第四节　案例总结…………………………………………………　162

第十章　草根NGO突破资源困局的跨界合作
　　　　——以长春心语志愿者协会为例…………………………　164
第一节　案例背景…………………………………………………　165
第二节　组织的发展概况…………………………………………　166
第三节　心语协会跨界合作的实践策略…………………………　170
第四节　案例总结…………………………………………………　177

第十一章　社会组织协同参与城市社区治理
　　　　——以成都"爱有戏"为案例……………………………　180
第一节　"爱有戏"社会组织概况…………………………………　180
第二节　"爱有戏"协同参与水井坊街道治理实践………………　184
第三节　"爱有戏"的社区文化建设典型项目……………………　189

目 录

　　第四节　"爱有戏"的成功经验及存在问题：
　　　　　　合法性与长效机制 ………………………………… 193

第十二章　社会组织促进社区基层治理创新
　　　　　——基于上海市"绿主妇"的案例 ………………… 197

　　第一节　案例研究方法与关注点 …………………………… 198
　　第二节　案例基本情况 ……………………………………… 200
　　第三节　案例的运行模式 …………………………………… 203
　　第四节　案例总结与讨论 …………………………………… 209

第十三章　扎根于社区的艺术
　　　　　——广东时代美术馆的探索 ……………………… 212

　　第一节　美术馆与社区 ……………………………………… 213
　　第二节　艺术走进社区："榕树头" ………………………… 216
　　第三节　从社区辐射地域 …………………………………… 220
　　第四节　案例总结 …………………………………………… 224

第三编　社会组织的创新力

第十四章　创变寻路：北京恩派非营利组织发展中心的
　　　　　拓展转向 ……………………………………………… 231

　　第一节　公益孵化器的中国发展 …………………………… 231
　　第二节　立足孵化：恩派的发展主旨 ……………………… 234
　　第三节　着眼社区：恩派的扎根基础 ……………………… 239
　　第四节　创变寻路：恩派的实践反思 ……………………… 243

第十五章　互联网逻辑下的公益组织新探索
　　　　　——以"路人甲"的公益实践为例 ………………… 247

　　第一节　内核：三个主体的惠捐模式 ……………………… 248

第二节	形式：细节设计中的感性理念	253
第三节	发展：超越鸿沟的创新思路	257
第四节	反思：网络技术的使用限度	260
第五节	案例总结	262

第十六章 要市场，不要救助：以社企促进减贫
——公平贸易标签组织的案例 264

第一节	公平贸易运动的思想起源	266
第二节	公平贸易组织的发展历程	268
第三节	公平贸易组织的组织结构	270
第四节	公平贸易组织的工作内容	271
第五节	公平贸易组织的项目运行	274
第六节	反思与启示	277

第十七章 日本社区基金会的本土化发展
——基于京都地域创造基金的案例分析 281

第一节	京都地域创造基金的创设背景	282
第二节	京都地域创造基金的组织使命和治理机制	285
第三节	京都地域创造基金的本土化方式	287
第四节	京都地域创造基金的主要成绩及其面临的难题	291
第五节	结语	293

第十八章 澳门街坊会联合总会：多元服务与双赢合作 297

第一节	澳门街坊总会的基本概况	298
第二节	澳门街坊总会的多元服务	304
第三节	政府与街坊总会的双赢合作	311
第四节	案例总结	313

目 录

第十九章 社会组织的双轨制成长模式
——以台湾玛纳—光原社会企业为例 … 315

第一节 玛纳有机文化生活促进会的成立及其运作模式 … 316

第二节 光原社会企业的成立及发展 … 320

第三节 玛纳—光原的发展与协作创新 … 322

第四节 非营利组织与社会企业的双轨制成长模式 … 325

第五节 玛纳—光原成功的经验 … 327

第六节 台湾社会企业发展的创新与意义 … 329

第二十章 高龄者健康促进活动与社会创新
——以台湾地区扬生慈善基金会为例 … 332

第一节 问题意识与研究目的 … 332

第二节 台湾扬生基金会的发展与创新 … 334

第三节 扬生慈善基金会的特点及启示 … 342

后记 … 344

第一编　社会组织的行动力

第一章

文化、传播与嵌入式社会行动：
黑嘴鸥保护协会的生态智慧

近年来中国的草根组织日益高速、多元化发展，活跃在社会生活的不同领域，深刻地改变和影响着我国的社会发展和治理结构。草根组织由于其独特的自下而上的发育路径，在我国当前"强国家、弱社会"的背景下，对其行动策略的讨论一直是学界热议的话题。草根组织的创业者们是一群用行动改变社会、用理想创造价值的社会领袖，可以说草根组织中的社会领袖具有非凡的卡里斯玛气质。而卡里斯玛是草根组织成长过程中的重要组织力量，是组织的精神力量和价值航标。[①]

环保社会组织是我国最早进入公共领域、参与社会建设的组织力量，在我国的社会建设领域也最为活跃和积极。我国东北地区有一家在中国环保界声名卓著的草根组织——黑嘴鸥保护协会。1991年4月20日诞生的黑嘴鸥保护协会目前已经走过了28年的生长轨迹，知名环保社会组织"自然之友"的成立要比黑嘴鸥保护协会晚整整4个年头。28年的不停前行使得黑嘴鸥保护协会由一个默默无名的草根组织，成长为在中国环保界赫赫有名的"中国环保NGO第一家"，同时在黑嘴鸥的保护和繁殖方面该组织也取得了巨大成就，创下了保护世界级濒危物种的惊人纪录和经典案例。这个诞生于20世纪90年代初，堪称中国环保社会组织原点的基层草根组织，其历史意义和研究价值弥足珍贵，对同样致力于其他物种保护和环境保护的社会组织的成长，具有重大的启发意义和引领作用。草根环保组织与政府应建立何种联系？如何借助政府力

[①] 崔月琴、袁泉、王嘉渊：《社会组织治理结构的转型——基于草根组织卡里斯玛现象的反思》，《学习与探索》2014年第4期。

量来实现自己的主张和目标？如何培育环保文化、动员社会公众的力量？如何扩大增强社会的合法性和知名度？在黑嘴鸥保护协会的案例中我们可以一探究竟，找寻众多有意义的思路、方法和策略。

第一节　黑嘴鸥保护协会的成立、发展运作及其保护成就

一　超前的社会组织与义不容辞的国际义务

黑嘴鸥作为世界上44种鸥类中最后为人类所发现的鸟类，有着优美身姿，浅灰色的翅膀、雪白的身体、乌黑的圆脑袋、尖尖的嘴巴，属于典型的鸥形目鸥科鸥属。19世纪70年代初，法国传教士斯文侯第一次在我国的厦门采集到这种特殊鸟类的标本，将之命名为黑嘴鸥。由此而后的一个多世纪，黑嘴鸥就像一个未解之谜一样"消失"在人们的视野中，"消失"在人类社会的鸟类谱系中。多年来，世界各地的专家学者一直不停地探寻黑嘴鸥的繁殖地，前往日本、我国的香港和台湾、越南等黑嘴鸥的越冬地试图寻找线索，解开"黑嘴鸥繁殖地在何处"这个"世界未解之谜"，但却始终没有结果。繁殖地是物种生存繁衍的最重要的栖息地，若被破坏则会导致物种的大量灭绝。1990年，黑嘴鸥繁殖地在盘锦的辽河入海口，被世界自然基金会的几位中外专家发现和确认，并成为世界上已知最大的黑嘴鸥繁殖地。

彼时的盘锦是一个人口不足100万的小城市，丹顶鹤在盘锦被发现和报道后立即受到重视，因为中国丹顶鹤文化源远流长，而黑嘴鸥在当地却鲜为人知。《盘锦日报》的高级记者刘德天跟随世界自然基金会的专家们，一同发现了黑嘴鸥的未解之谜后兴奋异常，夜以继日赶稿，写成了世界上第一篇关于黑嘴鸥繁殖地的报道——《中国发现黑嘴鸥繁殖地揭开世界百年未解之谜》，这篇报道引发了全世界对黑嘴鸥的关注。随后他又一口气写了一系列相关报道，宣传黑嘴鸥这个世界濒危物种。但是当时的黑嘴鸥繁殖地虽然是"世界之最"，却也仅有1200余只，这样的数字依然十分危险。回顾当时周围的社会环境：方兴未艾的辽河三

第一章　文化、传播与嵌入式社会行动:黑嘴鸥保护协会的生态智慧

角洲农业大开发、围海养殖、捡鸟蛋打飞鸟等行为屡见不鲜,社会上连最基本的黑嘴鸥文化基础都没有,保护意识更是无从谈起。"没有黑嘴鸥文化,不知道有这种鸟,什么叫黑嘴鸥,黑嘴鸥什么样都不知道,你宣传丹顶鹤,相比之下保护丹顶鹤就容易。黑嘴鸥啊!大家是零概念,而且当时发现黑嘴鸥呢只是在盘锦有,而且这种鸟要濒临灭绝,在地球上要消失,越要消失越危险,保护也就越急迫,有一种责任感和紧迫感。"① 作为记者的刘德天敏锐地意识到:如果不抓紧时间进行有效的保护,或许有一天,黑嘴鸥就会从盘锦永久消失。"发文章做宣传可以,但是进行保护谈何容易?"② 凭着对社会环境的清醒认识和反思,刘德天认为,黑嘴鸥的保护仅仅依靠报道宣传,难以真正实现其保护目标和可持续性发展,成立一个环境保护组织群策群力,激发和调动全社会的保护力量才能真正为黑嘴鸥的繁衍、生存和永续保留提供坚实的后盾。"丹顶鹤你已经有宣传了,黑嘴鸥仅仅宣传还不够,需要付诸实践,那么这样就超过记者的范畴了,记者就是写稿报道呗,但要做到实际的保护,怎么办呢?这样的动因就是用组织的手段和方式,记者写稿是一个人,成立了组织就是一批人一个团队来做这件事情,于是就产生了成立组织发起机构的想法,而这样,当然是注册了。"③

盘锦市黑嘴鸥保护协会于1991年4月20日,在盘锦市长的3楼办公会议室里举办成立大会,正式注册登记,发起人刘德天作为秘书长(后来成为会长),会长则为当时的盘锦市政府主管环境方面的副市长,常务副会长为当时的盘锦市林业局局长,此外还有数位副会长也都是与盘锦生态保护问题休戚与共的多位要人。名誉会长不仅有全国政协委员、农业部原副部长,还有盘锦市人大常委会副主任、辽宁林业厅经营处处长,更有世界自然基金会湿地项目顾问等全国乃至世界的名人。正是有如此庞大的在社会上具有大能量的人群的加入,中国第一家环保社会组织由此诞生。黑嘴鸥保护协会不仅作为我国环保NGO的"第一家"

---

① 刘德天访谈,2017年3月31日于吉林大学。
② 刘德天访谈,2017年3月31日于吉林大学。
③ 刘德天访谈,2017年3月31日于吉林大学。

当之无愧，它的成立也是我国环保史上具有里程碑意义的事件，就算是在世界环保领域，也是唯一的、为单一鸟种成立的保护性非政府组织。

二 黑嘴鸥保护协会的发展运作及其成就

黑嘴鸥保护协会成立后，在创始人刘德天的积极推动下，协会一直致力于开展濒危鸟类——黑嘴鸥的栖息地保护、普及环保教育、培育黑嘴鸥文化等社会公益活动，其影响力越来越大，团队成员不断壮大，截至2014年已有22个分会，会员也由初期的47人扩展到3万余人（包括学校等团体会员）。在他和他的团队会员的共同努力保护下，盘锦当地黑嘴鸥的数量从1990年的1200只，增加到2015年的11000只。① 通过借助信息公开、发挥专家智慧、影响政府决策等途径，已有效地保护了黑嘴鸥栖息地（湿地）50万余亩。2006年，盘锦市被中国野生动物保护协会授予"中国黑嘴鸥之乡"称号，黑嘴鸥保护在盘锦当地深入人心，并成为当地的市鸟，生态保护运动蔚然成风。②

黑嘴鸥保护协会创造了草根社会组织保护濒危野生物种的成功案例和典型样板，为其他草根环保组织的发展提供了具有非常重要意义的经验和启示。黑嘴鸥保护协会的28年成长之路是一段充满曲折、辛酸和泪水的环保NGO发展之路。正如协会的创始人刘德天所说："我们过来了26年，伴随着困难，偶尔伴随着眼泪，但是从环保成果看呢，也取得了一些，有的环保故事讲一回我流泪，听的人也流泪，怎么说就是悲伤啊，就是这样过来的。"③

就是这样在保护黑嘴鸥的28年里，刘德天与各种破坏环境的行为和力量斗智斗勇，与此同时不断磨炼学习，提高"生态智慧"。"民间环保组织一无权二无钱，保护环境靠什么？靠生态智慧。大自然是一本书，我们要用心去读懂它。其实大自然每时每刻都在告知人类，只是人类没有听懂而已。20年来，其实一直都是黑嘴鸥在教我它的秘密，湿

---

① 夏华：《刘德天和他的飞鸟战略》，《中国生态文明》2016年第2期。
② 王名：《中国NGO口述史》第一辑，社会科学文献出版社2012年版，第59页。
③ 刘德天访谈，2017年3月31日于吉林大学。

第一章 文化、传播与嵌入式社会行动:黑嘴鸥保护协会的生态智慧

地的秘密,大海的秘密,自然的秘密,惭愧的是到现在我知道的仍旧很少。"①"生态智慧是什么?是保护生态的智慧,在保护生态的过程中逼出来的智慧。老百姓讲话没招了啊。但是我们就是在保护环节发挥生态智慧,针对不同的问题采取不同的办法,但是它的根本的思想就是利用生态智慧,这是什么呢?就是独创一个环保策略吧。我们总结出来一个飞鸟战略,飞鸟战略就是把我们的保护策略形象地比喻成一只鸟。"②

图1-1 "飞鸟战略"示意图(笔者自制)

黑嘴鸥保护协会的生态智慧既是其28年环保过程的行动策略,也是其环保之路的经验和智慧总结。"生态智慧"处处彰显在黑嘴鸥保护协会的行动实践中。黑嘴鸥协会刚成立之时,协会里一大半领导都是官员和企业家,有人质疑协会是否算是民间环保组织。刘德天回应说所谓的民间环保组织,并不能只是由民间人士构成,而是可以由"处于民间状态的人构成",所有的人都有民间状态,就像所有的人都有生活状态一样;所有的人都有保护环境的能力,只是由于这样或那样的原因,他

---

① 冯永锋:《别给环保一点机会:民间环保大成就者言行录》,知识产权出版社2012年版,第156页。
② 刘德天访谈,2017年3月31日于吉林大学。

们的能量被遮蔽住了。① 在社会这个共生系统里，每一个人都可以为环境保护贡献力量。在中国当前"强政府、弱社会"的背景条件下，政府的保护能量最强大有力，如果环境保护没有政府的支持必然寸步难行。企事业单位、学术单位和国际组织都是社会系统里重要行动主体和行动力量，具有极大的环保能量，黑嘴鸥保护协会利用合理的方法聚合了这些能量，并且使其为保护黑嘴鸥所用，就是生态智慧的典型体现。"很多自下而上由民间人士成立的NGO很难找到业务主管单位，因为很少有业务主管部门愿意为其承担责任和风险。"② 而黑嘴鸥保护协会却把政府官员"编织"进了社会组织的内部，黑嘴鸥保护协会不仅利用了国家权威及其象征符号，而且增强了自身的合法性。

第二节　黑嘴鸥保护协会的生态智慧
——飞鸟战略与保护使者

黑嘴鸥保护协会成立于1991年，到现在已经发展了28年，28年的时间可以让一个孩童成长为一个有为的青年，也让一个社会组织积累了保护环境的生态智慧，在不断地向大自然的学习过程中提高了行动水平和实践能力。黑嘴鸥保护协会的生态智慧在刘德天看来，是黑嘴鸥所教授的秘密，是在保护环境的过程中"逼"出来的智慧。多年来形成的生态智慧，用刘德天的话说，就是"飞鸟战略"。

一　黑嘴鸥的保护使者与忠诚卫士

组织的创始人是组织发展初期的灵魂和支柱。创始人是带领组织实现从无到有，从零到一转变的关键人物。对于黑嘴鸥保护协会的成功和所取得的成就，刘德天功不可没，他被称为"黑嘴鸥的保护神、忠诚卫士和保护使者"。2002年以来，他先后获得"地球奖""阿拉善生态环

---

① 冯永锋：《别给环保一点机会：民间环保大成就者言行录》，知识产权出版社2012年版，第160—165页。
② 赵秀梅：《中国NGO对政府的策略——一个初步的考察》，《开放时代》2004年第6期。

第一章 文化、传播与嵌入式社会行动：黑嘴鸥保护协会的生态智慧

保奖""福特汽车环保奖""中国环境保护特别贡献奖"等多项荣誉。他不仅是世界上第一个报道黑嘴鸥繁殖地的环保记者，而且是世界上第一个为单一鸟种成立保护组织的建立者，中国第一个民间的非政府性环保组织的创始人。当被人问到他和黑嘴鸥、湿地的关系时，他说："湿地是我的家园，黑嘴鸥是我的兄弟。"28年来他为黑嘴鸥呕心沥血，奔走呼吁。黑嘴鸥就像他的亲人与孩子，为了它们，他几乎倾其所有。他说："我们为保护黑嘴鸥付出了20年青春，不过是要让鸟类与天地共长久，20年，连一秒都算不上。"①

1990年，作为《盘锦日报》记者，他写下的一篇报道引发了世界范围内的关注，也使得他与黑嘴鸥结下了不解之缘。虽然黑嘴鸥的数量在盘锦是世界之最，但当时也不过1200只。而当时的社会风气却非常令人担忧：湿地垦殖持续扩大，三角洲农业大开发此起彼伏，围海养殖蚕食鲸吞，拾蛋打鸟司空见惯。黑嘴鸥的栖息地面临着重重潜在威胁。如果不采取行动，抓紧保护，终究有一天，黑嘴鸥将会从盘锦永久消失。

保护黑嘴鸥仅仅凭借个人的力量难以持续，而且已经超出记者的宣传范畴，需要通过实际行动展开实践。朋友建议刘德天成立一个协会，变一个人保护为一批人保护。刘德天豁然开朗，于是开始为注册社会组织着手准备。他利用自己的社会关系网络，找到了很多社会上有大能量和大影响力的人物加入黑嘴鸥保护协会，既有当地政府现任高官，也有国家部委前负责人。

1991年4月20日，成立协会后的刘德天有了双重身份：既是报社的记者，又是协会的秘书长。他两头兼顾，既没有耽误报社的新闻记者工作，也没有影响协会工作的开展；利用双休日、节假日和新闻工作的弹性工作制做环保工作，加快节奏，提高效率。2010年，退休后的刘德天更是兴奋不已，"很多人退休了有失落感，据说最严重的，盘锦有一个区的公安局长，在任的时候前呼后拥，退休后没人理了，病了7天就走人了。我在退休的时候呢，哎呀，乐得不得了，我全身心可以做这

---

① 冯永锋：《黑嘴鸥的守护神——刘德天》，《环境教育》2011年第7期。

个事对我来说是兴奋。"① 全身心投入到协会的工作中后,他开始重新设计协会的发展之路,认为协会是时候走向全国了,团队建设也逐渐提到他的议事日程中来。现在黑嘴鸥保护协会拥有三名全职工作人员,数名兼职人员,拥有自己的网站,有自己的办公室,有会员3万余人。

民间组织既没有政府的行政力量担保,也没有雄厚的资金支持,很多时候力量弱小。28年来,黑嘴鸥保护之路充满悲欢与曲折。1996年的某天,双台河口自然保护区传来一则坏消息:该保护区内的8万余亩芦苇荡马上要被开发成稻田。黑嘴鸥保护的关键环节就是栖息地保护,而栖息地保护主要就是湿地保护,湿地保护的关键则是寸土寸金的芦苇荡、滩涂的保护。刘德天收到消息后,心急如焚,第一时间组队,带领着四五家媒体记者,早早地埋伏在芦苇荡里准备对这一破坏环境的行为进行现场曝光。挖掘机开进芦苇地后,等待已久的记者们迅速拍照与访谈。随着现场报道的曝光,原来的开发计划从8万亩缩减到5万亩,至少有3万亩湿地得以幸存和保留。"我一个大男人,为了保护黑嘴鸥哭过、委屈过,有的环保故事我讲一回我流泪,听的人也流泪,怎么说就是痛苦。但从来没有后悔过,在未来我也决不会退缩。既然选择了,我就要坚持下去,这是一份对社会、对人类、对未来的责任感。"② "黑嘴鸥告诉了我一些秘密,但更多的秘密,我仍然一无所知。我根本不知道什么时候人类才能完全了解这只鸟。而在这个世界上,有很多物种,在人类还没有认识它们的时候就已经灭绝了。从这个方面来说,黑嘴鸥可能是比较幸运的。"③ 刘德天如是说。

他一手创立了黑嘴鸥保护协会,28年如一日地持续关注环保和黑嘴鸥,既得到了政府支持和媒体关注,也用自己的言行和精神感动了当地社会,推动了当地政府的决策。清华大学NGO研究所所长王名教授,很多年前就开始关注黑嘴鸥保护协会,并多次进行实地考察与访谈。他

---

① 刘德天访谈,2017年3月31日于吉林大学。
② 冯永锋:《别给环保一点机会:民间环保大成就者言行录》,知识产权出版社2012年版,第160—165页。
③ 冯永锋:《黑嘴鸥的守护神——刘德天》,《环境教育》2011年第7期。

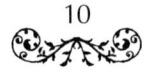

第一章 文化、传播与嵌入式社会行动:黑嘴鸥保护协会的生态智慧

说:"去过盘锦你会有一种感觉,在当地有一种文化叫'黑嘴鸥文化'。"①

二 鸟头——以黑嘴鸥为旗舰的物种保护

组织发展方向是组织的目标所在。"飞鸟战略"的鸟头,代表着黑嘴鸥协会的发展方向和目标,是"以黑嘴鸥为旗舰"的物种保护。"鸟头是方向,机构的发展方向和目标,保护以黑嘴鸥为旗舰的物种,保护黑嘴鸥是不是只保护一种鸟?我们的名称是黑嘴鸥保护协会,最初就是为这种鸟而成立的组织,但实际上受益的不仅是黑嘴鸥,因为比如说保护这个果盘里的果子的话,首先不能让这个桌子颠覆,如果桌子颠覆了所有的这些东西都会落到地上,为了保护这个果盘就要保护这个桌子的稳定。"②

自1991年黑嘴鸥保护协会成立以来,主要任务是保护以黑嘴鸥为旗舰的各种鸟类。以关注一个物种推进环境保护的民间环保组织不仅在中国绝无仅有,就是在世界上也非常罕见。在协会成立大会上,出席并致辞的世界自然基金会的梅伟义博士表示:"黑嘴鸥保护协会的成立是中国环保史上独一无二的事件、为单一鸟种而成立的保护组织是全世界唯一的。"这种"持续对焦"的精神被很多研究者所称道。由于协会其业务边界一直保持清晰,对焦持久而顽强,坚持专一目标,黑嘴鸥不仅因此而得到了保护,而且协会也扩大了自己的影响力,形成了自己的品牌。现在,黑嘴鸥与丹顶鹤并驾齐驱成为盘锦市的"市鸟",黑嘴鸥保护已经深入人心。

三 鸟身——以繁殖地为主的栖息地保护

"鸟身是它的躯干部分,是它的栖息地,就是说保护一个果盘,要立足于保护这个桌子的稳定,保护鸟就要保护它的栖息地,具体说就是湿地的保护。"刘德天认为离开了对湿地的保护,一切几乎都等于零。对于鸟类来说,栖息地是最重要的生存条件。如今全球物种的灭绝速度

---

① 王名:《中国NGO口述史》第一辑,社会科学文献出版社2012年版,第55—56页。
② 刘德天访谈,2017年3月31日于吉林大学。

如此之快，其中一个重要的原因，就是主要的栖息地在迅速丧失。① 而黑嘴鸥保护协会把主要的注意力都集中在栖息地保护上。

黑嘴鸥保护协会保护湿地，主要就是保护滩涂和芦苇荡。在保护滩涂和湿地的过程中，黑嘴鸥保护协会充分展现了"生态智慧"的威力。90年代初，协会刚成立两年后接到举报：有人在黑嘴鸥繁殖地的核心地段进行养殖项目开发，要把2000亩滩涂变成对虾养殖场。"在黑嘴鸥繁殖地那块，挂着一个保护牌——'黑嘴鸥繁殖地'，那个大拖拉机就在那前面来回推、开发，就像挑战一样，它不是挑战，但是客观上就形成了一种挑战。告诉你繁殖地就是说告诉你不能动，它就是要把那个滩涂变成对虾养殖场，2000亩要养虾，在保护区的核心地段，保护区就派人去阻拦不听，交涉不听，三番五次都不行。"② 协会首先想到的解决办法，是通过新闻报道曝光这一破坏行为。但靠曝光解决问题需要一定的智慧。经过一番思考和斟酌，刘德天借助媒体和专家，以"披露一封世界自然基金会的专家写给副市长的信"为题，在《盘锦日报》头版头条进行了曝光。信里说：世界濒危黑嘴鸥的繁殖地正在遭到开发和破坏，这会使得黑嘴鸥大量灭绝，建议拆除虾塘，为黑嘴鸥"腾地筑巢"。盘锦市委书记看到这封信后，立即做出指示：保护黑嘴鸥不仅是盘锦的事，而且是国际上有影响的事，要立即停止破坏湿地养殖对虾的行为。③ 事后反思为何要间接曝光此事，刘德天说："那个时候是改革开放初期啊，这个外国人刚进来，中国人有点崇外，什么事外国人一说就重要。还有一个诙谐的词汇叫作中国人喜欢听'洋屁'。同样一个事，中国人说了白说，外国人说了，那这个就得重视，领导就会表态。"④ 协会发挥生态智慧，借助媒体的宣传和政府的关注，"隔山打牛"，借力使力，使得2000亩滩涂得到了保护，黑嘴鸥的繁殖地得以保留。

因为辽河三角洲开发区内修建起了防波大堤和拦海大坝，阻止了海

---

① 夏华：《刘德天和他的飞鸟战略》，《中国生态文明》2016年第2期。
② 刘德天访谈，2017年3月31日于吉林大学。
③ 田野：《刘德天黑嘴鸥的"助产士"》，《北京青年报》2011年5月10日。
④ 刘德天访谈，2017年3月31日于吉林大学。

第一章 文化、传播与嵌入式社会行动:黑嘴鸥保护协会的生态智慧

水涨退潮时对滩涂的浸润和清洁,适宜黑嘴鸥筑巢安家的碱蓬滩涂演变成了芦苇、蒿草的滩涂,黑嘴鸥被迫转场飞往辽河西岸的剩余滩涂续命。而这样一片面积大约4200亩的湿地——南小河,虽承载着全球一半的黑嘴鸥,却长期属于"被保护遗落的角落"。如何让这片被遗落的角落进入人们的视线,成为政府和社会关注的重点呢?协会又一次发挥了生态智慧。为了引发公众的注意和关心,让人们认识到这片黑嘴鸥繁殖地的重要价值和意义,2002年,协会策划了一场大型的"送黑嘴鸥雏鸟返回家园"的活动,以人间最为感人的母子情来引发公众的共鸣。放飞仪式上,小学生朗诵了刘德天为小黑嘴鸥创作的诗歌《回家吧,小鸥》《放飞吧!妈妈》,经过媒体对整个活动的报道,南小河一夜成名。[1] 在技术层面上,协会充分发挥专家的智慧,联系连续8年来南小河考察的日本鸟类专家武石全慈,就解决南小河的保护问题——围绕"建立工作站"和"控制调水时间"两点,借助媒体向社会和政府建言献策。与此同时,协会还寻求政府的支持,依靠政府决策。刘德天说服市委书记做出批示,终于促成了南小河保护站的建成。现在保护站在南小河入口处设立关卡,有专门的队伍、警察昼夜巡护。[2]

四 鸟翼——开展环境教育,打造吉祥文化

"再一个古人讲车之两轮,鸟之两翼,车是靠两个轮子,鸟的飞翔要靠翅膀的振动来推进鸟的飞行,那么我们这个保护策略也有两个翅膀,一个是环境教育,就是教育大概面,提高人们的环境意识,我们重点是学生,以中小学生为多,大学生也有一些;另一个就是打造吉祥文化。"[3] 教育和文化具有重要的社会价值和影响力量。保护黑嘴鸥的行动仅仅依靠个人或者协会的力量,难以获得可持续性支撑,应该让越来越多的人认识到黑嘴鸥生存与环境保护的重要价值与意义。教育和文化熏陶是一种慢功夫和长期的过程,通过开展环境教育可以提升社会的环保意识,在思想观念和价值观上引导和影响人们认识保护环境的价值和

---

[1] 杨岚:《"第2001只黑嘴鸥"主演人鸟情未了》,《半岛晨报》2011年4月24日。
[2] 吴军:《智慧让理想越飞越高》,《中国环境报》2011年5月4日。
[3] 刘德天访谈,2017年3月31日于吉林大学。

意义。

(一) 环境教育——少年绿则中国绿

开展环境教育是协会瞄准于长期保护的战略方针和战略决策。20多年来环境教育走过的历程归结为"四部曲"即：从1991年起至1995年，协会走进学校开展环境教育；从1995年起至2002年开始走进自然保护区开展环境教育；从2002年起把黑嘴鸥繁殖地作为环境教育基地，针对环境问题开展环境教育；从2004年起与企业合作，创建环境教育基地。目前协会已与生态型企业合作创建了4个环境教育基地，其中一个晋升为国家级（鼎翔基地），一个晋升为省级。近年来，协会依托环境教育基地开展环境教育，与各大中小学等团体会员单位合作，累计有十几万名学生受益。

100多年前，梁启超先生提出"少年强则中国强"。刘德天则认为，少年绿则中国绿。环境教育从少年儿童做起可以影响一代人甚至几代人。因此，协会把环境教育定位于"玩中学"，以景区为课堂、以景点为教材，寓教于玩，以达到环境教育"润物细无声"的效果，先后有16万余名中小学生在环境教育基地参加过生态体验、绿色夏令营、观鸟活动、体验无痕海滩等活动，在充满欢乐的游玩中接受了环保知识的熏陶和洗礼。成效显著的环境教育，使得辽河油田兴隆台第一小学在2012年获得"国际生态学校"的荣誉称号，并于2013年获得"地球奖"；大洼县高级中学2013年获得"国际生态学校"称号；15所学校先后获"省市环境友好学校"和"绿色学校"称号，1000余名中小学生获得"绿色小卫士"、"环保好少年"称号。

很多人难以相信黑嘴鸥保护协会会员有3万多名，其实，协会的个人会员并不太多，大约3000名，主要的是团体会员。盘锦当地的中小学、大学，几乎都是团体会员。[①] 保护黑嘴鸥在盘锦已经成为全市的共识，一种社会风尚、一种让人感觉到自豪的事情。

(二) 吉祥文化——文化的力量

文化是社会结构和社会生活中的隐性力量，可以形塑整体的社会意

---

① 夏华：《刘德天和他的飞鸟战略》，《中国生态文明》2016年第2期。

第一章　文化、传播与嵌入式社会行动：黑嘴鸥保护协会的生态智慧

识和集体意识，进而影响人们的价值观念的形成。文化对人的行为的制约功能也要依靠个体内化为自己的价值观发挥作用。发挥文化的力量保护黑嘴鸥，是黑嘴鸥保护协会运用生态智慧的又一大创造。

刘德天认为，一首环保歌曲的传播效应胜过没收一万支猎枪。而相比于丹顶鹤的悠久历史和文化，和黑嘴鸥相关的文化可以说是零。于是协会开始从零做起，逐渐地运用18种手段打造了以"吉祥文化"为基调的黑嘴鸥文化。这18种打造吉祥文化的方式主要有民间传说、小说、诗、词、歌、赋、舞蹈、绘画、摄影、书法、剪纸、刺绣、苇艺、油雕、胡艺画、粘贴画等。到现在，协会打造了18年的黑嘴鸥文化，已经有超过7000件作品问世和传播。其中属于《渔雁文化》的《吉祥鸟》（又名《黑嘴鸥救罕王》）、《妈妈唤》等民间传说被国务院批准为国家级"非物质文化遗产"；《飞吧，黑嘴鸥》在北京鸟巢演出，受到全国观众的热烈好评。[①] 在黑嘴鸥协会的志愿服务团队中，有300多名文化和艺术大师、能工巧匠，既有剪纸大师，也有刺绣大师，还有作家、书法家、画家、歌手、雕塑家、舞蹈家等。此外，协会还有会歌——《红海滩黑嘴鸥》。黑嘴鸥协会的绝大部分艺术作品都是会员们精心创造的杰作，并且已经在国内举办了多场展览。2009年，在第四届中华环保民间组织可持续发展年会上，"黑嘴鸥生态艺术展"被评为五大亮点之一。

五　鸟爪——生态恢复

生态系统是一个互相联系、协调统一的有机整体，包括物种食物链的完整。生态系遭到破坏必然威胁物种的生存繁衍。恢复被破坏的生态环境，才能使物种的繁衍有立足之地。黑嘴鸥的保护不仅需要良好的栖息地和繁殖地，还需要有稳定的食物供给来源。沙蚕，是黑嘴鸥最喜欢且营养最丰富的优质食物。但是，近年来，随着沙蚕被海上钓鱼爱好者所追捧和沙蚕市场商业化的发展，黑嘴鸥觅食地周边的一些农民受到高额的经济利益回报的诱惑，疯狂采挖沙蚕，致使黑嘴鸥的优质食物资源锐减，繁衍受到严重威胁。

[①] 夏华：《刘德天和他的飞鸟战略》，《中国生态文明》2016年第2期。

要想恢复黑嘴鸥觅食地的生态环境，首先需要有沙蚕幼苗。2011年开始，协会提出了一个美妙构想，用人工孵化沙蚕苗播撒湿地的方法，保证黑嘴鸥的优质食物供应。在相关资料极其有限的情况下，协会与中华环保基金会和省环保厅合作，聘请相关水产专家开展技术攻关，进行实地生态研究，结合传统水产孵化经验，不断突破技术难题，最终取得成功。2015年7月17日，在红海滩畔，沙蚕撒播正式开启。省环保厅相关领导、基金会代表、公安边防官兵、油田工人、学校师生和志愿者170多人共同参加了此次播撒活动。经过5次撒播，3亿多尾沙蚕苗定居在150亩滩涂上，黑嘴鸥的"食堂"修复初战告捷。①

六 鸟尾——全方位网络化保护

经常迁徙的黑嘴鸥，冬天会飞往温暖的南方地带过冬。如果只是在黑嘴鸥的繁殖地得到了有效保护，而忽视了越冬地的生态环境和保护工作，越冬地的黑嘴鸥境况就会堪忧，所以即使繁殖地保护得再好，没有越冬地的保障，黑嘴鸥的生存仍然会受到威胁。于是黑嘴鸥的保护就不仅仅是一个地区的责任和义务了，需要联络国内其他黑嘴鸥栖息地开展跨区域全方位的整体性保护工作。

自2001年开始，刘德天认为除了继续加大对盘锦辽河口繁殖地的保护力度外，还应该把保护的网络覆盖到黑嘴鸥的过冬地——江苏盐城、山东东营、浙江温州、福建福州等地。近年来，协会每年都会指定专人赶往越冬地考察栖息地的保护情况，以便及时发现问题，采取应对措施。浙江温州是全世界最大的黑嘴鸥越冬地，1997年全世界大约60%的黑嘴鸥就在这里度过寒冬。协会两次去温州发现，那里对滩涂湿地开发过度，黑嘴鸥变得越来越少，到2012年2月时，竟然连一只黑嘴鸥都未曾发现。刘德天知道后，写信给当地政府主要负责人，呼吁停止开发滩涂。然后他又将信件在互联网上公开，引起了中国新闻社、《南方周末》等多家媒体和记者们的关注，掀起了公众舆论的热潮。最后，温州最大的填海工程"鸥飞工程"停工。②

---

① 夏华：《刘德天和他的飞鸟战略》，《中国生态文明》2016年第2期。
② 夏华：《刘德天和他的飞鸟战略》，《中国生态文明》2016年第2期。

第一章　文化、传播与嵌入式社会行动:黑嘴鸥保护协会的生态智慧

人类民族有国界,而环境保护和物种保护却没有国界。黑嘴鸥协会还把保护的步伐迈向了国外。协会曾经赶赴日本北九州和韩国仁川等黑嘴鸥繁殖地进行考察调研。会长 L 还出席了"2001 中韩黑嘴鸥保护论坛"。2003 年,黑嘴鸥保护协会在盘锦举办"黑嘴鸥保护国际研讨会暨信息网络成立大会",建立了由三国(中、日、韩)五地(辽宁盘锦和丹东、山东东营、日本北九州、韩国仁川)构成的黑嘴鸥信息保护网络。① 黑嘴鸥的全方位网络化保护初步建立。

第三节　黑嘴鸥保护协会的成功经验

黑嘴鸥保护协会从 1991 年成立至今已经走过了 28 个年头,28 年来的风雨历程让黑嘴鸥从一个默默无闻的民间环保组织成长为一个有智慧、有策略、有影响力的知名环保组织,真正意义上的民间环保 NGO 第一家,而且成为中国环保部长"亲点"的环保组织。黑嘴鸥保护协会在保护黑嘴鸥方面取得的成果是有目共睹的,也是我国环保组织的成功范例。总结黑嘴鸥协会 28 年的环保成就,其实正像刘德天会长所说是生态智慧不断发挥作用的结果。概括起来主要有以下几个方面的经验:

第一,黑嘴鸥协会有一位坚持不懈地保护环境的组织者。对于一个组织的初期成长来说,一个有魄力、有魅力、有领导力的卡里斯玛人物是非常重要的条件。一个卡里斯玛人物是"组织发展的先驱、奠基人、掌舵者。卡里斯玛领袖提供了组织成立的现实动因,是组织成立的灵魂人物;是组织价值诉求最真诚的践行者;卡里斯玛领袖的意义不仅在于价值理想的坚持,还在于为组织的发展提供原动力。"② 正是因为有一位黑嘴鸥的"保护使者""保护卫士"28 年如一日般地坚守在保护黑嘴

---

① 夏华:《刘德天和他的飞鸟战略》,《中国生态文明》2016 年第 2 期。
② 崔月琴、袁泉、王嘉渊:《社会组织治理结构的转型——基于草根组织卡里斯玛现象的反思》,《学习与探索》2014 年第 4 期。

鸥的第一线,才使得黑嘴鸥协会的活动目标持续对焦,也使得黑嘴鸥协会始终坚持自己的环保策略不动摇,成就了中国环保史上物种保护的范例。

第二,依托文化的力量和环境教育。文化是一种不言而喻、潜移默化的制约力量。环境教育是培养公众环保意识的有效途径。文化力量的表达需要借助于各种媒介形式。协会运用18种文化艺术手段,不断打造吉祥文化,使得黑嘴鸥文化得以在盘锦本地广泛传播,并得到社会认同。与大中小学和自然风景区建立常态化的联系,进行大规模的、丰富多彩的环保教育活动,提升了社会大众的环保意识,培育了公众的环保理念。

第三,作为政府治理与合作的伙伴,影响政府政策的制定。黑嘴鸥协会在建立之初就与政府建立了紧密频繁的互动关系。1991年协会的顺利注册离不开政府的支持;而且协会创立了一种与政府沟通的策略:把政府官员编织进协会的组织架构中,很多现任或者前任政府官员作为协会的名誉会长。这样协会与政府的关系就不再是冲突或者对抗关系,而是共同保护环境的伙伴。其实这也就是皮特·何所提出的"嵌入式社会行动主义"对政府策略的应用。[1] 政府官员进入协会既增加了协会的行政合法性和权威性,又为与政府的合作提供了可能,奠定了基础。"黑嘴鸥协会建立得早,很早就开展了与政府的合作,15年前就有了合作。怎么合作呢?就是成立协会的时候把政府官员拉进来,这样我们就有理由找政府了。"[2] 黑嘴鸥协会深知在当今中国的社会环境下,社会组织要寻求发展"既离不开政府,又不能完全依附于政府"。因此,协会与政府的关系逻辑是利用政府,借力政府的权威和行政力量,实现自己的环保价值和目标。

第四,借助媒体的力量,表达自己的声音,营造品牌,扩大影响力。公众舆论的监督力量具有很大的影响力,很多社会议题正是借助了

---

[1] [荷兰]皮特·何、[美]瑞志·安德蒙:《嵌入式行动主义在中国》,社会科学文献出版社2012年版,第2页。

[2] 王名主编:《中国NGO口述史》第一辑,社会科学文献出版社2012年版,第58页。

第一章 文化、传播与嵌入式社会行动：黑嘴鸥保护协会的生态智慧

公众舆论和媒体的传播与表达才得以被重视和解决。然而媒体的传播力量经常被研究者所忽视。黑嘴鸥协会一直注重媒体的传播力量，在其20多年的发展过程中，借助媒体的舆论监督功能影响政府的决策，披露企业破坏环境的行为；借助媒体传播的广泛性使黑嘴鸥深入盘锦当地的公众心中；借助媒体的宣传力扩大黑嘴鸥协会的品牌知名度和社会影响力与社会合法性，赢得了当地社会的广泛认同。"我们民间环保组织一无权二无钱，我们再没有知名度我们还有什么，没有知名度我们还怎么干？知名度能提高办事的效率，所以我们不断打造黑嘴鸥的品牌，把黑嘴鸥的品牌做得越亮，环保行为的成功率就越高。"[1] 正是在这种策略的指引下，黑嘴鸥保护协会成为一个具有一定美誉度的环保品牌，成为了一个具有良好社会形象的环保社会组织，并且带动了当地社会保护生态、保护鸟类、人与自然和谐相处的良好社会风气的形成。

第四节 黑嘴鸥保护协会的创新和意义

草根社会组织在当前我国的社会组织中占据着十分重要的地位，不仅数量多，而且类型丰富，涉及的服务领域广泛，在满足社会多元需求、提供有效社会服务、扶贫济困救灾、激发社会活力、维护公共利益等方面发挥着重要作用。环保组织是我国众多草根组织中发展最早、影响力较大的社会组织。根据"中华环保联合会"2006年公布的《中国环保民间组织发展状况蓝皮书》，我国的环保公益组织共有2768家。环保组织的主要目标之一是希望提高公众的环保意识，提高国家和政府的环保治理能力，推动社会的可持续发展和公众参与。而随着国家对于环保问题的日益重视以及"可持续发展"理念的日益深化，环保组织开始采取国家话语作为合法化的武器，并运用"嵌入式社会行动主义"政府策略，逐渐在媒体上建构议题，助推公共参与。符合国家主流价值观的草根环保组织，既可以有较强的政治合法性和行政合法性（便于注

---

[1] 王名主编：《中国NGO口述史》第　辑，社会科学文献出版社2012年版，第58页。

册），同时也能够有效扩大活动空间。

媒体是公益组织表达诉求、推动公共参与的重要策略方法。通过媒体将大众关注的话题转变为公共议题，公益组织的工作和自主性得以放大，其关注的问题也就更有可能得到公众和政府的重视。媒体和公益组织存在着某种价值使命的一致性和目的同一性。公益组织与媒体协同互动，共同推动公共舆论的形成，进而可以对政府决策、政策与行为产生影响。公共舆论越发成为一种民意表达机制。近年来社会上越来越多的现象是，由公益组织和社会公众推动引发议题，经过媒体平台发酵，形成公共舆论并逐渐纳入政府议程之中。公益组织主动利用媒体作为意见表达的资源和工具，形成对于企业甚至相关决策部门的压力，并倡导政策出台。[①] 黑嘴鸥保护协会不仅重视媒体的作用和价值，而且在保护湿地的过程中多次运用媒体的议题建构功能，例如在保护南小河湿地时，协会就借助当地的媒体舆论，曝光了引海水养虾淹死黑嘴鸥幼鸟事件，引起社会的巨大反响和有关部门的重视，南小河保护站也得以顺利建立。

近年来国家对环境问题的关注日益密切，科学发展观、可持续发展理念深入人心。党的十九大报告提出，建设生态文明是中华民族永续发展的千年大计，像对待生命一样对待生态环境，建设美丽中国，要构建政府为主导、企业为主体、社会组织和公众共同参与的环境治理体系。政府作为相关政策的制定者，控制着众多资源，拥有强有力的国家行政权力。在环保领域，只是靠民间环保组织自身的话，"一无权二无钱"很难切实有效地进行环境保护。草根环保组织在保持自身独立性的同时，通过支持政府的决策，运用"嵌入式社会行动主义"战略，借助政府的权威，依托政府的资源，实现自身的环保目标不失为一种具有超凡智慧的实践策略。我国目前仍处于社会转型阶段，社会力量与国家力量的互动尚不平衡。草根组织、政府与媒体三方协同互动对于实现美好社会的治理目标具有重要的借鉴意义。草根组织、政府、媒体是重要的

---

① 曾繁旭：《表达的力量：当中国公益组织遇上媒体》，上海三联书店2012年版，第189—192页。

第一章 文化、传播与嵌入式社会行动:黑嘴鸥保护协会的生态智慧

三方互动主体,草根组织作为社会价值和服务的倡导者提供潜在问题与目标,媒体作为公共议题的建构者与舆论监督的第三方,政府提供政策支持和资源支持,三者只有互动协调,才能共同实现建成环境友好社会和美丽中国。

第 二 章

北京市西部阳光农村发展基金会：
项目的有机生长①

中国西部农村教育存在发展严重滞后、结构不当、经费紧缺、导向错位和研究贫乏等问题。农村教育，特别是西部农村教育的困境还很突出，用城市教育改革的模式、应试升学的模式都不能真正解决问题。尤其在十年前，这些问题都是农村发展中非常重要的阻碍，当时，甘肃省宕昌县是甘肃最后一个通过二级验收的学校，2008年"西部阳光"进入时，是全国基础教育非常落后的地区，当年小学六年级的语文数学双科及格率占17%，而其中这些83%的双科不及格的学生中至少有60%—70%的人是从一年级开始就不及格，也就是从上小学开始就没有及格过。

当时对宕昌县进行调研发现基础教育所面临的主要问题包括：第一，合格教师总体基数不足；第二，由于自然环境和经济条件恶劣等原因导致教师队伍自身更新、知识更新以及教师自我能力提高的机会较少，进而导致现有教师不能适应新课标的要求，教学质量差；第三，由于待遇低，职业发展机会少等原因造成教师对教育事业缺乏热情；第四，由于教育质量和教学环境差等原因导致学生对学习缺乏兴趣；第五，基本没有社区参与教育服务，导致学校同社区发展脱节；第六，教育行政官员，校长得不到有效的培训，素质不高；第七，对外来的教师，如特岗教师、外聘教师的支持机制不健全，导致外来教师的滞留率低。由于教育水平得不到提高导致贫困的延续，而贫困又加剧了教育水

---

① 该案例写作参考了卢玮静在朱照南、陶传进等编著的《基金会分析：以案例为载体》一书中《北京市西部阳光农村发展基金会：项目的有机生长》一文，特此说明。

平发展滞后,这就使得当地进入了"贫—愚—贫"的怪圈之中。

基于此,"西部阳光"开始进入宕昌进行农村教师培训,本案例选取的该项目是一个针对西部地区基础教育阶段乡村教师培训的公益项目,大约十年前在甘肃宕昌县开始实施。经过多年的积累,该项目不断升级完善,目前已经推广到宕昌周边的区县,旨在增强西部农村教师的职业认同感、提高教师职业技能、培养当地教师成长互助团体,推动东西部教师共同成长。在教师培训项目中我们可以看到有机生长的项目模式发挥了怎样的作用。

第一节 组织简介

北京市西部阳光农村发展基金会(简称"西部阳光基金会")是2006年5月26日在北京市民政局登记成立的民间基金会,主要致力于改善西部农村教育及社区发展,以多元形式支持和帮助教师、学生及农村弱势人群,为他们提供自我改变的机会,使乡村进入自主、良性、全面的发展。目前主要开展"阳光童趣园——农村幼儿学前教育支持""陪伴成长——农村寄宿制学校驻校社工""青葵花导师——农村教师培养""桥畔计划——初创期教育NGO支持平台"等服务于3—12岁留守儿童的教育质量改善项目。

2016年是基金会发展的第十个年头,在这十年的探索发展过程中,已成长为行业领军基金会,在教育领域作出了自己的贡献,其组织发展形成了自己的特色,西部阳光基金会的发展得到社会各方的鼎力相助:在资金方面,既获得国内外各类企业和基金会的扶持,也将众多爱心人士的心意聚沙成塔;在实际工作领域和技术支持方面,得到了教育部相关部门、关注农村教育的各方专家、基层教育主管部门及一线校长、教师、基层干部的倾心支持。目前已形成一套行之有效的整合各种资源、解决针对性问题的工作机制。"有机生长"这一独特的项目模式是值得学习和借鉴的,也是非常值得行业人士去思考的。

一　组织发展历程

1998—2002年期间"西部阳光行动"发起人尚立富，以骑自行车、步行的方式，对东西部农村教育进行了系统的考察，行程9万多里，经过22个省、市、自治区、直辖市，拍摄照片万余幅，写出了近百万字的调研报告，真实地记录了西部农村教育的面貌。

2003年11月"尚立富西部农村教育纪实摄影展"在北京大学、清华大学、北京师范大学等首都各大高校拉开帷幕。

2003年底，在中国教育发展前沿NGO——21世纪教育发展研究院，以及教育专家杨东平教授的大力帮助下，21世纪教育发展研究院农村教育发展研究中心成立，农村教育发展研究中心是21世纪教育发展研究院的二级单位，简称"西部阳光行动"。21世纪教育发展研究院在中国教育实践及研究领域独树一帜、名列前茅，研究院名誉院长为全国政协常委、苏州市副市长、博士生导师朱永新教授，院长为杨东平教授，农村教育发展研究中心主任为尚立富。21世纪教育发展研究院农村教育发展研究中心的成立在"西部阳光行动"的发展历史上有着里程碑式的意义，"西部阳光行动"由一个个人行为向正规化迈出了第一步。

2004年7月"西部阳光行动"正式启动，首都各大高校的135名志愿者组成了十支小分队，分赴西部的十个省、市、自治区的项目点开展活动；"西部阳光行动"得到许多专家学者的支持，如著名经济学家于光远、茅于轼、著名教育家鲁洁、著名学者钱理群、著名教育专家朱永新、著名教育专家杨东平等为"西部阳光行动"的发展提供了强有力的理论保障。

2004年10月"西部阳光行动"全国巡回展览分别在北京、上海、苏州进行，得到了全国各地高校、各类企业、社会团体的广泛支持。

2005年6月"西部阳光行动"与中国社会科学院农村发展研究所进行合作，同时与北京市农发扶贫基金会共同组建"维奥阳光公益基金"，"维奥阳光公益基金"的建立，标志着"西部阳光行动"在发展的道路上更加趋于成熟。

2006年2月，应香港中文大学邀请，"西部阳光行动"负责人尚立

第二章 北京市西部阳光农村发展基金会:项目的有机生长

富赴香港进行为期一个月的交流、学习,推动了"西部阳光行动"的成长和发展。

截至2006年6月,已有上万人成为"西部阳光行动"志愿者,并且在西部农村开展了志愿者西部农村支教、乡村图书馆、西部农村幼儿教育、西部农村教师培训等7个项目,现已成为知名的公益事业品牌。

西部阳光 这10年 2003—2013

2013年
确定系统公益工作方案
阳光童趣园:
服务于3——6岁留守儿童
陪伴成长·驻校社工:
服务于7—15岁寄宿制学校留守儿童
青葵花导师计划:
3年期教师培养
桥畔计划:
陪伴教育NGO伙伴专业化成长

2012年
——61所阳光童趣园扎根甘肃,自负盈亏服务于6000余名留守儿童
——3200名乡村教师教学能力有所提升,职业动力断强
——58名长期志愿者扎根农村,成为留守儿童的"代父母"作为专业社工,服务于9000余名寄宿制学校留守儿童
——48家初创期教育NGO接受桥畔计划支持,稳步发展,在全国各地支持本地教育发展
——15家教育NGO实用阳光童趣园项目经验及活动方案
——"西部阳光行动"独立运作,改名为"益微青年"以支教为核心支持大学生公益行动

2010年工作聚焦:
专注农村教育,扶持伙伴机构
——阳光童趣园项目流程出炉
——"为学生而变"初见效果
(某县小升初合格率从17%提至43.5%)
——项目标准化成为工作重心
——初创期教育组织支持启动
(后成为"桥畔计划")

复盘战略2008年
——中国农村教育现状调研及问题分析,形成"教育问题树"初版
——确立系统介入偏远地区农村教育发展
——确立品牌项目
阳光童趣园—农村幼儿教育探索与支持
为学生而变—区域基础教育质量提升
西部阳光行动 大学生公益行动力培养

2006年基金会正式成立:
乡村幼儿园项目启动
乡村图书馆项目启动
乡村支教室项目启动
乡村教师培训项目启动

2004年
北京240名大学生参与西部支教
——"西部阳光行动"启动

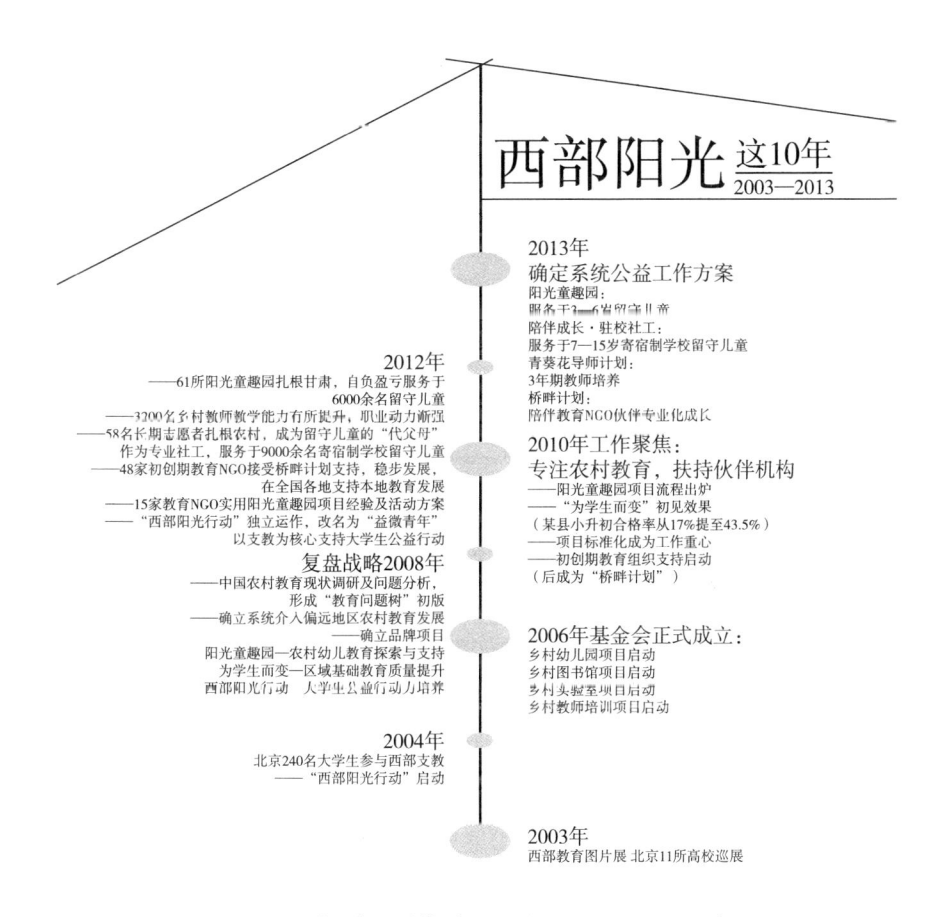

2003年
西部教育图片展 北京11所高校巡展

图2-1 "西部阳光"发展历程图(2003—2013年)

资料来源:北京市西部阳光农村发展基金会官网。

2006年5月13日,"西部阳光行动"发生了历史性的转变,在上海新联康投资顾问有限公司周小丽董事长的大力支持下,由上海新联康投资顾问有限公司出资200万元,成立了北京市西部阳光农村发展基金

会，同时无偿为基金会提供了办公场所。苏州市副市长朱永新教授任名誉理事长，著名学者杨东平教授任理事长，上海新联康投资顾问有限公司周小丽董事长任副理事长，尚立富任秘书长。这是"西部阳光行动"的扩大发展，"西部阳光行动"从此由原来的草根NGO发展成为今天的北京市西部阳光农村发展基金会，实现了历史性的转变，北京市西部阳光农村发展基金会将在原有的工作基础和成果之上，一如既往地为西部农村的发展贡献力量。

二 组织发展使命

愿景：每个孩子都有公平的受教育机会

　　　每个家庭都有改善生活的可能

　　　每个社区都有自我发展的能力

使命：依托专业资源，带动本地参与

　　　通过多元志愿服务及行业支持

　　　使西部儿童享受优质教育

目标：改善西部农村的教育和文化现状

　　　弘扬志愿精神，带动更多的志愿者投身公益事业

　　　为各类NGO参与西部农村教育搭建平台

第二节　案例呈现和模式分析

一 通过可积累能力，生成系统的教育体系

（一）紧扣问题，层层深入，形成体系

基金会成立的第三年（2008年）接受了一笔68万元的捐赠，签约初期项目仅有农村教师培训一项活动。教师培训是一个十分常见的项目，看似简单，却存在着一些关键的难题，例如如何将培训真正融入当地并且改变受培训者，进而产生深远的影响，而不是成为一种形式或仅有短期的收效。其中，项目的核心是将培训的效果巩固和运用出来，最终使教师和学生都要长远受益。一开始，基金会就不是为了完成一项任

第二章 北京市西部阳光农村发展基金会：项目的有机生长

务进入当地的。

> 我们是被问题引导着走的，我们问自己：这样的效果是最好的吗？我们的目的不是为了培训教师，我们的目的是为了要提高教学质量，教师培训是它的手段。那么，对这个目的而言，除了这个手段以外还有什么手段？这个手段是最好的手段吗？还缺什么？进行不断的讨论。

基金会的问题意识一部分来自于他们自身对西部农村教育问题的实践和思考，团队具有思考问题和积极行动的主动性，而并不是为了单纯完成"一个项目"。同时，基金会的理事会为这样一个思考—研究—探索的团队提供了专业支持，其理事会最大的特点就是，在理事会上，以研究教育的专家为主，专家们和团队成员为辅，一次次地讨论基金会关注的核心问题，并碰撞出切实可行的项目行动方案。

(二) 不一样的培训：瞄准教师真实需求而设计的项目

在培训初期，基金会并不是一开始就进行灌输。

> 我们每一次培训之前都有为期两天的教师心理关怀咨询，教师关怀包含两件事，第一是教师的情绪疏导，第二是师生关系。我们在跟教师的交流中发现，其实所有（之前的）培训都是告诉教师，因为你们是教师，所以你们要教学。但是教师不只是教学工具。我们发现，心理工作坊受到教师们极大的欢迎。教师们后来给我们写了很多东西，都说：第一，他们感觉到被尊重。第二，（工作坊）不仅是抒发了就完了，而是帮助教师怎么去管理情绪。第三，师生关系的问题，他们说，我们很多时候都是浑浑噩噩的。教师把这些问题跟你交流，告诉你看什么书，告诉你怎么去想这个问题，告诉你在什么年龄的孩子，他的行为特征是什么样的。第四，交流，就是拿出很多的案例来跟他们交流，说这样的孩子用这种方法去做，也许他就完全不一样。教师们会觉得很受益。

所以，一开始教师们便感受到此次培训与之前的培训不一样，是一种真正针对他们的培训，大家在其中有所收获，一开始就不是被动地去接受知识，而是主动地去参与。

两天的工作坊过去以后，所有的教师都打开了，参与特别积极。他们教育局的人跟我们讲：第一，他们的教师从来没有过这样的活动，并且从未有过这么好的状态。第二，我们每一次培训都有一个演讲环节，就是我怎么做教师。其实就是我们把这个培训从一个工具化的培训向激励型培训的方向去引导。

培训过程中，基金会便针对实际的问题进行了新的尝试：不再是引进专家或名师，而是将同样在农村地区但"能够推门就能上课，有教学实感"的F地区教师作为培训师。

他们（受培训教师）说这些教师（F地区教师），第一，他们（F地区教师）的条件不比我们（受培训教师）好到哪儿去；第二，他们（F地区教师）的课上得真好；第三也是非常有意思的并且非常认可的，这些教师（F地区教师）理解我们（受培训教师）的困难在哪儿。他们（受培训教师）为什么说这是所有受过的培训当中最好的，就是（F地区教师）知道课堂教学是怎么回事，难点在哪儿。

这就区别于一般教师培训，找到了解决教师培训过程中的核心环节，实现了创新的第一步，这些培训师不是来自大城市名校，而是和受培训地区环境差不多的学校。由此这些受培训教师的心理上便发生了变化，他们不再从条件上为自身找借口，同时也看到了培训师的真实水平，产生共鸣并收获到了切实可用的东西。

（三）项目本身的生长：在培训之外的项目拓展

教师集中培训后，要求教师在平时上课中真正发生改变仍需要一系列的前提。首先，如何让教师在实际的教学情境下发生改变并将培训的

第二章 北京市西部阳光农村发展基金会：项目的有机生长

内容应用其中？

为此，他们设计出公开课巡讲。

> 除了做阶段性的集中培训以外，培训师也会下到基层学校，直接带教师们来做公开课的讲评。最后我们在当地搞了教师自发组成的教研小组。真正的项目落实到哪里，是教师们自己内心有了愿望，教师们自己要来，他说把课上好是他的荣誉，是他感觉到他的教学生活的一种幸福感，他要自己有这个体会。

同时，基金会思考将如何激励教师持续下去。于是他们创想出了通过"教学能手竞赛"来实现。

> 培训完了以后，马上开始做教师的教学能手竞赛，就是让教师有动力在日常教学中去实施这些培训的内容。这个县从来都没有做过这些事情，教学能手竞赛有1000多个教师参加，那些最基层的学校的教师都可以来参加，最后300多个教师获得了不同的奖项。接下来他们把教学能手组织起来，到这个县里最偏远的学区进行公开课巡讲。其目的在于，不是总在听外面的人来讲，而是让他们觉得自己这里也有很优秀的教师，让那些教师有更多的动力去进步。……其实有很多是基层学校的教师。过去他们再怎么努力，是没有人看见的。这是很有激励效果的。

这个时候项目便往前推进了一大步，教师培训只是一个起步环节，之后的公开课巡讲和教学能手竞赛才是真正将培训成果运用的过程，而在这个过程中始终是以实际问题为核心，以参加培训的教师为主体，让他们真正参与其中。项目运作到这一层面已经开创出了与原先教师培训不同的一套模式，保证了教师培训的实际效果。

（四）横向生长：关注相关的基础教育问题

之前的措施大部分都是为了匹配项目起点，并结合实际的问题而设计出来的。当项目这部分开始成熟，基金会获得当地教师及教育部门的认可,且调动起当地的主动性之后,基金会便开始了新一轮的对当地仍然存在的基础教育问题的思考。

首先,他们发现当地幼儿教育的缺失、发现学生的营养无法满足等问题,便将基金会本身在其他地方运作成熟的相关项目也嫁接进来。

>（基金会）在这个中间不断地做整合工作,也把其他的项目,包括幼儿园引进来。因为我们是要提高基础教育质量,那些农村地区的基础教育质量为什么这么差?我们分析了三条原因,其中有一个原因就是学前教育完全缺失。好,我们慢慢地把幼儿教育项目接进来,把长短期志愿者项目接进来,就是在那个地方,我们把基金会资源都有机地结合进去。

于是,嫁接过去的当地的志愿者也开始发挥作用,开展活动,例如他们发现儿童的营养太差,身体发育和智力发育迟缓,于是便开始行动起来,为学校的所有孩子每天提供一个鸡蛋。

>就这一个鸡蛋,产生了很大的连带效应,比如孩子们更加喜欢学校和教师并且提升了上课的效果,他们说每天的第二节课效率明显增强,为什么?他们一天两顿饭,早上十点半一顿饭,下午五点钟一顿饭,五点钟到第二天早上十点半,是不吃东西的,甚至你要是去测一测,有孩子是低血糖。第一节课结束要吃一个鸡蛋,第二节课的效果特别好。这个非常有趣,但公立教师是没有积极性来做的。

一开始的项目生长是基金会在项目设计阶段为了落实项目的效果而匹配的行动,项目的第二步生长过程便是一种开创性的过程,是基金会其他项目进入当地后,结合当地情况生长出的新活动。

（五）横向生长:整合更多外部资源

在这之后,基金会的项目已经开始全面铺开了,这时候需要对接的资源已经不仅仅局限于基金会内部,而是"在做的过程当中,我们突然

第二章　北京市西部阳光农村发展基金会：项目的有机生长

发现可以把外部的三家资源、外部的这些信息资源、培训师资源等组合进我们这个项目，马上就让项目显得立体起来了，这些东西都是在做的过程中慢慢发现的，发现以后马上就做"。这个时候基金会便已不再被项目所局限，而是真正打开局面，胸有成竹，游刃有余地往前推进。

> 按照项目计划书，一年项目完了，可能我就离开了，你说这个项目算成没成？你真的不知道。我们当时就讨论，钱没了，那么这个项目还继续吗？当时我觉得不行，这个项目做到一半，第一是可惜了，第二它有太多的可挖掘之处了，我们已经意识到了要往哪个方向走，那就去找钱。这一点跟我们团队的学习也有关，我们真正的目的是提高基础教育质量，思考怎么让这个真正的目的实现。

于是基金会对接了很多外部资源，包括对本来培训项目的支持，也包括对接图书馆、实验室等基本的硬件设施的外部资助，还有对西部农村代课教师和贫困学生的资助等。

（六）纵向生长：青葵花导师计划

在横向生长之外，团队对于原先的宕昌教育项目也有了更为深度的认识和发展。一开始，他们关注的是基础教育质量，其中显而易见的便是当地的教学成绩。当教学成绩获得了大幅度的提升、他们也建立起同当地教师和教育局的信任之后，便开始了对宕昌教育项目本身的纵向生长。

团队首先发现，教学仅是表面的内容，其中集中项目活动改变教师现有的教学于法和模式之后，更难的是对教师本身的长期支持和促使他们个人综合发展的改变，即从教学层面上升到教育层面的内容。于是，他们开始关注教师群体更为深层次的需求。最终，经过多年的尝试和反复探讨，他们发展出了新的项目——青葵花导师计划。由山东等地区的优秀农村教师作为"导师"，一比三的比例，伴随西部地区的教师成长，关注这一群体综合层面的需求。这时候，改变就不仅仅只是发生在项目活动之中，而是在日常点滴的接触中，在青葵花导师计划中，导师每周至少和每位西部教师通过互联网互动四个小时，主要涉及导师听评课、职业问题探讨、个人问题交流等多个方面的内容。这种导师制的互动是个性化的，是在日常互动中对西部教师产生潜移默化的影响。在线上交流的同时，教师之间还进行互访交流、假期集中培训等活动，最终使得西部教师个人得到综合层面的提升。

青葵花导师计划还探索教师共同体的建立，尤其是本地教师共同体的形成。基金会认为，这才是真正改变当地的教育氛围、建立一套新机制的起点，也只有当地教师能力真正提升和共同体真正建立起来了以后，才是真正的"改变"。那时，基金会便可以真正撤出对当地的支持，而这才是真正对当地教育现状的改变，也是可持续的一种最高境界。

（七）纵向生长：影响当地教育政策、建立一种新的机制

所以，基金会并没有止步于前面几个方面的内容，而是将这些都作为基础，开始了更为深入的对问题本质的推进——对当地教育政策、管理、教学氛围的改革。最终，基金会试图改变原先的机制，建立起一套新的有益于当地教育的机制并创造了新的氛围。一个外来的公益组织要改变一个县，从上到下涉及教育政策、教育部门、学校、教师到儿童本身的改变，听起来似乎是天方夜谭，但是基金会已经开始做了，且初见成效，且是当地主动要求的变革。那这又是如何做到的呢？

首先，他们获得了当地教育部门、学校、教师的高度认可。

> 因为他们看到，第一，你们很诚心；第二，你们确实有办法、有资源；第三，你们的所有帮助完全不图什么。他们说，我们接触过一些公益机构，不像你们。所以这也是他们对我们基金会特别认同的原因。现在我们跟教育部门的合作很通畅，因此就可以影响它的政策。

有些当地的政策就是在他们的反复沟通下慢慢推进的。

> 原来的教师考评，他们叫一年一聘，后来我们说服他们，教师这个职位不能这样，经常换教师对学生是不利的，教学是一个连贯

第二章　北京市西部阳光农村发展基金会：项目的有机生长

的过程，我们跟他们做了很长时间的工作，让他们把一年一聘改成三年一聘。

他们不仅仅只是在理念和政策上进行引导，他们也用实际的行动来支持当地基础教育的前进，这既是他们项目的最终目标，又是完全超出项目的活动之外而生长出来的。例如基金会帮助当地建立起教研室开展相关工作。就是这样看似不能完成的任务，一些看起来很难甚至于完全不能撬动的东西慢慢开始松动。

> 你给它的帮助都特别实在，特别是它最难的地方。我们知道我们是要走的，你不把它的能力发展出来，我们走了它们还是不行。现在教研室的能力慢慢起来了，教师的教研热情有了，我们要支持一段时间的教师自发教研，把这些东西做到生根了，我们走了也不要紧，它就真的有东西。这一点我们还在做，还没完，但是所有的思路全是循着这个走的。

这时候，宕昌教育项目已经"面目全非"，变成了基础教育质量综合提升项目，这些项目之间彼此支持，相互融合，形成一个整体的项目树。

> 我的新项目是"长"出来的，是在原有的工作当中"长"出来的，我们叫有机生长。我最后的目标，十年以后我要明确地看到这个地方的基础教育状况有重大改变。

（八）归总：形成综合议题而不是单一的项目

这是基金会从2008—2014年所做的一个项目，即使是项目本身的活动也改变了很多，更不用说后面几步的生长了。在他们看来，一个项目从开始设计，到它最后实施完成，骨干的东西没变，形式上却"面目全非"。它比以前更加立体，整体内容也丰富了很多，原本在项目计划书里面是四个内容，最后这个项目做下来，项目里边增加到了二十多个内容，且都是不断生长发展着的。原先的宕昌教育项目变成了后来更为深入的青葵花导师计划，原先的很多项目活动最后整合成"驻校社工""阳光童趣园"等。

最终，基金会用"农村基础教育质量综合提升"议题来统合这系列的行动，其工作也从项目中跳出来，以议题为载体，每个议题里面有很多个项目，工作团队负责的是一个议题组，但不是完成议题组里面的项目就行的，而是要解决该议题所针对的社会问题：

  答：项目不是工作的载体，项目是筹资的载体。因为你资金得一笔一笔来，但是我的整个工作思路不是被项目牵着走。我觉得最明确的一点是，我们是为问题去设计项目。甚至于我这已经根本不是（分开的），为什么我叫议题不是项目？这个议题里面有一大堆事儿。

  问：给一个开放的空间？

  答：完全开放。做农村教育，我关注这些问题。这些问题之间要形成合力。我们这个里面有八个项目，八个项目的筹资是分别筹的，但是所有的事情，包括我的工作人员，也不是说你这个人就做这一个项目，不是。人是分开的，钱来了以后还是分开的。但是它在你的心里是一张清晰的图。

另外一点，资金和项目覆盖点也跟着项目的生长呈现出可持续和扩展的两种趋势，基金会在该项目开始运作那年（2008年）的捐赠收入总和不足300万元，此后的三年基金会的捐赠收入可以说是以指数的形式增长。到了2011年，基金会的捐赠收入达到了1100万元，且还在继续增长着，在2013年达到了2000万元左右的规模。而基金会也不仅仅在原先的项目点开始深化，在新的项目点开始了新一轮的生长。

二 项目生长之外的改变——专业性的提升

（一）对问题的重新认识——问题树的真正形成

在有机生长的过程中，基金会对之前了解的农村基础教育的社会问题已经有了进一步的认识，且这个认识不是简单的一个方面，或者仅是

第二章　北京市西部阳光农村发展基金会：项目的有机生长

宏观的格局，而是一个十分立体化、具体化却又有宏观视野的"问题树"。他们归总出农村基础教育问题有哪些，从最初的儿童营养、幼儿教育、中小学教育体系，到当地教育政策以及家庭社会等各个方面的问题，他们依据有机生长和过程中的思考把问题树上的枝枝叶叶都描绘了出来，并上下追寻出问题产生的原因以及问题导致的严重后果。最终，基金会形成对西部农村基础教育问题系统性的深入认识。

而在思考建构这个整体问题树的过程中，他们对原先生长点问题的认识也更加深入，从外部到内部，从短期到长远，开始注重问题根部的实质性改变，而不是表面的"光鲜可量化"的项目产出。

（二）项目精确瞄准设计并形成项目模式

项目的瞄准设计是对接社会问题和项目活动的关键性桥梁。有了问题树之后，基金会在设计项目的过程中，就更容易精准地定位社会需求，瞄准一个个具体的社会问题来开展项目行动，且目标都是为了取得实质的成效而不至于被资源方或项目计划书带"跑偏"。

同时，他们也能够跳出项目的框框，基金会目前把上述系列项目叫作"农村基础教育提升议题"，项目是他们将议题中的各个行动包装出来向社会募款的"产品"，议题里面包含着众多项目，却又不局限于其中，而是一个完全开放性的，限定性捐款要用于固定的项目，而之外是用非限定性的资金完成。工作人员在一线中不仅仅要做一切符合原先议题范围内的事，更有着充分的自主性，在保证项目顺利的情况下，对项目进行灵活把握，不局限于拟规画圆，使得项目达到预计甚至更好的社会效果，并把在项目完成过程中发现的新问题重新设计成成熟的项目来募款。

这时，基金会的项目便不是单个孤立的，而是基于问题树有了紧密的内部关联，形成在横向上的有机整合、纵向上的不断积累升华、整体性地为社会问题服务的"项目树"。而这个便是基金会的核心项目模式，是基金会特有的解决这类社会问题的"品牌专利"。

这个项目开始给了我们很多启发，在农村做基础教育到底该怎么做。我们以此为样板，第二个项目点出来了，第二个项目点就是在它的经验基础上设计，最初设计的时候就把它设计得比较完备，结果在新项目实施过程中，我们又发现了新资源，马上就把最好的资源引进来，我们现在跟他们（新资源）有了长期良好合作。这个原本不在我们的计划内，马上引进来，引进来以后及时地去做调整，这个项目已经开始生长了。……我觉得，项目的有机生长，就是机构不断地让它跟你的机构使命相衔接，项目的有机生长的过程就是你对自己机构使命的不断认识、清晰和连接的过程。

（三）项目运作技术层面的发展

除了项目瞄准设计，基金会项目运作能力也进一步成长发展起来，最终形成一套系统化的基金会解决该类问题的核心方法论。

对于基金会来说，这套技术手法主要涉及两个方面：

第一，教育领域项目的运作技术。基金会需要对教育问题，尤其是西部农村教育问题有足够专业的洞识，并且能够整合有效的专业资源，采取相应的技术手法。例如：知道且能够找到足够合适的"培训师"和"青葵花导师"。知道针对当地教师和以留守儿童为主的学生的发展需要如何进行引导，哪些手法是有效的等。

第二，非营利组织领域的专业性，包括如何组织作为志愿者的培训师和作为受助对象的教师，使他们感觉到被尊重，被认可。如何分配有限的公益资源而不会造成争抢或不公平现象，如何不形成对公益资源的依赖，如何调动教师的参与，把发展改变的责任主体转移到当地受助者身上，如何组织当地教师的共同体等。

这些技术都是基金会在项目生长的过程中不断探索积累的，有些方面基金会得到了较为良好的发展，有些方面基金会仍然处于探索期。但基金会的团队有自信能够在直面社会问题进行有机生长的过程中，慢慢地将难题逐渐"攻克"。

（四）归总：专业性发展的三个层面

在这里，我们对原先的专业性的概念已经有了一个更为具象的认识，专业性，是基金会运用资源和技术手段实现社会目标的一种综合能力，具体而言应该涵盖上述三个层面的内容：问题树、项目瞄准设计、

第二章 北京市西部阳光农村发展基金会：项目的有机生长

项目运作技术。

这三个层面看似简单，但从前文也可以看到，每个方面展开都是极其丰富的内容。很多情况下，基金会的专业性并不是一开始就有的，而是在运作探索过程中逐渐积累而得的，其中非常有效的途径便是通过项目的有机生长获得。

当基金会梳理出问题树，将项目活动提升凝练成一套有机综合的项目模式，且有了核心两个方面的专业运作技术之后，就可以足够有力和综合地解决当地的社会问题，进而给各个利益相关方（教育部门、校长、教师、家长、学生等）带来冲击和改变，逐渐突破原先的困境，打破原先体制内僵化的机制，为其带来新的活力，最终改变当地的社会环境，使得从教育局长到学生都进入到一个新的机制体系中开始运作。这才是真正地解决社会问题、促进社会发展变革的模式。

（五）第三极价值：需求而非资源导向，敢于向资助方说"不"

对基金会来说，有利于项目开展的资源都应争取，但获取资源的底线是不能丧失自我，损害基金会的公益性，或违背基金会的价值理念。"西部阳光"在获取资源时，既尊重资助方，又不被资源方所主导乃至控制，这就是来自社会的第三极价值。

> 其实我觉得（我们面对资源的时候）是非常强势的，我们没有不平等的合作。一些合作说非要那样做的我们就不合作。……我们越有主心骨，我们就越能够说服出资方，然后就越给我们空间。如果自己都搞不清楚你是什么，出资方就越想控制你。其实这是一个互相的过程。（西部阳光秘书长访谈）

"西部阳光"并不是出资方的资源递送者，而是一个社会需求的满足者。

> 我们关注的是农村儿童成长的真实需求，这一点很清楚。……很多事情都不一定有了钱我们才去想和做，首先是跟着需求走，我要做什么？完全社会导向。这点很清楚……有人来找我们，说有一

笔钱，钱还不少，说做这样那样的事情，希望我们帮助他们来做。我们说这不是我们做事情的方式，要做我们也不这样做。如果一定要这样做，那就不要找我们。（西部阳光秘书长访谈）

之所以基金会能坚定不移地持有第三极价值，其不断积累专业能力是重要基础。有了足够的专业能力，基金会对社会问题就会有清晰的把握，并逐渐成长，有了与资源方平等对话的能力，可以对资源方说"不"，由此变成了基金会与资源方的相互选择。项目成为基金会联系资源方和受助方的桥梁以及相互选择改变的管道。随着项目的深入开展，基金会的专业性得到提升，同时也能够影响和选择资源方。另外，资源方通过项目选择了基金会，受助方通过项目，接受了资源方和基金会的理念和物质帮助。借助于基金会，形成一个社会化的链条，资源方—基金会—受助方都在这个项目平台上逐渐发展变化。

第三节　成功经验

有机生长的模式，是"西部阳光"在以教师培训为代表的项目实践中逐渐摸索和创造出来的。它不仅对教育发展类项目有参考价值，也包含着公益机构项目运作和机构发展的普遍规律。为什么"西部阳光"能够在发展中实现有机生长？根据现有的事实，我们可以归纳出以下几条。

一　内部治理：执行团队具有充分的自主空间

有机生长的模式和执行团队的创造力、行动力是分不开的，而优秀的执行团队通常都需要一个充分支持却不控制的自主运作空间，而这就与机构的治理结构密不可分了。事实的确如此，下面是"西部阳光"内部治理的几个重要特征：

（一）理事会的组建：自由意志的结合

"西部阳光"的项目，最开始是公益人士的行动，然后学者和知名人士表示支持，再接着是企业家的加入，最后传媒领域的力量加入，这些力量构成了西部阳光的理事会。因此，西部阳光的理事会不是临时凑成的，也不是为某个单位所控制的，而是来自各行各业的力量基于公益的发心，通过公益参与，自由聚集而成，这就为基金会的民主治理埋下了自由的基因。

（二）理事会的专业性：关注问题，把握核心

基金会的理事会成员都是各个行业的专业人士，有的甚至还是该领域享有名望的老专家。由于加入的初衷就是为了解决社会问题的，所以理事们对问题本身以及解决方法格外关注，同时他们还是教育领域的专业人士，执行团队可不能有半点"忽悠"。

> 我们每次开理事会都是在讨论问题。上次开理事会是在讨论寄宿制学校的发展。究竟给农村发展和农村教育带来什么影响，这种影响的恶劣是什么？这个问题想清楚了，我们就知道我们该干嘛了……理事会上，理事们经常提出一些问题让我们去想，然后我们去开展活动，下一次我们就要汇报到底有什么做法。他们没有非常关注我们的钱到底怎么花，或者我们做了几个项目等流水账的东西，更多的是说你们针对这个问题采取了什么方式解决，做了什么事儿。（西部阳光秘书长访谈）

（三）非限定性资金：机构创新的重要机制

非限定性资金，即灵活资金的设立，是西部阳光保持创新活力的重要机制，十分值得关注。

第一，它可以让机构有条件去尝试创新项目的研发和实验。一是避免在现有实践中发现值得尝试的创新方向却因为没有资金而不能及时响应的情况；二是避免为了迎合资源申请周期而对社会需求把握不准、研究不够的情况。

第二，它可以提升项目运作的专业性和安全性。一是可以保证项目实施质量，让公益资金以最优效率使用；二是避免对服务对象产生负面的影响。

第三，它还可以帮助机构顺利抵御资金意外断裂的风险。有了非限

定性资金的积累,"西部阳光"甚至可以在没有资金进入的情况下,支撑机构半年的运转。

二 乐于向前开拓的创新精神

"西部阳光"是一个极具创新精神的组织,这也是其能够完成有机生长的重要原因。毫无疑问,基金会的领队式人物(如理事会成员和秘书长)都是极具创新精神的,但关键是如何将这种精神传递给员工,进而形成整个执行团队的文化。对此,秘书处团队对自己的要求十分严格。

> 如果按照项目书完成工作,在我们机构是底线,都不是及格线,大概可以给30分,不能给到60分。能给到60分是什么?就是在工作过程中,对这个事情是有一定思考的;而更高的分数则要求员工既有好奇心,也要有思考能力,还要有同理心。项目运作中遇到问题或变故要有理解、思考和解决问题的能力。(西部阳光秘书长访谈)

三 盯住问题不放松的习惯

解决社会问题是诸多公益组织产生的出发点和着眼点,但是真正能够盯住问题的机构却并不多。这既是一种态度,也是一种能力。面对社会问题,"西部阳光"有敏感度高、透视力强、不刨根问底誓不罢休的习惯。事实上,社会问题通常是一个扣着一个,一环连着一环的。有了盯住问题不放松的精神,便能够如抽丝剥茧般层层深入,最终探索出一个社会主题中系列问题的系统解决方案。于是,有机生长便逐渐成型。

四 锻造了一个专业性、战斗力和凝聚力并存的团队

一个优秀的组织往往有一个优秀的团队,"西部阳光"也不例外。接触过"西部阳光"行动团队的人,大都能感到他们身上那种质朴、专业、认真、执着,而又具有理想主义情怀的气质。这样的团队兼具专业性、战斗力和凝聚力,是有机生长模式能够完成的重要保障。

为什么"西部阳光"能锻造这样的团队呢?

第一,选好人。从来源上讲,机构的员工虽然来自四面八方,但却有个共同的特点——都是"西部阳光"曾经的志愿者。员工是曾经的

第二章 北京市西部阳光农村发展基金会：项目的有机生长

志愿者，但是志愿者却并不一定能成为员工，必须经过很多历练，被机构精挑细选并长期培养之后才慢慢吸收进来。"我们的主体工作是在基层工作为主。有没有志愿者的精神，有没有发自内心地想做一件事儿，是不是不仅仅将这里工作当作一个职业，这对我们来说很重要。"

第二，历练人。从培养来讲，机构建立学习型团队，让员工在实践中得到综合训练。

> 在我们团队中，对员工的专业性和工作成效有高要求，就促使你要非常努力地学习。我们这里学习的压力是非常大的。我们这里的历练是综合性的，国家机关公务员也好，做企业也好，往往都是一颗螺丝钉做某一件事，但在我们这边，全是综合性的工作，给年轻人足够的机会进行全面训练。你看我们现在大部分人全在基层，为了项目推动，一个20多岁的年轻人要去找县委书记，要去找校长，然后到学校里，到学生家长，到社区里，接触的层面有多宽？这是很挑战的，也是十分锻炼人的，非常快地逼到你做一个综合把握。

有这样难得的机会来历练，员工很快成长起来，能很清晰地看到自己的进步，进而获得巨大的成就感，内心得到深度激励。

第三，凝聚人。除了选好人、历练人之外，"西部阳光"还十分重视凝聚人，主要体现在两个方面：一是营造团队成员互相支持、互相激励的团队文化，让大家形成具有共同理想信念和奋斗目标的共同体；二是机构要关心员工福利，在力所能及的范围尽量提升员工福祉。

> 我们从团队建设的角度来说，有很多福利，包括我们的午餐、年终的体检、学习的费用，这些都是给年轻人提供的。没结婚的，可以提供宿舍。年轻人有很多适合他们需要的这种支持，虽然不表现在工资上，但是它实际起到的作用也很大。（西部阳光秘书长访谈）

第四节　案例总结

一　宕昌教育项目的成效明显

该项目对宕昌教育事业发展产生了积极而重要的作用。

一是提升了教师教学能力，受训教师至今沿用其培训内容；提升了教研水平，教研员的评估和研发能力得到较大提升；最终，学生从中切实受益。

二是激活了当地体制内的力量，引进了新的价值空间，推动或影响了一系列教育政策的出台。与当地教育系统协力，从体制机制这个根本点上重塑了当地的教育格局。

三是通过该项目，当地教育部门学会了借助社会力量整合优势资源，不断创新教育发展。

二　有机生长模式是宕昌教育项目的核心模式，在社会公益领域普遍适用

俗话说"十年磨一剑"，有机生长的模式及其对当地教育事业的贡献，就是西部阳光农村宕昌县基础教育质量综合提升项目在甘肃耕耘十年的结晶。

有机生长的模式不仅适用于教育类公益项目的运作，也概括了其他领域公益项目运作及机构能力发展的内在规律。"西部阳光"的实践，不仅让有机生长的概念得以产生，而且可具象化为一些重要的管理原则和技术手段，具有十分重要的参考价值。

三　有机生长的实现需要"责任主体转移"技术和"可积累"的能力

有机生长的核心技术要点是"激发本土主体的内在动机，实现责任主体归位"，这涵盖了从嵌入、激活、选择、退出和陪伴以及形成事业共同体的一系列环节和相配套的技术手法。

可积累的能力，是紧扣问题、层层深入并最终形成体系化解决问题的能力。这里的问题，可以从多个维度展开：既可能是专业技术问题，也可能是资源获取问题；既可能是横向生长的问题，也可能是纵向生长的问题。于是，从单一的问题切入、不断生长，最终形成一个综合问题群，这对应着若干方法组成的综合性解决方案，而又对应着由若干个项目组成的综合性项目群。

四 有机生长的两个重要成果是"专业能力显著提升"和"第三极价值的长成"

这里的专业能力是指解决某一领域社会问题的整套技术组合，包括三个方面：一是对问题的瞄准精度，二是解决问题的专业技术（包括特定领域的专业技术和非营利管理的技术），三是形成一套完整的项目模式。真正能够完成有机生长的机构，在该领域的专业能力将会得到很大提升。

第三极价值是一种"以需求而非资源导向，敢于向资助方说不"的价值观，它是基于丰富的实践经验和清晰的全局发展意识基础上，同时具有并实现自主个性与合作共性的融合的特点。因此，它不是排斥性的，而是具有包容性和建设性的、具有说服力和穿透力的价值观。只有经过有机生长的机构，才能真正长成这样的价值体系。

第 三 章

教育服务嵌入医疗服务的探索

——以北京市新阳光慈善基金会病房学校为例

白血病儿童在治疗期间,因长期隔绝住院治疗而远离社会,导致他们出现缺乏人际交流等心理和社会化问题。新阳光的病房学校项目正是为解决这一问题而设立。该项目通过提供课程教育和陪伴等方式,还给孩子一个多彩的童年,综合促进患病儿童的发展成长。

在社会意义层面,新阳光病房学校展现出其独特的社会价值。第一,它为填补长期住院白血病儿童义务教育的空白而存在,贡献了教育方面的价值;第二,它实现了特殊教育的功能,为这些家庭提供医疗社工的专业化服务;第三,它运作过程中体现了生命教育的真谛,还原教育本身的意义;第四,它运作过程中承载了对生命的思考,建构了对生命的解读,实现生命意义的绽放。

在公益性层面,新阳光病房学校是典型的公益类项目,其满足公共层面的社会需求,填补了当前白血病儿童在教育层面上的缺失。同时,其提供纯粹的公益服务没有任何干预市场的行为。最后,在受益对象的选择上,病房学校接纳所有的白血病孩子,并且力图实现公益效果最大化。

在专业性层面,病房学校为患儿及家庭提供了一个教授课程、传递力量的社会化学校公共空间。所用的干预借助于这个公共空间开展。其中的关键要素包括:营造一个区别于医院的类学校空间,提供五个层面的发展课程,促进社会化融入,过程中的行为矫治。病房学校作为公益项目最大的专业性价值体现在:建构了一个完全不同于冰冷压抑医院的另一个场域，源源不断地传递希望和美好，并且影响相关的所有群体。

在延伸的社会影响层面，病房学校在家长、医院和行业三个层面都作了积极的社会贡献。首先，其为家长提供喘息服务，并且开始探索建构家长共同体；其次，病房学校起到了医患之间的解扣枢纽作用；最后，病房学校也成为中国儿童大病救助领域，从"硬件"向"软件"方面升级中，位于发展前沿点的长期住院儿童发展项目。为此，病房学校也获得了广泛的社会关注及行业认可，获选2016年北京第四届中国儿童大病救助论坛"中国儿童大病救助十大示范项目"。

第一节　案例背景

近年来，白血病是儿童时期发病率最高的恶性肿瘤疾病，是5岁以上儿童死亡的主要原因之一。据统计，我国白血病死亡率为50%，白血病发病率约3.0—4.0/10万。在恶性肿瘤死亡率中，白血病在男女性中分别居第6位和第8位，而在35岁以下人群中居首位。据统计，我国每年新增白血病患儿大约有15000例。面对逐年扩大的患儿群体，不仅仅需要加强医疗技术的研发，患儿和家属的心理社会需求层面也并始受到关注，其相应的社会服务层面的要求也急需发展。随着医疗技术的发展，白血病儿童的生存率已经有很大提升。但白血病的一般治疗年限为2—3年，甚至有一部分长达五年。在这段治疗时间内，因为治疗的需要以及大量化疗药物造成的免疫力低下，白血病儿童无法到学校接受与同龄人一样的教育。长期的隔离与远离正常学校生活，使得白血病儿童的社会化进程面临重重阻碍。对于3—6岁的儿童来说，他们是非常渴望上学以及跟其他小朋友一起玩的，但是当他们期待的正常发展发生转移的时候，他们就会认为自己和别人不一样，但同时也很期待上学。

在我国的公共服务体系中，针对白血病儿童的服务主要有两个方面：一方面是针对白血病患儿的救助项目，这里的救助项目大多停留在资金上的救助，对于白血病儿童服务上的救助还较为缺乏；另一方面是医务社工的介入，尽管现在医务社工越来越多，但医务社工对白血病患儿的干预主要是个案干预和小组活动，主要内容是运用各种疗法对患儿和照顾者提供支持性的心理治疗、开办专家讲座、开办治疗性小组、成长性小组和互助小组等。但这对于患病儿童来说只是短期的干预，这种干预一方面覆盖人群较少，另一方面很难解决白血病患儿教育断层的问题。因此，在白血病儿童的公共服务体系中，教育这一部分的服务还属于空白地带，而病房学校的建立正好弥补了这个空白。

新阳光病房学校在教育和医疗两大公共领域之间建立了连接，通过在医院里设立病房学校，在教育和医疗领域的中间地带开拓了一个新的服务空间，这个空间不管是对于医疗还是教育都是一个开拓。在教育层面，白血病儿童因为长达2—5年的治疗期而中断了教育，病房学校的开展能够最大限度地减少白血病儿童因为住院而缺失的课程。而在医疗方面，通过病房学校的开展，能够更有利于白血病儿童的康复，据调查，儿童的精神状态对于治疗的效果有着非常大的影响。

截至2016年12月，新阳光病房学校覆盖到了11个省，设立了23所，服务了3446名儿童，提供了95928人次的服务，投入资金达到了3670000元，共调动了2889名志愿者的参与。服务对象家长满意度达到90%以上。通过电话调查发现，57.85%的家长认为病房学校有效地填充了孩子的住院生活，让孩子不会感觉到无聊；也有将近1/3的家长普遍认为病房学校除了满足孩子的基本需求外，还能够帮助孩子转移一部分来自看病的痛苦，塑造良好的性格，培养一些兴趣爱好等。统计显示99%的孩子不排斥上学，80%以上的孩子目前是非常或比较喜欢去学校上课。

第二节　机构情况

一　组织使命

北京新阳光慈善基金会是一家专注于白血病等血液肿瘤救助，为血液与肿瘤领域民间公益项目提供综合性支持的5A级公募基金会。其缘起于2001年,北京大学光华管理学院研究生刘正琛被诊断罹患白血病后,立志帮助所有患者,并坚持至今。基金会在成立后本着"用爱自己的心去爱别人"的宗旨,将业务范围锁定在:资助赈灾及灾后重建、疾病防治、孤儿孤老孤残救助、重大疾病人道主义救助、教育支持、公益研究及培训方面的公益活动和公益项目。

现阶段,基金会的工作以抗击白血病等血液与肿瘤疾病为主。基金会以"人人享有健康生活"为愿景,以"助力提升血液与肿瘤疾病的预防、服务与治疗水平"为使命,为患者直接提供优质资助、信息、配型查询等服务。同时,将为血液与肿瘤领域内民间公益项目的发展提供综合性支持作为自身战略,提供经济资助与救助咨询、骨髓配型查询、患者教育、病房学校等服务,来提高患者的生存机会及其家庭的生活质量。

宗旨:用爱自己的心去爱别人。

愿景:人人享有健康生活。

使命:助力提升血液与肿瘤疾病的预防、服务与治疗水平。

战略:为患者直接提供优质资助、信息、配型查询等服务的同时,为血液与肿瘤领域内民间公益项目的发展提供综合性支持。

价值观:慈善是恒久忍耐,又有恩慈;慈善是不嫉妒,慈善是不自夸,不张狂,不做害羞的事,不求自己的益处,不轻易发怒,不计算人的恶,不喜欢不义,只喜欢真理;凡事包容,凡事相信,凡事盼望,凡事忍耐;慈善是永不止息。

二 治理结构

北京新阳光慈善基金会决策机构为理事会。理事会下设监事、顾问委员会和秘书长:

(1)监事:负责监察公司的财务情况,对基金会实施的公益项目进行监督,确保公开透明,提升社会公信力。

(2)顾问委员会:对基金会的重大决策、重要活动及战略发展提出指导意见。

(3)理事会下设秘书长,秘书长下设四个中心,分别为:项目管

行动·拓展·创新

理中心、知识与数据中心、对外合作中心、运营支持中心，另在湖南、云南、上海、广东分别设立了分支机构。

三 发展历程

2001年12月，北京大学光华管理学院研究生刘正琛被诊断罹患白血病，立志帮助更多患者并坚持至今。2002年1月，阳光骨髓库成立，阳光100计划完成。2002年6月，北大阳光志愿者协会正式成立，阳光1000计划启动。2005年2月，阳光骨髓库第一例移植完成。捐献者是北京大学医学部的学生穆颖，患者是来自江苏的晓敏（化名）。穆颖现在是北京世纪坛医院乳腺外科的医生。2009年4月，正式在北京市民政局注册成立，定名为北京新阳光慈善基金会。2011年，新阳光开始对白血病等血液和肿瘤患者进行经济资助。

2012年5月，新阳光启动病房学校项目，旨在填补中国义务教育的最后一块空白——长期住院儿童的教育缺失。2012年，启动了慢粒白血病（CML）患者服务项目，为患者提供医疗信息支持。2012年12月，新阳光在北京市社会组织评估中，被北京市民政局评为5A级社会组织。2013年9月，新阳光由非公募转为公募，是中国第一个由草根组织发展为非公募基金会，进而转型为公募基金会的机构。2013年9月22日，新阳光将"国际慢粒日"引入中国，并举办首届中国慢粒患者大会。2014年8月，成立湖南分支——长沙市新阳光生命关爱中心。2014年11月，新阳光召开理事会会议，确定将基金会服务范围拓展为血液与肿瘤疾病，并将服务范围扩大到全国。2015年，新阳光病房学校发展到国内六个省市、14个教学点。患者资助项目已经累计拨款超过5000万元，资助患者超过2000人。

第三节 项目运作模式

白血病一般治疗年限为2—3年，在这段治疗时间内，白血病患儿因为治疗的需要以及大量化疗药物造成的免疫力低下，无法到学校接受与同龄人一样的教育。因此，相较于普通儿童，这些长期住院的白血病

第三章　教育服务嵌入医疗服务的探索

患儿因为长期所处的社会环境以及个人经验的特殊性，造成他们较于普通儿童更难以顺畅完成自己的社会化历程。即使在临床治愈返回正常的社会环境后，因为患病经历的独特性，这些长期住院的白血病患儿很难与以前的同伴分享和产生共鸣。

该项目针对白血病患儿与家长所面临的问题，主要通过建立病房学校，向已经完成住院化疗或者移植的长期住院孩子提供幼儿园时的早期教育或初级义务教育服务开展适合白血病患儿的课程，让更多的患病儿童享有受教育的权利，促进儿童社会化进程和健康发展，为患儿家长提供喘息服务。

考虑长期住院白血病儿童的实际情况，病房学校主要在社会化中断和心理状态改变这两个层面进行干预，如图3-1。

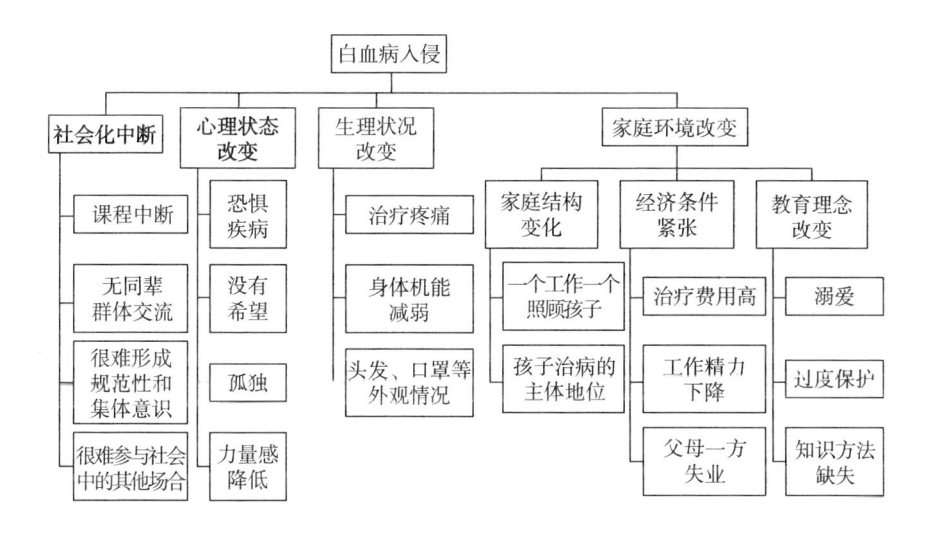

图3-1　白血病儿童情况分析问题树（笔者自制）

其中，病房学校主要是通过课程及陪伴服务的方式来针对当前的需求开展服务。即在儿童就医的过程中，建构一个新的场域——病房学校，通过类学校方式的常态化服务进行干预。新阳光对病房学校的定位为"为患儿建立 children-friendly 社会化平台"。

在课程内容上，由于孩子年龄差异大、大部分的孩子处于学龄前阶段，故病房学校的课程以语言、艺术、科学、社会、健康等综合性的类别为主，具体授课内容以各学校结合实际情况自主选择。对于部分就学年龄段有学业需求的孩子，其采取志愿者个别化辅导的方式提供语文、数学等学科课程。上课时间会因医院的不同而有所差异，少则一周一节课，多则一周六节课。

课程内容的多少并不是项目的重点，而是借助于授课过程，病房学校的教师给孩子们提供真正意义上的教育及陪伴服务，强调孩子在参加病房学校过程中的改变。

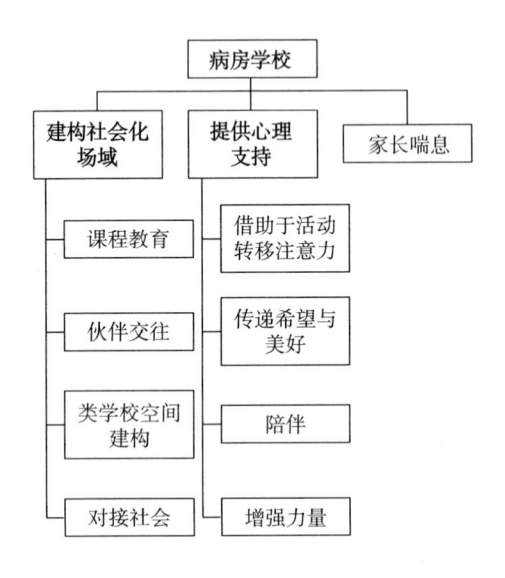

图3-2 新阳光病房学校目标树（笔者自制）

在具体的干预过程中，新阳光引入了"行为矫治模式"，聚焦于特殊个案的行为偏差本身，以适当可行的目标为导向，根据白血病儿童不同的行为偏差、环境、产生原因等，有针对性地采用不同矫治方法，积极减轻和消除白血病儿童的行为偏差。

第三章 教育服务嵌入医疗服务的探索

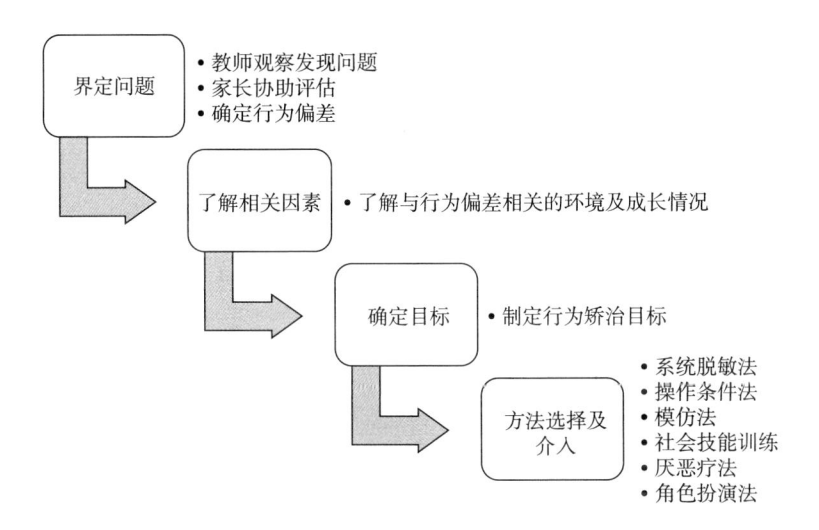

```
界定问题 → • 教师观察发现问题
         • 家长协助评估
         • 确定行为偏差

了解相关因素 → • 了解与行为偏差相关的环境及成长情况

确定目标 → • 制定行为矫治目标

方法选择及介入 → • 系统脱敏法
              • 操作条件法
              • 模仿法
              • 社会技能训练
              • 厌恶疗法
              • 角色扮演法
```

图 3-3 新阳光病房学校行为矫治模式（笔者自制）

这里列举几个案例片段：

片段1：一名10岁左右的女孩，来到病房学校已经有几个月了，是班级里来得相对较早的孩子。在和她做游戏的过程中了解到，她是典型的渴望上学的患病儿童代表。从学习的角度说，在"画出我心目中的病房学校"这个游戏中，她画了一幅和教师说再见的图画，在分享这幅图画时，她说她特别喜欢上学，特别喜欢病房学校和这里的教师，她之前有两年由于治病，没能上学，但她的年龄是正常上学年龄的，所以这次有机会能够重新回到课堂，她觉得特别难得和珍惜。因为她特别渴望回到学校。

片段2：在和一位妈妈聊天过程中，当谈到自己的压力时，妈妈提到在家里孩子对自己说的一句话："妈妈，我不想死，我还没活够！"

片段3：一名10岁的小女孩，性格是特别倔强的，而家长处于一种无奈的状态，家里是农村的，村里的大人得知这个病都不会让孩子来和她接触玩耍，因此，孩子整天在家看电视，造成只能在这个封闭的环境中待着的状态。

第四节 病房学校的核心价值

病房学校的核心价值将从四个层次进行分析，分别包括病房学校的基础教育功能、特殊教育功能、白血病儿童的独特潜力和生命意义的绽放。

一 基础教育功能：儿童教育

在这里，病房学校承担的第一个也是最基本的功能，即让孩子在生病期间能够继续接受教育。病房学校学生接受的教育课程主要是基于幼教的五大领域，这就保证了白血病患儿在生病期间也能够接受他们这个年龄较为合适的课程。

病房学校的课程设置主要基于《幼儿园工作规程》及《幼儿园教育指导纲要试行》，将幼儿教育划分为健康、语言、社会、科学和艺术五大领域，且对各领域的目标、内容和要求等也给出了明确的指导建议。具体来说，病房学校在基于五大领域的基础上所设计的课程主要包括：绘本课、英语课、科学实验课、手工课、活动课等课程。

表 3-1 课程体系及目标

领域	教育目标
健康	增强幼儿体质，培养健康生活的态度和行为习惯
科学	激发幼儿的好奇心和探究欲望，发展认识能力
社会	增强幼儿的自尊、自信，培养幼儿关心、友好的态度和行为，促进幼儿个性健康发展
语言	提高幼儿语言交往的积极性、发展语言能力
艺术	丰富幼儿的情感，培养初步的感受美、表现美的情趣和能力

资料来源：《幼儿园教育指导纲要试行》。

基于上述目标，病房学校从整体层面进行了课程设计，并让各个病房学校点结合实际情况进行选择：

表 3－2　　　　　　　　　病房学校课程体系

领域	课程名称	具体内容
语言	绘本阅读	
	故事课程	操作形式：文学活动、谈话活动、讲述活动、听说游戏等 故事来源：古诗词、绘本欣赏、历史故事、神话故事等
艺术	手工制作	折纸、泥工、扭扭棒、剪纸等
	绘画创作	画作欣赏、彩笔画、水粉画、油画棒水粉画、水墨画、印画、吹画、版画等
	音乐舞蹈	歌唱活动、韵律活动、欣赏活动、音乐游戏等
科学社会健康	科学实验	常见的自然现象；周围的物质世界及其相互关系；常见科技产品及其对人类的影响；人体的奥秘及其保护；认识节日、职业等
	科普知识	
	体育游戏	身体锻炼（体格体能锻炼：基本动作、基本体操等）
特有	儿童发展	入院适应小组、社会发展小组等

资料来源：病房学校项目手册。

　　白血病儿童在接受教育的同时，也进入到一个同辈群体的共同体空间，在这个空间里，接受教育的都是白血病儿童，他们可以有平等的关系，建立同辈群体支持网络，让儿童的社会化得以发展，通过这个共同体空间形成集体意识、建立规范性、锻炼沟通能力。

　　新阳光慈善基金会最早的一所病房学校成立时间为 2012 年，此后，病房学校的数量不断扩展，至今已成立 23 所，遍布 11 个市，如北京、昆明、郑州、苏州等地。其中院内 20 所，院外 3 所，其中的教师配备主要是幼教专业和社工专业毕业生，平均每个病房学校 1—2 名教师。

　　每个学校的学生数量会因为医院的不同而有所差异，每节课的人数基本是 5—20 人，学生年龄以 3—6 岁为主，也有一些大龄儿童。但是由于白血病儿童的流动率较高，所以项目覆盖的人数较多。从病房学校开始到现在项目覆盖学生人数达到 3397 人，服务家长 376 人。在学校上课课时上，2014 年累计服务约 450 小时；2015 年约 2192 小时；2016 年截至 11 月服务约 5496 小时。

在整个项目运作中，病房学校有一个系统的项目运作体系、教师管理体系、志愿者管理体系、项目点建立体系、服务流程和财务管理体系，以保证项目的顺利进展。

这里列举一个案例：

> 某男同学，8岁，前期在病房学校一段时间，病房学校为他带来了很大的变化，之前孩子没有集体的观念，如果从医院直接进入学校，会束手无策。在家里家长也不知道怎么教育他，让他去参加病房学校后，孩子变得懂事了，也能够适应集体生活了，结交了很多小朋友，和小朋友玩耍时非常开心，孩子的整体状态都比以前好多了，尤其是在病房学校期间很多志愿者教他弹琴，现在孩子都可以表演了，而且一直在坚持，家长非常激动。对于家长来说，病房学校对家长进行过心理辅导，教育子女的疑惑解答会也开展过，在燕郊很多的时间是跟病友度过，家长之间互相帮助，一起做一些有意义的事情。孩子去学校之后家长可以做一些别的事情。之前去看过一次话剧，孩子很喜欢，因为之前也没来过北京，家长来到北京之后就只是治病，通过病房学校的活动，能够有机会认识北京，玩得特别开心。
>
> 考虑到病房学校为他们带来的变化，家长认为病房学校是孩子生病期间回到学校的过渡阶段，在这里学到的一年级的知识，再加上家长的辅导，回家后就可以直接上二年级，且能够跟得上课程，之前在病房学校的时候，基本每次都去，在学校和同学相处得很好，小朋友之间经常一起玩，在这里学会了相处，结识了一些病友经常联系，家长认为如果大连需要教师的话他会去帮忙，在病房学校学到了很多，让他有一个过渡期。希望一定要坚持这个平台，帮他们过渡。
>
> 这位小朋友目前身体恢复得挺好，已经回大连上学了，上二年级，孩子很愿意去上学，且在学校和同学们相处关系良好。

二 特殊教育功能：医务社工

由于白血病儿童的特殊性，例如问题行为更为严重、融入学校有更大的困难、和同辈群体沟通存在障碍等。此时，在上课的基础上，病房学校所承担的另一层意义也逐渐凸显出来，即在学校的基础上，同时也承担着医务社工的角色，有着学校和医院两重作用。

其主要表现在以下几个方面：

首先，和其他的普通学校相比，病房学校的教育理念具有一定的独特性，它不仅关注学生需要，还注重对学生的鼓励，帮助其建立自信、增强力量感。通过日常的鼓励和沟通，辅之以课堂上对学生的培养和行为矫治，让他们正确认识自己，并能够勇敢地回应那些歧视自己的人，使他们对生活充满兴趣和希望。其次，病房学校会在固定的节日举办活动，如六一儿童节、圣诞节、元旦等，使这些孩子有一个释放天真童趣的空间，享受普通小朋友都有的节日，丰富他们的生活。再次，病房学校也在尝试着开展入院适应小组，来帮助这些突然生病又难以适应新环境的小朋友消除恐惧心理，培养归属感。最后，当发现一些有问题行为和特殊情况的小朋友时，能够转介给社工，与社工共同开展个案支持。

这里列举一些案例片段：

> 片段1：一名四岁半的小女孩，刚进病房学校时性格特别内向，很少和别人说话，但在病房学校参加了几个月的课程后有了很明显的变化，变得很爱和别人说话，性格也直率、活泼了起来，优势也逐渐展现出来，可以看到她的动手能力很强，想象力也比较丰富，并且懂得和朋友分享，例如在用橡皮泥做棒棒糖时，她告诉志愿者要做两个棒棒糖，因为他们是两个人，并且她还说她会背古诗和《弟子规》。
>
> 片段2：在和一位白血病儿童的家长聊天时，家长聊到孩子以前每次来医院，都很抗拒，不喜欢来，但上过一次病房学校的课之后，再来医院时，孩子跟爷爷说："爷爷，我去上学啦。"爷爷说："你不是去医院吗？怎么去上学了？"孩子很骄傲地说："我们医院

也有病房学校啊。"然后很开心地就来了。

片段3：有一个4岁的小朋友，刚来的时候基本不说话，在上课的过程中，教师不断鼓励，给予她更多的机会，逐渐地，她开始变得开朗，很爱和教师说话，并且经常来上病房学校的课程，特别积极。

三 白血病儿童的独特潜力：生命教育

正如上述所说，白血病儿童生病后不仅承受着强大的生理压力，在心理上也有一定的自卑和挫败感，对生命的希望也比一般的儿童低很多。这时病房学校更大的价值是要告诉他们：生命还是像原来一样进行，我们不仅不要被生病打倒，反而要更追求发展；我们不仅和一般的小朋友一样，而且在学习和领悟教育的真谛上比其他人更有优势，还原教育的本身价值，生命本身的精彩就在于此。

生命教育诞生于20世纪60年代的西方国家，它重在普及人的成长发育规律，唤起人们对生命的珍惜和重视，强调从自我认知开始，进而认识生命，珍惜生命，懂得承担，懂得尊重，在遇到困惑时有能力勇敢去面对，并提倡用生命影响生命，其重要性不言而喻。

雅斯贝尔斯在《什么是教育》中对教育做了一个基本的概述，他说："所谓教育不过是人对人的主体间灵肉交流活动（尤其是老一代对年青一代），包括知识内容的传授、生命内涵的领悟、意志行为的规范，并通过文化传递功能，将文化遗产教给年青一代，使他们自由地生成，并启迪其天性。"对于雅氏而言，这样的描述就是他所认为的教育的基本状态，应成为教育工作者的基本常识。

但在现实中，我们许多场合下的教育都异化成为一种工具，例如：为了应试而进行的"填鸭式"教学，根本不顾及学生的真正发展。相较于灌输式的语文、数学等知识内容，在病房学校反而回归到教育原本的含义上来：用生命影响生命。在这个层面，病房学校实现的是一种真正意义上的有效教育。

尽管病房学校没有开设系统的生命教育的课程，但在上课过程中却有着这样的理念。而白血病儿童由于自身健康情况的特殊性，他们在看待生命时能够有一种不同的看法，更能够了解生命的不容易与重要性，他们在病房学校学习课程时，有着独特的优越性。白血病儿童更能够从一个还原生命本真的状态去领悟和感受，他们更容易理解健康的真正内涵，理解绘画所蕴藏的生命的力量，理解科学、健康、艺术、社会和语言的独特意义，去对生命进行探索，把自己的生命活得更加精彩。

四　生命意义的绽放：如何解读生命

生命意义的绽放不仅仅只是在白血病儿童这个层面，而是需要融入整个白血病儿童家庭、志愿者以及更多的群体之中。

白血病孩子及其周围的人面对的是随时都有可能的死亡，"死"与"生"的问题在这个场域、时刻拷问着大家。很多情况下，病痛和死亡会给家庭和做救助的组织及成员带来极大的痛苦和无力感，他们只能无奈地面对自己无力改变的诸多现实。

我们有着对生命最本能的、无差别的敬畏，即使我们对生命的逝去无力回天，但这并不意味着就无事可做，我们可以将目光注视到死生之外更高的层面——人的价值与尊严。人的一生是可以填充进许多意义的，我们可以在人与人的交往中感受到家人的爱护、他人的关心、社会的温暖，也可以在专注于一件事情的时候收获成功的喜悦和自信。

白血病儿童需要这样的生命，他们的父母需要，陪伴他们的教师、志愿者、捐款人、公益组织都需要有这样的生命解读。

尤其是对于孩子的家长，当谈到孩子的状态时，往往和家长的状态有很大的关系。当家长的精神状态较差时，孩子往往也不太乐观。病房学校便是需要承载这样的生命价值，并且将其传递给家长，让家长有更乐观的心态、有强有力的臂膀去应对病痛。所以，当我们在强调孩子生命的意义时，如果这个时候家长也加入到欣赏孩子画画的艺术中，看到孩子的可爱之处，让家长的精神状态得到缓解，并能够正确地看待生命并欣赏生命，这将形成一个小社会、大融合，生命的意义将会得到更大的绽放。

最终，这四个层面构成了病房学校独特的价值定位：

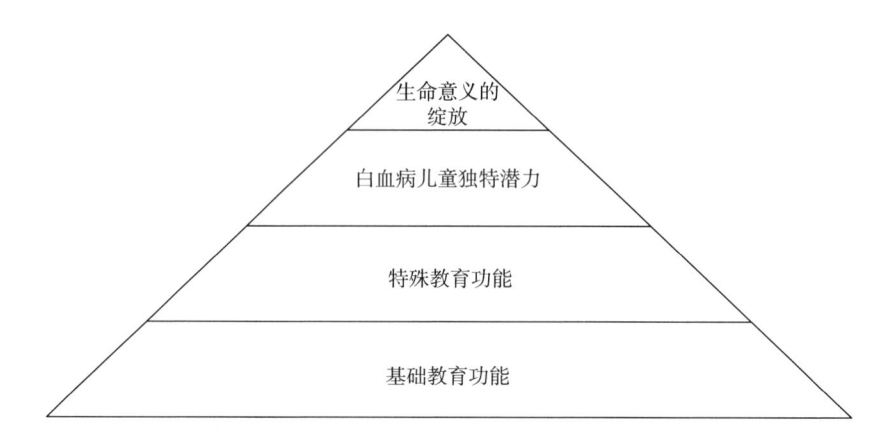

```
         生命意义的
           绽放
       白血病儿童独特潜力
        特殊教育功能
         基础教育功能
```

图 3-4　病房学校的价值定位（笔者自制）

第五节　项目延伸的社会影响

一　家长喘息服务和共同体建构

目前，病房学校主要还是关注白血病儿童本身的教育，家长部分的服务属于项目的延伸范畴，起到了"家庭喘息服务"的作用。即孩子在病房学校的同时，家长也可以得到一些放松。同时，孩子在病房学校的积极乐观的状态也会传递给家长，让家长心理负担减轻。目前，相比较大多数家长，也有一些家长参与到病房学校的活动中去，志愿为孩子们提供服务。

在受益人抽查中，52.07%的家长认为病房学校让家长找到一个能安置孩子的地方，减轻家长看护负担；并且其中40.5%的家长还认为病房学校不仅让孩子获得一些学习和发展的机会，能力得到提高，而且也让家长适当地减少了心理负担。

片段1：在和家长的沟通过程中，谈到家长的压力时，家长立刻就陷入难以控制的情绪，而当谈到家长来到病房学校的感受时，家长的脸上终于露出了笑容，并觉得来到病房学校可以暂时忘记在

第三章 教育服务嵌入医疗服务的探索

病房里的烦恼，看到孩子开心地玩时，自己也很开心。

片段2：燕郊的T女士，在澳大利亚工作，孩子患病后回国治疗，一口流利英语让她成为病房学校孩子们的志愿者英语教师，T女士表示成为志愿者的她更加开朗，看着孩子在自己的课堂上，心中更是充满希望，自己的心态也就越来越好。

在部分病房学校，有些家长借助于这个平台开始相互分享感受、传递经验，逐渐形成了非正式的共同体，甚至有些家长开始参与到病房学校的服务之中，成为其中的重要贡献者。因此，接下来要进一步挖掘、动员家长志愿者的参与，无论对于家长还是孩子来说，都是获得能量的过程。

二 医患之间的"解扣"枢纽

当前中国的医患关系还是比较严峻的，访谈中许多医生谈道："目前医院里医生、护士每天都非常忙，没有精力和耐心去和患者好好沟通，以至于造成患者及家属认为医生不理解你，并且不信任医生，这也是医患关系普遍紧张的导火索。"而只要有新阳光病房学校的地方，几乎所有的患者及家属都是一种非常认可和感激的状态，大力肯定病房学校在医患关系之间的重要作用。

病房学校的关键性作用在于：将医患关系从相互防备的"冲突性轨道"引入到了相互理解的"建构性轨道"。借助于病房学校建构的特殊空间，在这个公益项目的介入下，医生和患者之间的关系获得了另一种建构。下面将从三个方面说明病房学校和医院之间是如何共建，形成这样的独特效果的。

（一）病房学校与医院的信息共享

病房学校和医院之间实现信息共享，对于病房学校的教师和医务工作者来说是一个双赢的效果。以昆明儿童医院为例，病房学校教师和医院沟通很密切，医院科室主任很支持，并要求教师每周要去查一次房。医院、病房学校、新阳光个案管理人员都能够经常接触和沟通，对接情况。这一方面加强教师在工作中关注、处理患儿的安全问题的能力，同时教师也会将患儿和家庭的深层次需求反馈到医院，医院能够及时了解、关注，形成良性循环。

（二）医务人员对患者的认识与理念

病房学校一定程度上转变了家长对医院的看法，也为医务工作者构建了另一种关系模式。以河南肿瘤医院为例——护士层面，该科室很注重护士的服务态度，护士的服务态度较好，且能够跟家长沟通一些日常生活注意的问题及健康宣教，并引导家长不断适应，且鼓励其去病房学校参与活动；而病房学校和医院间良好的信息交流，病房学校中的友好温暖的氛围也促进了医务工作者对患者的认识与理念提升。

（三）病房学校的平台作用

在之前基础上，一些医院借助病房学校的平台，投入更多资源关爱患者，为患者（家属）和医院之间营造互相理解的友好氛围。以昆明儿童医院为例，医院借助病房学校的平台，进一步意识到医患之间沟通的重要性，并且投入资源为患者举办了一些关爱活动，为患者及其家庭创造了良好的康复环境，大大降低了医患冲突。

综合以上，病房学校和医院相互合作、相互促进的理念达到一个较为理想的融合状态，在中国的医患关系领域起到一个引领性的示范。

三 媒体及社会评价

该项目实施期间，凤凰网、凤凰资讯、新华社、光明网、网易新闻、搜狐、新华网等主流媒体对该项目进行了报道，产生了较广泛的社会影响。同时，该项目获选2016年北京第四届中国儿童大病救助论坛"中国儿童大病救助十大示范项目"。

在儿童大病救助领域，正在经历着从"硬件"到"软件"的变革。过去的10年，人们对于儿童大病救助主要关注孩子的医疗款筹集，重点在"资金递送、医疗救助"。而近年来，公益领域也开始关注在儿童医疗救助中，孩子们的心理需求和发展需要，例如，医疗社工方面的支持、游戏治疗的探索。而对于长期住院儿童的教育方面的需求，还是只有零星的项目，例如天津太阳语"彩乐爱心病房"给"瓷娃娃"提供病房学校教育。目前，新阳光病房学校是全国范围内覆盖面最广、影响程度最深的长期住院儿童医院教育类项目。

第三章 教育服务嵌入医疗服务的探索

第六节 总结

通过以上分析可以了解，病房学校发挥着学校和医院两重作用，它打破了传统教育体系和医疗体系的分隔状态，是教育和公共卫生两大体系的结合。在现有的公共服务体系缺失的情况下，能够在白血病儿童的服务中增加非常重要的一页篇章，这种模式将在教育和医疗领域有着一加一大于二的作用。

病房学校能够为白血病儿童提供基础幼教课程，让他们能够和普通小朋友一样有上学的机会，在此基础上，还能够发挥医务社工的作用，满足白血病儿童特殊的需要，帮助他们建立自信，增强能量。与此同时，能够意识到白血病儿童的独特优势，把生命进行完美的解读，让白血病儿童对生命有一个新的认识，让他们能够在有限的时间里把自己的生命活得更加精彩。这里把共同体和生命意义相结合，使人本身的价值得到最大的绽放。最后，当病房学校把家长也加入进来时，将会形成一个小社会、大融合，这将是生命意义的最大绽放。在此基础上，病房学校对于医患关系的冲突也有一定的缓解作用，这对于医务社工领域也是一大贡献。

当我们把目光从项目聚焦回到基金会本身，新阳光慈善基金会的主要业务在为血液和肿瘤疾病的服务对象募集资金的基础上，还包括慢粒白血病（CML）患者服务项目、病房学校项目、阳光骨髓库项目，在这些项目中，大多是以资金救助和患者服务为主，而病房学校对于基金会本身来说是一个升级的软性服务，使得基金会在服务类型上对于白血病儿童及家庭的回应更加立体，进入到一个真正的更有深度的社会服务领域，并且在其中开始深度解决人在发展过程中的一些关键性问题，传递病房中对生命的思考，病房学校项目的产生也使得基金会有了不可替代性。项目从开始的创立到走向专业化的过程也是基金会逐渐发展的一个象征，当项目的专业化程度不断提升时，它对于组织的成长有着引领作用。

病房学校的这种服务模式不管是在社会服务中，还是对基金会的发展上，都有着极大的作用和意义，同时，也具有很强的可复制性。当把其应用于其他的大病领域中时，有着异曲同工之妙。可见这种服务模式是公共服务体系的一种开拓，对于公共服务的发展具有重要的意义。

第 四 章

人文化社会服务：春苗困境儿童服务体系的探索与创新[①]

最近二十年左右的时间里，伴随着中国社会的改革发展以及国际新视野的不断进入，社会力量快速兴起并进入到儿童服务领域。一些社会组织通过不断探索形成了一些新型、有效地解决社会问题的创新模式，这些新型的服务模式对于我国儿童福利服务体系的改革具有重要的意义和价值。

本案例中的北京春苗儿童救助基金会就是一家在儿童慈善领域进行前沿模式探索的社会组织，该基金会从困境儿童救助入手，探索出了一套满足儿童身体、心理、社会、发展等全方位需求的儿童服务体系，最终形成了一种典型的人文化社会服务模式。这一服务模式产生了非常显著的社会效果，不仅帮助困境儿童获得了生存保障，而且对其身心全面发展都产生了非常积极的影响。

因此，该案例旨在对这一服务模式进行深入研究、分析，希望能够为更多服务困境儿童的社会组织提供借鉴，也希望能够为推动我国儿童福利服务体系的改革和发展提供新的思路。

第一节　组织简介

北京春苗儿童救助基金会是一个非官方，由几个平凡又不平凡的

[①] 该案例写作参考了朱照南、陶传进等著《基金会分析：以案例为载体》中《北京春苗儿童救助基金会："小人物"的公益梦》一文，特此说明。

"小人物"发起并成立的基金会。其创始人刘东医生在美国留学期间长期参与医疗服务类公益活动,并深入地了解了美国医疗社工的运作体系。回国之后,他与公益伙伴崔澜馨一同投入到中国孤残儿童服务和贫困儿童先心病救助的事业之中。基金会于2010年10月在北京市民政局正式登记注册,在2013年北京市民政局社会组织评估中,春苗基金会荣获5A级证书,并于2017年正式获得公募资质。

成立六年来,春苗基金会始终以儿童的需求作为自身发展的方向,目前春苗三大服务项目(小苗医疗、小花关爱、小树成长)已经形成较为完善的大病儿童救助体系和孤残儿童服务体系,给予儿童躯体—心理—社会全方位服务,不断践行其"致力于为儿童提供医疗、养育的专业服务,帮助孩子们快乐成长、融入社会"的使命,并为实现其"愿每一个孩子都拥有家、健康、关爱、快乐和希望"的愿景持续努力。截至2016年底,春苗基金会共服务困境儿童8651名(包括孤残儿童和大病儿童),共获得捐赠资金1.15亿元人民币。

第二节 案例介绍及分析

春苗关注两个群体,贫困大病儿童和孤残儿童,基金会始终以儿童的真实需求为出发点,站在儿童的前沿需求点上去探索项目的发展方向和模式,最终形成了比较完善的以医疗社工为基础的大病儿童服务体系和基于儿童需求层次的孤残儿童服务体系。而这两大服务体系都具有非常典型的人文化社会服务的特色,本案例将围绕这一特色呈现基金会的主要活动及其产生的社会价值。

一 以医疗社工为基础的大病儿童服务体系

(一)儿童大病救助存在的问题

2012年9月12日,卫生部发布《中国出生缺陷防治报告(2012)》我国出生缺陷发生率约为5.6%,每年新增出生缺陷数约90万例,出生缺陷儿中约30%在5岁前死亡,40%为终身残疾。在社会保障水平总体偏低的情况下,出生缺陷导致的因病返贫、因病致贫现象在中西部贫困

第四章 人文化社会服务:春苗困境儿童服务体系的探索与创新

地区尤为突出。出生缺陷不但严重影响儿童的生命和生活质量,还给家庭带来沉重的精神和经济负担。

目前国内有很多机构都在进行大病儿的救助工作,但是大多数的机构针对的都是简单先心病儿童救助。因为复杂先心病的救助过程非常复杂,手术风险高、死亡率高、手术费用昂贵,而简单先心病则相对容易,手术风险低、存活率高,产生医患纠纷的概率也会降低。春苗却在成立之初就将救助范围覆盖到了复杂先心病。在救助复杂先心病儿童的过程中,基金会发现有很多问题并非金钱就可以解决的,例如人文关怀缺失、医疗纠纷、患儿心理问题、患儿家庭问题、患儿的医保报销问题、儿童家庭环境问题等,因此在传统的"资金救助"和"手术救助"之外,必须有更加细致、人文化的社会服务。在反复实践后,春苗探索出了一套系统化、人文化的救助体系——医疗社工服务模式。

> 那个时候我们发现在救助孩子的过程中,如果你把钱给医院了,跟家长不接触,其实你是很难发现真正的社会问题是什么的,我们可能发现只是给孩子治病了,但是这个孩子家庭的发展,包括孩子治完疾病以后是否真正康复,是我们不能了解的。还有就是康复以后,回去以后新农合的报销到底怎么样,我们都是不能了解的。作为一个公益组织我们觉得应该了解,应该是一个系统的服务,系统地了解孩子每个阶段的进展。(基金会理事长刘东)

(二)春苗医疗社工服务模式介绍

春苗以"社工+实习生+志愿者"的联动模式,建立了一个具有专业知识、职业素养的春苗医疗社工队伍,帮助所求助贫困患儿寻找医疗资源;寻找资助信息并协助申请;救助过程中的人文关怀主要体现在帮助调解医患关系、帮助患儿家庭重建生活信心、术后回访、传播公益理念等方面,为救助的贫困患儿家庭提供定制化的医疗社工服务,建立医疗社工服务档案。"如果没有社工服务一类的,我们会有无数的纠纷、无数的欠费,然后跟医生的关系都要紧张。而且这也是家庭需要,这些年轻的父母都没有任何生活经验,他们很难选择一个正常的方案,人文的关怀，我们是从 2011 年 1 月开始就确定一定要有医疗社工服务的，因此我们医疗社工的服务不仅是照顾孩子的身体健康，还要照顾孩子心理，还有孩子的家庭，因为一个孩子的良好家庭才能让这个孩子康复的时候能够良性地去发展。"

目前，春苗的医疗社工服务已经形成了比较成熟的服务体系，从接受申请到需求评估，再到为每个患儿制订个性化的服务计划，以及介入服务，最终对服务进行评估结案，整个流程非常规范，服务内容也非常专业。

资格筛查 ⇨ 需求评估 ⇨ 制订服务计划 ⇨ 服务介入 ⇨ 结案和回访

图 4-1　春苗医疗社工服务流程图

资料来源于内部资料。

1. 资格筛查

受助对象的选择是一个项目确保其公益性和有效运作的基本前提。医疗社工服务的第一步就是对求助者进行筛选，选择真正需要救助的患者。在这个环节，春苗形成了比较成熟的筛选标准和工作流程。

由于大多数患儿家长通过热线求助，因此春苗安排了专人负责接听救助热线、接待咨询家长，并指导家长完成前期申请的相关内容。在患儿家长提出申请救助后，春苗通过两个标准确定其是否符合救助条件：一是疾病情况，二是服务能力。

在疾病情况上，春苗主要接收五家定点医院 0—16 岁，尚未手术、有费用缺口且同意网络募捐的复杂先心病儿童。同时从 2014 年开始春苗也接收有费用缺口、同意网络募捐的早产儿童。服务能力上，由于目前春苗只有 6 名专职社工，因此每月会根据每个社工的服务能力确定接收儿童的数量。不论申请患儿是否符合救助标准，春苗都将患儿的详细资料进行登记，并每天进行汇总发送给相关的项目经理，以确保每个患儿不论现在还是以后都能获得足够的救助机会。

在工作程序上，一线社工在接案的 2 个工作日之内与申请人进行沟

第四章 人文化社会服务:春苗困境儿童服务体系的探索与创新

通,通过评估判断是否需要后续服务。若患儿通过评估,社工则协助家长准备申请材料,并在 7 个工作日之内给出评审结果;若患儿未通过评估,社工则在反馈给负责人后的 1 个工作日内完成档案。

每一个申请者都会经过严格的筛查,以确定其符合救助标准,可以接受后续的资金支持和医疗社工服务。表 4-1 是一个具体的案例,可以看到社工主要对患儿的手术资金需求和其他需求进行评估,并给出基本的评估结论。

表 4-1　　　　　　　　患儿手术需求评估案例

评估日期	2016 年 4 月 6 日		核实情况用时（分钟）	9
患儿现状	院外等待住院,基本检查已做完			
评估内容	手术资金需求	预算	100000 元　　手术方案	Rastalli 术
		家庭自筹	30000 元,其中自有 0 元,借款 30000 元,贷款 0 元（检查已花 10000 元）	
		申请其他机构	2016 年 3 月 30 日申请爱佑慈善基金会,暂未有审批结果;2016 年 4 月 6 日申请搜狐焦点公益基金,暂未有审批结果	
		目前资金缺口	100000 - 20000 = 80000	
		家庭自筹能力	小萱爷爷现在在家里筹集费用,具体额度不清楚	
		未还清债务	120000 元	
		是否可报销	新农村合作医疗保险,报销比例:20%	
	其他需求		暂无	
评估结果	综合以上情况来看,家庭自筹额度较低,存在债务较多,手术费用缺口较大,新农合报销比例较低,虽然家庭继续努力自筹中,还是存有需求需要社工提供进一步的服务			

资料来源于内部资料。

2. 需求评估

经过筛选进入医疗救助项目的患儿和家庭接下来需要接受全面的需求评估,主要目的是全面、真实、深入地了解患儿及其家庭的需求,以便制订符合其真实需求的服务方案。因为每个患儿和家庭的情况都是非常不同的，有些家庭的核心困难可能并不是资金，而是家庭关系、亲子关系的问题，这些都需要医疗社工进行深入的访谈和观察，确定每一个患儿和家庭的核心需求。

需求评估是通过初次访谈和第三方审核两步工作来完成。初次访谈是指社工通过与患儿家长沟通了解患儿及家庭的全面情况，形式可以是当面访谈或电话访谈。项目要求社工要在接案后的4个工作日之内完成初次访谈，并协助申请人填写申请表和准备申请材料。

第三方审核指的是社工通过与申请表上的3个第三方证明人沟通了解患儿家庭情况，基本原则如下：社工根据需要与至少两个第三方证明人（必须有村委会人员）电话访谈，以了解家庭的基本情况以及解答初访过程中遇到的疑问。通过这两个环节的结果对比和综合分析，最终确定患儿及家庭的真实需求。

3. 制订服务计划

社工完成需求评估之后，需要针对每一个个案的具体需求制订服务计划，用于指导后续的社工服务。最初的需求评估仅仅是比较表面的评估和了解，社工在具体服务过程中还需要不断地根据新的变化做出评估，并及时调整服务计划以便满足服务对象的需求。

服务计划一般包括手术费用的资助计划、心理支持计划、生活支持计划等几个方面。

手术费用资助计划主要包括春苗确定资助金额，并且帮助患儿家庭积极申请其他救助类基金会的资助。

在心理支持方面，社工对患儿及其家庭都会提供陪伴支持、倾听和减压服务等，缓解患儿及家长的负面情绪，陪伴其一起面对手术。

在生活方面，社工会根据患儿的家庭生活状况给予相应的支持，例如帮助其申请生活补助等。

4. 服务介入

一般来说每个个案社工都要陪伴患儿及其家庭从入院到出院整个过程，平均服务时间都在10小时以上，有些时间会更长，包括直接服务和文案服务。

社工主要提供协助就医、情绪疏导和支持、物资支持服务，在此过

第四章 人文化社会服务:春苗困境儿童服务体系的探索与创新

程中社工主要扮演了服务提供者、支持者、资源筹措者的角色。通过社工服务,社工协助家长申请手术资金费用,满足手术费用的缺口,实地去医院看望,协助患儿进行术前疏导,熟悉监护室的环境,减少害怕、恐惧心理。

下面一个具体的片段可以呈现出社工对患儿提供服务的方法和情境。

> 为了更好地熟悉手术的环境,社工实地去医院陪同,利用讲童话、呈现图片的方式,讲解手术室、监护室环境。社工首先通过一起玩游戏,建立信任关系,一边讲故事,一边告诉孩子将要发生的事情:天黑了,要睡觉,小萱(化名)开始与医生叔叔、护士阿姨一起玩游戏,首先妈妈会陪同小萱一起穿过通道,到达手术室,医生叔叔会打针,然后会睡觉,睡完觉,一定会醒过来,然后来到有猴子的地方,宝贝会有一个小床,床头上会有一个"小电视",发出"嘀嘀"的声音,还会有各种小管子,与其他小朋友一起经历探险,爸爸妈妈在外边等待着。妈妈在旁边听的时候流泪了,蹲下给小萱"染指甲"时,小萱用手背给妈妈擦眼泪。(社工服务档案)

5. 结案和回访

个案服务结案后,社工需要完成社工服务档案、医疗社工个案服务统计表,以及将个案服务资料归档。事后春苗还会对每一个服务的个案定期进行回访,了解患儿术后生活、学习的情况,家庭的生活状况等。对于一些生活极度困难的家庭,社工还会持续跟进,为他们寻找更多的救助资源,尽最大的努力让患儿家庭能够摆脱困境,为儿童的长远发展提供更好的环境。

(三) 医疗社工模式的社会效果与意义

春苗通过医疗社工有效地提高了复杂先心病救治的存活率和减少了医疗纠纷发生的概率,并且为先心病患儿提供了更加人性化的就医体验,这种人文化社会服务模式的探索也为我国未来医疗社工的发展和儿童福利体系的完善提供了有益的经验。

1. 减少了医患矛盾和医疗纠纷

医疗社工服务是减少医患纠纷的一个重要保证。很多医患矛盾的产生都是由于医生和患者之间沟通不畅，患者医疗知识缺乏和情绪状态恶劣导致。而医疗社工的介入很好地安抚患者的情绪，并且能够为其提供科学的医学常识，帮助他们客观、理性地认识手术本身的风险，这就极大地减少了由于缺乏沟通导致的医疗纠纷。

> 用社工的一些方法，用心理学的一些方法，再加上医疗知识的支持，结合在一起，在术前和术中陪伴家长，给家长一些心理的辅导，帮助他度过这个艰难的时期。我们的社工会和患者的家长做一个深度的交流，和医生做一个深度交流。比如说我们跟患者交流的时候，我们事先告诉他有三种可能性发生，然后先告诉他这个预案是什么，发生以后会发生什么情况，你要怎么处理。我们提前告诉他，手术有三种可能，好、死、不好不死出不了院，三种情况分别怎么办。你要有纠纷，对医院有意见要先到医学仲裁委员会，然后仲裁完了你不满意上法院，法院的判决是多长、多长时间，法律以后的所有的该发生的事情我们都告诉他。如果发生了这些情况你肯定是因为觉得医生玩忽职守才去告他，你不会是因为认认真真负责但因正常并发症死的，你可能就不会去告他。也就是说我们和医院在处理这个问题上的差别是我们用社工的手法，会陪伴，会沟通，完了最后解决了问题，使得闹事率大大降低。

2. 对患儿及其家庭提供了更加人性化的就医体验

医疗社工的另一个重要目的是满足患儿和家庭的需求，让他们有更加人性化的就医体验。这一效果的实现是基于医疗社工本身的专业技术和人文化的价值理念。我们在访谈中发现一个好的医疗社工需要具备全面素养和知识，社工的同理心、热情、倾听和对人性的理解让他们能够更好地感受患者的痛苦，也能够引导患儿和家长在更高的层面上理解病痛、面对生命中的苦难。这是一种超越身体层面的人性化的就医体验，这种体验已经不仅仅是简单的资金救助能够达到的。

第四章 人文化社会服务：春苗困境儿童服务体系的探索与创新

3. 为医疗社工的制度化提供了模式借鉴

春苗医疗社工模式目前走在探索的前沿，正如前文所述，他们正在进行模式的推广和复制，包括探索建立医疗社工的标准化服务，这些工作都为我国医疗社工制度的确立提供了有益的经验。

这也需要政府能够在制度层面、政策层面给予进一步的关注，推动更多医院建立医疗社工制度，并且提供更加高标准、全方位的医疗社工服务。

当然，目前我国医疗社工工作者人数还很少，这就导致春苗在这种以大量人力为基础的服务上出现了人员缺失问题。春苗共有专职医疗社工6人，其中平均每人每年经手120个个案，庞大的受助群体、稀有的专业人员，造成社工工作压力过大，无法细致地为每个受助家庭进行服务，更无法做到有效的定期跟踪。同时，缺少专业的社工督导对社工进行督查辅导，无法及时纠正社工的不当行为，致使很多社工陷入个案当中丧失非批判性，不利于社工工作的开展。

因此，这也需要国家在政策层面给予进一步的引导和支持，让医疗社工服务制度得以在我国确立和发展，惠及更多有需要的人群。

（四）医疗社工模式的复制与推广

春苗目前已经探索出一套比较成熟的医疗社工模式，虽然他们认为与国际先进经验相比还有一定差距，但是已经走在国内医疗社工领域的前沿。因此，他们希望能够将模式推广和复制出去，以使更多的孩子受益。

> 我们再怎么努力，光靠我们自身怎么能救得过来这些孩子，所以我们还是要帮助其他的机构，让他们也能有能力去救助孩子。我们可以提供春苗的经验、技术，不论最后是否冠以春苗的名字，我们的根本目的就是更多更好地救助孩子。（基金会秘书长崔澜馨）

为此，春苗开展了多种方式探索模式的推广与复制。

1. 探索与地方医院合作

春苗正在探索一条与各大医院、地方医院的合作方式，希望不仅可以更多更好地救助儿童，也能够促进全国医疗资源的均衡发展。

春苗目前与北京阜外医院进行合作，春苗的专业医疗社工在阜外医院开设了咨询门诊，在每个周一、周三、周五的上午为前来咨询的大病儿童家长进行救助咨询，不仅为其提供资金支持和手术支持，同时也会对患儿家长进行简单的心理疏导和医患调解。同时，春苗还与北京大学康复医院达成了培训合作意向，旨在明年帮助其建立一套更加完善的社工服务体系，让社工的工作不仅局限于医疗救助和医患关系化解，而是更重视"人文服务"，更好地满足患者需求。

此外，春苗为了在更大范围和更加根本地解决先心病儿童救助的问题，还在探索支持地方医院的方法，让有需要的患儿可以不出省就能够得到高水平的医疗救助，同时也可以得到较高比例的医疗报销。春苗与成都妇女儿童医院合作，帮助其建设心脏中心，包括请安贞医院的心外科主任提供技术支持和请西门子总工程师帮忙提供硬件支持，此外，还帮助其寻找病人。

2. 医疗社工培训

2016年初，春苗开始尝试建立医疗社工培训体系，为来自社会不同机构、工作的志愿者和社工进行专业的培训。春苗非常注重整合各种资源共同推动医疗社工培训体系的建立和推广。目前春苗的培训课程主要接受香港瑞银基金会的资助，通过基金会的资助覆盖学员的培训费用和各项成本。

目前春苗已经形成了比较系统的社工人才培养体系，包括三个级别、四个方向共12门课程。包括医务社工职业素养、社会福利与社会工作基础、儿童健康维护与促进、医务社会工作方法、医务社会工作实务技巧等内容。春苗对于医疗社工的培养模式以集中授课为主，通过100课时的医疗社工理论学习以及200课时的医疗社工实操环节，为受训者提供一套较为完整的社工课程。并在受训者结束课程的六个月内，定期进行跟踪回访。

相比于高校中的社工培训，春苗的医务社工更加聚焦也更具实务性，让学员能够在实际工作中有所应用。

第四章 人文化社会服务:春苗困境儿童服务体系的探索与创新

3. 推动政策制定和复杂先心病救助标准

春苗在救助复杂先心病的过程中探索出来一套成熟的模式,不仅包括医疗技术层面还包括医疗社工的服务体系,而这套模式也取得了非常可观的效果,春苗救助的复杂先心病的死亡率远远低于平均水平。如果能够在国家层面推广春苗模式就可以救助更多的患儿,为此,春苗也在探索推动国家政策,通过做出详细的数据报告递交给国家卫生部门,推动国家给予政策和资金支持。目前,春苗的创始人刘东医生已经开始参与我国医疗社工的操作和评估标准的制定,这些都是春苗基金会多年探索经验的重要价值。此外,春苗通过医疗社工也了解到各地的农村医保报销的真实数据,这些来自基层和一线的数据也为民政部门和卫生部门进一步的政策落实提供了依据。

二 基于儿童需求层次的孤残儿童服务体系

(一)孤残儿童救助存在的问题

民政部《2015年社会服务发展统计公报》显示,至2015年底全国共有孤儿50.2万人,而儿童福利和保护服务机构753个,其中儿童福利机构478家,床位8.9万张,年末仅收留抚养5.6万人。一方面,中国孤儿人数居多且养育难度加大,而养育人员和能力配备尚有不足:儿童福利机构共有职工1.2万人,平均每人照顾5个孩子、7.4个床位。

目前大部分儿童福利机构对孤残儿童只能提供养育服务,针对康复训练、心理矫正和治疗、学习成长、社会关系完善等方面的系统服务方案缺失。故造成他们缺乏安全感,容易产生自卑、性格孤僻、心理封闭等情况,如果不予以及时的关注,即使治疗好身体疾病,未来融入社会也可能出现问题。在我国,儿童福利机构内,4岁以上智力基本正常的重症孤儿难以被领养或独立融入社会。

在目前国内的孤残儿童救助领域,多数公益组织主要聚焦于"拯救生命"这个层面,运作方式也相对比较简单,更多是提供物质帮助来解决问题。但是事实上,在救助过程中会发生很多靠钱、靠提供物质解决不了的问题。

孤残儿童的养育、教育和社会融入是一个非常复杂的体系,不仅仅是提供物质和硬件支持就能够解决,要想让孤残儿童能够真正独立融入社会，需要更加系统全面、专业细致的人文化社会服务。

（二）春苗孤残儿童服务模式介绍

春苗的孤残儿童救助以小花关爱项目和小树成长项目为基础，形成了较为成熟的孤残儿童服务体系。春苗与贫困地区福利院合作，为0—18岁患有先天性疾病的孤残儿童提供"全人多元"社工服务，帮助他们顺利融入领养家庭，能够独立有尊严地融入社会。针对特殊儿童的成长需求，服务内容包括：小婴儿之家、教育寄宿家庭和特殊儿童学习康复中心。春苗的孤残儿童救助不仅仅关注儿童的基本生存，而且关心孤残儿童的长远发展，为其提供类家庭服务和专业的教育服务，覆盖了儿童从生存到发展，从生理到心理和社会融入等各个方面的需求。目前春苗为孤残儿童提供养育、医疗、康复、教育、心理、安全、筑梦七个方面的服务，贯穿儿童成长的各个阶段。

根据《中国儿童慈善需求研究报告》，弱势群体的儿童慈善需求包括三个层面：

基础慈善需求：因缺乏资金而造成的基本生活等方面的需求。

特殊权益需求：因陷于某一种特殊的困境中所形成的独特的需求。

发展需求：所有儿童涉及的高层次需求，为了体现公益性，在此主要关注困境儿童在发展方面的需求。

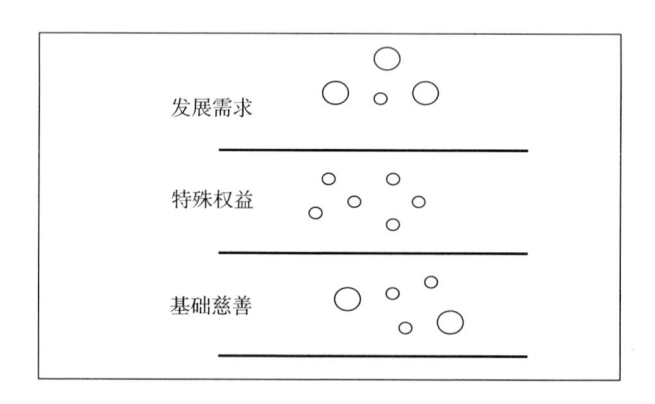

图4-2 儿童综合性需求体系示意图（笔者自制）

第四章 人文化社会服务:春苗困境儿童服务体系的探索与创新

基于对儿童需求的分析,我们看到春苗形成了一整套孤残儿童救助和服务的体系,覆盖了孤残儿童生存和发展的各个方面。在救助孤残儿童的过程中,春苗始终定位于全面系统地解决他们面临的问题,以这些儿童最终的全面发展为根本目标,而不是仅仅停留在暂时地挽救他们的生命,机构追求的也不是"救助数量",而是每一个儿童救助服务质量。

```
                    ┌─个性化教育─┐
                    │（全面发展、│
          ┌─家庭关怀─┤ 社会融入）│
          │（特殊权益）│
┌─生命救助、│
│康复（基础慈善）
```

图 4-3 孤残儿童救助层级图（笔者自制）

1. 基础需求：让儿童更好地生存

春苗帮助孤残儿童进行身体治疗和康复,也就是满足他们基础生存层面的需求。春苗会根据每一个儿童的具体特点制订相应的康复计划,为早产儿、复杂医疗需求的小婴儿提供特别护理服务,帮助完成疾病治疗。在这个层面,春苗利用自身的专家志愿者团队,提供最一流的、专业化的医疗、康复和心理健康服务。通过这一系列的工作保证儿童的生命和健康,满足他们最基本的生存需求。例如,"小婴儿之家"通过接收贫困地区福利院需要帮助的0—3岁早产和复杂医疗需求的孤儿,为孩子们提供医疗救助、7×24小时特别护理、早期康复干预等服务。针对早产儿,春苗采用国际先进的"袋鼠式"护理方法,通过肌肤接触,可以有效地保持体温,降低低体温症的发生率,提高早产儿存活率。此外,春苗会根据婴幼儿个体身体健康状况与病情、遵循婴幼儿身心发育特点,为每位婴幼儿制订符合自身需求的喂养与护理计划。如:依据婴幼儿国际喂养标准,按每公斤体重应摄入热量计算出婴幼儿每天应进食的量。按月龄逐渐添加不同种类的辅食等。保证每位婴幼儿在饮食方面的营养摄入。护理人员还要根据婴幼儿身体健康状况,为每位婴幼儿进行抚触按摩,促使触觉感官发育,刺激大脑神经元链接,帮助婴幼儿大脑发育及康复。重视婴幼儿心理健康发展。春苗还要求工作人员时刻回应婴幼儿需求，照顾婴幼儿时面带微笑、语气柔和。通过与婴幼儿交谈互动、唱歌、讲故事，与婴儿建立健康的依附关系，使婴幼儿建立安全感，为形成健康人格打下良好基础。春苗还为每位婴幼儿建立专属健康档案，记录婴幼儿医疗与成长，包括医疗资料、照片、视频等，为孩子准备好完整的领养材料。

2. 特殊权益：类家庭养育模式

春苗为孤残儿童建立类家庭模式，让孩子感受社会角色和家庭生活，满足孤残儿童心理成长方面的需求。因为孤残儿童在福利院中生活多是集中照料的方式，他们成长过程中最缺乏的其实是一种家庭的概念和亲情的感觉。因此为了满足他们的这种需求，春苗设立了教育寄宿家庭招募长期志愿服务孩子的夫妻成为父母，与4—6个3岁以上智力正常的孤残儿童一起组建一个家庭，让孩子在家庭生活中体会"父母""兄弟姐妹""朋友"等角色。让这些孩子得到养育、教育及康复的同时，感受到家庭的气氛和温暖以及融入社会，为未来走进领养家庭及步入社会打基础。"我们最初是采取集中照料的方法，发现这些孩子就是在集中照料上，他们不知道社会角色是什么，他对这种社会关系非常模糊。所以我们招聘一对夫妻，跟四到六个孩子组建成一个模拟的家庭。虽然这个家庭是临时的，是模拟的。他跟我们正常家庭的孩子差不多，非常的自信，非常的热情，愿意跟我们交流。"在这一阶段，春苗定位于满足孤残儿童与正常孩子最不同的需求，让儿童能够有健全的家庭生活和情感链接，让他们拥有正常孩子享有的基本生活状态。

3. 儿童发展：全人教育的探索

孤残儿童在满足了基本的生存和家庭需求之后，更重要的是全面、健康的成长和发展。为此，春苗建立学习中心，为孤儿提供个性化的教育发展服务，满足他们的发展层面需求。春苗发现，比起挽救生命，更重要的是如何教育孩子成为一个可以自立的人。而目前的福利院无法提供儿童相应的受教育机会，因此在满足孩子的生活需求后，春苗根据孩子的需求更进一步地进行教育探索。春苗寻找了各种先进的、专业的教学方式和教学理念，灵性教育、蒙氏教学法等等，同时将最主要的教育

第四章 人文化社会服务：春苗困境儿童服务体系的探索与创新

内容定位在学前教育上，在教授孩子们最基础的生存技能的基础上，开拓他们对于社会的认识以及爱的认识。

春苗针对特殊儿童的成长需求，提供定制化的学段教育，使每个孩子能够最大限度地发挥潜能，全面发展，融入社会。此外，春苗每个月都会定期带孩子们进行外出的社会实践，如在消防支队为孩子教授消防有关的知识。这些活动极大程度地丰富了儿童的情感世界和自我认知，但背后却是春苗极大精力和人力的付出。"我们在教学中对每个孩子都有个性化的教案。教师对孩子的评估和制订他的教学方案是很重要的一项，我们非常强调个性化教育，用我们的学习中心来举例，它是一个开放式的蒙氏教室，50平方米一个教室，一个开放性、组合性的教室。孩子在视觉区学习和玩，当他产生厌烦情绪时，教师会诱导他到另外一个区域，读书区或者地理区，看孩子的情况如何。每天我们的教案有一个很重要的方面就是教学记录，然后根据这个记录制定他第二天的课程。这是非常个性化的。但是这种个性化有一点关键的，就是需要精力和人力的投入。"

（三）春苗孤残儿童服务模式的社会效果与意义

在我国，由于儿童福利机构照护条件有限，多数孤儿难以在4岁以后被领养。这些孩子就要长期依靠国家的社会福利救助，既无法拥有真正独立精彩的人生，也消耗国家大量的财政开支。事实上，智力基本正常的重症孤儿，具备回归社会的可能，春苗基金会给这些儿童提供有针对性的心理、康复、教育及社会化等多方面的专业服务，帮助他们提高被领养的概率或者获得独立生活的能力。

春苗基金会以儿童成长最佳利益为中心，为智力基本正常的孤残儿童提供全人多元的社工服务，受到来自政府、福利院、领养机构、领养家庭、捐助人、志愿者等多方的高度认可。春苗目前已经和全国77家福利院合作，小花关爱项目为3118名孤残儿童提供救助服务，小树成长项目为224名孤残儿童提供服务，接受春苗服务的孤残儿童大部分都能够被顺利领养，而且能够非常好地融入领养家庭或融入社会。

（四）春苗孤残儿童服务模式的复制与推广

春苗孤残儿童服务体系的探索，从最基础的救济到更高层次的发展和社会融入，为孤残儿童这一最弱势群体提供了可供参考的服务体系和发展路径。春苗孤残儿童服务模式目前已经初步成型，还处于不断完善的过程之中。这一服务模式对于我国孤残儿童福利服务体系的改革具有重要的参考价值。为了让孤残儿童能够获得全面发展和实现最终能够融入社会的目标，春苗模式值得被更多福利机构和公益组织学习借鉴。此外，目前我国的儿童福利服务仍然属于补缺型，即主要给儿童提供的是一些基础生存层面的救济服务。随着经济水平的提高，我们国家的儿童福利服务体系需要向适度普惠型转变，要覆盖更多的儿童，提供更多元的、人文化的服务，春苗的全方位的服务内容也可以向更多的边缘和正常儿童扩展。

虽然春苗的服务模式已经基本成熟，但是因为其团队人员数量有限，每年服务的儿童数量有限，而全国儿童福利机构需要这类服务的儿童基数庞大，目前以一己之力难以满足其需求。为此，春苗希望能够将其模式进行推广和复制，让更多组织和个人加入孤残儿童服务的队伍，也让更多孤残儿童受益。目前，春苗也已经获得香港瑞银基金会的资助，资助款项主要用于对其孤残儿童服务模式的系统研究和梳理，并开发操作手册和培训手册，培训更多专业人才和组织，共同为孤残儿童福利事业的发展努力。

2017年春苗基金会正在北京市顺义后沙峪建立一个总面积达5700多平方米的孤残儿童服务及培训基地，在该基地中"小婴儿之家"和特殊儿童康复中心将重新整合，为孤残儿童提供更加优质的养育和教育服务，此外该基地也将承担更多的培训职能，为春苗模式的复制和推广提供基础保障。

第三节 案例总结

总体来看，春苗以医疗社工为基础的大病儿童服务体系和基于儿童需求层次的孤残儿童服务体系都形成了比较成熟的服务模式，引领了我国儿童服务的前沿方向，也具有较大的复制和推广价值。

第四章 人文化社会服务：春苗困境儿童服务体系的探索与创新

春苗的两大服务模式都具有非常鲜明的"人文化社会服务"的特点，即在其服务过程中始终以儿童的需要为出发点，用更加人性化的方式去满足他们的需要。其特色就是不仅关注儿童的基本生存和安全，而且在服务过程中加入了更多"人文"色彩，包括人文关怀、情感陪伴、人格平等、尊重接纳等软性的人文化社会服务。事实证明，这样的服务模式对于困境儿童的身心健康和全面发展具有显著的效果和长远的价值。

目前，春苗的医疗社工服务模式已经较为完善和成熟，形成了流程化、规范化的操作标准，社会效果非常明显。而且已经开始进入模式推广和社工培训的阶段，成熟的课程体系为更多实务工作者提供了知识参考。

孤残儿童服务体系也已经初步成熟，从高标准的养育条件到类家庭的照料环境，以及个性化的学习成长空间，这些为孤残儿童健康、正常发展提供了保障。也可以预见：这一套服务模式如果能够得到推广，也会令更多孤残儿童受益。

从春苗的案例中我们看到社会组织在探索解决社会问题的有效模式方面具有重要的作用。社会组织通过深耕细作，了解服务群体最真实的需求，不断完善自身的服务体系，最终形成模式化的解决方案，取得良好的社会效果。政府可以对社会组织的这些解决方案进行深入考察，对有效的服务方案提供政策支持和资金支持，将这些服务推广到更大范围和更多人群。这就是在新型社会治理的大背景下政府与社会组织合作的有效模式。在这个过程中，社会组织作为探索者、创新者，政府可以作为推动者、支持者，二者密切配合，共同推动社会问题的解决。

第 五 章
合法性悖论：淘宝村民间团体的生存困境

2003年淘宝网打造了一个低门槛 B2C 和 C2C 交易平台，开启国内线上交易的大门。2008年，美国金融危机引发的多米诺骨牌效应造成实体市场经济的萧条，为线上交易空余出大量消费群体。2009年底，淘宝拥有注册会员1.7亿。到2010年底，注册会员超3.7亿。[①] 作为第三方交易平台，淘宝网与生俱来的低门槛、低成本模式决定了其商户适合在靠近货源、物流便利且房租不高的地方生存，一些具有特殊地理区位的农村受到了年轻创业者的青睐，专业的淘宝村[②]如雨后春笋般出现。2013年底，阿里巴巴数据中心发布中国出现了20个淘宝村，2014年底这一数据就被刷新到了211个，并首次出现了19个淘宝镇[③]。

无论是自发形成还是人为构建的淘宝村，内部都有社会组织。新生的社会组织驻扎在村庄，上接村委会、街道办和政府，下连村民和村庄内的网商租客，作为老百姓和政府的中间桥梁参与社会治理，激发社会活力。这类自下而上产生的民间组织，成立之初属于民间组织，没有在政府相关部门注册，因此不具有法律和组织认同的体制合法性。它们是如何一步步被村民、村干部、网商租客和政府接受，能够在社会上公开地、正常地运转，获得广泛的社会认同？淘宝村民间组织合法性获得的缘起、过程与实际逻辑有哪些？合法性地位的获得对民间团体的存在和

[①] http://baike.baidu.com/link? url = kU - x8ABVny30qRHlBC3bNPAhxL - TWcNst6zZl1 M9QlYSmwEmFN3lBCkoEB6VNThSE359ZMNQPEHKjX1SjKFRGq.

[②] 淘宝村指的是活跃网店数量达到当地家庭户数10%以上、电子商务年交易额达到1000万元以上的农村。

[③] 淘宝镇指的是当一个镇、乡或街道出现的淘宝村大于或等于3个。摘自阿里研究院发布的《淘宝村研究微报告2.0》。

第五章　合法性悖论:淘宝村民间团体的生存困境

发展带来了怎样的影响和后果？淘宝村民间组织合法性的获得与困境对社会治理有哪些启发？

第一节　组织的发育：淘宝联谊会

QYL 村位于浙江省义乌市东郊，占地 28 万平方米，属 JD 街道管辖，一条环城公路把它包裹在城内，公路外就是整片的田野。据村民回忆，十几年前，包括 QYL 村在内 JD 街道的村庄都是贫瘠的土地，房屋寥寥，种的水稻颗粒小、产量低，不够家庭温饱，每年到 10 月剩下的口粮就是萝卜和红薯。就是这样一个名不见经传的小村落，依托全球最大的小商品集散地——义乌国际商贸城，形成了以小商品为特色的线上产业集群，聚集了来自全国 15000 多名从事网络销售及相关产业的工作人员，将近 30 家快递公司，2800 多家注册网店，每天卖出超过 3000 件各类商品，年成交额超过 20 亿元。2014 年双十一期间，QYL 村日均接单 10 万件，销售额突破 1 亿元。[①] 从 2005 年迎来第一批电商起，如今的 QYL 村已经发展成为名副其实的"中国淘宝第一村"。2014 年 12 月，整个 JD 街道在 QYL 村基础上发展出一种更高层次的农村电子商务生态现象，成为首批 19 个"淘宝镇"之一。

如此"赫赫战绩"，让十几年前贫穷落后的小村庄吸引了全世界的瞩目，QYL 村是如何一步步走向名副其实的"网店第一村"？又是什么特殊的力量推动 QYL 村书写电商传奇？最直接的是 QYL 村有特殊的外部地理优势：仅一路之隔的东北部为义乌最大的 JD 街道货运市场，再往北是义乌工商学院，毗邻篁园服装市场，2009 年以前附近还有日用品百货市场，距离国际商贸城不到 6 公里。然而 JD 货运市场在 2001 年已完全投入使用，QYL 村很早就有这样的区位条件为何直到 2009 年才迎来迅猛发展？义乌有很多拥有这样区位条件的村庄，为何都没有形成像 QYL 村那样规模的淘宝村？除了外部地理优势外，"淘宝联谊会"的

[①] http://news.xinhuanet.com/zgjx/2014-12/26/c_133879780.htm.

成立及发挥的实质性作用为村庄的转型加了一把火。QYL村网商内部基于地缘和业缘关系产生信任而自愿结合在一起实现的抱团发展和资源整合为"QYL模式"的产生和发展起了重要的推动作用。

淘宝联谊会组建于2009年4月，是QYL村最早的社会团体。虽只有十几个成员，没有明确的宗旨和章程，成立初却已获得村干部、村民、网商租客三类群体对它的认可，确定了其文化合法性地位。淘宝联谊会之所以能在短时间内就发挥重要作用，与它成立初三个价值基础密不可分：符合地方经商传统，契合当地共同利益，达成共识的规则和秩序。

符合地方经商传统。义乌人民以"勤耕好学、刚正勇为、诚信包容"的新义乌精神著称，"拨浪鼓"浓缩了上一代开拓者"敢闯敢做"的奋斗精神。改革开放后"山多地少""土壤贫瘠"的义乌逐渐走出一条发展小商品经济的道路并闻名中外，"经商意识"和"创新精神"与生俱来地流淌在每一个义乌人的血液里。随着义乌市场的扩大，经商环境得到进一步优化，社会形成"大众创业""万众创新"的热潮。QYL村紧靠JD货运市场和义乌日用百货批发市场，市场区位优势带来充足且较廉价的货源，临近JD货运市场和人力三轮车集散地也使得长短途货物运输便利。淘宝联谊会成立前QYL村已有零零散散的网商驻扎，有几名年轻人开始依托小商品市场从事淘宝店经营，很快启发了具有市场敏感度的村民。旨在促进零散网店店主抱团发展，优化QYL村市场环境的淘宝联谊会的成立正好适应了当地经商传统和惯习。

契合当地共同利益。一方面是"房东经济"的驱使。2005年QYL村适逢"旧村改造"，土地被征收，低矮平房改造成了垂直5层楼房，义乌民间称之为"有天有地"。2006年完成旧村改造，建筑216幢，每户分配的宅基地超过200平方米，586个楼道，房屋1800间，出现了大量闲置房屋。大部分城区边缘旧村改造后的村民出租剩余精装房，成为增加家庭收入最直接也是最便捷的方式，这也是大部分失地村民由农业户口转城镇户口、发家致富的出路，典型的"房东经济"。2008年全球金融危机，义乌作为全球小商品集散地，批发经济受到巨大的冲击。QYL村附近日用百货批发市场迁址，人流量减少，村庄的租客越来越少。为了吸引租客，村民互相竞争，租金压到极低，形成恶性竞争。另

第五章 合法性悖论：淘宝村民间团体的生存困境

一方面是特色农村发展道路的需要。QYL 村是选择一条和其他旧村改造后建设专业街的农村发展模式的路子，还是另辟蹊径，创造性地走出一条新的符合当地共同利益的路子，成为村干部面临的艰难选择。眼看着村民的收入越来越少，把房子租出去，解决一部分村民的就业问题，增加村民的收入，是村委会最重要的任务。村庄有见识的能人长时间观察村内零星的淘宝网商，与村干部协商共议，提出在 QYL 村建立"义乌中国电子商务城"的目标，组成电子商务领导小组。该提议与村干部和村民的共同利益不谋而合，迅速获得村民和村干部的认同和支持。

达成共识的规则和秩序，表现在抱团发展与合作共赢。实体经济繁盛时期，电子商务低门槛、低成本的特点决定了初入该行业的年轻创业者资金不充裕，尚处于较为弱势的摸索阶段。淘宝联谊会是在能人的带领下自愿的主动聚集，提供一个村庄网商间信息沟通的平台，通过每周六"喝茶吹牛会"将居住在 QYL 村创业的散店店主集中，形成规模群体，共同分担来自货源和物流的成本压力，促进网商间的沟通交流与协作，实现各个小店铺网商之间的货源共享、信息共享和技术共享。"三共享"的价值前提是联谊会成员能抛开"经济理性人"身份，采用合作而非竞争的方式主动在开展活动时向其他成员奉献货源、信息或技术，一旦大家各谋私利关起门来搞发展，又会陷入发展瓶颈。联谊会带头人在动员成员上发挥了关键作用，QYL 村的网商货物种类多，带头人认为网商应该拓展视野，把眼光放到整个中国，与其他地区的店铺竞争，而不是把眼光放在 QYL 村这个小地方。正是淘宝联谊会有共识的规则和秩序来实现网商间的抱团发展和互利共赢，商户之间才实现合作，联谊会被村庄里的网商所认可和支持。

淘宝联谊会在成立初就如火如荼地展开了 QYL 村的农村转型建设之路。在 2009 年的短短一年内成员数量呈指数增长，联谊会迅速发展壮大并广为人知，进一步巩固了其文化合法性。这与联谊会仅用一年的时间就取得巨大的绩效密不可分。2009 年底，QYL 村共聚集网商近千家，当年完成电子商务成交额 8 亿元。淘宝联谊会成功地在 QYL 村的网商租客、村民和村干部那里获得经济绩效，取得经济合法性。其成效主要表现在创业氛围完善，村民和租客的收入增加，为 QYL 村拿下

"网店第一村"的金字招牌。淘宝联谊会的成立完善了 QYL 村的创业氛围,为产业链提供相应配套的软件支持,最直观的表现是"三共享":货源共享、信息共享和技术共享。

货源共享。"我们是个批发市场,你买一点样品人家不卖给你的,所以你如果说要开一个店,我一个店里面要几百个宝贝的话,那么我要买几百箱货……所以我们实施了一个货源共享,就是说你有几样货我有几样货我们合在一起卖,我的货也给你卖,你的货也给我卖,这样来丰富我网店上面的商品数量,这样就解决了一个资金困难的问题。"① 为了进一步完善村电子商务环境生态圈,QYL 村摸索出了"网货超市"模式。规模较小的网商不出村就能看到几千种商品的实物,他们可以第一时间把包含商品说明和图片的数据包发到网上,接到顾客订单再来"网货超市"集中进货;"货源共享"又萌发了另一类电商模式——小额混批,为各类小卖家供货,解决中小网商采购难的问题。解决了货源问题,快递成本太高,联谊会网商们再次联合,以集体力量降低了快递价格。

信息共享,指的是信息和商机的共享。"我们每天都接触到很多的这种新闻、信息呀,它里面都蕴藏着很多的商机,但是我们往往都不知道,那么一群人一起探讨的时候就可能把一些新闻,把这个新闻后面蕴藏的商机给挖掘出来,所以我们可以经常性地先人一步发现商机,提早准备把热销的东西上线……"② 成员间平日里对重大事件进行分析,什么商品可能会有好的销量,并在恰当的时刻做好宣传,能取得意想不到的成效。2009 年,在媒体宣称即将有 500 年一遇的日全食来临之际,各商家在开周六茶话会时商量,墨镜会热卖,由于抓住这一商机,QYL 村一下新增了几十家淘宝皇冠店。"你一天只要能写多少张面单,包多少个包就能卖多少眼镜,根本都不需要再看了,你拍下我给你发就是了……差不多一天能卖五六千个,一个眼镜赚几块钱,一天赚万八千块钱根本不是稀奇事……淘宝的规则是一个东西成交可以给一个好评,那我每天的好评五六千个时,一万个积分就是王冠店铺,几天卖掉的话就

---

① JD 街道电子商务协会秘书长 LWG 访谈,2014 年 11 月 12 日。
② 协会成员 LJT 访谈,2014 年 11 月 12 日。

第五章 合法性悖论:淘宝村民间团体的生存困境

是几个冠的店铺了,资深卖家的等级啊,人家辛辛苦苦干一年不一定干得起来一个王冠是吧?"① 就这么一条信息,奠定了QYL村网店店主在业内资深的等级。截至2009年底,淘宝网店日用品家居总共只有14家五王冠,QYL村就占了8家。

技术共享。成员间无条件地共享淘宝店铺的注册、传图、推直通车、做热销等实战技巧,"我们自己做淘宝做得好的这种人来培训来分享,没有工资,也就是尽义务,都是晚上来培训,教的也不是什么大道理,而是实战的经验和技巧"。②"我们开始培训的第一节课就是店面怎么注册,手把手地帮你注册下来,第二节课就是图片怎么上传,两节课培训完了,你就上路了,自己开去呗。"③ 如果有的新开店铺过了一周甚至一个月都没有销量,在联谊会上同样可以提出,由经验老到的店主帮忙出谋划策。"又教他们一些什么包括直通车的使用,如何推广产品,现在热销的是什么,把热销的商品优先推广从而带动其他销售。"④ 技术的共享为QYL村的淘宝联谊会树立了良好的口碑,在那个时候,其辐射的范围已经超出QYL村,输出到了周边的村庄,为附近网商间的集聚起了很大的带动作用,在当时被戏称为"电商王府"。至2009年底,QYL村共聚集网商近千家,当年完成电子商务成交额8亿元。

迅猛且明显的成效令人意外和惊喜,淘宝联谊会吸引新生创业群体直接带动了村庄居住人口的增加。QYL村本地人口不足1800人,而如今居住人口达到了近1.5万人;原先只有十几家网商驻扎,如今已超过2000家网店,30多家快递公司。这些共享联谊会成果的网商们解决了村民和村干部原先最关心的问题:房屋出租。从2008年附近的日用品百货市场迁址,有近200栋闲置房屋,如今却供不应求,房屋出租不再是村民和村干部发愁的事,房租的价格也成倍增长。从2008—2011年,一套两室一厅房子的年租金的变化趋势是:5000元、7000元、1.2万元、1.4万元,2014年租金达到了1.6万元。村庄整体经济的发展,村

---

① 协会成员LJT访谈,2014年11月12日。
② JD街道电子商务协会秘书长LWG访谈,2014年11月12日。
③ JD街道电子商务协会秘书长LWG访谈,2014年11月12日。
④ JD街道电子商务协会秘书长LWG访谈,2014年11月12日。

民的收入增加，对村民和村干部来说无疑是一个喜事，也实现了淘宝联谊会成立之初的愿景，网商租客、村民和村干部享受了联谊会带来的巨大经济效益，由此，淘宝联谊会在获得文化合法性和经济合法性的基础上确定了公众对其合法性的认同。

第二节　组织的发展：电子商务协会

　　淘宝联谊会在获得巨大业绩后，成员数量增加，群体变得复杂，不再是当初十几个白手起家的小青年开茶话会，而是壮大成型和未孵化完全的成员共同组成的社会团体，由过去的道德、伦理的熟人关系变成了以契约、制度和规则为基础的利益共同体。然而，淘宝联谊会还是未经审批注册的民间组织，权利的获得与运作既没有履行法律手续也未遵循组织确认的程序与规则，一个没有法律合法性和行政合法性的社会团体无法代表成员利益与政府对话，由地方能人带领的淘宝联谊会模式已经不再适应其本身的发展，淘宝联谊会因其"非法社团"的身份出现生存和发展困境。网商企业内部迫切需要一个合法的行业组织作为商户和政府的"双重"代言人。基于这些因素，淘宝联谊会需要按照法律，遵循公认的行政流程，取得法律合法性和行政合法性，才能继续发挥作用。

　　QYL村网商的空间流动分散了淘宝联谊会成员，团体活动受限，但同时把清新的电商模式传播到其他农村，带动了其他农村电子商务的发展。JD街道办事处希望借鉴QYL村发展模式，在整个JD街道主推电子商务发展，从而拉动JD街道的经济发展。2010年3月22日，由义乌市民政局核准、义乌市JD街道政府主管的地方性社团组织——义乌JD街道电子商务协会成立。会长1名，常务副会长1名，执行会长兼秘书长1名，副会长40名，理事80名，企业会员和个人会员800余名。协会成员需缴纳会费，宗旨是遵守国家法律、法规和有关政策，为会员、企业、政府、社会服务；促进电子商务行业发展、凝聚人才、共商大计、共谋良策，推动JD街道信息化建设，为经济社会发展作贡献。协会聚集了众多国内知名的电商企业，如：新光饰品、浪莎袜业、真爱毛纺、申

第五章 合法性悖论:淘宝村民间团体的生存困境

通快递、汇通快递等。此外,相应的业务范围和协会章程也于同日的会员大会上表决通过。截至2011年1月,协会拥有B2C网站50余家,淘宝金冠店6家,五皇冠店20余家,其余会员单位都是1—4皇冠卖家。至此,义乌JD街道电子商务协会获得了法律合法性和行政合法性地位。

JD街道电子商务协会在确立体制合法性后,一段时间内实现职能升级,"暂时"摆脱了淘宝联谊会的生存困境,巩固了其公众合法性。协会继续在内部搭建成员间的共享平台,发挥"三共享"的作用,同时在政府与网商的对接上也卓有成效,主要表现为优化QYL村创业环境、会员维权和带动JD街道电子商务发展,推动以QYL村为中心的新型"淘宝镇"形成。

优化创业环境,促进政府公共投入。2013年,义乌市高度重视电子商务,推出"230电子商务培训计划",也就是两年培养30万电子商务人才计划。JD街道重视QYL村的电子商务在整个JD街道的带头作用,着力改造QYL村的创业环境,为QYL村大门建造仿古门楣,并修建小广场。JD街道办事处同时牵线中国电信投入50万元,以落实QYL村的无线WiFi全覆盖,并升级网络带宽,实现全村100兆光纤入户。同时,JD街道办事处引进人才和技术,在QYL村成立网商服务中心,为JD街道电子商务协会运营一个名为"江东电商股"的管理系统,同时也是微信"网店第一村QYL"公众平台的账号主体,和JD街道电子商务协会一起参与管理江东街道的招商入驻、创业孵化、供货分销和协会会员的吸纳及培训工作。

会员维权。由于获得体制合法性的JD街道电子商务协会已经是一个合法组织,可以代表协会会员利益,为会员维权,替会员向政府发声。协会在成立后替会员维权的工作也十分突出。2010年下半年,也就是该协会成立半年之际,协会很多成员的网站接连被黑客攻击,一些网商店主报案请公安介入调查,但各部门间互相推诿并不加以重视,"这个事情没有地方报案,公安局报案说找派出所,派出所弄不好网络案件,踢皮球说找网监,网监又说去派出所,没有用,那时候报案不受理"。[①]

---

① JD街道电子商务协会秘书长LWG访谈,2015年1月6日。

最后由协会秘书长代表会员出面与政府协商,该困难才得以解决。"那时我刚好认识 S 市长,就直接跟他反映了这件事,还是《JH 日报》带去的,第二天两个公安亲自上门受理。"① 可见,在拥有体制合法性后,协会在代表成员利益向政府发声上确确实实发挥了作用。

带动街道发展,促进以 QYL 村为中心的新型"淘宝镇"形成。QYL 村所在的 JD 街道乡镇工业起步早,市场基础雄厚,硬件设施完备,有更大的场地适应大型网商发展。街道地处义乌市区东部,总面积 89.46 平方千米,分设城东、徐江、青口三个工作片。1992 年开发青口工业区,引进新光饰品等骨干企业;2001 年开发东苑工业园区,饰品、工艺品多行业并举;2008 年底,街道范围内共有工业企业 1806 家。此外,至 2008 年底,JD 街道 42 个村基本完成旧村改造(共 55 个行政村)。② 而 QYL 村的电子商务在 2009 年迅速发展,一年后,受限于空间场地,协会里一些做大的网商企业试图迁出 QYL 村,"我们村大的房间最大也就一百来个平方,所以他需要大的场地这里就不适合了,他就到青口去了。我们青口那边有个小的工业园区,工业园区 90 年代开始就有了,五亩十亩的,一户人家买几间房子就算工业厂房了。那时候我岳父家买了 4 间工业园区房子算是工业区了,那里空间大,一层可能 2000 平方米,然后有大块面积。"③ 就这样,协会内的大型网商部分迁出 QYL 村,驻扎在 QYL 村附近,带动了 JD 街道电子商务的发展。至 2014 年底,义乌 JD 街道管辖区内有 4 个村满足"淘宝村"的条件,成为 19 个"淘宝镇"之一。

第三节　组织的困境:陷入体制牢笼

JD 街道电子商务协会从 2011 年开始逐渐出现生存困境,主要表现

---

① JD 街道电子商务协会秘书长 LWG 访谈,2015 年 1 月 6 日。
② 义乌市编辑部:《义乌市志》,上海人民出版社 2012 年版。
③ JD 街道电子商务协会秘书长 LWG 访谈,2014 年 11 月 12 日。

第五章 合法性悖论:淘宝村民间团体的生存困境

为资金困境、审批困境,以及积极性下降带来的认同困境。

资金困境。主要表现在政府对社会团体的资产和经费的干预。《社会团体登记管理条例》规定,社会团体必须执行国家规定的财务管理制度,接受财政部门的监督;资产来源属于国家拨款或者社会捐赠、资助的,还应当接受审计机关的监督。[①] 可见,非营利组织的资金问题是有章可循的,政府在其间起到监督管理的作用。然而,JD 街道电子商务协会正是在有法可依的情况下资金流转和使用出现问题。"协会的资金由街道监管起来,你也没有办法,街道说替你监管是为你好。我们开个会,请个人,办个事都得要钱,可是街道又不把资金给我们,说是要拿报销单来报销。我们哪有什么报销单?有的时候开了报销单也没有用,钱就是批不下来。"[②] 由于资金监管存在问题,包括会费在内的协会资金不由协会独立监管使用,协会职能的开展受到限制。

审批困境。不仅表现在资金批用上的困难,还体现在各种资格审查、年审材料的准备上。《社会团体登记管理条例》规定管理机关对除资金外其他方面的监督管理。登记管理机关要对社会团体实施年度检查,社会团体应于每年 3 月 31 日前,向业务主管单位报送上一年度的工作报告,经业务主管单位初审同意后,于 5 月 31 日前报送登记管理机关,接受年度检查。工作报告的内容包括:本社会团体遵守法律法规和国家政策的情况、依照本条例履行登记手续的情况、按照章程开展活动的情况、人员和机构变动的情况以及财务管理的情况。然而,"这些年,(义乌)我们协会是最不合格的,因为我太忙了,没时间弄年审材料,比我差的协会年年都是先进,我这个协会忙死忙活的,荣誉最多的反而是最落后的。因为我没时间来搞啊。我这边全部任务都我自己一肩挑,我们这边出名谁都找这边,媒体啊什么的都找这边,特别忙,别的协会一年到头去年审啊,做账啊,很积极,我这边很多账目我都……"[③] QYL 村出名的 JD 街道电子商务协会秘书长,因忙于应对

---

① 见《社会团体登记管理条例》第二十九条。
② JD 街道电子商务协会秘书长 LWG 访谈,2015 年 1 月 6 日。
③ JD 街道电子商务协会秘书长 LWG 访谈,2015 年 1 月 6 日。

各种公共关系而无暇顾及审批材料,审批材料的不合格影响了协会每年的创先争优结果,难以通过管理机构的审批也成为协会面临的很大一个问题。

认同困境。资金流转的束缚、行政流程的繁冗、创先争优的落选,直接影响了协会秘书长的积极性,"所以后面这些年我都是零开支啊,难道真的是零开支吗?都我自己贴了啊。协会秘书的工资都是我贴的,上上个月让他回家了,两年的工资都我贴,还有电话费,还有报纸的拉赞助,平时的接待更别说了,贴了几年之后我不可能永远贴下去啊,我只能贴力"。① 为完成审批材料,秘书长自费聘请助理,显然这不是长久之计。一段时间后,秘书长积极性下降,间接影响了协会会员的接纳和协会职能的发挥。"这就是后面几年我不愿意增加会员的原因啊,增加会员不是要交钱嘛,但钱交来又不是协会的。每个人加入这个协会都有一个思想,他总有一种是来投靠的愿望,他可能有这个目的觉得以后会要做这个事情,那后面的事情不是要我做,那我做我又一分钱没有,我是不是贴得越多。我加得越多我贴得越多……"② 为减少资金使用,对已有会员维持协会经济合法性,秘书长不得不控制会员数量。

这种"合法性悖论"由公众合法性和体制合法性间的冲突造成,政府"体制控制"过强,而民间团体自身对两类合法性的定位模糊,是造成"合法性悖论"的浅层原因,其根源在于市场转型日渐深入的背景下所凸显的"国家"与"社会"的矛盾,也就是民间团体的合法性来源对象间的矛盾。

"体制控制"过强,体现在政府对民间组织的管理体制、组织职能和资源获取的"过度"控制上。对"体制控制"过强的提出并不是在诉病"体制控制",也不是在申斥"双重管理体制",不论是发育于民间自下而上形成的社会组织,还是通过获取政府资源自上而下建立的社会组织,都需要政府对其进行监督管理。"双重管理体制"虽存在一些弊端,但造成民间组织"合法性悖论"的原因,不在于"双重"管理,

---

① JD 街道电子商务协会秘书长 LWG 访谈,2015 年 1 月 6 日。
② JD 街道电子商务协会秘书长 LWG 访谈,2015 年 1 月 6 日。

第五章 合法性悖论:淘宝村民间团体的生存困境

也不在于"归口"管理,而在于管理的方式。[①] 现实情况是,有的业务主管单位对民间组织的日常管理不是活动范围的制定和规范实施的监督,而是直接干预,甚至"操纵"民间组织的活动。这种"过度"的"体制控制"管理方式,很大程度上妨碍了民间组织的发育和成长,间接动摇民间组织的公众合法性。JD 街道电子商务协会的登记管理机关是义乌市民政局,业务主管单位是 JD 街道办,正是因为 JD 街道办在协会的职能运作和资源获取的"过度"控制,以致协会陷入多种困境。

此外,民间组织对两类合法性的定位模糊加深了"悖论"的程度。民间组织在成立初便具有公众合法性,在现实环境下,其稳定的生存性策略或生存技术在于获得体制合法性。然而,获得体制合法性的民间组织没有保持长期的发展优势,同样也会陷入生存困境,动摇公众合法性根基。所以,体制合法性的获得确实是社会组织生存的重要依据,但这并不是一劳永逸的结果,社会团体仍旧要实现公众合法性的"再生产",才能保证其生存发展活力。公众合法性的"再生产",才是保证获得体制合法性的民间组织得以继续发展的源泉。由此可见,社会组织本身对两类合法性地位的定位模糊也是造成"合法性悖论"的原因。淘宝联谊会在没有成为合法组织时,成员以极大的热情和动力投入发展,以取得政府重视获得体制合法性。协会成立之后却因无法适应过强的"体制控制"导致成员积极性骤减,人员流动和职能运作不畅。成员对两类合法性的定位模糊,没有意识到民间团体的成立并不是为了体制合法性的获得,只有公众合法性地"再生产",民间团体才能继续发挥作用。

从根源来看,市场转型日渐深入的背景下凸显出的"国家"与"社会"的矛盾,也就是民间组织的合法性来源对象间的矛盾,是合法性悖论形成的深层原因。鉴于"政府失灵"和"市场失灵",不论是单纯的市场手段还是靠国家的计划和命令手段,都无法达到社会资源的最

[①] 许敏宇:《我国民间组织发展中存在的问题及对策研究——以徐汇区为例》,硕士学位论文,上海交通大学,2007 年。

行动·拓展·创新

佳配置,"愈来愈多的人热衷于以治理机制来对付市场或国家协调的失败"。① 然而,由于"中国过去一个十分头痛的问题是一抓就死,一放就乱"②,政府主动发展民间组织,但很明显社会自主空间让渡不足,导致国家与社会关系下政府放权与社会自主的矛盾和冲突出现,因此凸显了"国家"与"社会"的矛盾,其表象体现的就是民间组织的"合法性悖论"和官办组织的"官民二重性"特征。③

第四节 社会组织发展的路径展望

市场转型引发阶级结构的变动,也促成"社会"的发育和成长。如何从改革前的体制,即国家吞没市场和国家吞没社会的状态,走向国家、市场和社会三者分立、相互协调乃至以社会为最终目标,约束国家与市场的状态,是改革必须面对的基本任务。实际上,社会至上才是社会主义的本意。④"淘宝村"社会组织的发展与"淘宝村"的未来前景息息相关,如何破解"合法性悖论",在当前背景下发挥民间团体的活力是目前尤为重要的事。

一 明确民间组织的合法性定位

自下而上形成的民间组织,合法性的获得是由公众合法性到体制合法性的过程,是具有中国特色的社会组织发展模式。民间团体的合法性是公众合法性和体制合法性的统一,两者不是一个时间序列上的前后关系,也不是一个优先级的关系,而是一个相互促进、彼此共生的关系。公众合法性是基础与源泉,体制合法性是规范与监管,在两者和谐作用的基础上民间团体才能健康存在,真正发挥社会治理的作用。基于中国

---

① 杰索普:《治理的兴起及其失败的风险:以经济发展为例的综述》,《国际社会科学》(中文版)1999年第2期。
② 高柏:《中国经济发展模式转型与经济社会学制度学派》,《社会学研究》2008年第9期。
③ 刘威:《超越官与民:慈善事业转型与组织生态重构》,《中州学刊》2015年第9期。
④ 沈原:《市场、阶级与社会》,社会科学文献出版社2007年版。

第五章　合法性悖论:淘宝村民间团体的生存困境

特殊的国情,民间团体的法律合法性是核心,文化合法性是基础,经济合法性是源泉,行政合法性是监管。

公众合法性是基础与源泉,其中文化合法性是基础,经济合法性是源泉。与自上而下形成的官办组织不同,生于市场、育于社会的民间团体总有一个自下而上、从萌芽到发展壮大的过程。成立之初的民间团体,由于满足一部分公民的认知、信仰、价值观等理念,获得了文化合法性,并通过一系列活动和成果满足一部分公民对效用和效率的期待,从而获得经济合法性而继续存在。即使民间团体获得了体制合法性,也并不代表完成了组织合法性确立的最终使命,把对体制合法性的追求等同于民间组织合法性的确立有逻辑上的缺陷。公众合法性的"再生产"才是民间团体得以继续生存的基础和源泉。经济合法性的缺失很可能会动摇文化合法性和行政合法性,长期失去经济合法性,组织的成立没有发挥其职能起到应有的作用,会逐渐让组织成员失去信心和认同,降低组织积极性与活力,削弱文化合法性地位;同时,不运营、不发展、不作为的组织如同一潭死水,也不能满足政府批准组织成立前的初衷,发挥政府和社会这一中间组织的作用,反过来同样也削弱了行政合法性。

体制合法性是规范与监管,其中法律合法性是核心,行政合法性是监管。如果过分夸大经济合法性在民间组织的合法性建设中的作用,把它作为合法性的唯一依据也是十分危险的,有效性的增长不能只是经济总量的增长,单纯的绩效增长并不能保证公平与秩序。把经济合法性作用夸大,比如组织成员的淘宝销售额的上涨,只是组织内部经济总量的增长,但容易出现二八现象。"现在,一打开淘宝店铺,生意做得最好的那些,都是皇冠甚全金冠级卖家了,新来做淘宝,没有货源优势,没有价格优势,没有客户积累,如何打开淘宝销路,耗尽心思,也没想出好的办法。"[1] "两成大卖家拿下80%的订单,剩下的八成小卖家,长期营养不良,僵的僵,死的死,失败的例子举不胜举了。"[2] 如果本应该代表成员利益,发挥社会功能的民间组织过分重视经济理性而忽略社会

---

[1] QYL村网店店主LW访谈,2014年11月12日。
[2] QYL村网店店主LJF访谈,2014年11月12日。

公平，社会结构将会失衡。在这一过程中，法律和政府要起到规范和稳定秩序的作用。

二　转变国家对社会组织的治理方式

随着社会转型浪潮的激荡和民间组织的蓬勃发展，国家对社会组织的治理方式开始转变，以腾出民间组织自主发展的空间，在国家层面破解民间团体的"合法性悖论"。现实情况是，各级政府迄今为止仍然承担着大量繁重的社会职能，这不仅不利于政府机构的进一步改革，也在很大程度上妨碍了民间组织的发育和成长。为打破民间组织生存的"合法性悖论"，真正发挥民间团体的活力，摆正政府在民间组织发展中的位置、理顺民间组织发展中的官民关系、重构民间组织发展的组织生态环境成为迫在眉睫的任务。

惯常而言，用线性的思维方式来思考民间团体出现"合法性悖论"的"解"是"官退民进"，用对民间团体的"放任"来最大限度地发挥民间组织的自主性和发展活力。但"放任自流"既不可能，也不可为。对"体制控制"过强而限制民间组织发展这个问题的提出，并不是在诟病"体制控制"，也不是在申斥"双重管理体制"，而在于完善政府的管理方式。如果简单地呼吁政府对民间组织"放任自流"等同于将"官"与"民"完全二元对立，就脱离了当下社会结构和社会变迁的历史情境而陷入"无序"的混乱局面。因此，民间团体出现"合法性悖论"绝不是说民间团体不需要获得体制合法性，陷入不追求法律和政府的承认反而更有利自身发展的"诡论"。而在于政府在民间组织的发育发展中如何进行监督和管理。政府的"体制控制"和民间团体的"自主发展"之间应该是一种持续互动、相互嵌入的共生关系，而不是一种边界清晰、此消彼长的二元对立关系。"体制控制"是有合理性的，但不能过度，政府应以更经济的和正确的方式实现其"掌舵"和"引导"的管理职能。

因此，一个民间组织的发展应该是在一个良好的社会法律框架下的自主治理，政府通过立法、制定政策、形成规范和评估监督这几个方面体现对民间组织的支持。良好的民间组织运作机制的建立健全也是在法律基础上的政府管理、社会监督和民间组织自律相结合的多元社会调控

第五章 合法性悖论:淘宝村民间团体的生存困境

格局下实现的。

对淘宝村"由弱到强"新阶段的探索才刚刚开始,具体的发展路径、特点与方式存在诸多不确定性,正是这种淘宝村发展的不确定性导致了淘宝村内的社会团体职能的不清晰,组织也在获得体制合法性后出现了"合法性悖论",职能运作出现困境。淘宝村内发展起来的社会组织是自主性多一些,还是被"体制控制"多一些?民间组织如何促进淘宝村的发展转型?它在淘宝村的发展中应该扮演什么角色?这些问题都与"淘宝村"本身的前景和路径选择息息相关,该领域的研究也能为当前社会治理提供新的启发。

第 六 章

农民合作社的运行机制及模式创新

——基于胜利果香农民合作社的个案分析[①]

2017年新出台的中央一号文件的突出亮点是：提出以深入推进农业供给侧结构性改革为农业农村工作的主线。这是中央一号文件第14次聚焦"三农问题"。农业供给侧结构性改革的核心目标是解决优质农产品供给问题，发展农业新业态，而作为农业新业态其中的一个典型代表——农民合作社已经成为部分农业后续发展动力的源泉。在更早的时候，2014年的中央一号文件第五部分第22条，规定"允许财政项目资金直接投向符合条件的农村合作社，允许财政补助形成的资产转交农村合作社持有和管护，有关部门要建立规范透明的管理制度。推进财政支持农民合作社创新试点，引导发展农民专业合作社联合社"。在此背景下，农民专业合作社不断成长壮大，现已成为农民配合国家农业农村工作的一个连接点。农民合作社作为农民自身实践探索出来的一条适合自己发展的道路，在发展的过程中，合作社以其独特的优势，一方面给农民的生产生活等带来便利；另一方面，农民专业合作社的改革升级更好地适应了国家大政方针的实施。同时，农民合作社的发展也为国家在探索农业发展方面提供了一定的案例依据和实践场所。在此形势下，吉林省四平市梨树县胜利果香农民合作社因地制宜探索出的消费积累独特发展模式，此外还探索出通过提取三项专项基金来解决社员医疗—教育—养老的做法，其综合性发展经验值得深入总结与借鉴。

---

① 案例呈现的图均来源于调研资料，笔者自制。

第六章　农民合作社的运行机制及模式创新

第一节　胜利果香农民合作社概况

胜利果香农民合作社位于吉林省四平市梨树县胜利乡郭家窝堡村，于2003年12月正式成立，其前身为总干事郭连伟2001年创建的"百信农民合作社郭家窝堡服务中心"。该合作社的组织机构由社员大会、理事会、监事会、妇女部组成，主要经营业务包括统购统销、消费积累、股权信贷、医疗—教育—养老三项基金、庭院种植等，具有综合性和福利性特色，意图通过农民合作的方式解决农民急需的医疗、教育和养老问题。

胜利果香农民合作社的创始人郭连伟原为当地赤脚医生，常年为方圆数里的村民们行医治病。在行医的过程中，他发现公社解体之后，农民虽然解决了温饱问题，但是却因市场地位低，经济收入少的缘故，难以解决医疗、教育和养老的难题。作为富有社会责任感的老党员，郭连伟一直思考如何才能解决农民的上述问题。直到2000年12月通过朋友韩世春的介绍，认识了被称为合作社专家的四平市银监局官员姜柏林[1]，与周斌、周和、田永海、李连志[2]等人一起参加了合作社的培训。加上2001年《吉林农民报》刊登的"农民变股民，合作闯市场"的有关夏家农民合作社成立的新闻报道，和一封名为"盼望合作社尽快启动"的农民来信，给了其示范和动力，郭连伟萌生了成立合作社的想法，设想通过生产资料、生活资料和医疗消费积累等方式来解决社员的医疗、教育和养老问题。

按照主要经营业务为划分依据，胜利果香农民合作社的发展历程大致可以分为猪饲料购销、股权信贷、医疗—养老—教育三项基金、粮油购销、化肥购销、庭院种植经济六个阶段。2001年胜利果香农民合作

---

[1] 姜柏林指导创立了梨树县第一家合作社——梨树县百信农民专业合作社，常年致力于农民合作社的推广。

[2] 周斌、周和、田永海、李连志为早期太平李家合作社的创始人。

社①成立之初，主要经营的业务是猪饲料购销，通过批发价与市场价之间的差价作为原始积累。随着合作的深入，为了扩大社员的养殖规模，自2002年起，合作社开始与农村信用社合作，通过"股权信贷"②的方式从信用社贷款，将其中获得贷款数额的50%作为合作社的提留，剩余50%分配给贷款社员用于生产资料的购买，风险由合作社共担。这大大解决了当时社员养猪资金不足的难题，随着养殖规模的扩大，大部分社员的经济收入得到提高。但是到了2005年下半年，受疫病的影响，当地猪肉的价格大幅度下跌，大量社员出现亏损、无力偿还信用社贷款的情况，合作社总共欠贷10万元，导致信用社将合作社的8万元股金冻结，2005年年末合作社无法再从信用社获得贷款，"股权信贷"就此终止。自此合作社的发展陷入了困境，2006年因资金困难，合作社的养殖合作被迫中断。

为了探索出一条适合合作社长期发展、有利于解决社员医疗、教育和养老问题的道路，合作社从一开始就尝试医疗—教育—养老三项基金模式，首先于2006年组建专项养老基金，社员到村卫生所来看病会把医疗费作为交易额，按照一定的比例提取专项养老基金。2007年随着社员经济情况的好转，合作社启动了粮油购销的业务，将成本较低但又是社员必需的粮油、挂面等生活资料进行统购分销，同样以批发价与市场价中间的差价作为原始积累。

2008年，经过多方协商，信用社将冻结的合作社股金予以返还，加上2010年招商局慈善资金会给予的10万元扶贫创新奖，合作社开始利用这些资金启动化肥购销业务。2011年起，合作社开始鼓励社员利用闲置的大片庭院和当地种植水果的有利条件③，进行葡萄等果树种植，发展庭院经济。

---

① 以下简称为"合作社"。
② "股权信贷"是指合作社将其股金和积累资金以合作社集体的名义入股农村信用社，然后以股金作抵押从农村信用社获得贷款，股金越多、信用越好，贷股比例越高。如胜利果香农民合作社2005年贷股比例为5:1，最高为10:1。
③ 1958年国务院周恩来视察胜利乡时看到大片的果树，亲笔题词："永结千年胜利果，堪称黎北第一园"，称赞为"水果之乡"，其中当地土壤尤其适宜种植葡萄。

第六章 农民合作社的运行机制及模式创新

随后，由于合作社内部的核心社员，如郭连伟、李淑琴等人年纪较大，无力继续带领合作社发展，经全体社员大会表决通过，于2013年9月17日与新农邦合作社合并，成立新农邦合作联合社，从而开始了新一阶段的发展。

第二节 胜利果香农民合作社的运行机制

合作社根据1995年国际合作社联盟修改的合作社原则[①]和2007年施行的《中华人民共和国农民专业合作社法》关于农民专业合作社基本原则[②]的规定，结合现实和实际情况，制定了"民办、民管、民受益"的"三民原则"。其中合作社通过正规完善的入退社机制，实现合作社成员100%的农民率，保证"民办"原则；通过社员大会等内部组织运行机制实现社员地位平等和民主管理，保证"民管"原则；通过风险防控、分配激励机制等实现维护社员利益和盈余按照比例返还，保证"民受益"原则。

一 "民办"的入社、退社机制

合作社的入社、退社流程较为正规化，合作社章程对于入社、退社的步骤有明确的规定要求。就入社而言，如图6-1所示：有意愿加入的农民，首先通过合作社内部管理人员进行前期条件[③]审核，审核通过，向理事会提交入社书面申请；其次通过社员大会审核讨论通过；最后通过出纳人员办理相关入社手续及其后续登记工作，最终成为合作社

---

① 1995年国际合作社联盟修改的合作社原则包括资源和开放的社员；社员民主控制；社员的经济参与；自治、自立；教育、培训和信息服务；合作社间的合作和关爱社区原则。

② 《中华人民共和国农民专业合作社法》第三条规定农民专业合作社应当遵循下列原则：成员以农民为主；以服务成员为宗旨，谋求全体成员的共同利益；入社自愿、退社自由；成员地位平等，实行民主管理；盈余主要按照成员与农民专业合作社的交易量（额）比例返还。

③ 前期条件是指：1. 具有民事行为能力的公民，从事农业生产经营，能够利用并接受合作社提供的服务；2. 承认并遵守合作社章程；3. 种植有机、无公害农产品达到一千平方米以上，产品质量保证，有完整种植生产记录者也可申请加入合作社；4. 具有管理公共事务职能的单位不得加入合作社；5. 合作社成员中，农民成员占社员总数的百分之百。

行动·拓展·创新

的正式社员。退社相较于入社总体来说，其手续较为简单。

通过合作社内部管理人员介绍进行前期条件审核 → 向理事会提交入社书面申请书 → 社员大会审核讨论通过 → 通过出纳人员办理入社手续并进行登记工作

图6-1　胜利果香农民合作社社员入社流程

就退社而言，如图6-2所示：有意愿退社的社员，在会计年度结算前三个月向理事会提出书面申请，通过理事会审核，即可办理退社手续。退社成员的成员资格于该会计年度结束时终止，资格终止的成员须分摊资格终止前本社的亏损及债务。成员资格终止后，在会计进行年度结算后三个月内，退还记载在该成员账户内的出资额，同时如本社经营盈余，按照合作社章程规定返还其相应的盈余所得；如经营亏损，扣除其应分摊的亏损金额，且该社员在其资格终止前与合作社已订立的业务合同还应继续履行。

在会计年度结算前三个月向理事会提出书面申请 → 社员大会审核批准通过并办理 → 在会计年度结算后三个月内退还相关出资额

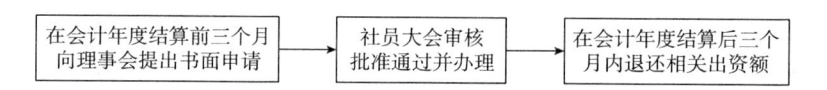

图6-2　胜利果香农民合作社社员退社流程

二　"民管"的内部组织运行机制

合作社内部组织运行机制主要包括全体社员参与的社员大会，以及通过社员大会选举产生的理事会、监事会、妇女部等部门，如图6-3所示。其中社员大会是合作社最高权力机构，主要进行重大决策的表决，资金的运用、经营项目的确立，年终分配方案及其理事会的工作报告、远景规划。理事会主要负责合作社的日常运营，下设会计出纳为主的财务管理小组。监事会主要负责的是审计财务以及对合作社日常运营的监督，妇女部[①]主要负责的是管理幼儿园完成教育职能，协调解决社员的家庭纠纷问题。

---

① 妇女部在2003年成立，成立的初衷是筹建和管理幼儿园、解决农村的家庭纠纷以及妇女儿童保障等问题，胜利果香农民合作社也成为全国第一家成立妇女部的合作社。

第六章 农民合作社的运行机制及模式创新

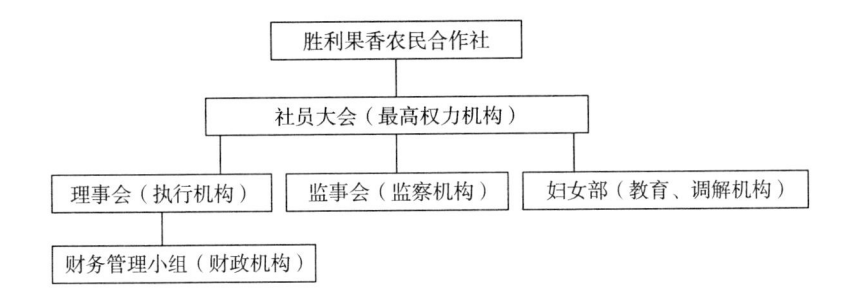

```
          胜利果香农民合作社
                │
          社员大会（最高权力机构）
    ┌───────────┼───────────┐
理事会（执行机构） 监事会（监察机构） 妇女部（教育、调解机构）
    │
财务管理小组（财政机构）
```

图6-3 胜利果香农民合作社内部组织机制图

其中社员大会由全体成员组成，履行社员大会职权。社员大会应当有2/3社员参加方能开会，表决实行一人一票制，社员因故不能到会，可书面委托其他社员代理，但一个社员最多只能代理两人，各项决议须有出席会议半数以上社员同意，重要事项须2/3社员同意方能生效。除遇重大事件情况外，每年召开一到两次，如遇以下三种情形：理事会认为有必要时；监事会的建议；1/5以上的社员或三分之一以上代表提出时，可以召开临时社员大会。

理事会由三人组成，包括理事长一人，理事两人。理事长和理事由社员大会选举产生，任期暂定为三年，可连选连任，其中理事长为合作社的法定代表人。理事会实行协调统一原则，重大事项由理事会集体讨论，并经2/3以上理事同意方可形成决议，理事会由理事长主持，理事个人对某种决议有不同意见时，须将其意见记入会议记录，理事会开会可邀请监事会、妇女部、社员代表列席，但列席者无表决权。理事会需严格遵守各种报告制度，按期向社员大会提出有关业务、财务等工作报告。

监事会由三人组成，包括监事长一人，监事两人。监事长和监事由社员大会选举产生，任期暂定为三年，可连选连任。监事会作为合作社的监察机构，代表全体社员监督和检查理事会的工作。监事会议由监事长召集，会议决议应以书面通知理事会，理事会接到通知十日内做出响应，否则为理事会失职。监事会议须有2/3以上成员出席方能召开。过半数成员以上通过方能做出决议，监事个人对某种决议有不同意见时，须将意见记入会议记录。需要特别指出的是理事会与监事会的成员不可以互相兼职,退职不满一年的理事及理事的近亲均不得担任监事。

妇女部与合作社其他三个部门相比,成立时间最晚,于2003年正式成立。妇女部也由三人组成,包括部长一人,部员两人。妇女部长和部员由社员大会选举产生,任期暂定为三年,可连选连任。其成立初衷主要是管理幼儿园、解决农村的家庭纠纷以及妇女儿童保障等问题。但由于幼儿园的盈利一直处于亏损状态等原因,幼儿园于2006年停办,在此之后,妇女部作为一个合作社组织部门保留下来。

三 "民受益"的经营运行机制

(一) 风险防控机制

合作社的风险防控机制主要是伴随着"股权信贷"业务的兴起而产生的,由于"股权信贷"具有风险性、不稳定性、非人为控制性等特点。为了更好地降低从信用社贷款的风险,合作社渐渐地发展出一套"风险承担连带责任"模式,即一户贷款,必须要有5户担保,担保人之间共同承担连带责任。同时社员通过合作社所得贷款数额的50%由合作社以公积金的形式提取,剩余的50%贷款由社员用于购买猪崽、饲料等经营性活动,其中社员支付自己所直接使用的50%贷款的利息,剩余的贷款利息由合作社支付,进而通过分担社员的贷款利息来降低社员和合作社的经营风险。

事实证明,这套风险防控机制有利于降低合作社经营风险,若不执行此风险防控机制,将会导致合作社经营风险提高。2004年至2005年上半年,由于社员通过股权信贷获得了生产资金,扩大了生猪的养殖规模,从而增加了经济收入,大量得到优惠的社员要求提高社员可支配的贷款比例。经过社员大会讨论,社员可支配比例提高至80%,最后甚至完全交由社员支配。结果当年因生猪价格下跌,社员大多亏损,社员和合作社均无力偿还贷款,导致股权被冻结,"股权信贷"被迫中止,使得合作社的发展陷入了极大的困境。

(二) 分配激励机制

合作社理事会在每年社员大会上提交该年年终分配方案,经社员大会审核通过,合作社则会根据该方案开展分配活动。经过长期的实践,

第六章　农民合作社的运行机制及模式创新

合作社逐渐形成固定的分配激励机制，主要内容为：

（1）合作社从当年非医疗盈余中提取12%的公积金，用于扩大生产经营、弥补亏损或者转为成员出资。

（2）合作社从当年非医疗盈余中提取8%的公益金，用于成员的技术培训、合作社知识教育以及文化、福利事业支出和生活上的互助共济。其中，用于成员技术培训与合作社知识教育的比例不少于公益金数额的50%。

（3）在扣除生产经营和管理服务成本，弥补亏损、提取公积金和公益金后的可分配盈余之后，按照下列顺序进行二次分配：

首先，按成员与合作社的业务交易量（额）比例返还，返还总额不低于可分配盈余的60%；其次，按前项规定返还后的剩余部分，以成员账户中记载的出资额和公积金份额，以及合作社接受国家财政直接补助和他人捐赠形成的财产平均量化到社员的份额，按比例分配给合作社成员，并记载在成员个人账户中；最后，合作社如有亏损，经社员大会讨论通过，用公积金弥补，不足部分也可以以后用年度盈余弥补。

（三）财务管理机制

合作社实行独立的财务管理和会计核算，并严格按照国务院财政部门制定的农民专业合作社财务制度和会计制度核定生产经营和管理服务过程中的成本与费用，实行于每月十日定期的财务公开制度。

会计进行年度结算时，由理事会按照合作社章程规定，组织编制合作社年度业务报告、盈余分配方案、亏损处理方案以及财务会计报告，经执行监事或者监事会审核后，在社员大会召开十五日之前，置备于办公地点，供社员查阅并接受社员的质询。经理事会审核，社员大会讨论通过，社员出资可以转让给合作社其他成员。

合作社成员与合作社的所有业务交易，实名记载于社员的个人账户中，作为按交易量（额）进行可分配盈余返还的依据。社员若是利用合作社提供服务给非社员并与合作社进行交易，则该类所有业务交易，实行单独记账，并进行分别核算。合作社成员可以用货币出资，但不得以劳务、信用、自然人姓名、商誉、特许经营权或者设定担保的财产等作价出资。社员认缴的出资额，须在一个月内缴清。

除此之外，合作社需向社员颁发社员证书，并记明社员的出资额，社员证书同时加盖合作社财务印章和理事长印鉴。

第三节 胜利果香农民合作社的创新模式

合作社的创新性和可借鉴性主要体现在：通过基于"股权信托"的生产资金运作模式，来解决农民的生产资金短缺问题；通过基于"消费积累"的基金运作模式来解决农民的医疗、教育、养老等问题。进而合作社的经营运作就从社员入股，实行资金互助，拓宽融资渠道开始，形成一个集"资金互助—生产—消费—分配—积累—医疗教育养老—消费"于一体的循环经济模式。该种模式下，合作社有限的资金得到了充分的使用，不仅保证了农民的增收，还兼顾了包括医疗教育养老在内的农民生活问题，做到了保障和效率的完美结合，进而通过资金在生产生活消费中良性循环，使合作社经济逐步发展壮大。同时，合作社非常重视合作社的文化建设和公益事业，进而提高社员的凝聚力和合作社在村庄中的影响力，获得广大社员和所在村庄的高度认可，这一点十分值得其他合作社加以借鉴。

一 基于"股权信托"的生产资金运作模式

基于"股权信托"的生产资金运作是合作社最基本的运作模式，也是合作社其他运作模式得以运作的基础。其中生产资金运作是基于信用合作、贷款融资和生产购销的共同发展来实现的。如图6-4所示，完整的一轮生产资金运作需要经历社员入股、股金存入、股金运转[①]、集体消费、利润分配、再投资六个阶段。

合作社通过宣传和培训，让农民了解到大家的利益共同点，以及合作社能为农民带来的好处，从而真正了解到合作社的优势所在。农民根据入社自愿的原则，通过入股加入合作社。合作社通过信用合作，把社员入股的股金集结起来，以集体的名义存入当地的信用社。农民入股信

---

① 股金运转形式是联合购销、股权信贷、种植经济。

第六章　农民合作社的运行机制及模式创新

用社，并成为当地信用社的团体成员。然后根据合作社的贷款计划按照一定的股贷比从信用社获得贷款，这就解决了农民个体信贷难的问题。合作社再依据社员入股比例和社员做出的贷款资金使用计划，对贷款进行分配，将贷款计入社员的个人账户。其中规定每户贷款额的50%发放到个人，由社员具体支配，如购买仔猪、种子等用来扩大养殖和生产规模等，剩余的50%由合作社统一经营使用，如联合购买猪饲料等。

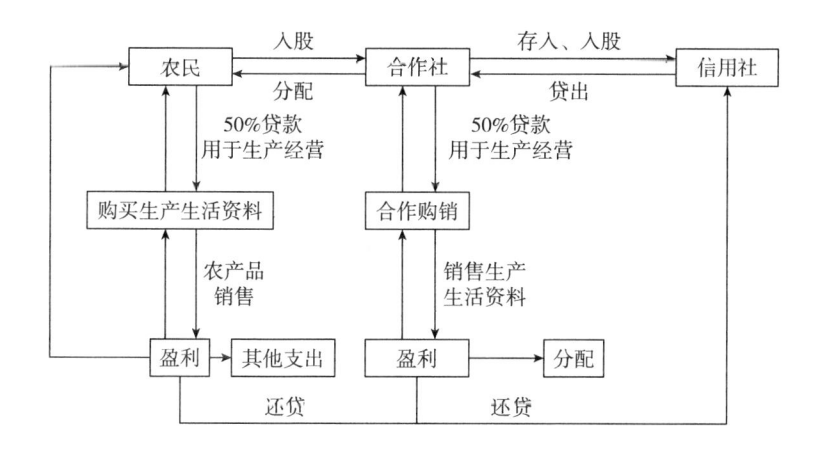

图6-4　胜利果香农民合作社生产资金运作模式图

用股金的形式把社员组织起来，实现资金的联合，集体贷款融资，这就解决了生产和扩大再生产的资金短缺问题。合作社通过联合一定程度上提高了市场地位，在购买生产生活资料时通过与其他市场主体进行谈判，以低于市场价的价格购买得到生产生活资料，降低了生产生活资料的成本。同时，社员联合以后，合作社的联合资金就具备一定程度的购买力，通过合作购销、集体消费，夺回了在以往普通市场消费中流失的资金。在此基础上，合作社可以通过扩大消费领域，实行多元化经营，进而使合作社经济逐步发展壮大。

合作社以还贷结束为一个生产周期，也就是一个生产资金运作流动周期，合作社以这种基于"股权信托"的生产资金运作方式来解决弱势的农民在生产过程中的资金短缺问题，实现信用合作、贷款融资和生产购销的共同发展，最终推动合作社与社员的双重发展。

二 基于"消费积累"的基金运作模式

合作社通过在消费的过程中（包括生产资料的消费、医疗消费等），对市场价与联合购买时与厂商达成的厂价或批发价之间的差额的提取，来实现资金的积累，使农民在市场交易中流失给中间商的资金得以在合作社内部加以消化，通过积累的方式返还给农民，进而实现"民受益"的目的。其中合作社最为创新之处在于医疗—教育—养老三项基金的提取，从而推动社员上述三大问题的解决，同时通过基本医疗的内部解决，来实现再次的消费积累，最大程度上利用合作社与社员的有限资金。

具体而言，如图 6-5 所示，合作社以集体消费的形式统一批发采购，再在合作社内部通过对社员零售，产生差额。合作社把从价格差中提取的资金，扣除管理费用后，按照公积金 12%，公益金 8%，医疗、教育、养老三项保障基金 80% 的比例加以分配，其中医疗、教育、养老三项保障基金根据个人具体情况互相转化使用，而且也可以在个人账目上调剂余缺，互助使用，以达到利益共享。

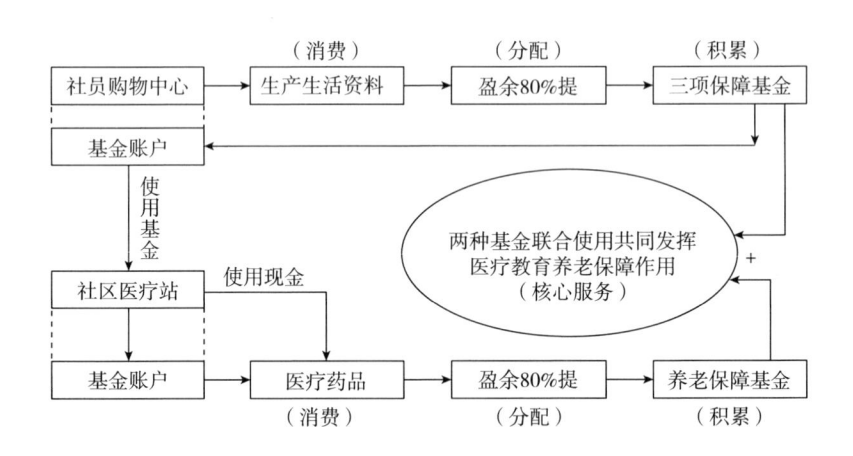

图 6-5 胜利果香农民合作社消费积累基金运作模式图

以统购猪饲料为例，猪饲料以每袋 122 元的价格销售给社员 A，122 元的售价中，每袋猪饲料的成本为 100 元，运费及管理费为 2 元，则合作社销售该袋猪饲料的利润为20元，其中合作社提取12%的公积金2.4元用于扩大生产经营或弥补亏损；提取8%的公益金1.6元用于成员的技术培训、合作社知识教育以及文化、福利事业支出和生活上的互助共济。剩余80%的医疗—教育—养老三项基金16元作为社员个人的医疗、教育和养老基金存入社员个人账户，社员在有三项基金需求时，可随时来合作社支取或消费。且三项保障基金根据个人具体情况互相转化使用，若社员A尚没有养老需求和医疗需求，但其有子女正在上学，则上述的16元保障基金可以全部以教育基金的方式提取。

同时个人在合作社就医时，合作社的医疗站为社员提供平价收费，通过提取处方中的医疗费和药品费差价，实现二次消费积累。但是此项差额为专项积累，直接积累为专项养老基金，不能转化为医疗和教育基金。

因此只要社员在合作社中有消费，就会有积累，通过这种"消费积累"的基金运作模式使积累基金不断增长，从而逐步建立起农民医疗、教育、养老的三项保障体系，推动农民生活保障体系的建立和完善。

三 基于"自我教育"的文化建设模式

合作社十分重视基于"自我教育"的文化建设，规定每年从当年非医疗盈余中提取8%的公益金，用于成员的技术培训、合作社知识教育以及文化、福利事业支出和生活上的互助共济。其中，用于成员技术培训与合作社知识教育的比例不少于公益金数额的50%。

为此，合作社创始人郭连伟多次参加政府、高校和NGO组织的农业技术及合作社知识培训会。如2004年参加了中国人民大学温铁军教师在河北举办的晏阳初乡村建设中心第4期的培训班；同年又参加了上合国际组织的合作社培训班，主要学习合作社基础知识，以及合作社的财务、管理知识等；2006年参加北京农合之家的合作社CEO项目，到台湾考察学习当地合作社的运行发展情况。之后，郭连伟在合作社内部组织农业技术培训会、合作社知识学习班等活动来推动合作社社员的自我教育和自我发展。

与此同时合作社先后与中国人民大学、东北师范大学、吉林农业大学等多所高校和科研机构建立良好合作关系，多次接待上述高校和科研机构的社会实践和实地调研团队，在帮助其培养学生实践能力的同时，也推动了合作社教育学习的深入。

除上述教育实践外，合作社自身也组织开展各项文化建设，在潜移默化中加深社员对合作社的认同。如合作社编写果香农民合作社社歌《合作之路通五洲》（如图6-6），每次社员大会及培训学习会开始之前，齐唱合作社社歌。此外合作社一方面为了发扬优良文化传统，丰富村民业余文化活动，抵制不良社会风气，促进精神文明建设；同时为了宣传合作意识，推广先进科学知识和技术，挖掘小型致富项目，促进物质文明建设，曾组建梨树县胜利果香文艺队，在周围村庄表演。

果香农民合作社社歌——《合作之路通五洲》歌词

第一段：朋友们，朋友们，我们手挽手，昂起头一起走，更上一层楼。人生天地间，莫向贫低头，团结互助朝前走，幸福乐园就在前头。

第二段：农友们，工友们，我们跟党走，跟党走不分手，同心写春秋。人生天地间，莫向强低头，万众一心朝前走，合作路上显风流。

第三段：看未来，无限美，山河披锦绣，全世界劳动者，汇聚新潮流。人生天地间，莫向人低头，七项原则连四海，合作之路通五洲。
（重复）

图6-6 果香农民合作社社歌歌词

四 基于"关爱妇幼"的公益运作模式

合作社的成立初衷就是为了通过消费积累和三项基金来解决农民的医疗、教育和养老难题，建立健全农民的生活保障体系。为此，合作社创始人郭连伟和李淑琴夫妇付出了大量的时间、精力和金钱，甚至把原本属于盈利的医疗收入转化为社员的专项养老基金。因此合作社在实际运作中，极为重视公益事业的发展，逐步建立了基于"关爱妇幼"的公益运作模式。合作社规定，每年提取的公益金也要用于合作社福利事业支出和社员生活上的互助共济，在多年的实际运作中，合作社多次资助贫困社员的孩子继续读书，帮助贫困社员解决生产困难等。

2003年为了保障女性社员的权利和发展，合作社在全国范围内第一个设立妇女部，内设部长一人，部员两人，主要负责解决社员的家庭纠纷，保障女性社员的基本权利，组织女性社员参加培训学习，提高知识技能等。2004年为了解决周围村庄适龄儿童的学前教育问题，合作社在"关爱社区"原则的指导下创建了自己的幼儿园，为了服务农民，合作社在办园过程中对于非社员村民的孩子只收取成本费，社员的孩子的学费全部从其教育基金中提取，不增加其额外负担。妇女部在原有工作的基础上增加幼儿园的管理工作，成为合作社公益运作的主要管理机构。

第四节 案例总结

胜利果香农民合作社作为全国首家消费积累保障型综合农民合作社，致力于通过联合购销、消费积累等来解决农民的医疗、教育和养老等问题，与一般合作社差异明显，特色显著。

首先，合作社资金在其内部有一个较为完整的市场交易过程，从进入市场到与其他商品进行交易形成流通，最后形成资金的积累，通过循环使用资金来增加合作社资金的使用量，从而更好地适应市场的发展。同时通过集体担保、股权信贷的方式，较为容易地从信用社获得贷款，解决了农民个体难以获得贷款的问题，有利于农民生产规模的扩大和民间非法借贷的减少。

其次，合作社通过消费积累来实现医疗—教育—养老三项基金的积累，在国家尚未实行免费九年义务教育和新农村合作医疗政策之前，对于解决农民医疗、教育和养老难题具有突出作用，在较高程度上实现了对农民的生活保障，由此可见合作社的三项基金模式具有一定的先见性。因此，在国家初步解决农村教育和医疗问题，着力解决农村养老问题的关键时刻，合作社基于"消费积累"的专项基金模式，能为国家农村养老政策的制定提供模式选择和事实依据。

最后，合作社通过"自我教育"的文化建设和"关爱妇幼"的公益事业，受到社员的广泛赞扬。因为这不仅符合"教育培训和关爱社区"的合作社基本原则，还满足了社员的精神文化需求，增强了社员的认同感和归属感，强化了社员"我爱人人，人好我好"的精神认知和合作理念，提高了合作社在社区中的认可度。由此可见，合作社要想发展好，必须要把"民受益"放在第一位，想着农民最需要的是什么，不能因为市场的变动或其他原因就放弃真正有益于农民的东西，该坚持的一定要坚持住，这对各地农民合作社的发展具有普遍的示范意义！

第二编　社会组织的拓展力

第七章

地方政府扶持下的枢纽型社会组织

——宁波海曙区社会组织服务中心案例

默顿认为,新的理论生发点总是出现在实践生活中,那些偶现而又异于常情却又孕育于全局的社会事实才是需要研究者聚焦的。现实与理想显然存在差距,"理想类型"化的社会组织在实践中很难找到,政府购买服务的社会组织往往存在浓郁的官方背景。但笔者发现,以往自己的一些"刻板印象"可能存在误区。

第一个误区是认为官办社会组织资源、人事、运作都受到官方部门意志主导,所以笔者认为具有官方背景的社会组织容易政社不分,行政化严重,自主性很差。但是海曙区的政府购买服务并没有陷入官办组织典型的"二政府"状态,尤其是运作公益创投的海曙区社会组织服务中心,在独立性不强的情况下却拥有比较大的自主性,在服务效率、专业化等方面颇有精彩之处。

第二个误区是基于市民社会与法团主义理论,笔者认为社会组织的主要形成方式不是"自下而上"形成草根组织(往往被认为是真正的社会组织),就是"自上而下"形成官方组织。但实际上海曙区购买服务中出现的海曙区社工协会、海曙区社会组织服务中心都存在政府"再造"的特点,这些组织镶嵌于政府主导的治理系统之中,以提供公共服务的形式来协助政府,但既非纯粹的官办组织,也不是纯粹的民间草根组织。对于这些社会组织,政府并非直接吸纳进入体制或放任不理,而是通过各种形式的资源供给来培育其发展,或通过项目给予资金保障,或帮助注册与登记并提供工作场所。

第三个误区是在购买服务的过程中,笔者认为政府与社会组织的关系趋势,应该是从目前的深受政府控制的"伙计"关系,转向可以与政府抗衡的"合作伙伴"关系，但在海曙区的购买服务实践中，笔者发现政府再造的组织呈现出"掌柜式组织"的特征，即在资金、人事乃至组织结构上深受政府的影响，但其自身不但自主决定服务具体内容、形式、运作手段等，而且延伸服务领域、不断培育吸纳二级社会组织，推动公共服务的网络化生产。但进一步分析，这种看起来成效很显著，且达到政府与社会组织双赢的模式中，两者的合作是否存在合作困境呢？政府的权力逻辑会因为购买服务的形式改变（如早期的定向非竞争购买，到后期的非定向竞标形式的公益创投）而不发生作用了吗？表现形式又是怎么样的呢？

这样的实践认知使得笔者自然而然地产生了一些经验型的问题：政府对"再造"的社会组织有何影响？当前这种"东家—掌柜式"类型的合作治理形式是基于什么逻辑？政府与社会组织各自的行动策略是什么？这种类型的合作是否存在困境，产生困境的原因是什么？这些问题最后都汇集成一个现实的问题，什么样的购买服务模式才是比较适合当前制度土壤的？

从历史实践来看，社会组织能够成为多中心治理结构中的重要一环，是基于其活动必须紧密地嵌入原有的社会治理网络之中的。无论在多元主义的美国或是法团主义的德国，社会组织能够在治理结构中发挥作用，都存在着同样的制度前提：在多层次的国家治理结构中，社会组织有着制度化的参与空间。对于社会组织而言，成为公共服务的主体也同样建立在一系列的制度条件下，不仅需要构建一个稳定且可以长期预期的制度环境，也需要政府部门超越公共行政的逻辑，采用新的治理工具。笔者希望通过对海曙区的案例研究，来分析地方政府购买服务中社会组织所处的制度环境，并以此为切入点，来理解制度环境中不同制度逻辑对社会组织发展的复杂影响。

第一节　不成功的开端

在社会结构变迁背景下，政府的顶层设计也越发重视对承接政府职

第七章 地方政府扶持下的枢纽型社会组织

能的社会力量的培育，上海深圳等地纷纷试水向社会组织购买服务，国家民政部 2007 年在国内试点推进社会工作人才建设，把加强社会工作队伍建设提升到转变政府职能、创新社会管理体制重要举措的高度，海曙区率先响应号召，成为全国范围内首批社工人才队伍建设试点的一员。同时海曙区还组建了领导小组来领导社工人才队伍建设工作，民政局提供了领导小组的办公场地，并成立社会工作科来管理相应事务。

海曙区的社会工作协会于 2007 年的 4 月正式开展工作，协会成员有 3 位项目负责人，X 办公室主任、L 秘书长以及 Z 会长。协会成员有不同的工作背景，其中会长 Z 是由 N 市退休的宣传部副部长担任，他受邀坐镇海曙区的社会工作协会，主要是把控协会的总体方向，在战略上做出规划，具体事务并不太插手。办公室主任和秘书长则是海曙区的社区工作人员，其中，主任主要负责向外界宣传和相应的文书工作。秘书长主要负责把控项目的具体实施过程，并负责精诚义工团的工作。另外，社工协会的附属机构还包括一个高校毕业生实践基地和一个专家组。

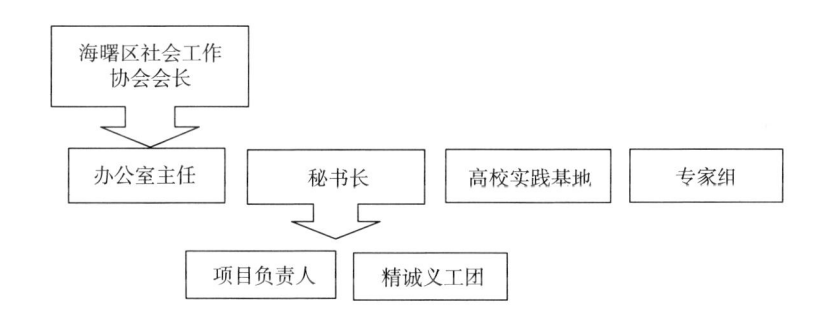

图 7-1 海曙区社工协会组织结构图

资料来源：海曙区社工协会宣传手册。

从海曙区社工协会的章程来看，主要职责包括以下内容：对全区社工登记管理、组织社工职业资格考试、负责社工与社会组织专业培训与技能比赛、考核评价全区社工项目、做好社工宣传并维护社工合法权益。在性质上，协会是民办非政府组织，也就是通常意义上的社会组织，但在具体管理上，社会工作协会仍然归民政局社工科管理，这样的组织管理属性也自然影响到了协会对自身的定位。

海曙区于2008年2月密集出台了七个有关社会工作者队伍建设的实施文件。这七个文件是以《关于加强社会工作者队伍建设推进社会工作发展的意见（暂行）》为核心，配套了六个其他的文件，所以媒体称之为"6+1"社工发展文件。这些文件相互配套，对于社会工作者队伍建设的多项问题（如岗位设置、培训、经费以及工作如何开展等）都给出了具体的实施意见。首先，社会工作的专业水平和素质需要培训加强。其次，重视社区的作用，并择优培养社会组织。再次，建立以政府购买社工服务的财政支持机制，界定政府购买服务的界限，同时合理设置与开发社工岗位。最终，要促成社会工作者引导义工朝着专业高效的道路发展。同年4月，社会工作协会就成立了，到了5月，海曙区又进一步出台了指导性文件——《海曙区关于在社会工作领域开展政府购买公共服务的实施意见（试行）》。政府的一系列政策推动目的是尽快把社会工作者打造成一支专业素质强的团队，成为政府能够信赖的组织并能与之促成购买公共服务的协议，而社会工作者团队用所得资金再加强自身建设，最终形成互惠的良性循环。

按照《海曙区关于在社会工作领域开展政府购买公共服务的实施意见（试行）》（以下简称《意见》）的界定，所谓政府购买公共服务就是政府与符合政府要求的私人部门或者社会组织合作，向其购买有关民生与社会发展的公共服务，通过相应考核评估后，按照提供服务的内容与效果支付费用的行为。准则是服务的提供应以群众需求为导向，效果应达到使群众满意的程度，根据海曙区经济社会发展状况，开展政府购买公共服务。购买的流程主要通过了解群众需求、政府承担经费、实施合同管理，并对社会组织评估考核、强化监管。目的是合理整合社会资源，切实降低行政成本，不断提高资金使用效益，全面提升公共服务水平[1]。在各职能部门开展调查的基础上，海曙区政府首先尝试通过政府购买服务的方式，在社区矫正、心理服务、残障康复这三方面，为社区

---

[1] 参见《关于印发〈海曙区关于在社会工作领域开展政府购买公共服务的实施意见（试行）〉的通知》（海政办〔2008〕53号），2008年7月。

第七章 地方政府扶持下的枢纽型社会组织

矫正人员、青少年、老年人、残疾人提供四项专业服务。2009年,这四项服务改为青少年服务、社会救助服务、残障康复服务以及社区矫正服务。从操作程序中看到,海曙区政府委托相关部门和专家组成专家组,负责审定政府部门提出的公共服务购买项目,根据本区的经济社会发展情况,对交上来的不同部门申请进行筛选,按照区里的实际需求状况,平衡申请的内容和服务范围,对项目进行评审,项目通过招投标后签订合同,并对项目进行管理与评估。

因为海曙区缺乏其他有资质和竞争力的社会组织,所以海曙区社会工作协会顺理成章地承接了这四项服务。

按照合同,民政部门每年向协会支付20万元购买四项服务,以支持海曙区社会工作协会四个项目的运作。然而,在接到购买服务项目后,因为缺乏足够的实际操作人员与依托性的平台,如何运作这四个项目成为棘手的问题。海曙区社会工作协会四个项目的运作采用两种模式:一种是心理服务项目,主要针对的是区里的老年人和青少年,主要由R海曙心理咨询中心这个社会组织来运作,而残障康复和社区矫正这两个项目是招聘有资质的个人运作,前者为刚应聘工作的社工G负责(当时在海曙区找不到合适的人选,所以希望这个科班出身的社工专业人员能够提供专业性的服务),后者是曾在社区工作过,有一定实践经验,且具有社会工作师资质的社区矫正工作者Y(Y本身是属于司法局的聘用人员)。在项目运行中,四位项目负责人都依托现有的机构进行。比如残障康复项目依托残联,通过给残联工作人员培训,给残障人员设计各种康复活动来运行项目。G主要的工作地点是鼓楼的工疗站,在一年时间里残障康复完成了5个个案工作,开展了31次团体活动,对智障人士设计了学习生活技能、进行交际互动、锻炼身体、精神娱乐、艺术调理五类康复课程,共计服务了1058人次;社区矫正和司法救助项目依托于司法局,实际是在区司法行政机关的社区矫正工作的框架下做的,其项目负责人也是隶属于司法局的Y,项目的实施包括了社区志愿者和精诚义工团的介入,并在社区层面设置了矫正心理咨询中心,提供了300余次服务并完成3个个案;青少年心理服务与老年人心理服务则通过购买个案服务的方式,由专家X在RH心理咨询中心提供服务，一年内接收转介个案 15 例，并配合社区工作者实施"小社工领袖训练成长团体""流动儿童心理成长团体""祖父母隔代抚养教育团体""空巢老人人际支持团体"四个小组工作，开展十多项心理咨询类的公益活动，服务青少年 663 人次。从两种常规运作模式的实际运行来看，这四项服务基本上只能是以个案的形式展开，志愿者活动多以宣传为主，缺乏专业化的项目管理和系统运作。

不止协会内部认为目前社工协会的项目管理存在问题，对社区工作者的培训陷入瓶颈，区政府、民政局也对协会的发展方向有了新的想法。

从运行效果来看，社工协会虽然搭起了海曙区社会工作者服务、培训、管理的平台，重点推进了社区社会工作的发展，但其运行从管理到财政依附于民政局，独立性不强，专业人员比较少，以至于项目需要外包或依托其他机构实施，组织起来的志愿者义工团队也尚未能提供稳定服务。因此，海曙区社会工作协会自身并没能掌握一支社工队伍来承接这四项服务，也无法真正地承接政府转移的职能。

第二节　社工协会服务项目停滞的原因

一　资源匮乏下的权变与项目运作的行政网络依赖

社工协会曾经尝试在承接四个项目后，自身只担任项目的"分包商"及评估管理的"裁判"，让辖区里具有资质并具备独立承担项目的社会组织来承接这四个项目。但海曙区虽然经济社会发展水平较高，却仍缺乏活跃的、可以独立承担项目能力的社会组织。通过对周边城市的考察，社工协会萌发了转型成为"社会组织孵化器"的想法，孵化出合适的公益组织来承担项目，但经济资源与人力资源的匮乏使协会不得不退而求其次，工作转向培训社区工作者。资源的匮乏与社工协会的资源汲取渠道狭窄有着直观的联系，科层制逻辑下被培育的社会组织，往往既无动力也无能力拓展自身的资源汲取渠道，仍然严重地依赖着体制内的力量。

虽然社工协会运行效果不佳的原因比较复杂，但最突出的原因就是上文所说的：缺乏直属的社工队伍，只能依赖原有的行政网络运作项目，直接导致了项目推进缺乏战斗力。这些原先的社区工作者，平时都在社区居委会工作，归口街道管理，社区工作繁杂，压力大，接受社工培训往往缺乏热情，相关活动和项目的开展也无法投入全部精力，社工证带来的每个月50—100元的工资补贴是他们参与培训的主要激励因素。

二 被扭曲的专业化

虽然三年来，社工协会积极举办了多项活动，活动的内容十分丰富，其中包括文艺表演、海报竞赛、新老协会工作者交流大会以及社会调查设计竞赛，等等。同时，协会还建立了社会工作示范岗和准督导，开展优秀案例征集评比来进行激励[1]，但是海曙区社会工作协会发展的情况还是不尽如人意。协会预想的愿景是经培训后的社区工作者们独当一面，有能力去完成四项公共服务。但现实情况并不理想，这些社区工作者们的能力还没有达到预想的高度，团队的专业程度还无法满足要求。

专业性弱化的原因是多方面的，从社会工作的理念角度出发，比较强调以人为本，通过长期的介入来发掘服务对象本身的能力，服务的传递应该是平等而全面的，要与服务对象建立起长期的直接联系并提供多个层面的服务方案，鼓励服务对象转化为服务的提供者。但是，社区工作者接受培训后因为专业方法与本土情境的结合尚需要时间，新知识在实践中往往因为经验不足而显得效果不佳，而使用传统的社区工作方法则不同，凭借多年的工作经验与对社区资源的熟练使用，通常在很短时间内就能取得比较好的效果。如当时街道就认为心理咨询时间长效果不明显，还得花不少钱，找社区里的工作人员陪着说话、聊天的效果更好。面对专业服务效果充满期待的海曙区民政局与街道，急于有所成效

---

[1] 2008年在海曙区建立20个社区社会工作示范岗，在2009年增加到了73个，示范岗人员由具有一定社会工作专业知识的社区工作者担任，主要承担5项工作内容，即婚姻家庭服务、社会救助服务、青少年服务、老年人服务以及外来人员服务，每个示范岗每年收入增600元，优秀示范岗每年再奖励1000元。

的社工协会不得不增加更多的技能培训内容,"专业不够,技能来凑"的培训方式更弱化了民政局与街道对专业社工的认知与评价。最后,义工志愿者的参与机制也并不稳定,形式化意义大于实质化作用,因此义工社工联动机制也没有很好地建立起来。

表7-1　　　　　　　　社工协会培训课程（节选）

	培训菜单内容
2008年培训	老年人心理调适等四大项目的社会工作实务必修课程和群众需求的挖掘,社会工作礼仪、社区专职工作者心理调适、社区组织的培育等选修课程
2009年培训	理论课程,包含科学发展观的实践价值,社区发展和社会和谐、社会组织发展与社区建设
	实务课程,包含社会工作的案例分析、弱势群体心理调适、社会调查方案设计与实施
	技能课程,包含PPT制作知识、社区写作讲座、摄影技能培训、社区档案工作、职业考试资格培训

资料来源：H区社工协会宣传资料。

第三节　新路径的探索与海曙区社会组织服务中心的成立

一　组织成立的背景、结构与职能

2010年,宁波市成为全国社会管理创新综合试点城市,"探索新社会组织培育管理机制"是宁波市在海曙区先行的社会管理创新综合试点项目之一。

在社会管理创新的大背景下,旧体制时期政府独自担当管理主体的模式已经不再适应时代的要求,旧有的模式不仅导致财政效率低下,也无法满足日益增长的多元化社会服务需求,这使地方政府加深了对社会组织的认知。其次,政府的行政资源并不充裕,如何稳定安全地让社会

第七章 地方政府扶持下的枢纽型社会组织

组织承接政府职能,承担公共服务成为海曙区政府需要考虑的问题。

海曙区民政局于2010年4月委托海曙社工协会运作创建海曙区社会组织服务中心。服务中心办公地点选取WN社区一栋三层的房屋,房屋面积500平方米左右。社工协会希望借助海曙服务中心这个平台和民政局来探讨孵化方向。社工协会的想法是借鉴上海的恩派(NPI)流程,由政府提供社会组织孵化的资源支持,为社会组织提供初始资金、服务项目、技术管理等方面的支持,打造上规模、有影响的专业社会组织。但是,民政局和区政府的意见是参照"81890"[①]的模式,把服务中心打造成一个信息交互的平台,承担信息中介的功能,把社会服务的相关项目通过协会来联系社会组织具体实施。在具体操作上,民政局希望可以把社区中的社会组织转变成服务的提供方,民政局认为社区社会组织的成员对社区情况熟悉又热心公益事业,如果是有邻里矛盾、家庭纠纷或者老年人心理问题,找一些阅历丰富,有责任心的社区组织成员可能效果更好。

在相互妥协之下,2010年12月,海曙区社工协会转型成为海曙区社会组织服务中心(下文简称海曙服务中心),性质为民办非企业,是当时全省第一家区级枢纽型社会组织,海曙服务中心现有工作人员8名,中心主任Q之前是该区下辖的HX社区党支部书记,有社工背景,通过民政局的考核后上任。办公场所1200平方米,组织的理念是培育公民意识、分享公益理念和创新社会服务、促进社会和谐。定位是服务社会组织,提供社会组织注册登记、孵化、项目运作、培训、互动交流等服务;充分整合社会组织资源;协调各类社会组织,满足居民群众多样化需求,参与社区建设和社会服务,帮助解决各类社会问题。海曙服务中心成立后,社会工作协会的成员班子和承接的任务也就被纳入了服务中心。

海曙服务中心的主要职能也综合了原社工协会与民政局的意见。首

---

① "81890"是海曙政府以政府提供公共运作成本,整合加盟单位资源,通过电话、短信、网站等多种渠道无偿为市民、企业提供全方位的需求信息服务,中央电视台新闻联播、焦点访谈栏目、《人民日报》等380多家新闻媒体对其服务模式及先进经验作过报道。

先，社会组织服务中心将成为社会服务信息交流、资源汇总配置的平台，社会组织能够在这个平台连接到服务资源与服务对象，平台通过汇总整合需要服务的对象与能够提供服务的社会组织信息来构建一个信息资源网络。其次，成为社会组织的"孵化管理器"，孵化具有公益性质的团队成为专业的社会组织，推动社区中有潜力的社会组织升级转型。通过海曙服务中心这个载体，政府能够辐射信息资源，与其他民间社会组织建立良好合作，与相关专业服务机构保持密切联系，构建海曙区内的公益信息网络，从而切实有效地帮助辖区内的服务对象。

为了整合力量，也为了完成纵向的组织架构，区政府和民政局在海曙区街道层面建立街道社会组织联合会，社区层面则建立社会工作室，构建了区级社会组织服务中心、街道民间组织联合会、社区层面社会工作室的服务网络。形成了多层级"枢纽"，分类管理、分级负责的结构。其次，作为枢纽型社会组织，吸纳社会需求，整合信息资源。经过多次修正，海曙服务中心开发了社会组织信息服务系统，在整合海曙区人口信息数据库、社会组织数据库和社会救助信息数据库的基础上，汇总了服务对象和社会资源的供需信息，开发建成了"社会组织地图"。借助这一系统，可以直观地看到社会组织的分布、成员构成和主要活动范围等情况，还可以通过社区居民位置信息，实现就近的供需服务对接。海曙服务中心不仅吸纳社会资源，也吸纳社会需求，构建了一个信息共享，多方参与的社会管理的开放式结构，使社会需求与公共产品之间产生更多的互动和网络化连接。

表7-2 海曙服务中心的六大能力定位

孵化培育	为创新性较强，有发展潜力的社会组织提供场地设备、专业培训、信息共享、财务托管、成长评估、资源拓展、注册咨询等服务
项目支持	组织引导各类社会组织参与公益创投项目，重点扶持社会组织申请的创新性和持续性比较强的公益项目，培育社会组织的服务品牌
能力培养	推广社会工作专业服务理念，开展系列能力建设培训，提高社会组织的专业能力，协调能力和宣传能力

第七章 地方政府扶持下的枢纽型社会组织

续表

资源链接	搜集、整理、汇总社会组织的公益服务信息、公益资源与群众的需求信息，发布需要社会组织和社会力量承接的服务信息，促进社会服务供需的有效对接
联动互动	帮助社会组织建立与政府部门、企事业单位、科研院所等团体的良好关系，发掘社会组织与政府及其他社会组织互动的契机
登记评估	承接社会组织登记管理机关转移职能，协助开展社会组织登记备案、年检评估等窗口受理工作

资料来源：海曙区社会组织服务中心宣传册。

海曙服务中心总的宗旨是"政府扶持、民间运作、专业管理、三方受益"。根据中心功能定位，设立了资源开发部、项目管理部、信息服务部和项目运作部。从机制上，民政局希望通过社会组织孵化和社会组织能力建设，创立政府购买服务和公益创投机制，从组织网络上建立区社会组织服务中心、街道社会组织联合会、社区居委会三级社会组织服务网络，从而使海曙服务中心成为社会组织的孵化平台、供需对接的服务平台和公益服务的信息平台。

表7-3 海曙服务中心部门结构与职能

部门	职能
资源开发部	构建社会组织网络，外联政府部门、专家学者、社会组织、企业建立并保持良好的关系，提供社会组织和义工专业技能培训，促进公益资源的整合
项目管理部	组织公益创投项目，并完成后期监督与管理
信息服务部	运作社会组织服务信息平台，整合汇总服务对象、社会组织和义工的信息
项目运作部	培育处于孵化期的公益创投项目单位，包括提供办公场地、人力资源支持

资料来源：作者根据部门职责绘制。

二 组织运作过程

（一）通过登记管理与培训职能扩大影响、吸纳组织

首先，激励引导社会组织。针对缺乏资金、活动场地但又具有广泛

性社会需求的社会组织,海曙服务中心通过提供场地、资源等进行引导。制定了一些激励性的政策,如在海曙服务中心登记成立的公益性社会组织,提交申请表及相关证明材料经认定的,给予一次性补助费3万元;公益性社会组织吸收大学生就业,且签满三年劳动合同的,可以通过岗位购买的形式,在三年内每人每年提供2万元的人员经费补贴;为社会组织负责人提供专业培训,提供各类课程培训、组织间交流、案例研讨活动。

通过激励性的资源进行引导。如参与海曙服务中心社会组织等级评估并获得3—5A级认定的给予1万—4万元不等的奖励。海曙区对于获得各级部门荣誉的公益性社会组织给予1万—3万元不等奖励。政府的资源投入有效降低了市场主体和民间组织参与协同治理的合作成本。目前在海曙服务中心登记备案的社会组织达1462家。

其次,链接信息资源。作为信息资源交流平台,通过沙龙、慈善集市、公益街等活动,为各类社会组织提供寻找资源、对接资源及交流展示的机会,以期逐步形成海曙区的公益氛围。海曙服务中心每月编写《天一公益巢》刊物,内容包括对社会工作和公益活动的关注体验、海曙服务中心工作动态、新近成立的公益性社会组织介绍及公益性社会组织项目运作的系列做法经验,发放至各专家、研究者、社区社会组织,扩大了信息传播面。

最后,开展专业培训。服务中心每年投入40余万元,通过学习考察、经验交流、专题讲座、实践锻炼、风采展示等方式,对社工进行专业培训,并出资为社区订阅、购买各类社会工作专业书籍和刊物。另外,还为第一次参加职业资格考前培训的社区工作者免费提供考试用书、报销考务费,并先后派遣40多名优秀社工到新加坡和中国台湾、香港、深圳、北京、上海、杭州等地参加专业培训。

关于海曙区成立社会组织服务中心初期起到的作用,对于被孵化的社会组织而言,更大的意义在于可以通过行政体系链条介入到基层活动中去。被海曙服务中心孵化意味着可以进入体制中,成为"自己人",在国内因为政府的权力蔓延深入与民众对社会组织缺乏信任基础,所以不经过"授权"的社会组织很难进入社区开展项目。另一方面,通过海曙服务中心这个平台，可以完成与其他社会组织的信息、资源的交流，便于资源的整合与社会组织形象影响力的扩散。

(二) 孵化培育社会组织

海曙服务中心通过调研各类社会组织的发展现状及能力水平，不断研发针对不同层面社会组织管理人才的能力建设培训课程体系，除进行参与式能力建设培训以外，还经常召开孵化组织之间的交流例会、开展主题沙龙研讨活动（如财务管理、组织注册、筹集资金、申请项目等主题），并通过工作坊和集中培训的方式来培育社会组织负责人及工作人员。在整个孵化过程中，海曙服务中心通过促进社会服务要素的有机聚集和社会组织的集群发展，发挥了孵化支持、能力支持、资源支持和项目支持四项功能。通过专业培训、免费提供办公场所和基本办公设备、项目对接与公益创投指导等形式，至今共吸引入驻了24家社会组织，其中17家已经顺利转型升级，成为专业的公益社会组织。其中的四明户外应急救援队、五谷画坊创意助残中心、满天星等社会组织都具有了较大的影响力。

表7-4　　　　　　　　　　组织孵化表

服务对象	社会组织核心人员/工作团队
服务周期	1—3年
服务内容	能力建设培训、项目指导、资源信息对接、案例研讨式学习
服务目标	持续服务，升级转型
服务成效	提升组织能力、明确组织定位与发展方向、对接资源使其可持续发展

资料来源：作者自制。

(三) 通过公益创投优化资源配置方向

公益创投是借鉴风险投资与引入企业"孵化"的方式，由政府资金支持，对基层社会组织的公益项目、公益活动给予专项支持或扶持。海曙区是比较早实施以公益创投的形式来扶持社会组织的，2010年投入福彩公益金和社会工作专项经费资助了29个项目，看到不错的效果后，2011 年区政府投入 140 多万福彩公益金和社会工作专项经费资助了 61 个项目，之后几年从投入规模到立项数目都翻了几番。2011—2016 年，总共举办 10 轮共 643 个项目的招投标，总计有 154 个社会组织获得了项目资助。在完成招标的项目中，可以看到区社会组织服务中心对社区服务的偏好，其中扶老助残项目占 18%，妇幼保护项目占 24%，文体科普项目占 12%，其余为医疗卫生、环境保护、促进就业等项目①。

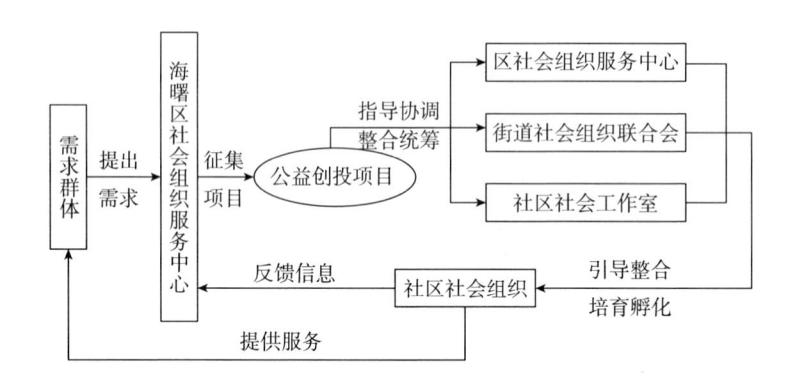

图 7 - 2　2011—2016 年海曙区公益创投流程图

资料来源：海曙区社会组织服务中心。

表 7 - 5　　　　　　　　　公益创投项目实施步骤表

项目实施步骤	流程内容
1. 项目征集	区社会组织服务中心召开相关会议并传达年度公益创投的活动精神，部署征集工作。另外也会通过网络媒体向社会公开征集项目
2. 项目初步筛选	告知不符合要求的社会组织限期修改或做出放弃评审的决定；初步确定重点项目；通过筛选的社区社会组织的项目交由所在街道社会组织联合会负责整合成一个项目
3. 项目评审	中心组织评审委员会，确定项目及资助额度
4. 项目优化	项目内容细化调整
5. 上报审批	中心将通过评审的项目报区民政局审批，确定项目

---

① 作者根据 2011—2016 年海曙区公益创投资料统计。

续表

项目实施步骤	流程内容
6. 项目认购	组织爱心企业认购项目
7. 协议签订	与项目实施单位签订项目协议
8. 项目实施	做好项目的信息报送和中期检查工作
9. 项目验收	通过结项验收完成项目

资料来源：《海曙区公益创投项目活动实施通知》。

六年间，仅社区层面公益招投标的项目投入金额就在1800万元以上，中标项目411个。以2015年公益创投项目为例，共计122个项目，类别包括妇幼保健、文体科普、扶老助残、社区建设、扶贫救困五类。从平台层面可以看到，区社会组织服务中心通过公益创投不仅提高了资源利用的效率，而且完善了对社会资源投入方向的导引流程。

第四节 政府与社会连接的新形式："掌柜式组织"

从案例中，我们发现了一种新型的组织形态"掌柜式组织"，海曙区社会组织服务中心作为政府"再造"的基层公共服务供给的枢纽，既是属地型枢纽组织，也是支持性的组织，并且是某种政府支持下的社会组织联合体，这种"掌柜式组织"具有以下特征：

（一）公共服务供给网络的核心

"掌柜式组织"与政府间的协作能力很强，通过政府的资源承接政府的公共服务职能。在这样的合作关系中，作为平台载体的"掌柜式组织"不仅提供公共服务，还具有确定服务需求、信息中介、资源整合、社会组织联盟等功能，并制定服务规范、孵化社会组织并对项目实施管理监督。它既非政府也不是完全意义上的社会组织（如社区草根组织），在资金、人事乃至组织结构上深受政府的影响，但其不但自主决定服务具体内容、形式、运作手段等，而且延伸服务领域、不断培育吸纳二级社会组织，推动公共服务的网络化生产，成为政府向市场和社会领域的延伸。

（二）拥有很强的社会资源动员能力

海曙服务中心具有很强的动员社会资源的能力，一方面，它具有政府的"授权"与资源的支持，在购买服务的组织场域中占据核心地位，能动员其他专业社会组织。另一方面，又能够依赖其社会组织的身份，嵌入社区之中，通过吸引更多的公民成为公共服务的义工群体，有效动员本社区内外的各种社会资源，为社区居民（特别是弱势群体）提供个性化、精细化的服务。

（三）能够对其他组织进行监督和管理

通过建立统一的制度性规范并进行公共服务分工和服务的绩效监督，如海曙社会组织服务中心对孵化的社会组织进行统一培训、服务跟踪调查、经费管理等，确保其他社会组织的正常发育。

实际上，只有"掌柜式组织"的存在，公共服务网络才能构建，它是一个连接中心和协调组织，"掌柜式组织"在网络结构中处于一个特殊的中心地位，它通过与政府的密切合作获得大量的公共资源，并掌握着来自民众异质、分散的需求信息和来自同样分散的社会组织的供给信息，拥有着资源与信息的优势地位。作为网络的核心连接政府与大量的二级社会组织，"掌柜式组织"通过政府获得整合公共资源的合法化地位，获得对二级社会组织监督和管理的权力。通过成为其他社会组织与政府合作的纽带，"掌柜式组织"才能在公共服务网络中完成资源整合配置、信息对接、组织服务供给、项目监督和管理。"掌柜式组织"通过网络中的特殊地位和专业化的特殊优势成为基层权力的中心。这种权力是因"掌柜式组织"对信息、人员、资源的控制而生产出来的，其对于项目的流程、规范的熟悉潜在地形成了这样的权力。

随着服务网络的不断深入分化，基层权力会继续分散，当大量的掌柜型社会组织出现，最后可能使公共服务供给越来越难以被政府操控，公共服务网络结构的复杂性逐渐会让政府难以成为单一权力中心。

第七章 地方政府扶持下的枢纽型社会组织

第五节 项目制角度下的进一步探讨

2010年开始的改革,其主要特征是海曙区民政局希望在政府购买服务过程中引入委托代理关系的因素,并通过服务机构之间为争取与政府签订服务合同而展开竞争,适度控制街道与社会组织的距离,减少"内卷化"程度,为有实力的体制外社会组织创造进入的机会。为此,海曙区在2010年将因缺乏网络化生产能力而无力承担区内公共服务供给的海曙区社工协会改组为海曙区社会组织服务中心。从组织形式上看,海曙服务中心比较独立,以民办非企业注册登记,从实质运作来看,这样的社会组织其领导人员由政府公开向全社会竞聘,资金来源比较稳定,在资金具体使用及公益创投项目选择上具有比较大的自主权,组织本身承担了发现需求、对接信息、整合资源、组织更多的其他生产者参与公共生产、建立规范、实施培训、监督绩效等职能,能够有效动员本社区内外的各种社会资源,延伸扩展了组织网络。这样的组织我们称之为"掌柜式组织",政府与这样的组织形成的关系自然就是"东家—掌柜"关系,"掌柜式组织"网络中的枢纽节点,拥有较强的信息优势、资源优势、专业优势而获得了大量的权力,成为基层公共服务体系中权力的中心。

启用公益创投模式的核心是通过签订政府购买服务的短期合同形式,引入竞争机制,按照服务成本进行测算,在服务经费预算基础上确定资金投入,通过权力向上集中减少中间环节的损耗,最终达到提升公共服务效率的目的。经过海曙区实践的摸索,掌柜式的枢纽组织成为了实施平台的最优选择。但这样的组织形式与服务购买方式的改革是否能有效解决中国社会组织发展中所面临的问题呢?

从确定公共服务需求的流程来看,项目征集主要通过两种形式,一是按照区"中心"的议题,由各个社区或单位提出需求,然后通过项目筛选与优化形成可行的"创投项目"。二是由社区组织独自提出项目进行申报,经海曙区民政局审核批准后下达到区"中心"发包并监督其运行。项目确定后，获得创投资金支持的中标组织需要签订项目协议，并接受专家评审、公示、运行跟踪、财务审计、受益者调查、绩效评估反馈等一系列管理监督程序。

在制度设定上，公益创投的形式能够有效地疏离街道与辖区内社会组织的合谋关系。一方面，街道对社会组织的选择权被消解。街道无法再设定依附的社会组织作为固定的合作者，辖区间的屏障被打破，所有符合公开招投标资质的社会组织都可以参与竞标。项目招投标过程也更为复杂和完善，多元性的评价主体被引入，社会组织的项目管理与项目规划能力被赋予更高的权重，这在一定程度上消解了非正式关系的影响。另一方面，街道对资金使用的自主权被削弱。区民政局的项目资金不再直接划拨到各街道民政部门，而是划拨到区"中心"进行管理。街道对辖区内社会组织项目资金使用方向的影响，也随着不断加强的财务审计监督程序而降低。为了获得项目资金支持，社会组织需要提出符合区域内公共需求的项目以通过专家审查小组的审批，中期则需要通过项目审查，以避免因偏离项目规划而被叫停，后期还需要区"中心"评估通过后才能获得资金尾款。因此，区民政局的策略实际上完成了财政集权，在直接掌控项目资金的情况下，区民政局能有效调动街道的积极性并要求街道接受监督考核。

然而，公益创投模式对于街道而言，并不意味着能够减少或者一定程度上消除政府管理的要求。街道需要学会界定项目需求，学习如何完成项目规划与合同管理，甚至需要在总体上权衡辖区内参与招投标的公共服务项目数量与性质。而为了完成项目，街道还需要帮助社会组织完成报告和评估的工作。管理特点的改变对街道的管理能力带来了挑战，也对视社会组织为依附性资源的街道带来了新的交易成本的可能性。

最突出的问题在于，街道不得不与通过竞争进入社区的新社会组织重新磨合，调整两者的关系格局，并改变原有纵向的管理模式以适应横向的新关系特征。但是，街道缺乏适应和管理这种类型的关系能力，为了规避竞争风险，街道会调查辖区内社会组织的主要业务方向，申报已有的或即将完成的服务项目，甚至在申报书撰写方面也会积极介入。这种高度契合性的项目与资源的倾斜很容易使体制外的社会组织知难而退。

第七章　地方政府扶持下的枢纽型社会组织

另一方面，由于街道内社会组织提供服务的区域特性比较强，前期需要各类资源投入，而由于单个购买项目价格低、缺乏稳定长期合同等原因，很少会有社会组织在缺乏社区支持的情况下跨区开展业务。而街道间能提供的公共服务项目大多有相似性，街道也并不愿意将本地争取到的资源为其他辖区提供政绩，这也遏制了社区内社会组织的扩展动力。

另一个值得注意的问题是：一些购买服务的经费投放项目主要集中在妇幼保护与养老助残等项目上，而街道内的社会组织即使并不具备承接的能力，为了争取到资源也会表现出更具专业的形象，粉饰性的投机策略时常被使用。表现为作为服务提供者的社会组织在选择服务对象时，会利用对社区情况比较了解的优势选择最能够显现服务绩效的群体，以此粉饰其服务成效。这一策略有利于突出宣传街道购买服务的成效，因此获得街道的默许支持。这种合谋的加深促使街道把对服务的监督、合同的管理转化成为组织活动的介入。比较典型的情况是：街道常要求社会组织提交各种活动通讯、服务简报等经验性材料，并通常会有格式要求，以便街道直观了解社会组织开展公共服务的情况，又有助于街道应对不同上级职能部门的要求。街道通常会更关注活动的规模、场面、参与人的级别，而非社会组织所提供公共服务的质量。

笔者认为，包括购买服务组织场域中政府与社会组织的合作结构，不同层级政府部门之间的取向差异都会深刻地影响合作关系的形态。海曙区的购买服务实践提供了一个有机连续的观察场景。中国改革开放40多年以来，社会管理的制度路径经历了从"总体支配型"的管控模式到"技术治理型"的共治模式，今天的地方政府治理仍然主要还在延续着"总体支配型"的模式。在政府购买服务但同时缺乏合同管理经验的背景下，往往使科层制逻辑成为购买组织场域中的主导逻辑，地方政府按照体制惯性希望将承载服务的社会组织纳入体制中。

首先，在两个案例的研究中，我们可以看到，地方政府受到科层制逻辑的影响，为了避免自身的风险，会积极推动那些发展风险小、对区域经济社会具有显著效果的社会组织予以支持。海曙区社会组织服务中心的公益创投特别重视这类公益服务或有助于缓解社会矛盾的项目。政府在实际合作中往往占据有利地位，因此政府推行的项目实施都比较顺利，政府的想法容易得到实践。但是，政府与社会组织合作地位的不平衡，从长远的角度来看妨碍了社会的成长，在各类公益性、社区建设类社会组织快速发展的同时，与政府治理任务无关的价值诉求类社会组织则无法获得同样的支持。这样的行动策略不可避免地引发了一些悖论，一方面，社会组织的数量迅速增加，在项目支持下运行也很活跃，但社会自我协调与自我服务能力并没有得到提高，社会组织仍高度地依赖政府的科层体制支持才能生存。另一方面，专业性的社会组织虽然得到了发展，但缺乏大量嵌入于底层社会的社会组织，以至于在基层开展项目时缺少了"落地"的支持。

其次，基层政府拥有社会组织发展与管理的治理权。但基层政府之间存在关乎晋升的政绩锦标赛，所以基层政府对于辖区之外的社会组织没有太大的支持意愿，这导致许多社会组织难以扩大服务范围与组织规模，即使跨区服务也往往会遇到项目所在地缺乏配合带来的各种困难。而基层政府与辖区内社会组织的关系则很容易发展为合谋关系，从而导致社会组织不断地被卷入体制之中，活力衰退而演化为政府的"新科层"。

第 八 章

草根枢纽型社会组织的发展与挑战

——以辽宁利州公益为例

进入21世纪以来，随着社会空间的不断扩大，在中国各地的草根组织有了快速的发展。但由于各地区社会经济发展的不平衡，在社会组织发展上也呈现了不同的特征。关于东北地区草根组织的发展及特点，笔者曾经从活动领域、专业性及组织结构的角度将它们分为三种类型。第一类，从志愿者组织发展起来的以社会服务为目标的组织，特点是专业性相对较弱但地域性强，主要以地域内的社会弱者为支援及服务的对象。社团登记成功并雇用相对稳定的工作人员及有相对固定的办公场所。这类组织可以命名为地域服务型草根组织。第二类，组织从起步就有很明确的专业目标，而且在技术要求上比第一类高，也有跨区域合作的意愿和趋势。这类组织也大多以各种形式登记成功，而且获得资源的渠道较多，一般也有固定的工作场所及相对稳定的工作人员。我们可以称其为专业型草根组织。第三类，大量注册及没有注册的志愿者组织。这类组织结构松散，人员流动大，活动目标不明确，通常没有长期的组织发展目标。数量虽多，但由于缺少专业性，它们甚至随时都可能消失。这类组织可以命名为松散型草根组织。[①]

从整体来看，在东北地区第一类及第二类具有专业型发展目标的组织数量很少。虽然存在大量松散型的志愿者组织，但能够成功转型为专业化社会组织的草根组织更是少之又少。而本章介绍的沈阳利州扶贫发展服务中心（以下简称利州公益）就是一个从志愿者组织成功转型为专业化社会组织的典型事例，它的发展经历及积累的众多经验对有志于专

---

① 郑南：《东北草根组织的发展与地域社会建设》，《学习与探索》2015年第9期。

业化发展的草根组织具有很大的启发性。经过多年的摸索，利州公益的发展方向已经明确下来，即向枢纽型社会组织转型以带动整个辽沈地区社会组织的专业化发展。在社会组织发展还相对滞后的东北地区，具有示范及连接作用的枢纽型社会组织尤为重要。而作为一个从基层一步步发展起来的纯草根社会组织，它的成长经历也是非常值得研究及借鉴的。

第一节 利州公益的发展及影响

利州扶贫发展服务中心于 2012 年 2 月 6 日在辽宁省朝阳市喀左县民政局成功注册为民办非企业社会组织（并取得公益事业统一捐赠发票）。其前身为从 2004 年起就在喀左县贫困地区开展修桥、打井等志愿扶贫工作的沈阳盛京仁爱组织。[①] 当时的喀左地区还是辽宁省的贫困县，特别是山区，由于人均耕地面积少居民收入很低，很多地方甚至连基本饮水问题都没有解决。利州扶贫之所以能够在喀左县注册成功，也是因为中心成员常年在当地展开扶贫活动而获得了当地民政局的信赖。随着影响力的逐渐扩大及工作的需要，2015 年 5 月在沈阳市政协委员东北大学李坚教授的帮助下，名为利州社会工作服务中心的民办非企业服务机构在沈阳市皇姑区民政局注册成功。利州扶贫发展服务中心与利州社会工作服务中心在本章统称为利州公益，其办公室设立在沈阳市北站附近的办公楼内（后搬迁到沈阳市青年团委宣教中心），现有 5 名正式员工分别负责不同方面的具体工作。其中 3 名是出身社工专业的大学毕业生或研究生，现在员工月工资都在 3000 元以上，并且都办理了社会保险。

利州公益是东北地区数量很少的拥有固定办公场所并雇用专业办公人员的草根社会组织，它的成长经历对于有意愿转型的松散型草根组织具有很大的启发意义。从人员组织构成及管理来看，利州公益的专业化发展特征是非常突出的。这种从草根组织起步并且有明确向枢纽型组织

[①] 现在盛京仁爱的主要工作转向艾滋病预防与治疗方面。

第八章 草根枢纽型社会组织的发展与挑战

转型目标的组织在东北地区是很少的,它的发展对于带动整个地区草根组织的专业化发展具有很重要的意义。2016年11月利州社会服务中心被评估为4A级社会组织,并成为首批顺利通过慈善组织认定的社会服务机构。作为一个纯草根的社会组织,利州公益已经得到政府及社会的广泛认可,这是非常难能可贵的。

图8-1是现在利州公益的组织结构图。从这个图也可以看到,在喀左县注册的利州扶贫主要负责喀左地区的社区发展项目及受到壹基金支持的应急灾害救助活动,而利州社工主要负责沈阳地区的流动人群城市融入项目及打造辽沈地区的公益网络平台。利州公益在展开活动的时候会大量利用高校、企业等志愿者的力量,这是其组织活动的一个特点也是亮点。为了促进组织的专业化发展,利州公益制定了明确的组织使命:帮助弱势群体提升自我发展能力,自给自足,脱离困境;传播大爱,推动公益组织发展;愿景:我们坚守社工精神,致力于激发人的正能量,让每个人心怀希望。为志愿者团队、社会公众、企业等提供参与公共服务的开放式平台让其可持续发展;价值观(图8-2):平等参与,

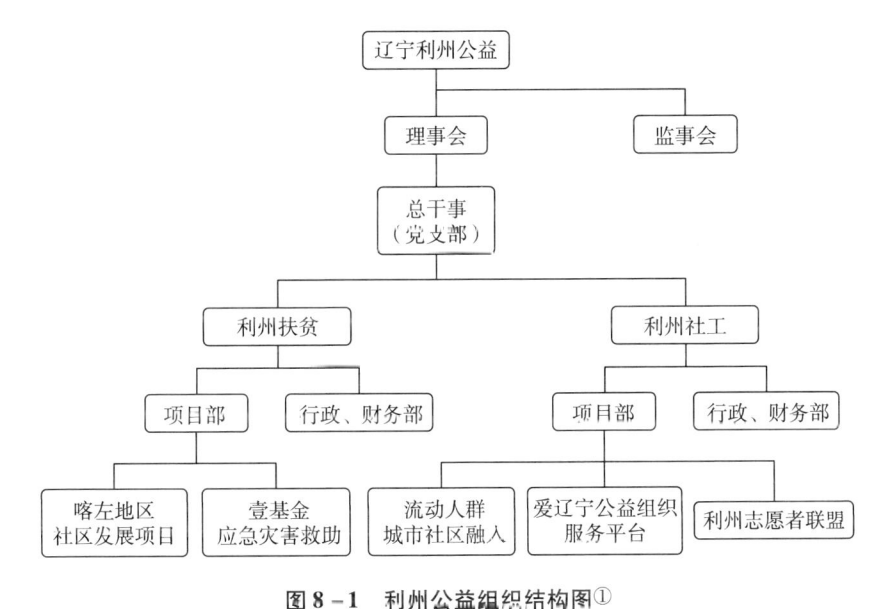

图8-1 利州公益组织结构图[①]

[①] 本章用图均来源于利州公益网页,http://www.lnlzgy.org/.

图 8-2 利州公益的价值观

相互扶持；助人自助，共求幸福。从这些组织使命和愿景可以看出，利州公益的工作重点是帮助社会弱势群体并力图打造开放式的社会各界广泛参与的公益平台。而打造公益平台对于促进整个辽沈地区草根社会组织的专业化发展及相互合作具有深远的意义。这也是推动利州公益向枢纽型社会组织转型的重要原因。

第二节 利州公益的实际工作与成绩

利州公益的工作趋于多样化，这也是很多从志愿者组织一步一步成长起来的社会组织的共同特点。现在，利州公益的服务领域主要分布在以下四个方面，这些也将是利州公益在未来的主要工作。

农村社区综合发展项目：以成立合作社为目标推动辽西喀左地区农民互助，促进当地农民对公共事务的参与。服务农村留守老人，提高留守儿童的自我保护意识，培养流动儿童自信心。

城市流动儿童社区融入项目：让流动儿童在城市获得平等教育及发展机会，帮助流动儿童更好地融入城市生活，营造良好的成长环境。

搭建公益活动开放式平台：通过组织公益沙龙、志愿者网络发展、社工实习与社区参与等活动，促进公益组织、志愿者、学校及研究机构等不同资源的协同合作，共同倡导开放、共享的公益氛围。作为明确了枢纽型战略发展方向的社会组织，为地区内的草根社会组织打造共同发展的平台将是利州公益的最重要工作。

组织应急执行（壹基金）辽宁公益救灾联盟：2013年8月利州公益正式成为壹基金辽宁合作伙伴，作为壹基金联合救灾辽宁协调机构，与地区其他社会组织一同推进辽宁地区灾害应急救助行动。

一 农村社区综合发展项目

利州公益的工作是从对于喀左贫困农村地区的支援开始的，即使机构的办公室现在设在省城沈阳，对于喀左农村地区的支援还是机构的最重要工作之一。目前利州公益在喀左地区展开的活动，主要包括村民互助项目和农村留守儿童服务两个方面。

（一）村民互助项目

在利州公益常年的扶贫工作中，由村民前期的打井项目小组产生了2个村民互助小组，这些人是当地扶贫工作的参与者，也是未来建立互助合作社促进居民自治的基础。其中，培养村民骨干，通过外出培训提高村民自我发展能力是利州公益一直以来的尝试。为了提高当地农民的经济收入，利州公益主要展开了以下活动：

1. 开展礼品羊传递项目扶贫，展开网上商城的尝试。通过村民的劳动，使自身从受助者转变为助人者，改善受助家庭的经济环境，同时带动更多村民一同参与村庄的建设。到2016年礼品羊传递项目已经扩散到6户家庭并使每户提高经济收入4000元以上;[1] 2015年利州志愿者还通过公益微店帮助68户村民销售了当地野生红蘑400余斤，改善了当地农民家庭的经济环境。

2. 举办农业种植养殖讲座。通过聘请专家举办讲座为村民讲解科学的农业知识，带去新的农业技术，以达到增收增产及预防病虫害的目的，改善村民经济状况。

3. 建立农村社区爱心超市。把城市志愿者捐赠的物品放入公益爱心超市，从而减少社会资源浪费，帮助村民降低生活成本，并由村民互

---

[1] 最初的礼品羊由利州公益向每户（由村民互助小组选出的贫困农户）提供6只小羊（其中1只公羊5只母羊），待小羊长大繁殖后，再将其中6只小羊传给下一个被选出的农户。利州公益请来的养殖专家还会随时给予农户必要的技术指导。

助小组负责管理，所有销售款项用于村民互助小组探访空巢老人的费用。自成立以来，2所爱心超市总共销售1100余件衣物，所有销售款项由村民互助小组管理和使用，用于社区空巢老人探访费用及社区活动资金。

除了在经济上的帮助，利州公益也展开了其他服务，以满足当地农民的更多需求。

1. 探访留守老人，开展村民健康讲座、义诊服务。作为利州公益当地的合作者，村民互助小组的11名长期志愿者，每月会固定探访12户留守老人。为发现农村留守老人及儿童的潜在病情，利州公益也组织医生义诊，对检查出高血压的老人进行患者饮食、生活、用药等注意事项的指导；通过健康讲座，培养村民健康卫生习惯；为儿童建立生长曲线表，检测潜在病情，促进儿童健康成长。

2. 丰富村民精神文化生活。通过开展电影欣赏、组建秧歌队等活动丰富村民精神文化生活。为了能够让秧歌队有一个更好的活动场地，村民还自发修建了村部广场。在夏季，志愿者还会放映公益电影。

(二) 农村留守儿童服务

由于喀左地区有大量的农民外出打工，留守儿童是当地一个比较突出的问题。为了让这些留守儿童能够获得健康成长，利州公益多年来做了很多努力，特别是近年受到壹基金的资助以后，开展了很多项目。经过利州公益多年的筹建，喀左首个留守儿童服务站也已经建成，为留守儿童及留守老人、妇女提供了一个公共活动的空间，也有利于提升村民参与公共事务的积极性。

1. 开展留守儿童减防灾及自我保护小课堂。通过减灾教育小课堂，让儿童了解生活中存在的灾害风险，提高减灾、防灾、避灾的能力，教育留守儿童如何更好地保护自己，避免受到侵害。此活动由项目专岗人员及当地教师志愿者共同开展。

2. 组织留守儿童小组活动。孩子们在活动中建立自信，增强与他人的沟通能力，同时通过活动学会表达并释放自己的情感。在壹基金的资助下，喀左现有10所小学修建了壹乐园运动场。

3. 为乡村学校提供大型净水设备。让孩子们喝上干净的水，并通

第八章　草根枢纽型社会组织的发展与挑战

过水保课程及互动讲座让孩子们养成讲卫生及爱护水资源的习惯。在壹基金的资助下，喀左县18所乡村小学已经配备20套大型净水设备；同时开办了水保课讲座。

4. 开展留守儿童成长营活动。组织高校志愿者，作为留守儿童的陪伴者和倾听者，引导孩子乐观面对生活中的困惑并培养孩子们的长远规划能力、自我学习和适应性发展能力。同时开展亲子成长营活动，让城市爱心家庭关心留守儿童，形成良好的爱心传播循环机制。

5. 儿童营养项目。通过一个鸡蛋、营养豆浆项目帮助乡村孩子成长。改善山区孩子目前普遍营养不良的现状，提高孩子们的身体状况；推动企业及社会团体进入到民间公益领域。一颗鸡蛋项目还可以培养儿童成为项目小小管理员，提升儿童的自我管理能力。目前已经为8所山村小学1000余名同学每天提供一颗加餐鸡蛋；为5所山村幼儿园320名同学提供每天一杯营养豆浆。

6. 乡村学校图书角。联合爱心企业及社会团体为山区学校捐赠图书书架，成立班级图书角。现已在4所乡村小学设立图书角，社会捐赠图书超过四万册。

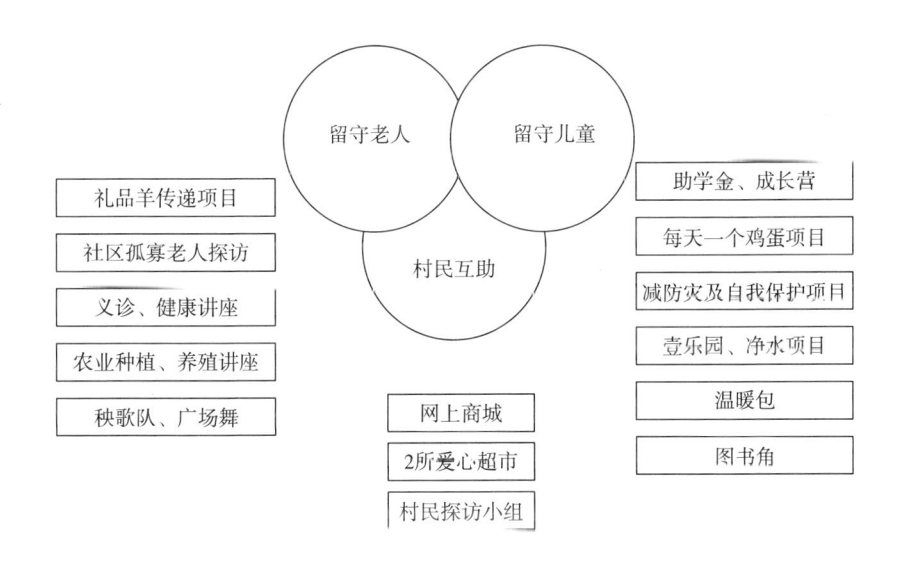

图8-3　利州公益的农村社区综合发展项目

7. 助学金项目。通过链接社会资源，帮助贫困学生完成基础教育。项目专员及实习生定期电话回访，鼓励和关心孩子们的成长，减轻儿童的心理压力从而维护儿童的自尊，使其在成长阶段能够获得同其他孩子一样的心理环境。2016 年春季共为辽宁地区 276 名贫困学生发放了助学金 169300 元，秋季为辽宁西部贫困山区 284 名学生发放助学金 208650 元。为了让这些孩子能够顺利完成学业，中心现在每年 4 月及 9 月面向公众展开一对一助学筹款活动。

二 城市流动儿童社区融入项目

在援助喀左地区农村社区发展以外，支援城市流动儿童融入社会也是利州公益的重要工作。2015 年 5 月利州社会工作服务中心在沈阳市皇姑区民政局注册成功以后，主要由此机构来开展工作。至今，利州公益在沈阳市主要开展了下列活动。

1. 设立 6—12 岁流动儿童社区爱心辅导站。目的为让城市流动儿童更好地融入城市生活，减少孤独感。让流动儿童学习到更多的课外知识，建立孩子的朋辈支持系统，培养孩子的自信心。现在有 45 名高校志愿者每周开班 6 天，长期为 75 名流动儿童提供服务。

2. 开展流动儿童快乐周末活动。让流动儿童获得足够的生活成长空间和关注，在家庭、学校、社区的共同努力下与家长共同进步，并提高家长对于社区公共事务的参与度。

3. 开展流动儿童及家长社区实践活动。通过参与社区实践活动让流动儿童及家长对社区产生认同感及归属感；同时让当地社区居民对外来人员有一个正面的认识，共同改善社区环境。

4. 举办流动儿童社区嘉年华活动。让孩子们有自我展示平台，增强自信心及社会适应性；让城市的孩子与流动儿童有一个更好的互动机会，增进彼此了解，减少歧视。

5. 设立流动社区爱心超市。为减少社会资源浪费，帮助打工者降低生活成本，将可以使用的闲置物品放入公益爱心超市。由辅导站儿童的家长轮流值班进行义卖，使打工者有尊严地接受帮助，所有公益款项用于爱心超市的运营成本后，剩余部分补贴到爱心辅导站和农民工幼儿园项目当中。

第八章 草根枢纽型社会组织的发展与挑战

6. 开展学前流动儿童健康、营养计划。为改善农民工子女的身体健康指标,启动每天一杯豆浆项目,同时通过活动带动社会上更多的企业和爱心人士参与到服务农民工及其子女的行列中来。此计划已使110名孩子受益。

7. 开展城中村社区家长陪伴教育活动。通过此活动减轻孩子学习压力,并提高孩子的情感支持系统,从而改善亲子关系,促进家长、孩子与社区间的交流与互动互助。

① 2所辅导站
—四台子村:50名儿童
—张纱布村:25名儿童

② 课后辅导、艺术课
—每周开班6天
—230名高校志愿者提供服务

③ 快乐周末
—60次活动

④ 社区嘉年华活动
—7次活动

⑤ 家长陪伴教育
—6次家长陪伴教育

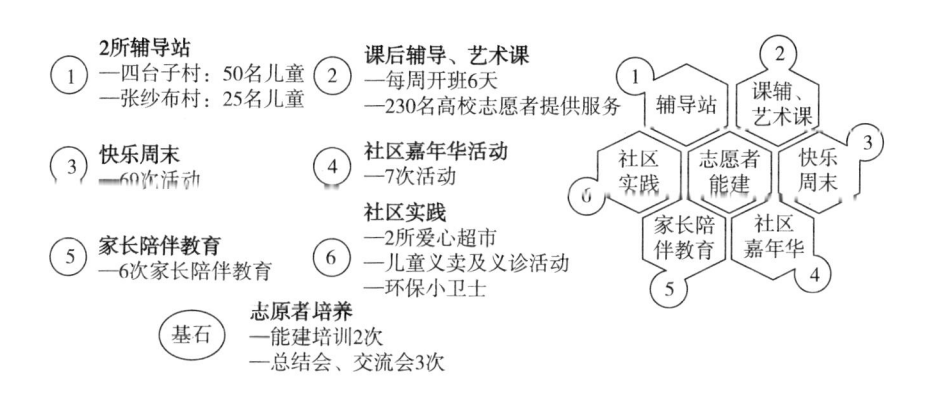

⑥ 社区实践
—2所爱心超市
—儿童义卖及义诊活动
—环保小卫士

基石 志愿者培养
—能建培训2次
—总结会、交流会3次

图8-4 利州公益的城市流动儿童辅导站项目

三 搭建开放式的公益平台

为了凝聚辽沈地区的公益力量,促进公益事业的良性、可持续发展,提升各个组织在各自领域内的专业化水平,利州公益定期组织公益沙龙等研讨活动,旨在搭建可持续、平等、开放式的公益平台,让每一位参与者都能作为网络平台的主体进行有效的交流沟通。积极搭建公益平台,持续开展社会组织建设活动使利州公益在辽沈地区的影响力迅速扩大,也坚定了利州公益向枢纽型社会组织转型的决心,同时通过实际成果获得了政府相关部门的认可。这种搭建平台的工作主要体现在以下四个方面。

(一)定期举办公益沙龙及研讨

利州公益旨在通过培训、研讨等活动为社会组织搭建一个互助、资源共享的平台,让公益人士都在沙龙里获得必要的资源。2015 2016

年，利用公益沙龙，利州公益共组织了 17 次学习交流活动。通过这种活动，一方面带动了辽沈地区草根社会组织的专业化发展，另一方面促进了社会组织之间的交流并实现资源共享。公益沙龙的持续举办产生了一定的社会影响力，也受到了政府相关部门的关注及实际援助。

（二）为高校志愿者提供社会服务平台

他们动员了大量高校志愿者参与不同项目活动。在活动中充分利用高校志愿者也是利州公益开展工作的重要特征之一，同时也通过活动加强了志愿者的专业意识，提高了他们的实际操作能力，弥补了高校社工实务教育的不足。

（三）组织高校志愿者交流会及能力建设培训

2016 年利州公益共为高校志愿者组织能力建设培训 5 次，在为志愿者提供服务的同时，利州公益也为高校志愿者提供专业的服务技能培训，使高校志愿者在参与公益活动的同时，能够提高自身的参与意识及能力。

（四）为高校社工提供专业实习基地

利州公益现在已经成为沈阳工程学院以及其他高校社工专业学生的实习基地。

四 参与救灾工作

2013 年 8 月，利州公益正式成为壹基金辽宁合作伙伴之后，组织辽沈地区救灾联盟及救灾相关工作也成为其重要工作之一。利州公益在救灾方面主要做了以下工作。

（一）组织辽宁救灾联盟并开展能力建设培训

旨在提高辽宁地区应对灾害的能力，同时提高联盟成员专业救灾能力。在辽沈地区公益沙龙中有 7 次内容与救灾有关。

（二）建立辽宁备灾仓库

目的为及时实行灾后救助做好准备，为温暖包分装、运输等提供便利条件。

（三）组织辽宁公益救灾联盟能力建设工作总结会

目的为促进救灾联盟团队成员相互了解，相互取长补短，也让政府更多地了解公益组织工作。15 家成员机构、7 个列席公益机构共计 43

人参会。在辽宁，这是第一次由公益组织发起，邀请民间组织和政府部门共同参与的活动，打破了以往公益组织闷声做事，政府不了解、不认可的模式，让公益人有了能够与政府部门交流的机会。

（四）展开洪灾、旱灾、风雹等灾害救助、发放救灾物资

2015年中心共参与5次联合救灾行动，其中1次灾情评估，4次灾害救助行动，为385名受灾害影响的儿童发放了壹基金温暖包，并对遭受火灾的10名儿童进行了专业心理干预。

（五）发放儿童夏季、冬季温暖包

针对儿童灾后困境、缺少学习用品及生活用品的状况提供物资支持，缓解心理压力，体现社会的关怀与温暖。2016年辽宁冬季温暖包共筹集2570个，夏季温暖包发放834个，覆盖辽宁14个地级市，43个县区，125个乡镇，901个村，425个学校。

第三节 利州公益稳步发展的原因

利州公益是一个从志愿者组织起步，在领导人的带领下逐渐走向专业化发展道路的事例。从整体的发展来看，其社会服务的目标及向枢纽型社会组织转型的战略规划越来越明确，也具有了一定的社会影响力。为什么在短短的几年内利州公益能够取得比较多的成绩？可以总结为以下几个原因。

第一，领导人的关键作用。利州公益的发起人江菲女士对于组织的发展起到了决定性的作用。江菲生于1979年，2005年从爱尔兰留学归国，是个意志坚强而且很有活力的女性，可以说是她的留学经验促使她设立了利州公益。江女士还利用一切机会去国内及国外参加有关社会组织发展的培训，通过培训，她不光学到了组织发展的新知识，也形成了自己的社会网络，开拓了获得更多资源的渠道，这也是和东北地区其他草根组织非常不同的地方。江女士本人也认为在台湾大半个月的实习对于她带领自己的团队向专业化发展起到了重要的影响作用。2012—2014年，江女士去香港理工大学学习并获得社会工作硕士MSW学位，在获

得有关社会工作专业知识的同时,也结识了很多从事社会组织发展的同道。这也是利州公益在发展过程中越来越强调社会工作理念与专业性的原因所在。江女士是财务专业的人才,这也非常有利于开展项目制。可以说开阔的视野、良好的沟通能力和学习能力是江女士带动利州公益获得迅速发展的关键法宝。

第二,得力于很多专家的支持。为了促进组织的专业化发展,利州公益组建了由发展顾问、政策顾问、法律顾问等构成的顾问小组,这些专家在各自领域都有丰富的专业经验,他们的参与推动了机构的稳步成长。比如在利州公益的顾问队伍里,有从事社会组织研究的东北大学李坚教授,他的常年支援尤其在与政府部门联络沟通方面为组织发展创造了有利条件。"这是很关键的一个人物。要不然我们根本没办法跟政府层面的人打交道,去说这些事情。包括以前团省委到我们这边,为什么我们不做这个主管单位,我们不做事也不惹事儿。"[①] 另一位起到关键作用的是曾经在中国民促会培训部任职主任的李静女士,由于具有丰富的社会组织培训经验,她的很多建议及忠告对于利州公益的发展都起到了很关键的指导作用。其他众多高校教师及律师的加入也为利州公益的专业化发展起到了良好的推动作用。

第三,坚持以我为主的发展战略。在东北地区由于市场经济不发达等原因,社会组织从外界获得资源的渠道比较少,这也容易造成社会组织在寻找资源的过程中发生使命偏离的问题。而利州公益在专家的建议下,始终坚持以达成自身的社会使命为主的方针,不会为了获得资源而改变初衷。比如,近几年利州公益一直在执行壹基金的很多项目,包括温暖包,壹乐园,等等,但是在执行的过程中始终突出利州公益的主体性及品牌,基本采用将壹基金项目融合进利州公益项目本身的方式。"一定是我自己的品牌,可能我这一碗饭里边,可能加点儿你这个基金会的,再加点儿政府的料、企业的料才能有这一盘儿菜。"[②] 这种以我为主的明确的发展战略也增强了员工的组织归属感。

---

① 江菲女士访谈,2016 年 7 月 14 日于利州公益沈阳办公室。
② 江菲女士访谈,2016 年 7 月 14 日于利州公益沈阳办公室。

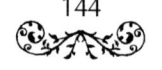

第八章 草根枢纽型社会组织的发展与挑战

第四，明确的专业化发展目标。专业化发展是社会组织获得持久发展的必然轨迹，在这一点上利州公益的思路非常明确。无论是从组织建构，活动开展还是网络搭建，专业化是利州公益最根本的出发点。5位员工中有3位受过大学社工专业的教育，即使是对于志愿者的培养也是本着专业化的目标。为了将专业的理念融入具体的行动中，利州公益对于短期及长期的志愿者都提供培训，让志愿者认识到不仅仅是单纯提供物质帮助，更需要专业化的服务理念才能使志愿活动有效开展，并且获得自我提升。这种对于专业化的追求实际上提高了利州公益在公益领域的信誉度，对于获得外界资源及开展活动非常有利。

第五，发展服务对象成为志愿者，实现助人自助。在社会工作中，助人自助是非常重要的原则。如果弱化了服务对象的主动性，可能会产生福利依赖等负面效果。利州公益一直认为每一个服务对象都不是被动的受助者，他们也可以用自己的力量帮助社会上其他需要帮助的人。不管是开展家庭走访还是组织儿童互助小组、大型社会活动，利州公益始终重视将助人自助的理念贯穿到活动中，创造机会让被帮助的孩子和家长更多地参与志愿服务，以此培育弱势家庭成员从受助者转变为助人者，从而实现个人和家庭的真正自立。

第六，重视人才的培养。人才培养是利州公益专业化发展的重要手段之一，也是获得稳定发展的保证。人才流失始终是社会组织专业化发展过程中经常要面对的问题，但是由于利州公益对于员工个人能力培养的重视，员工在实务工作中得到了充分的锻炼，也发挥了员工的主动性，增强了自信心。"我们的员工也都是锻炼的，磨炼出来了，开始的时候也不会做什么，现在基本都锻炼出来了。我们六一儿童节那么大型的一个活动，完全由婷婷一个人来负责。她去跟我们团队的人开会，这个项目需要我做什么，那个项目需要我做什么。每个员工完全负责他们自己的项目。我就觉得这些员工真都是锻炼出来了。"[①] 这样一种放手让员工在实践中获得锻炼及提升的方法，加强了员工对于组织的认同感。

---

① 江菲女士访谈，2016年7月14日于利州公益沈阳办公室。

第七，发展企业成为志愿团体，鼓励企业承担社会责任。由于利州公益的社会服务工作得到了社会的广泛认可，很多企业会主动提出与利州公益合作。对于有志社会服务的企业，利州公益会将新一年计划展开的服务项目提供给相关企业参考，然后根据企业要求设计具体的活动方案，让企业员工与服务对象共同参与。企业员工也会参与到助学走访、农村留守儿童服务等志愿服务中。通过这些活动，一方面促进了企业承担相应的社会责任；另一方面，通过企业的资金赞助和企业员工的志愿服务，社会弱者得到了实实在在的帮助。而利州公益在中间起到了重要的连接及促进作用。

第八，向枢纽型社会组织转型，打造辽沈地区社会组织共同成长的公益平台。以开放、连接、共生的理念为出发点，利州公益通过定期举办公益沙龙和研讨会等形式邀请公益领域的专家讲授相关专业知识，同时也促进了社会组织间的相互了解、相互合作及共同发展。这样一种平台的打造有利于推动整个辽沈地区社会组织的专业化发展，特别是在促进社会组织、政府部门、研究机构、企业间的良性互动上具有积极意义。在打造公益平台的过程中，利州公益也逐渐明确了向枢纽型社会组织转型的发展战略。

第四节　草根枢纽型社会组织的发展及其意义

在现代社会中，政府单打独斗已经远远不能适应人们对公共服务需求多样化、社会问题复杂化的新形势，政府、市场与社会只有分工负责、良性互动，才能实现取长补短，共同治理好社会。社会组织作为现代社会治理不可或缺的重要主体，枢纽型社会组织的成长对于搭建草根组织共同成长的平台及促进草根组织与政府部门、企业、研究机构等的沟通与合作将起到关键的推动作用。关于枢纽型社会组织的发展，在中国各地已经有了很多的实践。北京的做法是政府强力推动并积极认定，广东的做法则是政府引导与社会自发形成结合，既可同类聚合，也可自

第八章　草根枢纽型社会组织的发展与挑战

然形成等多种模式。[①] 而利州公益是完全从基层发展起来的纯草根社会组织，向枢纽型组织转型也是完全自发的。而这种自发型的枢纽型组织由于积累了丰富的基层实践经验，对于带动其他草根组织的专业化发展具有很强的示范作用及连接作用，有能力成为参与社会治理的重要主体。也可以说，枢纽型社会组织在国家和社会之间建立了良好的桥梁和纽带。[②]

在复杂多元的现代社会，政府、市场和社会多元主体的共同参与及互动协作可以说是社会治理理论的核心内容。治理不同于统治，是一种围绕共同目标而展开的活动，它不仅包括政府机制，也包括非政府的、非市场的乃至非正式的机制。[③] 萨拉蒙的"新治理"理论不仅关注到了非营利组织等第三方组织的作用，也更强调了各类主体合作的重要性，突出了各类组织的广泛协作关系。[④] 社会治理理论是在西方社会发展的实践经验基础上建立的，但是对于中国的社会管理改革也具有很大的启发性。治理理论的提出让政府、市场和社会作为不同的治理主体，在解决社会问题、满足社会需求和创造社会价值中所承担的角色和所具有的价值得到应有的重视，对于实现社会的公共利益最大化来说，政府、市场和社会哪一方主体都被认为是必不可少的。同时，也让人们认识到，政府、市场和社会也都会有不可避免的失效的一面。正因为如此，政府、市场和社会作为不同治理主体都是必不可少的，而且必须合理分工和合作共治。[⑤] 而在中国的社会治理中，起到连接及示范作用的枢纽型社会组织将会占有越来越重要的位置。

2017年5月，由利州公益进行项目协调督导，沈阳市民政局及壹

[①] 罗勉：《广东出台构建枢纽型组织体系新政》，《中国经济导报》2012年12月13日。

[②] 余永龙、刘耀东：《游走在政府与社会组织之间——枢纽型社会组织发展研究》，《探索》2014年第2期。

[③] [美]詹姆斯·N.罗西瑙：《没有政府的治理》，张胜军、刘小林译，江西人民出版社2001年版。

[④] Salamon L. M. and O. Elliott, *The Tools of Government Action: A Guide to the New Governance*, New York: Oxford Unversity Press, 2002.

[⑤] 周红云：《全民共建共享的社会治理格局：理论基础与概念框架》，《广东社会科学》2016年增刊。

基金基金会各出资 50 万元的"花 Young 年华、壹乐园社区 Club"项目开始启动。此项目通过在沈阳市 10 个社区建立儿童服务中心，为社区范围内的 4—13 岁低保、单亲、低收入外来务工人员家庭儿童以及失辍学、行为偏差儿童和青少年群体提供专业社会工作服务，同时推动社会组织扎根社区，长期开展社区服务。这个项目能够由利州公益来协调督导，正是因为其多年的努力和取得的成绩获得了政府部门和基金会的信任。同时在具体的执行机构中，很多也都是在利州公益指导和带领下发展起来的草根组织，这充分说明作为枢纽型社会组织利州公益已经开始发挥其重要的连接作用，实质性地促进了辽沈地区草根组织的成长。利州公益的发展与取得的成绩也证明了草根组织完全可以成为政府部门的伙伴，而政府部门也应认识到枢纽型社会组织的重要连接作用，并给予充分的信任。

第 九 章

草根 NGO 与农村社区互哺

——通榆县环保志愿者协会的治沙之道

通榆县环保志愿者协会是一个以治理沙地为目标的 NGO，其主要治理对象是毗邻吉林省白城市通榆县新合屯的 100 公顷沙地——科尔沁（万平）生态治理示范区。协会于 2006 年正式注册，目前已成长为一个有坚实核心工作团队和数百名核心会员，以及几千名志愿者组成的正式非营利组织；科尔沁生态治理示范区也在协会的治理下由最初寸草不生的沙地恢复为一片草原，并逐步运作起可持续经济项目。

抛开恶劣的自然条件，在社会学的视角下，通榆县环保志愿者协会的组织发展和治沙的初步成功同样可以称得上是个奇迹。首先，民间发起的草根 NGO 本身就面临资源匮乏、社会认可度低、志愿参与不足的发育困境，而通榆县环保志愿者协会的直接生长环境是相对落后和传统的农村社会，较之城市草根 NGO 其组织发育和行动则更为困难。其次，农村地区的荒漠化问题作为环境治理问题，实质是农村社会治理衰败的表现之一。原子化的农村社区缺失组织化的治理主体，以致包括环境治理在内的公共事务的社会治理失灵。因此，在缺失当地环境治理主体的情况下，作为外来的 NGO 很难从根本上、可持续地治理荒漠化。但是在草根 NGO 弱小，农村社区衰败的情况下，通榆县环保志愿者协会却在实践中探索出了以 NGO 为主导的 NGO 与农村社区"互哺"的发展道路，打破了这个看似无解的困局。这种草根 NGO 与农村社区"互哺"的实践探索，不仅为其他在农村社区工作的 NGO 提供了现实借鉴，同时也具有重要的理论启示。因此，本章试图在介绍通榆县环保志愿者协会和当地农村社区的基础上，结合案例详细阐述和分析草根 NGO 与农村社区"互哺"的发展模式。

第一节　协会与当地农村社区简介

作为一个民间发起的草根环保组织，通榆县环保志愿者协会的生长起点是，2000年协会的发起人万平在科尔沁沙地创办科尔沁生态示范区。该示范区面积100公顷，位于吉林省通榆县同发乡利民村新合屯，处于科尔沁沙地东南边缘。在接下来的约五年时间里，万平逐步吸纳志愿者和社会资源参与沙地治理，并有意识地学习NGO的组织架构和运作模式，渐渐由个体发展为一个正式的社团组织，并在2006年5月15日正式在当地民政局注册。

协会的使命是遏制和转变科尔沁地区的荒漠化趋势，恢复草原生态。为实现这一组织目标，协会主要采取两种工作方式。其一是以"人工圈地，自然恢复"的方式治理100公顷的科尔沁沙地示范区。其二是在已恢复的示范区探索沙地高效可持续农业项目，吸引农户参与替代导致土地沙化的生产方式，并释放更多土地以供协会扩大示范区。此外，协会还持续进行环境教育和农村社区支持工作。环境教育包括面向中小学生，由会长万平和志愿者编写环境教材，在当地同发乡中小学开设环境保护课程，也包括面向大学生的夏令营式的参与式环境教育。农村社区支持工作，则是协会面向农村，尤其是示范区所在的利民村新合屯开展的助学、助老、助残、协助维权、调解农村纠纷等工作。

协会的治沙示范区位于利民村新合屯。利民村作为一个行政村，分为三个自然村，新合屯是其中之一。新合屯有80余户人家，400余人口，经济以种植业为主，畜牧业为辅。新合屯所在的利民村村两委在村一级处理公共事务，且承担乡镇政府布置的行政事务，在新合屯的公共治理方面着力不多。而在新合屯内部，只设有作为村民小组组长的屯长一名，几乎没有其他草根社会组织。

第九章 草根 NGO 与农村社区互哺

第二节 融入与吸纳：互哺发展的第一阶段

协会与当地农村社区（新合屯）的互哺发展模式，是指在协会的主导下协会与农村社区互相认可与支持，相互补给优势资源，促进彼此发育发展，并相互配合、逐步实现协同治理公共事务的发展模式。如前所述，这种互哺发展模式在时间纵轴上表现为两个方面或两个阶段：其一是"融入与吸纳"，即在协会发展的初期阶段，扎根融入农村社区，获得农村社区的信任与支持，并能动性地吸纳整合农村社区的资源以发展协会和治理沙地；其二是"孵化与协治"，即在协会进入平稳发展阶段，反哺农村社区，参与农村社区建设，孵化农村志愿组织，培育协同治理环境的治理主体。在这种纵向视角下，互哺关系更多体现为一种先后关系，即农村社区先哺育协会，协会后反哺农村社区。但是事实上，在这两个阶段内协会都在与农村社区进行良性的社会交换循环。为了便于叙述和分析，笔者试图对这两个阶段分别进行阐述，并具体揭示在每个阶段内这种互哺关系的建构。

一 从个人融入到组织融入

（一）作为组织符号的个人融入

新合屯农村社区是协会最切近和最频繁互动的社会环境，协会要想获得可持续的发展则必须融入并扎根于这一农村社区，这一点在协会的发展初期则更显重要。而协会在萌芽阶段主要是协会的创始人万平的个人奋斗，因此要考察协会如何融入农村社区，必须先理解作为协会最初符号的万平如何被新合屯社区认可、信任和接纳的。

笔者在调研中发现，虽然万平在新合屯区域内治沙的理念目标是公益性且有益于当地社区的，但是，农民最初接纳万平融入社区并非是源于对万平的价值理念和公益行为的认可，而更多的是基于万平的个人特质、行为与当地义化传统及乡村伦理的契合。首先，万平曾在新合屯所在的通榆县下乡做过几年的知青，熟悉当地的语言与风俗文化习惯，在长期的日常交往中较为容易地与当地农民建立起亲密关系。其次，万平个人的品质与人格魅力契合农村社区的文化伦理评价标准，从而得到社区农民的认可。万平在访谈中谈到，以往有媒体采访当地农民问为什么接纳万平，并愿意帮助他治沙的时候，农民们往往无法回答出媒体期望的"认可环保理念""治沙利国利民"之类的回答，而总是朴实地说一句"因为觉得万平是个好人"。最后，万平的个人行为与社区农民建立起了基于情感伦理的互惠关系。在初期治沙最艰苦的阶段，万平也经常到各家走访聊天，积极参与当地的红白喜事，力所能及地给有需要的社区居民帮工。在这样的日常交往，公共事务参与的过程中万平进一步融入了农村社区的情感关系网络，并在帮工等互助行为中进一步与农民建立起基于情感伦理而非理性计算的互惠关系。

（二）作为整体的组织融入

在农村社区最初对万平及其治沙行为的接纳与信任的基础上，万平开始学习模仿 NGO 的运作模式，吸纳外部资源与社会志愿参与，逐步形成志愿者协会的组织雏形。在组织化的过程中，万平开始有意识地在治沙工作之外，以协会的名义拓展农村社区支持方面的工作，如帮扶弱势群体、协助维权、调解农民纠纷等。这种看似偏离组织使命的行为，使得协会开始以组织的形象而不仅是万平的个人身份更为深入地融入农村社区。首先，虽然在这一阶段协会的资源仍入不敷出，实则几乎是万平靠一己之力开展农村社区支持，比如以个人工资支付社区贫困家庭儿童学费，但是万平都会在工作过程中向农民宣称是协会行为，在农民的观念里构建协会的概念。其次，在社会交换的逻辑下，社区居民接受协会的帮助和馈赠就会或多或少地回报给协会，包括但不限于信任、认可等方面的无形资源，而这也正是协会融入社区的重要标志。最后，也是最为重要的，不同于具有私人交际性质的帮工行为，协会此时的社区支持工作带有强烈的公共性色彩。一方面，协会帮扶弱势群体的行为，可以看作是对福利供给严重不足的农村社区提供的社会保障，由此协会介入了农村社区的公共服务。另一方面，万平凭借其法律、经济等知识与丰富的社会经验，填补乡村知识精英的缺位，协助农民维权，调解农民间利益纠纷，由此触及了农村社区内部与外部的利益调解与协商，也就介入了农村的公共治理。这种带有公共性意义的社区介入，使得协会对

第九章 草根NGO与农村社区互哺

社区的馈赠超出了帮工等具有私人网络性质的互惠关系，从而使得协会更为深入地融入作为整体的农村社区之中。

二 从基于互惠的吸纳到基于认同的吸纳

如前文所述，协会以组织的形式融入农村社区，是以协会吸纳外部资源与社会志愿参与的组织化为前提的。在这一时期协会所吸纳的资金与志愿参与几乎都来自农村社区以外。资金来源于万平个人捐赠，基金会奖金等，参与到协会的志愿者和会员也几乎都来自城市。而农村社区更多提供的是对于万平以及协会的信任、接纳、认可方面的无形资源。这种资源对协会固然有其重要意义，它保证农村社区不会干扰、阻碍协会的发展，但却无法为协会发展注入能量。而服务于当地环境的协会如果不能吸纳当地资源，始终依靠外源，则其发展必然是不可持续的。因而，协会在融入的基础上开始逐渐从无意识到有意识地吸纳农村社区资源，当然这种资源主要为人力资源或者说是志愿参与资源，毕竟农村社区本身也相对贫困。

（一）基于互惠的吸纳——人情参与

其实在协会最初融入社区的阶段，协会对于农村社区的志愿参与的吸纳就已经开始了。无论是个人形式的融入还是组织形式的融入，其中关键的机制就是协会主动向社区提供帮助，从而建立起基于情感伦理的互惠关系。在这种互惠关系中作为交换，社区主要向协会提供了无形资源，但是正如前文提到的，也不限于此。而这另一部分被协会吸纳的资源就是社区村民基于互惠关系的志愿参与。万平在访谈中谈到，最初开始有一些跟万平个人关系处得好的村民，在农闲时候来帮万平做一些简单的治沙工作，逐渐地一些接受协会帮助的村民也开始参与进来。但值得注意的是，此时农民的志愿参与并不是因为认同协会的环保理念和治沙目标，而是因为"觉得万平是个好人""万平和协会帮过咱们"，作为一种回报去帮助万平和协会。因此，农民的志愿参与并不是现代意义上的志愿行为，更多仍是基于乡土社会的文化与逻辑，亦即基于伦理情感的互惠关系。因而，农民的志愿参与表现出非正式性、零散性和非组织性的特征：农民并不认同自己是志愿者，也不作为会员加入协会，只是在农闲时力所能及地不求回报地为协会提供一些类志愿性的帮助。

（二）基于利益的吸纳——合作参与

在协会治沙的初期阶段需要投入大量的人力来完成一些治沙的基础性建设，比如打井、种树、养草、种植，上述农民基于互惠关系的类志愿行为显然无法为协会提供足够的人力资源。万平一方面以有限的资金在市场雇用劳动力，另一方面开始采取基于利益捆绑的合作关系吸纳社区村民参与。其中一个典型的例子，就是万平动员全村居民以户为单位在示范区种树。其具体做法是万平提供树苗并负责后期看护浇水，农民负责种树，树成为协会与农民的共有财产，产生的经济效益五五分成，最后以签订合同的形式确立这种合作关系。可以看到，此时协会动员吸纳社区村民参与的基础是经济利益，共同的经济利益预期使得农民与协会的合作关系成为可能。这种做法的效益有两点：第一，在协会资金不足的情况下，也能动员足够的社区劳动力参与工作。农民与协会的合作是基于长远的经济预期，而非立即的经济支付，因而缓解了协会的资金困境，也加快了治沙工作的进度。第二，社区农民与协会的合作，使得二者成为利益共同体，农民就会主动帮助协会看管二者共有的财产。以种树为例，由于每一棵树都变成了协会与一户农民的共有财产，一旦有农民试图偷砍破坏，就会有其他农民帮助协会制止。

此时协会对农民的吸纳所遵循的逻辑就不再是人情伦理的互惠关系，而是基于理性的利益关系。但是，农民的参与也绝不只是简单的利益交换。第一，农民与协会的合作关系之所以能达成，直接源于利益期待，但更为基础的是万平与协会在农民社区融入中与农民建立的信任关系。第二，不同于短期利益交换的雇佣关系，基于长远利益预期的合作关系，使得农民与整个协会捆绑为一个利益共同体。农民会更加支持协会的工作，否则协会一旦出现危机，则其预期的经济利益也必然受损。因此，虽然是基于利益关系，但是比之于互惠关系，农民被更深层次地吸纳于协会之中。而在这个过程中，协会与社区的互哺关系也体现得更为明显。协会开始为社区提供经济利益（虽然还只是预期中的），农民为协会提供更多的人力参与，并开始与协会结为利益共同体。

（三）基于认同的吸纳——志愿参与

协会通过以上两种方式吸纳社区农民参与治沙，固然调动了社区的

第九章 草根 NGO 与农村社区互哺

人力资源，但是农民的参与仍然并非真正意义上的志愿参与。农民的非志愿参与，使协会无法真正深层次地将社区农民吸纳于组织之中。作为一个志愿组织，这不利于协会在当地的可持续发展。为此，协会在实践摸索中有意无意地通过各种策略把已经吸纳的农民参与，逐步转换为志愿性的参与。而要实现这种转换就要让农民建构起两个认同，即对于协会目标的认同和对志愿参与精神的认同。在协会目标认同的建构上，协会主要采取环境教育的方式，环境教育又分别针对青少年与成年人两个群体展开。针对青少年，协会组织人员编写乡土环保教材，在当地中小学开设环保课程。通过这种方式，给当地青少年传播环保理念与环保意识，使得他们从根本上理解和认同协会的治沙目标。而当这些青少年长大成人后，也开始作为新生力量参与到协会的治沙工作之中。对于成年人，授课的方式脱离农民生活实际，协会工作人员选择在农民参与过程中，以及红白喜事等社区事务中向农民反复地、不厌其烦地、日积月累地传播环保观念，强调荒漠化的后果和治沙的必要性与意义。但是，仅仅通过环境教育仍然不足以让农民对组织的治沙目标深刻认同。对此，一方面协会通过扎实的工作逐步展现出治理沙地的成效，从而使农民相信协会的治沙目标不是痴人说梦；另一方面在恢复草原的基础上，协会主动将恢复草原所得的部分经济效益投入到农村社区的公共事务中，让利于民，使农民切身感受到治沙对于自身的益处，从而认同协会目标。

对于协会目标的认同是社区农民志愿参与的基础，但是要真正促使农民志愿性的参与则必须使农民认同志愿精神。而志愿精神，对于当地农民来说是很难认同的。万平在访谈中谈道："协会刚成立时候，我们自称志愿者，但是农民不明白啥是志愿者。后来，农民发现我们就是植树治沙，帮助乡里，但是一分钱不挣，啥也不图。农民就觉得我们是好人，但也是傻子，是疯子。"[1] 农民之所以认为协会的志愿者是疯子和傻子，是因为作为现代社会的公民精神与传统乡村的道德原则存在着差异和矛盾，更与农民习得的市场经济的理性原则有根本不同。乡土的道德原则是以互惠原则为基础，构建于人情网络关系之中的。也就是说农

---

[1] 万平访谈，2016 年 4 月 22 日，于新合屯。

民的利他行为往往局限于熟人关系之中，并且期待相互之间持续的馈赠和回报。而志愿精神却是普遍主义的，其行动是不求回报的，其对象可以是陌生人，其目的是社会公共性的。因而，当地农民虽然认可万平等志愿者的利他行为是好的，但却很难理解和认同这种与乡土道德存在矛盾的志愿精神与行为。作为一个草根 NGO，协会无暇也无意思考和处理这样的理论难题，但是协会的志愿者却在自己十余年的付出过程中，将志愿精神一点一滴地传给和渗透给当地居民。万平说："现在乡亲们不说志愿者是傻子了，一些乡亲还当我面说，我们应该向志愿者学习，做好事。"[①] 从心理机制的角度看，农民在长时间接触志愿者的过程中，被志愿行为感动，逐渐开始理解其志愿精神，并认同和内化志愿精神。但农民之所以能逐步认同与传统乡土道德有差异的志愿精神，其更深刻的社会机制在于，协会在治沙过程中将宏大的环境目标具体化为新合屯的沙地治理。协会使治沙切实服务于新合屯，这样参与治沙就从绝对的利他转换为了相对的利他，也就是服务于农民所在的乡村共同体。正如当地农民常说的：参与治沙就是"为屯儿里做点事儿"。进而，保护环境的普遍主义的目标，就转换为为了服务于乡村共同体的带有特殊主义色彩的目标，因而也就可以惠及乡里与自身。农民可以顺延着乡土道德的原则去理解和认同服务于乡村共同体的利他行为。虽然这种服务于共同体的志愿精神带有特殊主义色彩，但是却已经将农民的小圈子的互助意识提升到乡村集体的公共性之上，农民也因此能够进一步认同和内化志愿精神。

协会在基于互惠和利益的基础上吸纳农民参与，并逐步使其在参与过程中认同协会目标与志愿精神，从而使得农民参与的志愿色彩逐渐增加，志愿精神逐步内化于农民的惯习之中。其结果就是一些社区农民开始以志愿者的身份加入协会，其中一人甚至成为协会的副会长，负责农民志愿者的调度和农村事务的协调。但是需要指出的是，农村社会的乡土逻辑与现代公民精神始终存在差异，而农民知识文化素质的提升需要长期的积累，因而将农民的参与转换为志愿性的参与是一个长期的过

---

① 万平访谈，2016 年 4 月 22 日，于新合屯。

程。农民的志愿参与也绝不会是纯粹的志愿参与，互惠的人情关系和合作的利益关系都会在农民的参与中起作用。万平在访谈中总结："你先要通过各种方式让农民参与进来，然后再慢慢地把你的东西渗透给他们。农民不是万平，他们不可能一下子接受志愿服务，环境保护，要有个很长的过程。"①

第三节　孵化与协治：互哺发展的第二阶段

经过"融入"和"吸纳"的初期发展阶段，协会基本摆脱了生存困境，进入了平稳发展阶段。而协会通过多元的方式吸纳社区居民的参与，使得社区开始成为治理沙地的重要力量。但是，农民以个体的形式参与到协会中，而社区本身仍然是无组织化的状态，在本质上仍然是协会单一的治理主体，社区并没有真正成为环境治理的主体。协会仍然作为外来力量孤军奋战。而一旦协会离开新合屯社区，当地农民将失去参与公共事务的载体，仍然无法自发组织起来进行包括环境在内的社区事务治理。面对这种结构性的困境，作为草根组织的协会开始以行动的力量打破新合屯社区治理的无组织的困局——孵化社区志愿组织，从而进一步与其协同进行环境治理。

一　孵化"新合屯公共事务服务核心组"

（一）成立迷你社区基金会：志愿组织的雏形

2013 年，示范区已经恢复为草原，协会开始尝试允许当地牧牛户有偿、有序地进入示范区放牧。这既有利于草原自然循环，也能带来一定的经济效益。为了回馈当地社区的支持、建设当地社区，协会决定将因放牧带来的经济效益（近 3 万元人民币）全部捐赠给新合屯。然而，协会却发现当地社区并没有合适的受捐主体。如果捐赠给村委会，村委会长期疏于公共服务，且存在腐败贪污的可能，无法得到协会和新合屯社区的信任，因此必须直接赠予新合屯。但是如果赠予新合屯，同样没

---

① 万平访谈，2016 年 4 月 22 日，于新合屯。

有合适的受捐主体。在屯一级，并没有相应的村民自我管理的志愿组织，只有村委任命的屯长。因此，如果将资金交给新合屯的屯长，同样面临没有监督机制，公共财产被贪污、滥用的风险。而如果直接平均分给社区居民，则无法将这笔资金投入到社区的公共事务之中。可以看到，这种"有钱捐不出去"的窘境，其实同样根源于农村社区缺乏制度化的组织主体的结构性困境。因而为了能使这笔资金捐给新合屯之后能被有效利用，协会决定推动成立一个多方参与，相互监督制衡的小组来接收这笔钱。

协会首先拟订了小组人选方案：屯长杨志杰作为小组组长，协会会长万平作为小组顾问，当地农民赵德荣也是协会的副会长作为协会代表，一名当地农民徐树岩作为农民代表兼出纳员。然后，协会找到屯长杨志杰，提出要先成立这样一个小组负责接收并使用捐赠资金，才能进行捐赠。屯长杨志杰高中文化水平，处事精明，勤劳务农积累了一定的财富，是当地社区年轻有为的青年。他在初任屯长时，就主动数次与协会会长万平长谈，表示愿意带动新合屯发展，希望得到协会的帮助和指导。因而，面对协会的主动捐赠，他毫不犹豫地接受了小组方案。于是协会拟订了财务制度，在2014年正式成立小组，并命名为"新合屯公共事务服务核心组"。协会将约3万元人民币的草原放牧收益捐赠给新合屯，由核心组接收和使用。协会推动成立的核心组其实可以看作一个微型的迷你社区基金会。协会捐赠的资金成为这个迷你社区基金会的启动资金，屯长、村民，协会三方代表构成这个迷你社区基金会的治理结构，基金会的资金用于当地社区的公共事务。

（二）以维权为契机：使"社区基金会"转型为志愿组织

如前文介绍，协会在治沙同时积极开展农村社区支持工作，其中包括提供法律咨询和援助，所以当地农民有纠纷调解和维权需要时会向协会求助。2015年初村民们找到会长万平，希望万平能帮助村民向政府反映一个涉及全屯利益的维权问题。于是，万平向要求维权的农民积极分子提出，协会协助维权的前提是，全屯须选出若干代表进入到核心组中，让核心组成为全屯的志愿组织，进而，以此次维权作为第一个议案在核心组中商讨。由于这件事涉及全社区的利益，所以当地农民赞成协会先成立核心组再商讨维权的提议；而屯长杨志杰也认为有这样一个志愿组织才能更好地与村民一同展开工作。于是，协会开始着手协助村民们推动类似社区基金会的核心组，转型为作为社区志愿组织的核心组。

协会督促屯长以尽可能代表新合屯成员利益为原则，提出一个7人的核心组成员名单。然后在全屯进行公告，任何社区成员可以对候选人提出异议，但必须提出新的候选人，以供选举。由于有协会的监督和指导，杨志杰所提的名单考虑到了各家族的利益，并且推举人选都有能力和意愿服务社区，所以很快就得到了社区成员的一致通过，核心组的人员就确立下来，而万平则作为顾问辅助核心组工作。这样核心组就真正使村民参与进来，并且得到了社区成员的承认，具有了自我代表，自我服务的社会合法性。

（三）培育志愿组织：制度建构，理念塑造，能力培养

在上述努力下，核心组已经有了人员架构，协会主动从制度、理念、能力三方面入手，对核心组加以培育。

在制度建构的方式上，协会采取的方式是事先草拟制度文件，然后在核心组召开的会议上提出，经组员讨论和修改，最终达成共识。这种方式看似有协会包办的嫌疑，但却合乎农村的实际情况。当地农民文化水平有限，几乎没有组织经验，如果由农民自主拟订制度则必然效率低下，甚至因为缺乏参与能力和信心而出现集体行动失败的困境。而协会采取的方式，兼顾了效率和民主，一方面实现为农民拟订制度文件，另一方面让农民充分讨论并提出意见，最终达成共识。以这种方式形成的制度包括核心组的总章程与财务制度。核心组的总章程规定了核心组的性质为该社区的志愿组织，进行自我管理和自我服务；对公共事务以一事一议为原则，具体方式为村民（包括核心组成员）提案，核心组商议并民主决策（反对提案人数达到3人则须全屯公投），决议由核心组选出成员负责落实。财务制度则严格规定了核心组接收资金和使用资金的程序与原则，以相互监督制约的方式杜绝腐败。

在组织的理念塑造方面，协会试图让核心组乃至整个新合屯社区接受并内化志愿服务的公共精神和自我管理的自主意识。对于一个社区志愿组织而言，如果没有志愿服务的公共精神，服务于公共事务的集体行

动则难以展开，没有自我管理的自主意识则涉及公共利益的集体决策难以达成。协会一方面反复向核心组成员申明并阐释组织的志愿性和自主性，另一方面协会长期以来已经通过自身的志愿组织实践向当地居民展示这种公民精神，而当地居民也在协会的志愿参与中逐渐接受并内化这些价值理念。包括屯长杨志杰在内的几位核心组成员，都在私下交谈中表示，我们就是在向万大哥（万平）学习做志愿者，一起给屯里做实事。

所谓能力培养，是指对社区居民尤其是核心组成员参与公共事务的能力的培养，这包括搜集信息并提出议案的能力、分析并讨论公共议题的能力、民主决策的能力、监督的能力、执行项目的能力，等等。而这些参与公共事务的能力都是文化素质相对偏低且缺少处理公共事务经验的农民所欠缺的。对此，协会应对的策略是让农民在参与中提升信心与能力，协会则一直从旁扶持，予以及时的帮助、矫正和监督。比如在提出议案方面，核心组成员能形成初步的想法但不会书面表达，就传达给协会工作人员，由工作人员起草提案的提纲，再由该成员撰写；又如在讨论公共议题和民主决策时，协会都尽可能派工作人员参与其中，引导核心组成员有序进行发言和讨论，并监督核心组有效地行使民主决策的权利。正是在这样的公共事务参与过程中，协会引导核心组成员逐渐养成参与公共事务的能力。

二 发育中的自治与规划中的协治

（一）发育中的自治

2015年，成立的新合屯公共事务服务核心组在协会的协助下展开了自治工作，包括公共资产管理、公共服务提供、组织建设。公共资产管理，主要是指核心组继续接收协会示范区草原牧牛所得的捐赠，并加以管理。在公共服务方面，核心组使用公共财产，先后修整了新合屯内道路、中秋节慰问老人、支持屯内集体文娱活动，在社区基础设施建设、社区福利、社区文娱活动等方面开展公共服务。在组织建设方面，在协会的协助下核心组进一步完善了财务制度，并增补了2名核心组成员。

第九章 草根 NGO 与农村社区互哺

（二）规划中的协治

协会与核心组的协治主要处于规划之中。尽管核心组应当是本地环境治理的主体，但是鉴于其发育薄弱，协会主动承担起规划协治方案的角色。而规划中的协治方案与协会在新合屯地区的下一步沙地治理规划方案紧密相关。如前所述，协会在新合屯治理的示范区已经卓有成效，进入了维护和经济产出的阶段，所以协会开始筹备依照这片示范区（协会称其为示范区1）治理的成功经验，在新合屯继续开辟沙地治理示范区2、示范区3……示范区n，最终把新合屯地区的沙地都治理起来。但是当协会的治理范围一旦拓展开来，协会有限的工作人员、不定期到来的城市志愿者和尚未被完全调动起来的农民志愿者显然无法满足倍增的治理工作所需要的大量人力资源。

协会工作人员有限，外来志愿者太不稳定，因此必须更充分地调动当地农民的参与。而这就需要核心组发挥其作用。所以，协会规划的协治方案的第一个关键环节就是核心组把当地农民组织起来，协助协会看管和治理后续新增的示范区。而为了促使核心组与协会合作，动员并组织农民参与后续新增示范区的治理工作，协会拟将延续示范区1的放牧所得捐赠给新合屯的方式，将新增示范区的经济产出以确定的比例捐赠给新合屯核心组。而核心组运转的必要条件就是集体财产，目前资源匮乏的核心组，也有很大的可能性愿意通过动员组织农民治沙以获得资金捐赠。如果协治方案的第一个环节能够顺利落实，那么协会规划方案的第二个步骤，就是在协会的推动下，把试验成熟的有机农业和养殖业项目逐渐推广开，与农民合作经营。这样既可以改善农民经济状况，又可以用环保的农业方式替代破坏性的耕作方式，恢复更多的沙地。协会会长认为在这个步骤中必须发挥核心组的作用，把农民组织起来形成规模化的合作经营，而不是简单的公司加个体农户的经营方式。这样才能够使农民合作起来，以对抗市场风险，形成规模效益。相比第一个步骤，这部分规划还是意向性的，尚无操作化的方案。

总结起来，协会所规划的与核心组协同治理沙地方案的基本思路就是"沙地集中，协会恢复，社区协助，合作开发，规模经营"，两个关键性的步骤分别是核心组组织农民协助治理沙地，和农民通过核心组与协会合作经济项目。当然，协会在与核心组协同共治的过程中要发挥主导性的作用，而随着核心组的日益成长以及农民素质的提升，协会也将逐渐退居次位，更多地发挥顾问和指导的作用。

第四节　案例总结

协会探索出的草根 NGO 与农村社区互哺的发展模式，或可为其他在农村社区工作的 NGO 提供可供借鉴之经验。

第一，明确双方优势与潜力，使双方互为发展之凭借。草根 NGO 与农村社区之间可以实现互哺式发展的前提，是二者具有相对于彼此的优势资源和潜力。作为草根 NGO 应当有意识地明确和分析彼此优势和潜力，从而发挥彼此之优长以相互哺育与促进。从普遍意义上来说，草根 NGO 具有的优势在于专业的知识、现代的理念、组织动员的能力以及来自城市地区的志愿支援，等等，而这些都是农村社区最为匮乏的；而农村社区所具有的优势与潜力，在于传统共同体的纽带、熟人社会的关系网络、大量的尚未被动员和组织起来的人力资源，等等，草根 NGO 应当善加利用，以促进彼此共同发展。

第二，在互哺过程中发挥主导作用，做调动社会资源的杠杆。相对于草根 NGO 所具有的优势资源，农村社区的优势资源往往是隐性的、松散的和尚未调动起来的。因此，草根 NGO 应当在互哺发展的过程中发挥主导作用，主动与农村社区建立相互信任和支持的关系，先给予后收获，把控好互哺发展的方向。此外，草根 NGO 应当有策略地调动社区各主体的资源，尤其是社区体制内外精英的参与，从而使农村社区对草根 NGO 的哺育成为可能。当然，草根 NGO 更要积极调动农村社区以外的资源，比如利用众筹、城市志愿者体系，政府支持等方式，使其成为草根 NGO 与农村社区互哺的外在动力和支持。

第三，尊重乡土社会的逻辑与规则，因势利导推动发展与改变。不同于城市社会，乡土社会由于历史传统、生产方式、政治社会结构的差异，自有其独特的社会逻辑与运行规则。包括草根 NGO 在内的所有治理于农村社区工作的社会组织都必须首先理解和尊重它，才能使自身接上地气，切合实际地开展工作，而要实现互哺式的发展这一点则更为重要。在吸纳农村优势资源的过程中，NGO应当考虑到乡土社会资源动员的独特逻辑，而不是教条地从NGO的价值理念和工作方式出发。在尊重和理解乡土社会特殊性的基础上，再利用现代公益的理念和工作方式加以引导和改造，这不仅是互哺式发展的重要基础，也是所有在农村工作的组织所应当遵循的原则和理念。

第 十 章

草根 NGO 突破资源困局的跨界合作

——以长春心语志愿者协会为例

长春心语志愿者协会（以下简称"心语协会"）自1996年注册成立，是广大社会青年自愿组织起来的民间公益性社会组织，其主管单位为长春市社会科学联合会，积极活跃于助残、助学、心理援助、道德倡导等公益领域，以"倡导奉献，弘扬人道主义精神"为宗旨，坚持"为公益组织、青少年及残障人士提供成长支持"的使命，以此实现"在所关注的领域探索专业及典范性服务模式，推动区域性组织更加专业地为服务对象提供服务，最终具备行业领军性的优秀品质"的组织愿景。

社会组织的成立方式、业务内容、功能定位等诸多因素影响着其资源的获取，草根组织作为依托自下而上方式成立的组织类型，带有明显的民间性与自发性，相较于依托政府资源而建立的官办组织而言，患有"先天不足，后天缺乏"的资源困局。心语协会作为地处东北地区的草根组织明显地呈现出先天的不足性，一方面，资源来源的结构性空间狭窄，东北地区突破计划经济体制、引入市场经济体制相较于经济发达城市略晚，政府仍掌握着资源的控制权与配置权，社会组织自主活动空间相对窄化，加之地域性政策的颁布与执行也相对滞后，组织发展面对的资源总量有限；另一方面，资源获取渠道单一，组织易形成对外界资源较强的单向依赖，减弱了组织应对外界风险环境的防御能力。本章基于心语协会的公益实践，力图完整地呈现其为突破资源困局而寻求不同互动主体的跨界合作、渗透与融合的模式，其实质正是体现了新时代社会治理背景下多元主体的共建、共享的内在蕴含，以此希冀为正在发育的草根组织突破资源困境，探寻生存之道提供一定的参考和借鉴。

第十章　草根 NGO 突破资源困局的跨界合作

第一节　案例背景

现实发展情境中，伴随着全球化、现代性的影响，加之社会组织整体功能的发挥，国家日渐意识到社会组织的重要价值和社会意义，相继出台了一系列的法律、法规，为社会组织规范、有序地运行提供了法律保障。党的十八届三中全会提出"推进社会治理改革，创新社会治理体制，改进社会治理方式，激发社会组织活力"的重要思想，并首次提出了"社会治理"的概念，强调多元主体的协同参与与合作，努力建制多元共治体系。企业作为理性经济人，伴随着其发展的新阶段，呈现出营造良好企业文化、彰显企业社会责任、创造社会共享价值的诉求，纷纷参与到慈善公益事业中来。社会层面的高校为社会组织规范化运行提供了技术支持，开展能力培训、政策剖析、项目评估等；同时作为舆论风向标的大众媒体，尤其是即时性信息传播的自媒体，为政策法规与公益资讯的宣传提供了平台；知识素养提升和公民意识增强的公众，也积极参与到慈善公益事业中来。政府、企业、社会具备不同的主体功能与资源优势，政府掌握着权力资源，企业专长于市场资源，社会呈现强大的服务能力，如何更好地实现资源间的整合是跨界合作的关键，即为如何更优化地实现资源配置。

草根 NGO 作为基于民众共同服务需求而成立的组织类型，具有联系群众的天然优势，其在提供基层服务、补充政府职能、提高民众参与意识等方面发挥着重要的现实意义，而在实践发展中，诸多草根 NGO 面临着资源来源的有限性，即草根组织能够获取的资源总量有限，组织的资源来源渠道缺乏，限制了组织的发展空间，导致许多草根组织发展进程缓慢，能力不足，常常陷入困境。政府虽然在面向社会组织的态度较于之前的控制、压制调整为重视、培育，但从总体状况来看，社会组织的发展空间、运作资源仍相对有限，尤其是作为缺乏官办背景而自发成立的草根 NGO，其资源获取渠道与领域相对窄化。质言之，草根 NGO 欲实现组织的持续性发展，需发展出基于自身能力建设基础上的拓展性策略，吸纳多方慈善资源，增拓组织资源的获取途径，整合碎片化的优势资源，形成组织发展的内聚性资源。心语协会作为成立较早的草根 NGO，在发展过程中也面临着诸多的发展困境，加之东北地区呈现出"总体性"权威的管理形态，市场机制发育不充分，社会力量发展弱小的场域特征，而心语协会为突破资源困局，积极探索协会与多主体间跨界合作的行动策略。

第二节　组织的发展概况

一　组织的发展历程

心语协会自 1996 年 10 月注册成立，已走过 20 多年的发展历程。本章按照协会的发展阶段进行划分，大致可将其分为初创期、裂变期、自我完善期与多元发展期，力图完整地呈现心语协会的整体发展过程。伴随着不同阶段体现出的殊异性发展需求，心语协会选择了不同的运行策略，对应于此协会也呈现出不同的发展形态。

（一）初创期

协会的初创期也可称为迷茫期，自 1996—2000 年，是组织发展较为艰难的时期，组织尚未确定明确的目标，没有活动经费不能独立地开展活动，没有固定的办公场所，需要依靠志愿者捐赠办公用品而进行日常办公，面临着岌岌可危的生存问题。在活动的开展上，组织因不具备清晰的公益目标，开展的公益活动多以政府项目为导向，充当了政府活动的"宣传员"的角色，为政府的活动摇旗呐喊，而组织的民间性并未得到很好的体现与发挥，也并未从活动中获取直观的资源支持。这一时期的组织行动呈现出一定的盲目性，更多的是基于为社会弱势群体提供公益服务的志愿动机，而组织却不知如何获取资金与支持，并且区域环境中尚未有可学习和复制的组织范本，协会在价值驱动下摸索前行。2000 年心语协会推出的"心语班助一"项目，倡导高校大学生以班级为单位，人人参与微力助困，为困境家庭中小学生提供定额资助，并定期为孩子们开展团体活动，志愿者与孩子进行学习与生活的交流，至今

第十章 草根NGO突破资源困局的跨界合作

已在东北三省33所高校的志愿服务团队中开展此项目，累计资助贫困家庭学生达2780余人，筹集助学金达160余万元。

（二）裂变期

协会的裂变期自2001—2005年，是确定组织理念与发展目标的时期。心语协会结合自身公益意愿，学习与借鉴发展较为成熟的NGO的成功经验，逐渐明确组织发展的公益目标和方向，确定了组织的服务领域——助学、助残与心理支持，并且确定了"为公益组织、青少年及残障人士提供成长支持"的组织使命。自2002年始协会围绕着组织理念，开始申请基金会与政府的项目，例如：2004年心语协会在世界银行、腾讯基金会以及当地残联的支持下，创办了"生命之光"残友励志刊物，讲述残友的真实故事，表达残友的心声，用行动感染行动。心语协会在坚持为贫困家庭青少年提供助学金帮扶的基础上，2004年在南都公益基金会新公民计划、中华儿慈会"童缘项目"、共青团吉林省委等的资金支持下，拓展了针对外来务工家庭子女、单亲家庭子女"阳光伙伴"项目，项目围绕着"自信、感恩"的理念，为特殊家庭的青少年提供心灵关怀和成长支持，通过志愿者每周末的家访与主题团体活动，协助青少年解决生活、学习与人际交往等问题。

（三）自我完善期

自我完善期自2006—2012年，是组织加强制度化、规范化与专业化建设的时期，这个时期截至2012年，是因2013年后组织承担了更为深刻的工作内容，搭建多主体间对话交流与互动合作的平台，定位于区域性支持型社会组织。心语协会发展至2010年已进入一个较为平稳的时期，具备了相对稳定的资金量，其来源主要为基金会、政府采购、企业等途径。与此同时协会积极利用媒体"扩音器"的作用，加强与媒体的合作，与多家媒体建立了持久的合作关系，提高协会理念的传播与民众知晓度。心语协会于2011年联合长春市精神文明办、吉林都市频道《守望都市》栏目、《长春日报》，共同创办志愿服务项目"快乐周末"，旨在倡导公民道德意识，呼吁民众参与到志愿服务的行列中来，现已举办了近300期活动，市民及志愿者累计参与6000余人，累计帮扶千余人。心语协会2010年获得了ISO9001国际质量管理体系认证，对组织规范化与专业化的运作进行更为严格的监督，协会实行独立财务制度和信息公开制度，有关项目和助学账户的财务科目均接受独立审计师事务所的审计，并设立了独立的官方网站，能够及时发布组织项目进度、财务审计报告与年度报告等信息。

（四）多元发展期

2013年，协会因开始着手助力残障人士就业或同类型组织的成长，进入多元发展期。2013年心语协会承接了德国米苏尔基金会的残疾人资助就业服务平台及驿站项目，创办了"残疾人生活及劳动技能培训班"，开设了手工制作、手机维修、电子商务等培训课程，并致力于帮扶残疾人就业的"生命之光残友驿站"的建设，现今已在长春市周边建成了10个残友驿站，其中有2个已独立注册为志愿者协会。2015年心语协会第一次举办"东北三省民间组织交流论坛"，为东北三省的民间组织提供民间组织基础知识、财务管理、筹资与资源开发等培训交流活动等，促进东北地区的社会组织与政府、专家、基金会等资源建立对接。正如于会长表述所言，"近些年心语协会要在稳中求进的方针下，融合社会发展的多种类、多形式的资源，逐步探索组织治理模式，从而为初创期的公益服务团队提供志愿服务专业化、项目运作等成长性支持"。新时期心语协会在坚持已有资源和特色项目的基础上，升级组织的角色定位，加强组织的带动力和辐射力，试图建构社会组织区域性的发展网络。2015年心语协会作为腾讯基金会在东北地区的助力合作伙伴，致力于为东北地区一定数量公益组织的注册、项目的申请、资源的搭建等提供协助性帮助。2016年心语协会申请了由正荣公益基金会、敦和基金会、南都公益基金会联合发起的"和平台"项目，协会选取了吉林省内的6家草根NGO予以支持，为组织项目的申请、执行提供模式参照，制订组织的成长计划，促进组织间信息共享和联合的公益行动。与此同时，心语协会作为中国社工协会指定的东北三省唯一的社会工作实践基地，实践层面上作为东北三省民间组织管理建设的模范组织，在提供实地的经验性素材的同时，希冀实现实践与理论的结合，为组织的能力建设提供学理性与专业性的支持。

二 组织架构与部门设置

（一）组织架构

心语协会专职人员14人，其中政府招聘公益性岗位派发人员为3人，社会招聘为11人，专业人员学历以本科生为主体，签订劳动合同，人员职位设置为部门负责人和项目负责人。

伴随着心语协会发展阶段的变迁，其组织架构（如图10-1）也在不断进行正规化与规范化的调整，同时呈现出特色性的功能设置，按照ISO9001国际质量管理体系，特设置了"管理者代表"这一职务，由协会的秘书长担任，类似于企业员工代表的职务。

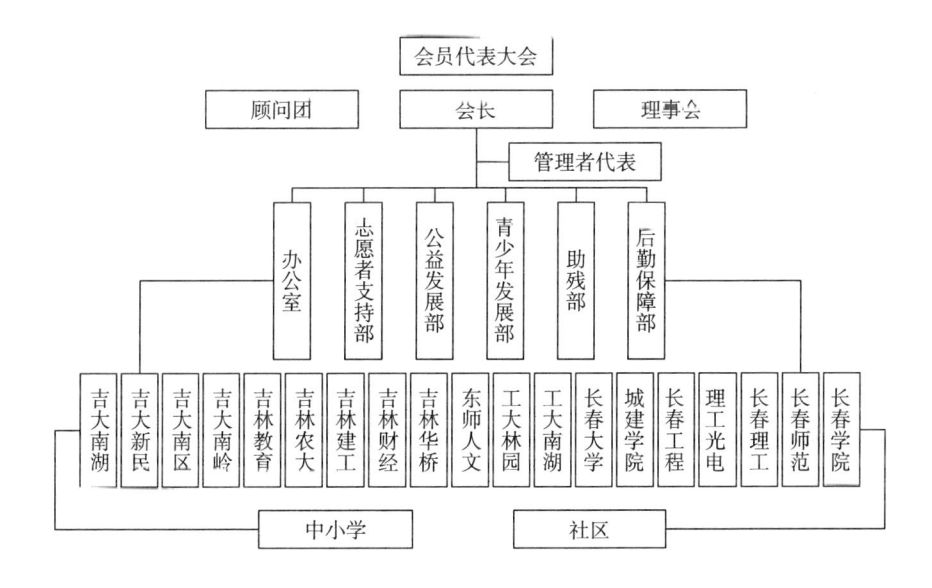

图10-1 心语志愿者协会组织架构图

资料来源：心语志愿者协会网页，http://www.xy950508.com/organization.html。

（二）组织的部门设置

心语协会在部门设置上，分为服务性部门和行政性部门，共设置了6个部门，服务性部门包括助残部、青少年发展部、公益发展部和志愿者支持部，行政性部门包括办公室和后勤保障部。

（1）助残部通过对接各高校邻近的社区，走访残疾人家庭，针对服务对象的不同需求开展不同形式的助残活动，如：为残疾人开展职业技能培训，实现残疾人居家就业的"益乐工坊"；为帮助残疾人征婚交友举办婚恋联谊会等。

（2）青少年发展部主要为成长在特殊家庭环境中的青少年提供成长陪伴与助学金支持，探索青少年帮扶的专业化理论和方法。如：创设了"阅读空间"阅览室；形成了高校班级援助贫困家庭青少年成长的"心语班助一"特色项目等。

（3）公益发展部主要整合机构的公益项目和资源，建立资源对接；同时对公益项目进行评估，监督项目的有效运行，建立和开拓公益合作伙伴，使公益项目和组织自身长期有效地发展。如：申请政府、基金会的项目，积极搜寻公益伙伴；为促进东三省民间组织的发展与交流，开展的民间组织交流论坛等。

（4）志愿者支持部主要负责志愿者招募、培养与反馈，志愿者团队的管理、跟进与评估，以及与志愿者相关的其他工作。如：定期召开高校分会的管委会会议，搭建横向的交流平台，部署下一步工作；拜访高校团委教师，了解高校分会活动开展情况，针对工作中的问题及时调整行动策略等。

（5）办公室负责制定和执行机构各项规章制度，负责机构的日常运作、档案管理、会议、人力资源管理、对外关系等行政性事务，协调机构整体工作、促进部门间信息交流。如：制定了针对高校志愿者团队的《管理手册》，为实现机构日常工作规范化的《员工手册》等，定期召开员工会议，各部门分享工作心得，创设各部门相互交流的平台等。

（6）后勤保障部主要对机构日常工作消耗公益活动提供物资采购与办公设备的维修支持，保障机构日常工作的顺利进行。如：各部门列举物资清单，由后勤部进行采购，并对物资进行备注等。

第三节 心语协会跨界合作的实践策略

草根 NGO 强调自下而上自我组建的成立方式，带有明显的民间性和自发性，对草根 NGO 而言，如何策略性地获取外部资源，并将其有

第十章　草根NGO突破资源困局的跨界合作

效地转换为组织内部资源更为重要，使资源利用效率最大化。心语协会作为非政府组织与政府、企业的发展理念、运作逻辑、管理模式等均存在着较大的差异，正是这种差异性创造了跨界合作的必要性与可能性，以便实现不同主体间的优势互补与资源整合，建构起组织的社会支持网络和有效的社会资本。从整体层面进行分类，心语协会的跨界合作者包括政府、企业和社会三类；从具体层次来看，政府主要指代地方政府、业务主管单位、辖区街道，企业指代独立的营利性组织，社会主要指代社区、高校、媒体、民众。为了分析的目的，下文将按照跨界合作者的分类逐一呈现出心语协会的跨界实践过程。心语协会跨界合作的实践策略伴随着组织发展脉络进行着变迁与调整，其间兼具着组织自身专业服务能力的提升，从而鲜活地呈现出心语协会不同发展阶段中跨界合作策略的动态性。

一　从迷茫追随到做好"助手"

政府处于国家政治权力和经济资源的中心。在中国的制度情境下，社会组织的发展与政府的政治态度息息相关，特别是自下而上建立起来的草根组织，它们的行动和政治态度直接关系到国家的秩序和稳定。"对于中国真正的NGO进行研究，就是要将眼光置于这些草根组织，特别是其对地方政治的影响。"[①] 因此草根组织保持与地方政府的良性互动是至关重要的。

心语协会的成长与发展得益于地方相关政府部门的支持与呵护，二者保持着良好的互动关系。心语协会成立之初，获得吉林团省委、长春团市委的支持得以成功注册，由于初创时期组织缺乏明确的理念和目标，只是附和着政府部门做些宣传活动，并希冀获取政府的支持与认可，正如于会长所表述的，初创时期"我们是一个力争被了解、被认可的过程，我们尊重主管单位的管理，在这个政治环境下，我们是接受政府部门的管理和要求"[②]，采用跟随政府活动的方式。而这种方式未能

---

　① 张紧跟、庄文嘉：《非正式政治：一个草根NGO的行动策略——以广州业主委员会联谊会筹备委员会为例》，《社会学研究》2008年第2期。
　② 本章所引用的访谈资料均来自2016年10月至2017年1月在心语协会实习期间采访所得。

获取来自政府方面有效的资源支持,组织面临着艰难的生存困境。

面对组织的生存困境,心语协会在学习发达地区 NGO 经验的基础上,不断明确了组织理念和目标,围绕组织理念着手申请项目,扩宽与多元主体合作的领域,组织的影响力逐渐扩大。在助残、助学等领域开展社会服务,一定程度上填补了政府公共服务的空白,从而获得了政府相关部门的关注和支持。经过多年的努力,心语协会已成为吉林省公共服务的公益品牌,在做好"助手"的过程中获取了政府的大力支持。心语协会近十年来的办公场所由所在区政府或社区提供,提供助残服务的"益乐工坊"由长春市残联提供;政府为协会招聘公益性岗位派发人员 3 人,并为其提供工资开支;协会承接了政府购买服务项目中关于残障人士的助残培训项目和残疾人婚恋项目,并持续多年为残障人士提供技能培训,现已扩展到长春市以外的十几个市县,残疾人的婚恋项目每年也做得有声有色,影响广泛。同时心语协会成立了党支部,接受党和政府的领导和监督,增强政府对其的信任。于会长谈及政府的支持时表示:"就获取政府支持来讲,我们是一直非常知足,这些也基于以往我们与领导的沟通包含我们所做的事情,也是服务于本地的社区,比如说儿童那块、残障人士问题,也的确都是面临的社会问题,我们一直认为我们应该是政府的助手,应该是与政府的目标是一致的"。2016 年心语协会"相恋星期六"残疾人婚恋项目、残疾人居家就业项目、勤志少年自信成长计划三个项目,在长春市公益创投及南关区公益微创投项目中通过资格审查,获得政府购买服务资金 9 万元。

二 从徒劳式的迎合到理念认同的互动

企业伴随着市场经济的发展而不断成长,掌握着雄厚的市场资源,作为"理性经济人",以追求利润为目标,力求实现利润的最大化。现如今企业间的竞争不仅仅局限于经济领域,更需要企业树立良好的企业形象,营造和谐的企业文化,对于企业来讲,与非营利性组织的合作不乏是树立企业形象的好策略;同时国家出台了相应政策,鼓励企业参与慈善公益事业,参与企业可享受税收优惠和荣誉奖励。心语协会成立之初缺乏充足的资金,采取了迎合的姿态渴求能够与企业合作,由企业提供资金,协会举办活动、提供社会服务,但结果不容乐观。正如于会长

第十章　草根 NGO 突破资源困局的跨界合作

所说:"协会成立之初,我们主动联系企业希望一起合作开展公益项目,我们没什么名气,又没有官方背景,企业基本没有合作意向,主动寻求合作的更是没有。"心语协会逐渐意识到组织应"向内发展",加强组织内部建设,规范组织的各项制度,开展符合服务对象需求的公益活动,同时心语协会秉持开放的态度学习外界先进的组织发展模式,并学以致用,在此过程中宣传组织的公益理念,扩大组织影响力,吸引了一些企业主动与协会进行基于理念认同基础上的合作。"在市场社会的场域内,跨部门合作是企业为规避环境的复杂性和不确定性而采取的一种战略",[①] 企业体现了树立企业形象、实现企业责任的需求。心语协会与企业合作中比较有代表性的是与长春市公交集团的合作,2016 年,心语协会携手长春公交集团共同开展公益主题行动年活动,活动主题涉及环保、助老、助残等公益领域,在公交车内设立公益宣传栏,每个月更换一次公益主题,呼吁广大市民能够成为公益活动的助力者。这项公益行动通过组织化的志愿行动,利用了公交车司机的工作优势,发挥其"传话筒"的作用,直接将公益理念传输到市民身边,向市民宣传公益理念。

2011 年心语协会注册成立了从事工艺制品的企业——长春心语手工制品有限责任公司,采用公益与商业交叉的经营模式,主要经营手工编织制品,坚持"让身体有缺陷的人找到存在的价值、认识存在的意义"的使命,实现残障人士的居家就业。该企业面向社会开设手工编织课堂,开设了工艺制品的淘宝店,实现了线上和线下相结合的营销方式,并成功加入了阿里巴巴的"公益宝贝"项目,阿里巴巴会根据产品线上的销售额,提供一定配比的资金。其中 2016 年通过阿里巴巴公益宝贝计划,为助力残疾人就业项目募集爱心买家善款达 21.42 万元。公司利润收益投入到培训残障人士就业技能的公益项目中,免费为长春市内及周边残障人士提供手工编织、电子商务等课程,并免费为残障人

---

① 张毅:《在社会—商业的互动中理解 NGO 的跨部门影响战略》,《公益慈善学园》,2016 年 9 月 26 日, https：//mp. weixin. qq. com/s?＿ biz = MzA3NTk4NDk3OQ%3D%3D&idx = 1&mid = 2649287133&sn = b33328ffb65bb32c90964956c759fdae。

士提供《生命之光》杂志，鼓励残障人士恢复生活的自信。心语协会于 2016 年 9 月至 2017 年 8 月期间，在吉林省的 21 个地区集中开设 10 个"益乐工坊"，为 300—500 名残障人士提供手工制作培训，2017 年手工编织的义卖金额达 13 万元，累计发放手工费用达 11 万元。

三 组织的社会化拓展及志愿者的培育

(一) 从个体式参与到组织化引领

高校掌握着丰富的知识资源和技术资源，在政府和社会中具备一定的知识权威，适于担当多元主体间跨界合作的倡导者与引导者，同时高校中的学者有责任针对关乎社会良性发展的社会问题提供知识性的解读和剖析。高校中在籍大学生具备活跃的思维能力、充沛的精神状态、高超的知识素养等优势，社会组织应最大化地利用这些优势，使之成为组织发展的重要支撑力量。心语协会在组织成立之初，没有全职的专业人员，是由一些大学生志愿者和社会志愿者管理日常工作，这种参与方式是以个体志愿者为主，一定程度上缓解了组织人员缺乏的问题，但人员变动和流失严重，有的来了一次两次就不再来了，有的来了一段时间之后就突然不来了，使得组织的活动缺乏连贯性和持续性。2017 年 8 月国务院发布了《志愿服务条例》，鼓励大学生参与到志愿活动中，培养志愿奉献精神，这为组织与高校间合作并吸纳更多的高校志愿者提供了制度保障。

心语协会的志愿者支持体系主要由以大学生为代表的青年志愿者和以公交车司机为代表的社会志愿者组成。关于高校志愿者团队，心语协会制定了翔实的高校志愿者《管理手册》，具体对志愿者的入会、志愿者的招募与培养、团队的建立与发展、志愿者团队的管理规范等内容进行了规定，界定了明确的志愿者团队管理架构，建构了完善的志愿者管理体系，为协会组织活动的规范化开展提供了强大后盾。截至 2016 年，心语协会已在长春市 17 所高校建立了心语分会，采用组织化领导的方式，定期召开管委会工作会议，分会管理层针对社团发展状况，可分享管理中的难题集思广益，也可分享管理中的经验予以推广。心语协会"勤志奖学金"项目的一种运作形式为"班助一"，即以高校班级为资助单位，每人每月捐助一元至两元钱，全班全年汇集六百元至一千元的

第十章 草根 NGO 突破资源困局的跨界合作

助学金，用于资助一名贫困家庭的中小学生，至 2016 年，已有东北三省的 33 所高校志愿服务团队的 24091 名志愿者参与，累计为 3000 多名贫困家庭的孩子筹集到了助学金。朱健刚教授曾表述，"志愿组织的工作为一种创造公共物品的集体行动，甚至是一种超越物质趋向的新社会运动"，[①] 心语协会实行志愿者奖励制度和激励机制，比如：周期性会议的表扬和鼓励，每年协会举办志愿者年会，总结一年工作中优秀的志愿者与团队，肯定优秀志愿者团队的效能，激发志愿者内心的志愿热情，培养志愿者对心语协会组织文化的认同和团队的归属感，并积极引导志愿者开展专业化的志愿服务。

（二）从依托式宣传到互益性协同

媒体作为人们获取信息或传递信息的媒介，包括传统的主流媒体，如：报纸、电视、广播等；新媒体指代互联网技术运用所发展的传播技术，如：电脑、手机等。媒体承担着"上情下达"和"下情上达"的社会责任，发挥着"扩音器"的传播作用，尤其是个人化、自主化、普泛化自媒体时代的到来，如：微博、微信、论坛等，人人均可即时地获取与发布信息，人人都拥有一个麦克风，发表对于社会问题、社会事件的评论，俨然已形成全社会人人参与的"新媒体运动"。

心语协会成立之初，组织自身发展能力薄弱，组织活动影响力有限，媒体的关注度较低。心语协会希冀得到社会的关注与接纳，采用联合政府职能部门共同举办公益活动的方式，提升组织活动的层次，依托于媒体关注政府民生活动而对组织活动进行报道。随着心语协会能力的日益提升，心语协会作为公益理念的践行者，致力于助残、助学、心理支持等公益领域，逐渐获得了媒体的认可，与吉林都市频道《守望都市》栏目、《长春日报》建立了长期的合作关系。心语协会与媒体的关系已成为一种互益性协同合作，双方交换各自的优势资源，协会定期开展公益活动，媒体获取了民生新闻事件，协会也宣传了自身理念与价值。伴随着组织发展能力的不断提升，心语协会设置了独立网站、微

[①] 朱健刚：《行动的力量——民间志愿组织实践逻辑研究》，商务印书馆 2008 年版，第 2 页。

博、微信公众号等新媒体,设置公益发展部,专人负责实时性地发布、更新公益信息,为外界主体了解心语协会的基本信息、活动资讯与组织项目提供了方便快捷的平台。互联网的扁平化、便捷性成为民众参与公益的重要方式。心语协会于 2015 年通过众筹方式募集到的资金达到 25 万元,占到募款总额的一半。2016 年心语协会通过腾讯乐捐平台发起了关注残疾人日常生活、就业和贫困儿童成长的"精彩人生不残缺""阳光伙伴共成长""助百位残友居家就业""筹个教师来上手工课"四个项目,募集捐款共计 17.4 万元。

（三）从补充式融入到联合式互动

社区在理论意义上富有服务、整合与保障的基本功能。心语协会自成立发展至今,共"寄宿"于四个不同的社区办公大楼里。心语协会成立时间较早,践行着服务弱势群体的理念,逐渐成为长春市社会组织的"领头兵",同时基层社区自身具备提供公共服务的职能,心语协会的业务内容能够契合服务需求,以补充式的方式进驻到社区,如：心语热线、帮扶贫困家庭的助学行动等,正如于会长表述的："我们到社区后,由社区为我们提供办公场所,为我们节省一部分行政开支,并且我们和社区业务内容上互不干扰,各人做各人的事。"随着政府深化改革,提倡依靠社会力量,利用社会资源,大力发展社区建设,"社区建设是发展基层民主的过程,也是一个多元行为主体的互动过程"。[①] 各地地方政府积极响应在城市社区中引入社会组织,发挥社会组织的服务功能,心语协会作为发展较完善的社会组织,被引进到南关区的样板社区。现今心语协会与社区合作的模式为联合式的互动方式,比如：心语协会为贫困家庭举办的"心语集市"活动,联合社区共同举办活动,向每位贫困家庭成员发放代金券,孩子和家长手持代金券可在爱心集市选购自己所需物品。同时,长春中医药大学博硕医疗服务团的医学生们为参加活动的家庭和残友免费义诊,家长和孩子们可以向医生们咨询一些日常医学知识,提高对疾病的预防意识,这种多元主体的联合式互动

---

① 王思斌:《体制改革中的城市社区建设的理论分析》,《北京大学学报》（哲学社会科学版）2000 年第 5 期。

第十章 草根 NGO 突破资源困局的跨界合作

方式整合了各方优势资源。

现代社区中存在多种类型的社会组织，如：社区中的文体兴趣组织、社区维权组织、社区基金会等，他们利用社区资源参与社区活动或解决社区问题。现代社区中的城市居民是城市社区活动的重要主体，公众对于公益事业的认识是一个由无到有的过程，正如于会长所言："公众对于公益的认识应该说是近七年来变化比较大，或者说汶川地震以后应该说还是比较大的，至少说大家对于我们这种组织的付出也好，存在也好有了一个更实在的认识。过去我们做这个的时候，大家都不明白我们靠什么生存，我们怎么活下来，还有一个就是（认为）我们拿这些贫困孩子或者残障人士吃饭的。"心语协会自 2011 年 3 月 5 日发起围绕助残、助学、环保等公益倡导活动，宣传公益理念与公益价值，带动公众参与公益的热情。广大居民和公益爱心人士利用周末时间参加"快乐周末"活动。截至 2017 年 3 月 5 日，心语协会已举办了 225 期志愿服务倡导活动，于会长表述："我个人来看，其实大家内心中都有一种重新认识社会形态的过程，大家认识到社会形态不是某个人的任务，而是每个人需要参与进来，这是一个非常好的趋势。"带动社会力量参与到公益事业中来，有效地加强了城市社会的公共性建设。

由是之，心语协会与多元主体已初步形成了"政府鼓励、企业支持、高校动员、媒体倡导、社区协同、公众参与"的跨界合作格局，跨越不同主体间的行动边界，整合多元化、分散化与碎片化的服务资源。多元主体间的跨界合作是一个循序渐进和因势利导的过程，需要各主体突破领域、行业间区隔，保持开放的态度以形成共建、共享与协同发展的合作生态，建构起多主体间长效的跨界合作机制。

第四节 案例总结

置于我国现实发展的情境中，政府缺乏对草根组织发展状况的积极关注与相应政策法规的制定，企业缺乏对社会目标的重视与社会责任的发挥，社会面对着公共性价值危机与公众参与度有限的困局，不同部门、领域与行业间割裂，社会利益多元分化，同时社会整体上缺乏对草根组织的关注与认可，社会的不信任感致使组织难以获取合法性。面对资源总量有限、社会信任感低的社会环境，心语协会挖掘自身发展潜力，提升自身公益服务能力，探索出与多元主体跨界合作的实践策略，在一定程度上可为城市社区中草根组织的发展提供重要的借鉴意义。

一 坚守组织价值理念的广撒网，谋求多领域与多形式的合作

草根组织是基于共同的价值理念而发生与发展的，社会多元主体愿与之合作也是建立在认同其组织理念的基础上进行的，对草根组织来讲，组织的价值理念与组织目标是组织行动与组织发展的根本，对此心语协会与不同领域的多元主体合作是建立在坚守组织价值理念的基础上的，正如于会长所表述的："之前我们为提供心理咨询开通的心语热线，发展起来影响力挺大的，之后有公司找我们加入了很多广告，广告内容乱七八糟，我们考虑到起初我们建立热线的初衷，就叫停了心语热线。"心语协会面对着单一性、分散化与有限性的资源状况，了解不同主体的特点和需求，实行广撒网的行动策略，调动与发挥多方主体的资源优势。心语协会积极参与关乎社会组织发展的会议，学习成功的项目程序与成型的管理模式，申请面向社会组织的项目，实现了与政府、企业和基金会等多渠道的合作，整合了多种社会资源为己所用，拓宽了资源获取的领域范围，减少了组织对单一资源的依赖。

二 增强组织自身发展的强实力，实现组织运行的专业化

多元主体与草根组织合作关系的实现关键在于组织自身具备发展的强实力，增强对外界主体的吸引力与吸纳能力。心语协会建立了独立财务制度、志愿者管理制度、用人制度等，同时具备稳固的资金来源、多元的资源形式，已初步建设成为制度规范型组织，心语协会俨然已成为地区草根组织中的公益品牌。心语协会面对多领域、多形式的资源类型，采用了"做加法"的方式，融合多元主体的服务需求，兼顾性地实现各主体的组织目标，这些服务目标的实现是建立在组织强大的发展能力基础上的。心语协会具备一定数量的专业人员，设置完整的项目申报、执行与评估程序，实行公开透明的组织发展策略，公示由第三方评估机构评定的评估报告，采用社会化的监督方式，心语协会整体上实现

第十章 草根 NGO 突破资源困局的跨界合作

了较为专业与规范的组织发展。

三 调整组织发展战略的灵活性，促进合作资源的辐射化

政府的政策法规在完善，市场的发展形势在变迁，社会的公益氛围在调整，同时组织的发展状况也在改变，资源依赖理论强调社会组织对环境的主动反应，社会组织要实现与外界主体、环境的交流与对话，不是闭门造车，而是敢于面对挑战，顺应形势适时地调整组织发展的战略。正如于会长表述的："对于心语的特色来说，我觉得心语是一个随时在变的这样的机构，即便我们有了 20 年的历史，即便我们在不断所谓的完善，但是我们处在一个律动的状态，不是说死在那里，就是刻板，这些东西就是基于我们一直在探索怎么能做得更有力量。"心语协会作为东北地区发展较好的草根组织的典型代表，逐步向支持型组织角色转变，搭建东北地区民间组织的支持网络。2015 年始心语协会在南都基金会的支持下，现已成功举办了四届东北三省民间组织论坛，开展政府、基金会、民间组织等多主体间的对话，搭建多元资源的对接平台。

综上，现实发展情境中，草根组织为突破资源困局，应坚守住自身的价值目标，彰显出自身的专业化服务能力，把握合作伙伴的"偏好"，拓展不同主体间的功能边界，融合社会情境中的多类型与多形式的发展性资源，实现具备不同资源优势的主体间的互补互联、协作互动与跨界合作。心语协会历经二十余年的发展，经历了苦行僧式的初创时期，现已初步形成了"政府鼓励、企业支持、高校动员、媒体倡导、社区协同、公众参与"的跨界合作景象，探索出"社团 + 企业"的公益发展模式，而此过程中一以贯之的是加强组织自身服务的专业性与规范化，吸纳外界环境中的优势资源，发挥出草根组织应有的服务效能，更有效地助力于基层社会治理。

第十一章
社会组织协同参与城市社区治理
——以成都"爱有戏"为案例

滕尼斯曾指出:"社区是一种持久和真正的共同生活。"[①] 但实际上,人类步入现代后,"社区"的概念实际上在逐渐衰落。在人际关系走向疏离、社会原子化的情境下,如何重新构建社会基础秩序、修复社会关系是转型时期城市社区所要承载的重要任务。在城市社区治理实践的过程中,以往政府垂直型管理的痕迹很难在短时间内消除,作为街道行政权力延伸的下层单位而存在的社区也依然在承担行政性功能。如何使社区的职能从行政性向服务性转变、如何加强社区居民参与社区治理的自主性,一直是社区建设中面临的重大问题。在这样的情况下,社会组织的功能也越发凸显。社会组织协同参与城市社区治理的案例中,四川省成都市锦江区爱有戏社区文化发展中心可以说是其中的代表性社会组织,其实践从时间维度、取得效果及影响范围来看都具有可借鉴性和创新性。因此下面将对社会组织"爱有戏"的案例进行介绍,对其协同参与城市社区治理的情况进行分析。

第一节 "爱有戏"社会组织概况

"爱有戏"全称为"成都市锦江区爱有戏社区文化发展中心"(以下简称"爱有戏"),于2011年在锦江区民政局登记注册,是锦江区首

---

① [德]斐迪南·滕尼斯:《共同体与社会纯粹社会学的基本概念》,林荣远译,商务印书馆1999年版,第3页。

第十一章　社会组织协同参与城市社区治理

批 5A 级社会组织、锦江区首批有影响力社会组织、锦江区"人才小高地"。其创办者为刘飞女士，现任成都市锦江区爱有戏社区发展中心主任，成都市人大代表。

一　"爱有戏"的发展历程

最初的"爱有戏"只是小型的志愿者组织。2009 年，"爱有戏"的创始人刘飞时任成都市无偿献血宣传服务队队长，在进行无偿献血的宣传工作时，她发现传统的"传单+展台"的宣传形式无法适应新时代的需要，公益宣传效果很不理想。在这样的背景下，服务团队集思广益，探索运用时下流行的舞台剧的形式，综合受到年轻人喜爱的流行元素，组织有表演专长的志愿者录制了无偿献血公益电视剧《小话西游之寻血记》，编排并公演了无偿献血宣传舞台剧《八戒家的满月酒》。这种新形式的宣传收到了非常好的效果，宣传队于是决定抓住时机，成立一支以喜剧和影视形式宣传无偿献血的戏剧社，并在全体投票表决后命名为"爱有戏公益戏剧社"（爱有戏为英文单词你、我、她音译，即 I、You、She），寓意为"大家携手参与，有爱就有戏"。这也是现在的爱有戏社区文化发展中心的前身，主要工作为倡导无偿献血和志愿服务，在成立后也拍摄多部公益广告、纪录片等作品，进行无偿献血及公益宣传。

在组织成立初期，爱有戏公益戏剧社是一个以戏剧形式进行公益宣传的社会组织，仍然处于发展的初期阶段，占有的资源较少，服务对象及目标也相对单一，组织发展有很大的局限性。虽然戏剧社也通过不断探索，将宣传内容从无偿献血扩展到了关注留守儿童问题，并推出了吸引农村儿童参加的"快乐剧团"活动模式，但随着组织的继续发展，瓶颈问题也逐渐凸显。

客观上，首先，爱有戏公益戏剧社是一个组织形态松散的志愿者组织，其组织运行缺乏正式办公场地，没有专职服务人员，没有发展资金的支撑，缺乏支持其长期发展的资源基础；其次，以戏剧形式的宣传模式及服务对象相对单一，功能上有很大的局限性，同时专业化程度又不够深入。这种不利的客观条件也成为组织生存的障碍。主观上，爱有戏的发展也存在以下弊端：首先，团队成员按照志愿者队伍来管理、靠激情来做事，组织缺乏明确的规章制度或组织管理规范。其次，团队成员对社会组织概念的认识较为模糊，对组织的发展方向也没有准确的定位。这几点原因使得"爱有戏"在未来的发展方向选择上陷入两难：一方面，走专业化社会组织道路没有专业支持；另一方面，走志愿者团队，因为没有合法的身份，机构不可能发展壮大与持续发展。

而"爱有戏"能真正注册成为社会组织并参与城市社区协同治理，与国家对社会组织的重视及政策的变化密不可分。2009年成都市锦江区委发布工作文件，提出要"将社会组织的发展纳入全区社会发展总体布局"①，并提出着重培养公益服务类、社会事务类、文化体育类、慈善救济类及社区维权类五类社会组织，实现扶持制度化，对社会组织的发展提供有效支持。在政策文件的影响下，锦江区积极实践，加大力度支持社会组织的发展。2010年，锦江区社会组织服务中心在了解到"爱有戏"的相关情况及发展困境后，依据锦江区系统出台的《锦江区培育发展社会组织的意见》等政策体系，正式邀请机构入驻锦江区区级社会组织孵化基地——锦江区市民中心。在政策的引导下，社会组织孵化基地向"爱有戏"提供政策辅导、注册服务等相关专业支持，有效解决了组织登记面临的场地、资金、专业不足的问题，"爱有戏"也开始走上正规化的发展道路，并开始了志愿者队伍向社会组织机构转型的探索。2011年3月25日，"成都市锦江区爱有戏社区文化发展中心"正式登记成立，成为在锦江区社会组织孵化园注册的第一个社会组织，并首批享受一次性给予的注册资金补助。自此，"爱有戏"也开始依托成都市、锦江区提供的大量资源，在市内和周边市、县设立项目点，开展以社区文化建设为核心的社区综合服务。

二 "爱有戏"的组织目标及架构

"爱有戏"秉承"协力构建更具幸福感的社区"的使命，以"务实奉献、探索创新、平等参与、多元开放"为价值观。目前"爱有戏"已有正式员工178名，专业背景包括社会工作、社会学、人类学、心理

---

① 中共成都市锦江区委、成都市锦江区人民政府《关于培育和发展社会组织的意见（试行）》（锦委发〔2009〕46号）。

学、公共管理及艺术类等领域。其中专业社工 40 余名，本科及以上学历 80 余名，平均年龄 31.5 岁。在孵化基地指导下，建立党支部，目前已有正式党员 7 人，预备党员 1 人，流动党员 26 人，入党积极分子 3 人，占职工总数的 26.4%。"爱有戏"组织内部分为家庭综合支持、社区发展、公共服务三大板块，目前共有个案管理、儿童福利、社区创就业、社区文化、社区互助、社区环境、社区教育、公共服务等 10 个事业部。自主研发了"参与式互助体系项目（义仓、义集、义坊）""一个观众的剧场""社区文化艺术节""友邻学院""友邻之家"等品牌项目，现共有项目 62 个，主要覆盖成都锦江区、高新区、武侯区、雅安灾区等近 100 个社区。其中"参与式互助体系项目"已经在上海、青岛、深圳、南京等近 13 个城市得到复制推广，"爱有戏"已成为目前国

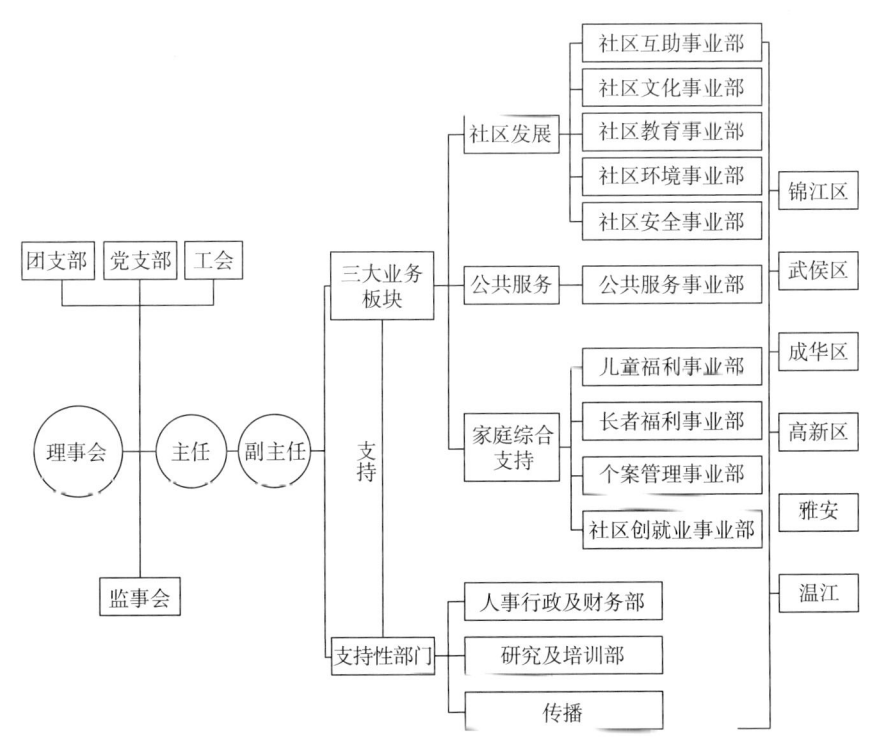

图 11-1 "爱有戏"组织结构图

资料来源："爱有戏"工作人员提供。

内关注城市社区发展的典型社会组织。因此下一部分也将以建设最为成熟、体制相对完善的水井坊社区治理案例为例，着重介绍社会组织"爱有戏"协同参与城市社区治理的过程。

第二节 "爱有戏"协同参与水井坊街道治理实践

在成都市锦江区对社会组织培育、扶植的优惠政策下，借助社会组织管理体制、准入体制、培育体制、扶持体制、保障体制等改革的便利，"爱有戏"拥有了作为社会组织的合法身份，具备了向专业社会组织的规范发展的基础条件和良好保障。注册后的"爱有戏"在孵化基地的指导下，着重加强组织建设、团队建设、项目设计规划，并参加孵化基地组织开展的推荐宣传活动，积极转化孵化成果，孵化后即与政府签订协议，并将项目的主要实践地落在了锦江区水井坊社区。

水井坊街道位于成都市中心城区，地处繁华地段，具有老旧院落多、社区老龄化明显、贫富差距较大的特点。较场坝东街67号隶属于水井坊街道交子社区，修建于1997年。大院总住户730户，总住房面积达5.84万平方米，周围商家50余家。由于硬件条件先天不足、后天失修失养，大院存在严重的管网堵塞、污水溢出、线路杂乱等问题，严重影响了居民日常生活，院落矛盾非常突出。在这样的背景下，水井坊街道也展开尝试，让渡空间、适度放权，尝试引入社会组织参与社区治理，以促进社区转变，推进社会治理工作。"爱有戏"作为社会组织也积极发挥协同作用，在社区中组织居民、发动群众参与到社区事务的管理和议事中。在协同参与社区治理的实践中，"爱有戏"通过在大院内开展"模拟整治"、建立院落议事制度、搭建公共空间等举措为居民参加院落治理搭建了平台，同时也从大院的范围逐渐扩展，引导居民参与周边城市治理。其具有代表性的几项举措主要有以下几点：

一 协同参与院落"模拟整治"

在院落治理实践的过程中，如何切实满足居民实际需求，得到民意的支持是面临的突出问题。因此，2012年水井坊街道适度放权，给予了社会组织充分的发展空间，让"爱有戏"协力参与到较场坝东街67号老旧院落"模拟整治工作"中。在协同参与的过程中，"爱有戏"提出"模拟整治""尊重民意""居民自治"三项作为整治的指导原则，力求在充分了解居民需求和意见并获得居民同意的基础上展开治理工作。

67号老旧院落环境整治涉及自行车棚、垃圾房等公共设施的改造等问题，需要居民的支持，并配合改造工程的完成。因街道明确提出住户同意率达到90%以上方可进行整治，社区和"爱有戏"的工作人员便通过挨家挨户地走访进行"模拟整治"民意征询，向居民详细介绍整治方案，并希望居民能够积极配合整治工作，妥善挪动放置在走廊、院落内的私人物品，为整治改造工程提供条件。在社区和社会组织的共同努力下，住户同意率达92.06%[①]，居民们对施工中面临的问题也纷纷响应，真正在社区中实现了变"要我整治"为"我要整治"、变"群众观望"为"群众参与"，不仅明显改善了大院环境，同时亦得到了广大群众的大力支持，增强了大院居民的参与度与自主性，使大院整治真正成为群众满意的工程，取得了很好的实践成果。

二　建立院落议事制度

为了能够有效建立居民参与议事的机制，"爱有戏"的工作人员牵头组织大院内居民召开院落议事会议，将居民组织起来商议院落内日常公共事项或就拟推行的方案进行讨论，通过定期举行会议的形式为居民参与院落公共事务提供了平台和模式。在塑造外在制度的同时，"爱有戏"也注重培养居民的规则意识，规范议事会议的具体规则和流程。

"老旧院落与新型社区在基础设施和环境方面存在着客观差异，因此院落中的住户关心的问题也有其独特性，这些问题甚至可能是在物业管理较好的社区中不存在的问题，所以在处理这些问题的过程中需要掌

[①] 数据来自于《爱有戏协同参与城市社区治理情况——水井坊街道较场坝东街67号案例》报告，"爱有戏"内部资料。

握一些技巧。"[1] 在实践中，这种"技巧"并不是针对每一处矛盾问题的逐一解决，而是推广议事规则，建立一种协商互动的参与机制。在借鉴罗伯特议事规则[2]的基础上，制定出适合院落实际情况的"院落会议五条"[3] 等规则制度，使居民能够有序参与议事、充分讨论；在此基础上，建立"院落议事十三条"[4]，确保院落议定事项得到全面落实，为院落群众尊重规则打下基础，深化居民自治工作。以居民自治为契机，针对院落自治中容易出现的居民"被代表"情况，"爱有戏"探索并建立委托居民代表方式或居民自主参与会议制度。基于权重[5]的居民代表行使居民代表权利、履行居民代表的义务，积极参加院落相关会议，充分讨论并议定大院治安管理、油烟扰民、青少年教育、老年人活动等事项。

在调研[6]中适逢院落居民正在进行议事，参加议事的居民代表就大院内拟推行的老年人服务上门项目进行讨论。通过观察可以发现："爱有戏"的工作人员主要以主持人的身份进行引导；社区居民代表虽然在意见上存在分歧，但都能够按照规则有秩序地发言；调研人员进入到会议场地时，工作人员还示意不要打断或干扰居民的讨论。可以看出，院落议事制度已经形成了较为成熟和完善的模式，能够为居民表达意见及参与公共事务提供平台。与此同时，引导居民积极参加会议、主动发表意见的相应模式的建立也为院落议事制度能够长期有效运行提供了保

---

[1] 根据2016年6月成都市锦江区水井坊街道调研中与刘飞女士座谈整理。
[2] 《罗伯特议事规则》是一本由美国将领亨利·马丁·罗伯特于1876年出版的手册，搜集并改编美国国会的议事程序，普及于美国民间组织，也是目前美国最广为使用的议事规范。本质上属于对社团和会议进行有效率的民主化运营的操作手册，可以为不同群体间交换意见、达成和谐提供约定俗成的语法。
[3] "院落会议五条"内容为：1. 主持人宣布开会制度、分配发言权、提请表决、维持秩序；2. 发言前要举手，别人发言勿打断；3. 尽可能对着主持人说话，不同意见者之间避免直接面对面发言；4. 讨论问题不能跑题，主持人应打断跑题发言者；5. 不能人身攻击，只能就事论事。
[4] 根据"院落会议五条"补充发展而来，具体条款根据不同院落情况而有所不同。
[5] 比如甲是院落单元居民代表，其所在单元户数为21户，则甲就代表21户的权重。若居民大会中有5户本单元居民参会，则甲的权重就由21票递减为16票。
[6] 2015年6月17日全国社区治理和服务创新实验区实地验收：实地考察典型创新案例"院落自治"。

障。据"爱有戏"的工作人员介绍，在充分的群众基础上，所议决事项收到了100%落实的良好成效。

图11-2 "院落会议五条"规则说明图（部分）

资料来源：于2015年调研时拍摄。

三 搭建公共开放空间

为激发居民主体参与院落治理的热情，"爱有戏"长期开展"开放空间"工作，为居民参与公共事务搭建平台。通过建立"社区书屋""长者家园""三点半课堂"及"基层党组织服务点"等院落服务组织，为社区居民提供公共活动空间及聚会议事场所，丰富居民生活的同时，也为社区社会组织的培育和孵化提供了空间和条件。

在公共开放空间搭建的实践中，"屋顶种植"是十分具有院落特色的一项。2012年，当时人院内车棚的屋顶上都是废弃的建筑材料，十分影响美观，同时一大片公共区域又没有得到有效利用。在这样的背景下，"爱有戏"的工作人员将院落内的居民们召集起来，向他们介绍了网络上有市民在自己屋顶进行农作物种植的成功经验，并和居民们进行讨论交流。这种"屋顶种植"的观念迅速得到居民的认可，居民们开始对屋顶进行清理，并用砖头、小型预制板等围成了几块可进行种植的区域，并商量着让更多的居民"认领"菜地进行种植。这种"屋顶种

行动·拓展·创新

植"不仅美化了大院内的环境、为居民提供了优质的蔬菜,更使大院内的居民有了互动的公共空间,在交流种植技术的同时也拉近了人际距离,居民之间的熟悉程度及沟通交流机会都大大增加。在2015年6月的调研中,负责人刘飞也向我们展示了"屋顶种植"的成果:露台上,整齐地栽种着包括豌豆尖、莴苣、油菜、芹菜、萝卜、白菜等多种作物,种植与维护也都是由居民负责。"绿色""方便"是居民们对这一项目评价的关键词。而该项目就是在与住户不断讨论商议后通过的一项方案,不仅充分利用了屋顶空间,同时也提升了居民的环保意识,构建了居民日常交往的空间平台。

图 11-3 "爱有戏"长者互助餐桌

资料来源:"爱有戏"工作人员提供。

四 协同参与城市管理"一街一公约""一院一公约"

在院落治理的基础上,"爱有戏"也积极将这种协同自治的模式向外推广,突破院落的界限,引导居民通过民主参与的方式进行讨论和商议,商量出"城市管理公约",并遵守执行。例如,针对大院生活空间不多的情况,大院居民经讨论并达成一致,形成"住户车辆都不停放在院内"的公约。在社区,"爱有戏"耐心细致地做好群众工作,居民也从"并不理解"到"尊重规则",形成了"契约精神"。居民与大院周边40余家餐饮企业达成公约,居民给商家制定一些基本标准,赋予其一些权利，同时也要求商家承担相应的责任；对于不承担责任的商家，居民也可以在民主商议的基础上收回给出的权利。通过"公约"规范诉求，也有效调和了居民与商家间的矛盾纠纷，实现了人人参与的街道管理的目标。

在协同参与水井坊街道较场坝东街67号的院落治理实践中，"爱有戏"发挥了社会组织在基层社会治理中的重要作用。截至目前，"爱有戏"已参与水井坊街道办事处政府购买项目约50个，涵盖了社区互助、社区文化、社区安全、社区公共服务、社区青少年等9大领域，涉及资金750余万元；参与水井坊项目的专职工作人员30余人，服务社区居民20000余人，服务人次10万余人次，构建了良好的"政社、政民、社民"互动氛围，成为锦江区社区治理的标杆。

第三节 "爱有戏"的社区文化建设典型项目

"爱有戏"作为公益性社会组织，其组织目标致力于构建"更具幸福感的社区"，通过创新性的社区项目，让居民在参与中传播社区文化、凝聚社区精神，从而促进社区的可持续发展。在"爱有戏"的三大业务板块中，家庭综合支持板块下设4个事业部，包括个案管理事业部、长者福利事业部、儿童福利事业部和社区创业就业事业部；社区发展板块下设5个事业部，包括社区互助事业部、社区文化事业部、社区教育事业部、社区环境事业部、社区安全事业部；在公共服务板块，主要承接政府下沉的公共事项。因此除了在协同参与城市社区治理外，"爱有戏"在社区文化的培育及构建熟人社会的居民互助体系方面也进行了许多实践，其中的一些项目也产生了十分广泛的影响。

一 参与式互助体系项目"义仓""义集""义坊"及"社区幸福感"营造

针对社区内贫富差距大，存在大量贫困家庭的现实情况，"爱有戏"积极构建社会化帮扶工作平台，在整合辖区内单位、社会组织、社会力量等的基础上，开展参与式互助体系项目。

行动·拓展·创新

"义仓"源于隋朝，丰年时村民们会拿出一些稻谷粮食储存在"义仓"里，荒年时便拿出来赈济灾民和贫困家庭。"爱有戏"也借鉴这一模式，倡导社区居民定期、非现金小额互助，帮助社区内低收入困难家庭、孤寡老人、残疾家庭等。这一项目并不是短期的大量捐赠，而是在于构建长期、定期捐赠的长效模式。在这样的模式下，捐赠的"施"与"受"实则没有明确的界限，一个家庭在帮助受助家庭时，也同样是在帮助自己，其过程也可以让人体会到人与人之间的关爱与信任。与之相对，"义集"则通过定期集市的方式，回应困难人群需求，作为对"义仓"模式的补充。

图11-4 "爱有戏""义仓"项目

资料来源："爱有戏"工作人员提供。

义集不仅局限于买卖，"爱有戏"也会积极联络相关资源，在义集举办法制讲座、青少年情景剧表演等多种文化活动。2015年6月18日，为了迎接端午节的到来，"爱有戏"在水井坊展开了"水井一家、午粽飘香"暨水井坊第41期特别义集活动，光明路社区小广场成为义集的主要场所。政府、社区为活动提供了场地、基本设备支持，社区的工作人员也都以志愿者的身份加入进来，保障活动的顺利开展。"爱有戏"则设计活动方案并组织活动的实施。

在"爱心义卖区"，主要是居民、志愿者等摆摊出售自己的闲置物品，一方面有需要的居民可以以低廉的价格进行购买，另一方面义卖者可以筹集善款，帮助社区内的贫困家庭。与此同时，义集还设立了由社区内眼科医院、诊所的医务人员构成的义诊区域，为居民提供免费的问诊及基础检查等服务。以传统节日端午节为契机，这期义集也特意搭建舞台，用来进行文艺表演、文化展示和互动游戏。文艺表演的表演者大部分都是社区内的居民，还有大院托老服务中心拳剑班的太极扇表演；文化展示区主要通过展板海报的形式向居民介绍端午节的来龙去脉，并提供包粽子体验展台，请社区内有经验的阿姨进行包粽子指导，路过的居民都可以亲手包粽子进行互动；互动游戏区则设置了"中国传统节日猜一猜"等三个互动游戏，居民通过参加游戏获得印章，集齐印章可获得奖品。在活动结束后，社区及"爱有戏"还准备了粽子、咸鸭蛋和凉菜等，让现场的居民能够坐在一起聊家常，进行交流。在社区与社会组织的协同配合下，义集活动不仅是二手货交易市场，更是居民文化生活和社区生活开展的平台。这一系列丰富多彩的活动吸引了大量居民的参与，无疑提高了社区内居民的幸福感，居民间的关系也在游戏和互动中逐渐拉近，"熟人圈子"得以逐渐构建起来。

"爱有戏"希望通过"义仓""义集"的形式，改善小区内部的人际关系，让小区居民回到从前其乐融融的"熟人圈子"，从而营造一个更具人情味、更具幸福感的小区。依托参与式互助体系项目，通过慈善、公益、长期、自治、互助的方式，以"点对点"的形式进行社会化帮扶，确实改善了社区内贫困家庭的生活状况。

"义仓"和"义集"通过功能互补也使社区内部互助体系逐渐完善，但考虑到"义集"并非天天举行，难免会有功能缺陷，因此"爱有戏"又尝试引入"义坊"，即由社区提供临街的公共场所设立格子铺，困难家庭可以向"爱有戏"申请成为铺主。在这一过程中，社区提供空间、场地和支持，"爱有戏"则提供管理及社会资源，帮助铺主发展生计。这种理念无疑对社区发展也是具有根本性意义的。在社区内通过资源流动而实现互助的方式，不仅可以有效解决社区内贫困家庭目前所面临的问题，同时也将社区居民相互联系在一起，由以往社区主导的"帮助"变为居民参与的"互助"，为城市社区的治理提供了新的

行动·拓展·创新

思路。

二 口述历史项目及社区文化艺术项目

"爱有戏"为培育社区文化的发展,也开展了多项基于口述历史的参与式社区文化艺术项目。其中,口述历史项目旨在引导居民讲述生活中的故事、历史变迁及传统文化的传承,并通过居民讲述、志愿者记录(文字记录、影像记录、图片记录)的方式保存下来。口述历史项目的志愿者们通过访谈社区内的老人,整理了"水井坊大街小巷原名记忆"等一系列与水井坊街道相关的珍贵历史记忆,并通过展板、海报等形式向社区居民介绍,通过博客等网络媒介向外推广。通过交流挖掘居民的故事,唤起居民的社区记忆,从而实现居民对于社区的认同,实现居民的广泛参与及构建社区凝聚力。

图 11-5 "爱有戏""口述历史"专访之王理成老人

资料来源:成都市锦江区"爱有戏"社区文化发展中心官方微博,2011-9-1,文章《水井坊大街小巷原名记忆——"口述历史"专访之王理成老人》配图。

第十一章 社会组织协同参与城市社区治理

在此基础上,文艺活动的开展也成为对社区文化建设的补充和巩固。例如以"我的电影、我的社区"为主题的"温暖剧团"项目,使社区居民可以通过"爱有戏"提供的一系列培训,将自己在社区的真实生活自编、自导地演出来,真正的"说社区故事、讲家长里短",形成属于社区自己的影片,展现社区风貌。"百姓故事会""社区影像志"项目,也以社区兴趣小组为载体、社区居民的故事为线索,引发居民对于文化传统、历史变迁及现代城市生活的反思,促进社区的参与与凝聚。

"快乐剧团"项目延续"爱有戏"发展关爱青少年的初衷,通过让孩子们参加剧团的方式,为进城务工人员子女、残疾儿童、孤儿及问题少年等提供服务。通过搭建心理剧平台,使对青少年的心理教育跳出课堂和说教,更加形象化、生活化、深入化,通过互动的形式,引发青少年的共鸣,实现身心全面发展。此外,"一个观众的剧场"项目则着重于分享孤寡老人、残疾人、卧床病人的心理故事,增加人们对这些群体的关注,也帮助群体自身建立积极、乐观的生活态度。

这些丰富的社区文艺项目都体现出了"爱有戏"对社区文化构建的创新尝试,对于社区文化建设起到了重要的作用。同时这种社区与社会组织相互协同、相互配合的实践方式,也提高了社区居民对社区事务的参与度,为今后的实践提供了保障。

第四节 "爱有戏"的成功经验及存在问题:合法性与长效机制

通过"爱有戏"的实际工作可以看出,其在实践中取得的许多成效是值得推广学习的,也为社会组织协同参与城市社区治理提供了有效借鉴。

第一,"爱有戏"的协同治理及互助项目体系建设对于我国新时期城市社区治理的模式探索是具有创新及借鉴意义的,这从"爱有戏"在全国范围内的影响力就可见一斑。"爱有戏"的"社区参与式互助体系项目"曾获评中央财政购买社会组织服务全国示范项目,并成为民政部社区社会工作实践的典型。依托在水井坊街道的实践经验和探索成果,"爱有戏"成立了"爱有戏"项目研发和技术输出阵地,将以"义仓""义集""义坊"为核心的"参与式互助体系项目"拓展到了成都市锦江区的其他街道,并推广到上海、南京、深圳、青岛等近13个城市,为构建"政府、社区、社会组织、市民"共赢的局面作出了贡献。

从成都市政府对社会组织孵化、发展的扶持及政府购买服务的实践效果上来看,政府通过购买服务的方式转变职能、服务社区的模式是十分成功的。"爱有戏"在参与城市社区协同治理的过程中,避免了许多社会组织参与社会服务过程中缺乏制度保障、缺乏规范流程等问题,同时其开展的项目都是在结合社区的具体情况基础上实施的,具有很强的适应性,因此也为其他地区促进社会组织孵化、政府购买服务的开展提供了有效借鉴。

第二,"爱有戏"在协同参与城市社区治理的实践中,能够积极发挥自身作为社会组织的协力作用,促进社区职能的转变。"爱有戏"作为社会组织,其自身便承担了包括流动人口信息采集维护、计划生育及老龄工作在内的139项基本公共服务,对社区承接政府下沉的公共服务事项这方面起到了很好的补充作用,也弥补了社会管理供给不足所带来的低效问题。与此同时,"爱有戏"作为成熟的社会组织,不断发挥专业性优势,为社区内社会组织的孵化创造条件,协助街道培育社区内生性社会组织,使社会组织真正成为本社区居民参与基层治理的平台。推动实现政府行政管理与基层群众自治的有机衔接和良性互动,夯实了社会治理的基层基础。

第三,"爱有戏"充分发动、组织居民参与社区公共事务,切实构建起了水井坊街道熟人社会自治体系,使社区治理有了自下而上的支持性力量,并注重长效机制的建立。"爱有戏"通过发现、培育院落领袖,协助搭建资管小组与议事会、院落党支部三方协作的院落自治平台,为院落成立的自治组织提供项目支持、能力培训等,提升了院落居民参与院落事务的积极性,切实提高了居民"当家做主"的意识和能力。这种群众基础和民意支持形成了居民对于社区工作的认同,从而奠

第十一章　社会组织协同参与城市社区治理

定了社区治理工作继续开展的合法性基础。而这对于城市社区的治理则是具有深远意义的。

第四,"爱有戏"通过参与式互助体系项目"义仓""义集""义坊"的实施,持续推进营造"社区幸福感",这对于构建社区"熟人圈子"、修复城市人际关系有着深远的影响。参与式互助体系的推广使社区内底层贫困人士、孤寡老人、残疾家庭等都得到了重视和关怀,感受到了尊重与平等。此举对于增强社区社会资本、促进社区居民间互动及提高贫困家庭的发展能力具有深远的影响。除了帮扶与互助外,这一项目体系也搭建了居民进行互动交往的平台。通过参与如"义集"等定期举办的活动,居民亦能够对互助体系有更好的理解,从而对社区产生认同,进一步塑造了社区在基层治理及服务中的合法性。

第五,"爱有戏"依托自身在社区内搭建的居民公共活动平台,开展多种文化活动丰富居民精神生活,有助于增强社区居民的社区认同感和凝聚力。其研发、开展的"口述历史""温暖剧团""一个观众的剧场""快乐剧团""百姓故事会"等项目都对培育社区文化、凝聚社区精神起到重要作用,更有利于社区居民参与社区生活、社区事务,继而在精神层面构建出城市社区治理的合法性认同。

从这些成效中也可以看出,在现代化的中国社会,社会组织能够有效填补社区与居民之间的空隙,能够有效地提供社会服务、促进社会创新及参与社会治理。在构建社区文化凝聚力及塑造合法性认同等方面,社会组织"非政府"的特点也使其能够越发明显地发挥作用。这种高效的模式推广对于中国城市社会的社区建设有重大意义。

然而在社会组织协同参与城市社区治理取得良好成效的同时,如何建立起协同治理的长效机制仍是值得思考的问题。"爱有戏"作为社会组织,虽然在协同参与城市社区治理实践中发挥了巨大作用,但"爱有戏"作为在锦江区区级社会组织孵化基地孵化、培育的社会组织,采取外部培育再引入社区治理的方式介入水井坊街道的治理实践,使得它不可避免地与社区存在一定距离,而容易导致社区内部社会组织的成长存在不均衡性。

"爱有戏"作为发展程度较好的、高层次的外部社会组织,虽然其介入社区服务对于提升社区服务的质量起到了很大作用，然而强大的外生力量也会造成社区内居民内部培养组建社会组织意识的薄弱，一旦"爱有戏"撤出社区也容易引起已有治理模式实践的中断。如何拉近与社区居民的距离，引导、培育社区居民内生、自发的社会组织并形成长效机制，亦是所有同类型社会组织所面临的共同问题。

纵观"爱有戏"的组织发展过程，政府的引导和扶持对于社会组织的发展仍有至关重要的作用，公民意识的培养和提升仍是一个需要长期实践的过程。目前的"爱有戏"仍在继续发挥自身在社会组织中的品牌优势，坚持"关注社区、扎根社区、服务社区、促进和谐"的理念，完善优势项目并加以推广，继续协同参与城市社区治理。在组织架构的板块下，"爱有戏"在逐渐完善院落议事制度，保障已建立的公共服务平台的作用能够有效发挥，增强居民作为多元化社会治理主体的自我意识，激发居民参与公共事务的内生动力，建立居民参与自治的长效机制；同时"爱有戏"也在注意避免社区发展对外部社会组织的依赖，为社区居民自治组织创造成长空间，为社区内生组织提供发展条件；在项目方面，"爱有戏"不仅在逐步完善已有优势品牌项目，同时也在探索引入创新项目，增强项目的可复制性。其项目的推广拓展也可以为全国其他地区的社区建设提供有效借鉴，为社会组织发展模式的创新提供参考。

第 十 二 章

社会组织促进社区基层治理创新

——基于上海市"绿主妇"的案例[1]

现代社区治理注重社区生活环境的改善与资源的可持续利用。就治理对象而言,最为集中的体现是如何分类回收社区垃圾的问题。在这一治理领域之中,表现出的社区环境保护理念及在实际实践这一理念过程中社区居民对此公共事务的参与程度,成为衡量社区公共性程度的重要指标。西方先进国家通常将垃圾分类回收作为一项社会制度加以确立,并有效融入到了社区教育之中,培养儿童从小养成垃圾分类习惯,各家各户能够自发自觉分类日常生活垃圾、报废的粗大垃圾,对生活垃圾的处理形成了一系列高效、合理的社区治理模式。反观我国,对垃圾分类通常采用混合式的收集方法,把性质不同的垃圾先混合在一起,不得不在终端进行费时费力的再分类。如何推进科学、合理的社区垃圾分类回收?这是一个貌似低端实质高端,看似简单却又复杂的过程,需要漫长的社区实践摸索过程。面对这一过程,在现有的基层社区治理中导入社区工作、引入社会组织将会发生怎样的变化,并带来怎样的效果,是本文注重探讨的主题。

本章的研究范围是一个社区—— M 社区,是上海市的一个典型的社区,建于 20 世纪 90 年代,周边商业、社会服务配套齐全。该社区居民大多经济条件一般,同时也有外来人口租住于此。基于访谈、参与观察和文献法,通过对本次社区工作的研究,笔者详细考察了 M 社区所开展的社区活动,对这些活动的领导者、参与者都有了深入了解,并对该

---

[1] 此案例的相关讨论可参见如下拙作:《社区工作与社会治理创新——对 S 市 M 社区的个案研究》,《社会建设》2015 年第 2 期。

社区工作在孵化、推进社会组织——"绿主妇"之后，依靠社会组织参与社区环境整治的运作过程，展开了一系列的考察。这有助于让我们厘清在社区中创新社区工作的路径，并可以促使我们对社区公共性重建作出反思和探索。

作为上海市的一个典型市中心的普通社区，其所开展的社区工作对于其他社区而言同样具有可借鉴的意义。从长远来看，这样的研究对我国的城市社区，乃至整个城市化过程中，城市社区围绕环境优化的公共性构建都将具有推动作用和启发性的意义。

第一节　案例研究方法与关注点

这里主要采用质性研究的方法。在研究过程中，笔者主要是对M社区围绕垃圾分类的主要人物、事件、社会组织及其事情的发展过程进行深入分析。同时，基于相关研究文献，引入公共性视角，试图讨论中国传统方式处理社区事务的局限性。既有理论知识研究对明确研究内容、细化访谈提纲均提供了重要的启示。此外，由于研究重点在社区，笔者也使用了参与观察法，对该社区进行多次走访，参与了社区举办的相关各类活动，对该社区有了深度了解，获得了大量的一手资料。

就理论视角而言，这里借鉴了社区"公共性"建设的相关讨论成果。就中国传统社区的公共性而言，费孝通的"差序格局"提供了重要的分析维度。"差序格局"中的一个重要的基本意义是指社会成员之间存在着因彼此关系的远近不同而导致的有差异的行为互动模式。因此，以个体为中心，存在着一个与该个体由亲密到疏远而渐次构成的社会关系网络。"差序格局"这一概念显示出，实质上传统中国社会中的社区领袖往往具有的是"卡里斯玛"特质。所谓的公共领域实际是由其私人领域扩张、转化而来的，从而使得中国社会的公共性供给在相当程度上依赖与取决于处于"差序格局"中心的某个个体或某一批个体

第十二章 社会组织促进社区基层治理创新

的道德性①。

中国进入改革开放后,单位制逐渐解体,继而通过社区化的方式来管理居民。作为特大都市的上海,外来人口不断涌入,本地居民则日益老龄化。原有的自上而下模式不但不能解决问题,反而致使社区管理者疲于应付,工作缺乏活力。基层社区治理过程中不断遇到新问题。社区居民时常对居委管理人员不够信任,社区活动难以开展。与这一现状相反,地方基层政府对于社区建设则十分重视,试图通过各种措施,积极推进社区建设和社区发展。但具体落实到社区层面时,许多社区成员则都对此抱着无所谓的态度,甚至干脆将社区建设看作是一项与自身毫无关系的政府行为②。

基于对相关研究的梳理,笔者试图考察社会组织的引入给社区治理带来的积极变化,并探讨社区层面重构公共性的意涵。所谓现代意义上的"公共性"既是基于个人利益的维护,同时又需要超越仅仅维护自身利益,需要去理解并尊重他人的基本权益,体现出一种非个体性的、与群体共同生活的密切关系。"公共性"的核心特征因此可概括为"参与""多样性""说服"和"共性",其基本特征涉及公共性的目的和价值取向、涉及参与者以及参与程序③。

同时,笔者关注在本土开展社区工作创新的具体条件。作为社会工作的三大传统方法之一,社区工作指的是依靠社区力量,利用社区资源,加强社区的功能,解决社区问题,促进社区经济、文化及环境等方面的发展,不断提高公众生活水平和质量,建设现代城市的新型社区生活。这里笔者关注的焦点之一就是,围绕垃圾分类回收这一具体的公共事务,社区工作在引入社会组织参与的过程是如何得以不断发展的。

---

① 张江华:《卡里斯玛、公共性与中国社会有关"差序格局"的再思考》,《社会》2010年第5期。
② 孙立平:《社区、社会资本与社区发育》,《学海》2001年第4期。
③ 李友梅、肖瑛、黄晓春:《当代中国社会建设的公共性困境及其超越》,《中国社会科学》2012年第4期。

第二节　案例基本情况

一　"绿主妇"诞生的背景

M社区属于上海市徐汇区的典型小型社区，隶属于L街道，建于20世纪90年代初期。M社区是由市中心城区改造而成，是以动迁安置为主的老小区，配套设施也相当成熟，为典型的"配套公建"小区。经过二十多年的建设，M社区的生活设施已经非常完整。该社区居民大多从市中心搬迁而来，原先的住房条件差，收入水平不高；社区居住人员来源多元，导致居民诉求不同，在社区事务和管理的过程中往往出现许多矛盾。

同时，随着上海作为国际化大都市的变迁，外来人口不断涌入，M社区也面临着房屋出租户增多、社区成员结构复杂的问题；同时老龄化也是现今社区的发展趋势之一，因此，M社区所具有的特点包括：楼房多、老人多、房型多、困难人群多、房屋出租多。小区成员结构复杂，居民各种陋习难除，居民利益诉求多样化。并且，M社区还存在着一些旧式小区的普遍问题，例如公共服务设施不足不容易形成社区文化，社区公共事务难以治理。在"垃圾分类"相关的社会活动展开之前，该社区的户外垃圾堆积成山，夏天恶臭阵阵，严重影响了居民的生活品质。这样的环境如何治理一直以来就是一大难题。

从社区的管理架构来看，M社区的管理与一般城市社区几乎一样，由街道下辖的居委会主要承担管理工作。M社区的居委会采用"五位一体"的工作机制，居民区党总支、居委会、业委会、物业公司、社区民警共同参与公共事务的讨论，共同制订工作方案。居委会管理方式主要采取分工联系制。按照政府对社区管理的基本要求，各主体分别承担工作职能，同时进行分片管理，化整为零，实行包干负责。不过，居委会干部人员少，工作繁重，居委会事实上并没有能力承担更多的任务，更不可能完全由居委会自身来做所有的工作。居委会过去在动员和组织居民时，可依靠法定职能和行政手段，而现在仅靠这些力量已不能充分发动居民①。

二 改变公众观念的社区教育

M社区曾经是远近闻名的"垃圾村"。居民们一边习惯性地乱扔垃圾，一边在脏乱的环境中彼此抱怨。然而，大家却依然期待生活在整洁干净的社区环境中，一直以来都有居民提出意见，试图倡导社区环境改善，但声音微弱、效果不大，而随着近年外来人口的增加，这一方面的社区治理压力更大，似乎变得更为艰难了。

尽管该社区的居委会一直试图增强社区居民自律意识和自觉行动，但苦于人手不足。起初，并没有开展有助于改变居民行动的活动。2009年，借着"迎世博600天行动"，M社区进行了一番社区综合改造，使小区硬件面貌焕然一新。不过，仅仅靠政府，能改变一时，却解决不了长期的"软件"配套问题。"世博会"之后，该社区的社区学校副校长Y教师决定进行社区倡导，开展一项"L生态家"的项目。这原本是利用"低碳创新屋"为该社区居民了解、体验低碳生活，推进社区家庭环保节能的一项示范性工程。同时，Y教师引介了一直志愿从事社区环保工作的"环保达人"J教师参加。M社区的垃圾分类回收与推广之路就这样开始了。

M社区的垃圾分类回收工作的开展之所以能快速进展，离不开在M社区成立的社会组织"绿主妇"所发挥的巨大作用。可以说，这是一个上海市在社区层面建立起社会组织，并通过居委会的引入，参与并推动了整个M社区的治理，从而彰显出了社会组织参与社区治理功能的典型个案。

因有必要先考察"绿主妇"的诞生与发展历程，为此我们进行了一系列的访谈及相关资料搜集。"绿主妇"的成立与M社区的居委会、社区学校密切相关。居委会一直试图改变社区居民的环保观念。在此之前，M社区曾经是远近闻名的"垃圾村"。社区环境不佳，直接影响了居民对社区的认同感，导致社区活动也无人问津。诸多居民认为居委会

---

① 李友梅：《基层社区组织的实际生活方式——对上海康健社区实地调查的初步认识》，《社会学研究》2002年第4期。

不作为，对居委会工作并不满意。2009 年，M 社区进行了综合改造，硬件环境有所改善。不过，改造之后，居委会 S 书记却表达了担忧："光靠政府改变得了基础设施等硬件配置，但如果居民的意识、行为方式不改变，辛苦改造的硬件环境不久之后又要遭到破坏。"为此，她开始考虑如何能形成一个长效机制，来有效维护良好的社区环境。

此时，正值"世博会"顺利结束，各类西方环保理念和实践一时间密集涌进了上海市。趁热打铁，落在该社区的社区学校在 Y 教师主持下，开展了一个"L 生态家"的环境保护项目。此项目活动旨在打造一个"低碳创新屋"，为社区居民了解和体验低碳生活提供一个科学普及和社会教育的公共空间。该项目作为社区家庭环保节能示范性工程，起初就得到了相关政府部门的重视。在此期间，Y 教师借机向居委会推荐了一直从事环保工作的"环保达人"J 教师。J 教师对环保事业有极高的热情，也做了许多低碳环保、垃圾分类、垃圾减量的工作，但始终没能实现社区推广的理想。一旦被承诺能获得 M 社区的支持，她重新点燃了希望。J 教师所提出的低碳环保行动也并不需要重金，只是将塑料和利乐包装，还有饮料盒、易拉罐等加以回收，居民只要把分类收集起来的塑料垃圾等送到社区固定点即可。于是，在居委会的协助下，直接从该社区招募了 8 名首批社区服务的志愿者，志愿者们在 J 教师的带领下成立了一个以"绿主妇，我当家"为主题的低碳环保行动小组，以回收"利乐包"为主题的垃圾分类减量活动由此展开。

志愿者队伍起初从参与治理社区环境开始，其开展的有组织、高效率的活动对维护环境整洁起到了极大作用。这使得"绿主妇"在 M 社区中很快树立起良好的形象，也让更多有志于服务社区的居民逐渐聚集到"绿主妇"的周围，有了用武之地。小区中有许多长期遗留问题需要解决，社区居民们也开始转而求助于"绿主妇"们。因此，在社区居民的自发推动之下，2011 年 7 月 12 日，M 社区正式成立了"绿主妇"议事会。该议事会起初就接受居委会党组织和居委会的业务指导和监督管理，同时进驻居委会提供的专门工作室。议事会有"绿主妇"的 8 位主要成员，居委会、业委会以及物业的相关人员也有加入。议事会的成员成了 M 社区管理的实际参与者与推动者。议事会核心成员都

第十二章　社会组织促进社区基层治理创新

来自社区居民，因此他们和其他居民沟通也更加方便和默契，也容易擦起火花，形成对社区治理的新点子。

随着"绿主妇"的工作逐步开展，所在的 L 街道也开始注意到 M 社区的变化。2012 年 7 月由 L 街道作为管理单位，"L 街道绿主妇环境保护指导中心"（简称"绿主妇"）在该区社团管理局注册，正式成立。"绿主妇"从此成为一家正式的社会组织，真正成为 M 社区治理的一个主体。

第三节　案例的运行模式

一　绿主妇的运行机制

在"绿主妇"组织的成立和运作过程中，有 3 位核心人物发挥着决定性的作用。这 3 位成员担任的角色和具备的能力确保了这一组织能够发挥出在社区治理中的功能。首先是"绿主妇"的理事长，即 M 社区居委会的 S 书记。她曾在多个社区担任过书记，为了改变当时 M 社区的状况，街道将她调任到该社区。到 M 社区后，S 书记风风火火解决了诸多问题，在社区居民中获得颇高评价。通过了解 J 教师的环保公益方案，S 书记清楚地意识到开展这些活动并不需要担心资金问题，只需发动居民参与，并且初期的"绿主妇"小组成员还可依托其人脉在社区内帮忙联络和动员。这些有利条件都使得她有足够的信心来推动这项活动。

其次是"绿主妇"的副理事长 J 教师。作为一名环保达人，在来 M 社区之前，她已经做环保工作十几年了，掌握了先进的环保理念并有着付诸实践的热情。"绿主妇"的名字就是她起的，从这一意义上，她才是真正的"绿主妇"创始人。在以往的社区环保推进工作中，她未能得到支持，甚至被视为另类，但她始终坚持，一有机会就宣传环保理念。她对环保的坚持和热情正是 S 书记赞同请她指导 M 社区开展垃圾分类、垃圾减量回收的一大原因。而 J 教师在长期环保活动中也已在环保领域建立起一定的人脉与资源。"绿主妇"注册成为社会组织后，在她的努力下马上获得了两个公益项目，有了开展活动的资金。她还联系并促成了"绿主妇"与其他社会组织的联系与合作，使"绿主妇"在与其他社会组织的合作中，进一步走向专业化。

"绿主妇"还有一位非常重要的成员，即也担任该组织副理事长的Y教师。Y教师是街道社区学校工作的副校长，同时兼任该区青少年活动中心的副主任。Y教师原本是一名中学生物教师，专业知识丰富，也很关注环保事业，正是那份对环保的热情，使她结识了J教师，并主动将J引荐到M社区。同时，Y教师所管辖的社区学校正好可以为一系列环保活动提供社区交流和教育的平台。另外，Y教师为人诚恳、热情，也善于和各类部门沟通，拥有很强的社会活动能力。她说："我在其中就像是润滑剂，协调着各方面的关系。"

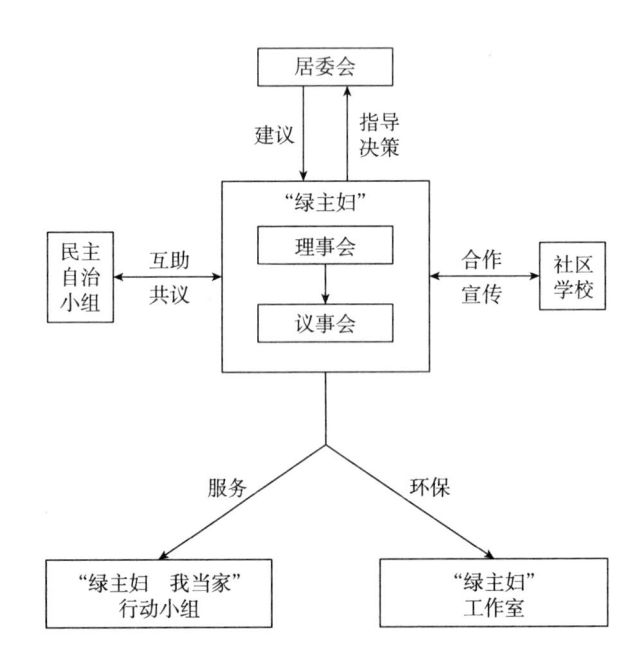

图12-1 社区内各治理主体间的协助关系图示（笔者自制）

"绿主妇"这一社会组织的运作机制包含了两大方面的内容。一方面是组织"绿主妇"议事会，以垃圾分类回收为主题，参与社区治理。垃圾分类需要的是社区居民的全方位参与，仅仅依靠"绿主妇"的成

第十二章　社会组织促进社区基层治理创新

员是远远做不到这一点的。"绿主妇"的行动策略是尽可能在社区的各类团体活动中嵌入"环保"的要素，促进环保理念的普及。一方面"绿主妇"重视与社区内"老年读报小组""合唱队"等的交流，通过相互交流，普及垃圾分类回收、垃圾减量的一些知识。另一方面，"绿主妇"设立了创意工作室，并组建了低碳环保宣传队、垃圾减量活动特别小组。创意工作室负责生产环保创意作品、收集社情民意，策划如何推进社区的环保服务工作。这两方面的工作相互协调、同时推进，一边发挥主体性，开展低碳环保活动，另一边则以社区居民为主，倾听他们的诉求、存在问题和困惑，并及时反馈，尝试合理有效地解决问题。每月12日，议事会定期召开会议，总结上一阶段的工作进展，讨论下一阶段的服务方案，具体的工作则由议事会成员分头落实。"绿主妇"组织在开展一次次的垃圾分类回收活动中，也在尝试逐步推广新的项目。例如，"家庭一平米小菜园"就是受到居民欢迎的课程项目。该项目的特点被总结为"四个一"。一是"一门开放、多元化的种植体验课程"，包括蔬菜种植、观察，插花课程，蔬菜烹饪课程、分享会等等。课程的设置不安排在传统的教室里，社区学校提供了生态园区，居委会提供了一块种植基地，居民家里也会开展一些活动。二是创建一个学习共同体。总共有近300户的居民参与到这一项目中。第一批种植小组由10户人家组成，两位志愿者担任组长，形成自助式小组。三是撰写一份日记。居民体验种植过程，用文字、照片、手绘等方式来记录植物生长中的感悟。四是完成一次成果共享。在社区学校，对学员们的种植成果、种植的日记予以展出，并由评委评出"种植能手"。"绿主妇"开展蔬菜烹饪、味道品尝会，让居民们共同感受种植的乐趣，共同分享收获的喜悦。该项目贴近生活、增加生活情趣，一开始就受到社区多数居民的欢迎，争当社区志愿者。该项目的具体环节、管理几乎全是社区志愿者负责。这一活动在一定意义上，发动了社区居民参与，使得接下来的垃圾分类回收得以顺利实施。

上述社区活动的日常运作，"绿主妇"都通过寻求公益项目的支持才得以展开。起步时，"绿主妇"申请了"绿创家"垃圾减量项目。垃圾减量项目提供一个社区一年1000元的活动经费。"绿主妇"组织又和周边其他 7 个小区联合,通过"1 + 7"方式,获得了 8000 元的项目运作资金。这个项目回收"利乐包"等可回收的垃圾资源,并使用"零废弃回收卡"来记录每位居民的回收量,给予回收者一定的激励。同时,"家庭一平米小菜园"则是上海市妇联相关社会服务项目的资金资助项目。"绿主妇"组织申请了 4 万元的小额资金资助。由于资金太少,"绿主妇"又下了一番功夫,采用"项目套项目"的方式,制作发放"零废弃回收卡",以优先参与"家庭一平米小菜园"项目来奖励在垃圾分类方面做得好的家庭。这些家庭对环保公益活动积极热情,成为"家庭一平米小菜园"很好的推动者。另外,通过这个项目,居民们对环保相关的社区活动有了了解,兴趣有所增加,也从活动中收获了更多的乐趣。

二 社会组织创新社区工作,引发居民意识的变化

"绿主妇"这一社会组织作为治理主体之一进入社区之后,M 社区所开展的社区工作获得了一定成效,推动了社区的公共性建设。

首先,社会组织参与社区工作,提升了居民的自治意识。M 社区的社区工作对居民自治意识的形塑,主要体现在其运作的方式上。一般认为,近年来居委会越来越接近于一个行政组织[①]。"绿主妇"议事会参与社区环保工作后,通过社区教育在内的知识传递,改变了原有垃圾处理工作低端肮脏的形象,塑造起良好形象。社区居民在"绿主妇"的配合下,试图主动去解决社区内的一些问题。居民们开始自发与"绿主妇"环保小组合作,这一合作得到了居委会的支持,并为活动提供了办公场所。除了自发的社区居民和"绿主妇"8 位成员,一些居委会的干部、业主委员会以及物业公司的成员也加入了进来。

同时,随着"绿主妇"注册成为社会组织,其活动策划与工作模式也变得更加专业化。在小区 6 个垃圾库房配设"厨余桶",用于处理三村 2000 多户厨余垃圾后,厨余垃圾生化处理项目的成果显现出来,为将这些处理后形成的化肥进一步科学利用,"绿主妇"策划了"家庭

---

① 桂勇:《略论城市基层民主发展的可能及其实现途径——以上海市为例》,《华中科技大学学报》(社会科学版) 2001 年第 1 期。

一平米小菜园"项目,对积极实施垃圾减量回收的居民进行激励,提供菜种、种植工具和指导手册,并赋予其社区学校的学员资格,进一步学习有机蔬菜栽培的知识和技术。如今,该社区在旺季的蔬菜产量已从每月不足50斤增加到了几百斤。面对不断扩大的居民参与,"绿主妇"开始导入数据库来追踪、管理近400户家庭的厨余垃圾回收数量,并用开发的"智能终端零废弃卡"来进行记录并积分兑换。在这一具体而细致的社会支持和服务过程中,居民们自觉接纳了"垃圾就是放错了位置的资源"的理念。在这一专业化的项目的实施过程之中产生的成果是十分丰富的。我们看到,在不断共同分享生态种植的乐趣、交流种植经验的过程中,一个以居民为主体的自我学习共同体产生了。为了使种植活动可持续开展,居民们必须进一步对垃圾进行细致分类回收,通过厨余垃圾来获得更多的优质肥料。

三 社会组织参与,促进社区治理形成多元主体共治的局面

一般而言,政府作为政策执行机构,推行自上而下的政策落实,但如果没有自下而上的公众参与,政策的落实在时间和行动效率方面就会大打折扣。M社区工作是以"绿主妇"这一社会组织参与运作,从满足居民的社会公共需求出发,体现出了开放动员的社会动员逻辑。这一运作逻辑试图超越传统社区中的"差序格局",降低了道德、组织和物质方面的负担,让参与者能够自由参与和退出;并且认识到了社区的中间阶层、学生群体的积极性和创造性在其中的重要作用。

基于这一视角,在M社区的垃圾分类回收过程中,"绿主妇"成为嵌入基层政府和居民社区之间的中介性"桥梁",也是政府主导下的居民自主参与生活垃圾分类回收的机制中不可缺少的一个环节。以社区居民的参与力量为主力,以社会组织"绿主妇"为连接点,发动并带动广大居民自动参与、自主管理、自我监督、自觉提升,体现出居民主体参与公共事务行动时需要一定的组织载体,而有效的社会组织载体使得治理效果和治理效率明显提升。

如图12-2所示,M社区工作的运作模式主体实际并不完全是基层政府。那么,基层政府和居民互相担任着什么角色,又是如何保持良性、持久的互动的呢?政府主要由街道办事处相关部门组成,通过居委

会、社区学校组成一个基本的社区治理框架，主要的工作是设备的配备和维护、承担资金管理、宣传动员、人员管理及考核、制定规章制度等。

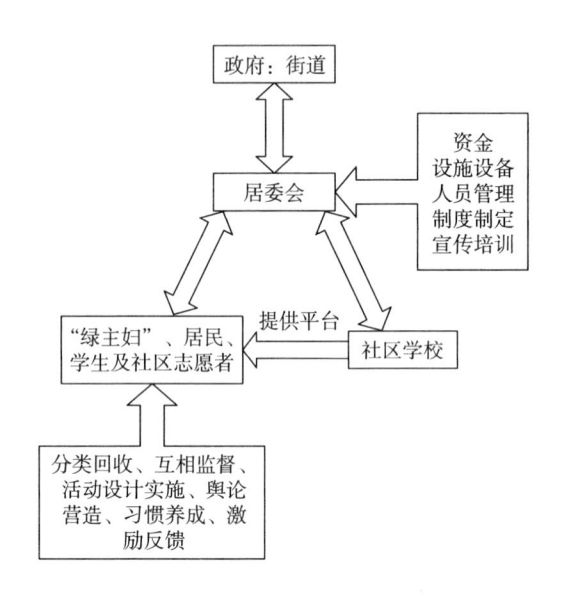

图12－2　街道办事处与社区各主体间关系图示（笔者自制）

首先，街道办事处及相关部门需要提供的是对 M 社区的各类支持和服务。如支持 M 社区成为上海市垃圾分类试点小区，并提供基础设施和资金等各方面的援助。事实上，从装备厨余垃圾桶，到落实人员经费，以及在推进过程中帮助解决遇到的各方面的问题，街道办事处的各部门都提供了很周到而细致的服务。

其次，居委会发挥了创造性的组织功能。主要表现在：扶持了"L 生态家"社区实验项目，鼓励小区家庭主妇自发成立具有自我教育、自我管理、自我服务功能的"绿主妇，我当家"行动小组，随后，又吸纳了部分新的力量，协作组织形成了"绿主妇"议事会。居委会干部懂得放权，信赖通过"绿主妇"议事会来解决小区管理的问题，并将其正式注册为社会组织——绿主妇环境保护指导中心。居民区的党支部书记成为其中的领军人物。从组织架构上来说，党支部、居委会和"绿主妇"各主体之间的关系达到了某种平衡状态，多方之间互相依赖，并基于相似的理念，围绕共同的目标来开展工作。"绿主妇"组织依靠居委会的支持发展壮大，开展工作。同时，居委会依托街道获得支持的资金和其他资源，以便让"绿主妇"能更好地参与社区治理。更重要的是，"绿主妇"与居委会一起营造了社区居民共同讨论社区事务，共同管理社区事务的良好氛围，促进了社区居民参与社区民主自治。这也是在社区治理上的一大创新。

再次，作为一个重要主体，社区学校是实现服务项目可持续化的必要保障。对于社区垃圾分类这项看似低端，实则充满科技含量的公共性活动而言，社区教育是必不可少的。社区学校自在2011年4月整合专业团队申报"L生态家"社区教育实验项目时整合各方资源，为社区居民搭建身临其境、生动有趣的学习平台开始，在M小区开展生态文明教育。在实行垃圾分类的过程中，社区学校专门为"绿主妇"和居民学员开设系列培训课程，与"绿主妇"共同策划和实施活动方案，提供活动场地，等等，发挥着整合资源、搭建平台，实施社区有效教育，提高公众环保意识、知识和技能的巨大作用。

最后，不可忽视的主体力量是社区居民自身。来自"绿主妇"的成员、青少年学生和社区内其他志愿者组成了他们的中坚力量。他们乐于学习、善于策划，在现场指导和回收家居废物，负责制订垃圾分类的实施方案，以及落实垃圾分类实施中的各种激励和反馈意见，在日常生活中形成居民之间的互相监督，从而逐步形成社区共识。

第四节 案例总结与讨论

M社区的社区工作展示出适合大都市社区的一种社区工作运作模式。同时，这也表明本土社区工作正在引发一次变革。如何聚集起社区中原子化的个人，并说服这些个体参与到社区公共事务及活动中来，是一个长久以来就存在的难题。而说服日益多样化的人群参与到具有共同利益的活动中去，却是实现公共性的重要体现。仅仅依靠自上而下的政策性要求以及社区居委会的传统动员，虽然能够实现短暂的突击性效果，但引导社区居民全面而持续地参与到公共事务中来，却需要引入新的机制。

首先，M社区为了实现垃圾分类回收，采取了一系列的新方法。M社区的"新"表现为，逐步培育"绿主妇"这一社会组织，通过"L生态家"社区教育实验项目与"绿主妇"垃圾减量回收行动，建立起了更为合理的垃圾分类回收与持续推广活动的模式。

其次，M社区的案例表明：起初由政府组织推动的工作通过社区工作而生产出公共性是可能的。这一点值得深入探究。以往的理论研究阐明，"公共性"可以从"参与"的角度来理解，即民众自愿参与，塑造出公共空间。此处的"参与"主要指"社会参与"。"社会参与"一般与地方社会的民众生活需求密切有关，并不太涉及政治权力的配置。

不过，不可忽视的是，在具体事务中，仍然存在权力在基层的配置问题。M社区中"绿主妇"这一社会组织成立之初有来自政府部门对垃圾分类回收的政策要求，也是该社区为了改造其环境面貌的一种举措。最初的核心成员是由居委会推荐的，当然作为个体他们可以选择是否参与到这个组织内，但居委会作为居民自治组织，在中国仍具有一定官方约束力，所举荐的人群也是服从居委会领导，甚至原本就是居委会中的成员或社区公共事务中的活跃分子。

当这一参与主体性形成居委会、社区学校和社区居民三方组成的"绿主妇"议事会时，就成为组织开展公益项目的重要载体，减轻了居委会公共事务的负担，提高了居民参与度，并使得公共产品的提供更有效率。

在行动的目的和价值取向上，"公共性"指在特定空间范围内的人们的共同利益、共同价值。"绿主妇"介入M社区垃圾分类，基于的是社区居民对维持公共领域的整洁这一目的和价值取向；从参与者角度上看，"公共性"指人们离开私人领域，就共同关注的话题展开讨论，达成共识，并开展相关的行动。在公开讨论和行动中，居民从私人逐渐面向公众。在摆脱了行政性困境的"绿主妇"议事会中，更多的居民敢于对社区事务发表自己的真实看法。而"绿主妇"组织的议事会力图保证程序公开、开放和公平，使得居民在平等对话中，在面对生态环保这一共同事务时，开始超越个体和家庭的局限，逐渐自觉形成社区关怀的意识，从而易于达成共识。

面对这一案例，我们不禁思考，在基层社区治理中，M社区开展社区工作中的本土经验是否具有可复制与推广性。尽管，M社区从垃圾回收到社区公共议事机制的形成过程不乏机缘巧合，但至少需要两方面的基本要素。

一是政府需要积极转变观念，支持并引导社会组织参与社区治理。如今，依靠传统的单一行政化管理已无法可持续地处理社区公共事务，必须依靠社区各主体间的多元协同来形成多主体共治的局面。在M社区中主要表现为居委会、社区学校和社会组织"绿主妇"三者形成的共治架构。在其他社区或许参与多元共治的主体会因具体的状况而发生变化，但要想实现有效的治理结构，居民参与社区治理的主体性必定是不可忽视的。

二是居民参与的主体性需要依靠相应的社会组织来发挥作用。发挥社会组织的作用，使之参与到社区公共事务的共治过程中，是实现现代社会治理体系和提升社区治理能力的必要条件。在M社区，正是因为"绿主妇"逐步发展成为政府与居民之间可信赖的纽带，能不断调动多方社会资源参与到社区共治的体系中，才得以进一步调动起居民自主参与社区公共事务的积极性，激发出了社区的真正活力。

第 十 三 章
扎根于社区的艺术
——广东时代美术馆的探索

文化资本使得不同群体之间存在区隔①,艺术有着不同的意义,需求和消费趣味也存在巨大差异。而"艺术行业的制度化"② 则导致艺术的社会边界具象化,决定了话语权的所有者。传统美术馆很少考虑到受众审美趣味和知识程度的不同,只遵循符合艺术界品位的题材和叙事方式,让普通人对生涩的艺术语言和意象感到迷茫,对美术馆有一种场域抗拒感。同时,传统美术馆在空间上形成的封闭性,也会让区外人士却步。馆内举行的活动甚少有非参与者加入。

20世纪60年代以来,在观念艺术、"社会雕塑"③ 理论的推动下以及后来的"新类型的公共艺术"(new genre public art)④ 的影响下,西方学者洞悉到美术馆与社区的关系,开始以"参与"(engagement)为基础想法,以社会介入艺术(social-engaged art)为形式来发展美术馆服务于社会的责任与义务。许多艺术家从创作的立场出发,思考如何介入、参与到社群当中,纳入社群成为其创作的一部分,也引发了艺术家、美术馆和公众关系的讨论。⑤ 其实践意义在于利用美术馆的开放空

---

① [法]布尔迪厄:《区分:判断力的社会批判》(上、下册),刘晖译,商务印书馆2015年版。
② [英]维多利亚·亚历山大:《艺术社会学》,章浩、沈杨译,江苏美术出版社2013年版。
③ 曾晒淑:《思考=塑造,Joseph Beuys 的艺术理论与人智学》,南天出版社1999年版。
④ Suzanne Lacy:《量绘形貌:新类型公共艺术》,吴玛悧等译,台北:远流出版社2004年版,第27—28页。
⑤ 董维琇:《艺术介入社群:社会参与式的美学与艺术实践》,《艺术研究学报》(台湾)2003年第6卷第2期。

间介入到社区，发挥传统美术馆所不能做到的"公共性"和"社区性"作用。

2015年Larry's List的《私人美术馆报告》显示，中国正迎来美术馆发展的"黄金时代"。尤其是2010年以后，中国新建私人美术馆的数量占总量的65%，已经成为私人美术馆数量全球排名第四的国家。作为一家非营利性的私人美术馆，广东时代美术馆凭借其"公共性""社区性"特点在艺术圈内声名远播，是当地行内人认可的核心美术馆之一。本研究旨在通过田野调查，深入了解时代美术馆的运作模式、活动及项目的理念、推行方式以及公众反馈等，来讨论"社区美术馆"如何连接艺术与社会：一、美术馆如何将深涩难懂的艺术话语带给大众？如何策动社会对艺术的主动关注和体验，发展出独有的社区价值？二、美术馆在实践其社会性、公共性的同时，如何防止将艺术讨论降级而沦为一个"通俗化"的场所？

第一节　美术馆与社区

一　社区中的美术馆

2003年9月，时代地产与广东美术馆合作成立的"广东美术馆时代分馆"在时代玫瑰园社区临时空间正式开放。2005年第二届广州二年展进行时，策展人侯瀚如、汉斯·尤利斯·奥布里斯特和广东美术馆郭晓彦提出了"别样：一个特殊的现代化实验空间"的主题，并且将时代分馆作为一个实验性建筑项目。

著名建筑师雷姆·库哈斯经过实地调研后，决定将时代玫瑰园二期的住宅楼当中的第14层以及第18、19层改建为艺术家工作室（现为办公室）以及展厅。通过这样的设计，美术馆不仅能够直接"介入"到居民的生活中，并且开放的空间能让当地社区参与到艺术活动的生产过程中，使美术馆成为社区关系网络的纽结。2010年10月，时代美术馆建成，注册为非营利性公益美术馆并正式对外开放，是华南地区第一座社区型美术馆。

时代美术馆的功能空间分散在典型社区住宅建筑的数个不同楼层里，是一种与生活和居住空间直接交叉的介入式结构。首层入口面向街道，设有书店、咖啡厅和艺术品商店。大堂空间可举行各种公共活动。14层的办公区由三个住宅单元改造而成，专用电梯垂直经过居民楼直达19层展厅，露台和两个玻璃展厅俯视广州北部的城市景观。社区住宅的顶部直接成为展墙视觉元素的一部分，展厅的夹层是对公众开放的阅读空间，地下一层则用于美术馆的档案储存。

目前，时代地产每年划拨固定资金支持美术馆庞大的运营经费，但不干涉其运作，坚持艺术在生活中的真实性，让艺术真正地"接地气"。为了让更多的人能够参与，美术馆举办的活动一般都免费，在展览门票收费上也相对廉价。时代美术馆正在联合本地艺术机构的力量，组成"广州五行非营利艺术机构联合会"。"五行会"广泛邀请艺术组织和艺术家捐赠作品做商业拍卖，以筹划资金，最终投入到五所本地艺术结构的营运开支上。这种通过社会资助形成良性持续发展的机制，为公益艺术机构提供了一个可以参考的方案。

二 美术馆外的社区

时代美术馆所在的时代玫瑰园坐落于广州市白云区黄边社区。黄边社区是一个典型的城中村，处于广州"边缘—半中心"的位置，复杂的人口构成和城郊结合的景观充分显示出一个城市化进程遗留的混合形态。美术馆周围既有中产商品房小区，也有城中村、汽修作坊、80年代的国企宿舍、道光年间的康公古庙，甚至还有刚刚荒废的农田。居民教育背景不一，绝大部分是草根阶层出身，为了三餐温饱而到处奔走和卖力工作才是正常的图景，对当代艺术这样的抽象产物很有可能不为所动。

在这样一个看似错置的地理位置，时代美术馆既需要肩负艺术推广和教育的工作，亦需要在一个城乡结合的非传统空间思考如何落地生根。因此在其诞生之初，时代美术馆的治理结构和艺术活动就需要不断汲取城乡交错的人文环境的灵感和养分，引发一系列相关的话题讨论与艺术实践。

三　艺术与社区的平衡

目前，时代美术馆除行政部外，骨干部门由展览部、公共项目部组成，另设有独立于美术馆运作的当代艺术研究中心——黄边站，以及"艺术+"系列的硬件配套设施和活动项目。

（一）展览部

美术馆的展览以主题性和研究性的群体展览和个展为主，强调策展概念和模式上的实验性，对所在城市、社区和机构的语境作出回应，同时为年轻艺术家提供一个对话和创作的研究平台，发掘更多作品与空间、作品与公众、作品与社区互动的可能性。

"展览—讲座—出版物"是构成展览的三大核心元素。展览部每年度都会订立一个大的策展主题。展览期间，策展人会安排系列专题讲座，加深观众的认知。策展人除了负责展览策划和运作等工作，同时需要兼顾美术馆的学术研究工作，包括就学术议题进行研究、出版展览出版物以及制作展览关键词书签以供取阅。此外，展览部会提前与媒体部解释展览的主题、内容和期望观众能够获得的知识、沟通宣传策略和文本。美术馆还积极寻找不同领域的学者，以研究和创作的方式实行同地域的跨学科研究，尤其关注社区研究等城市议题。可见，展览部几乎包办了美术馆在知识教育和研究上的工作。

（二）公共项目部（简称项目部）

项目部主要利用展厅以外的公共空间，例如馆内一楼的公共空间，以及小区里的开放空间，承担展览以外的艺术教育和推广项目。项目部重点关注社区里的家庭，策划了多项亲子活动，以促进家庭与社区的联系。此外，透过面向公众的艺术家工作坊、专题讲座和导览等各类活动，尽量让观众从被动的知识接受者成为主动的体验参与者，以平等的姿态与艺术家进行交流和对话。项目部还负责线上面向观众的工作，包括在微信公众号、微博、豆瓣小站等发布活动信息，接受公众的线上查询和意见反馈等工作，建立与公众和其他传媒机构的良好关系。

美术馆已经建立多达300人的志愿者团队，让更多感兴趣的学生以及社会人士、社区志愿者通过志愿服务，深入了解当代艺术与美术馆运作，并希望借此建立观众与艺术家的交流平台。其中在校大学生最多，亦不乏年轻的在职人士，为美术馆的服务注入了多元要素和活力。

（三）黄边站

黄边站是一个从属于时代美术馆的非营利性艺术机构。作为全球当代艺术网络环节之一，黄边站每年招收6—10名有志于当代艺术的年轻人作为研究员，讨论艺术思想及创作实践，探索更理想、更人性和更灵活的另类教育模式。

黄边站是一个发言现场、自我建构的学术平台、关系与概念的分析研究室，也是一个对应当下社会中多元"潜在"的实践发生地。黄边站重点关注珠三角都市空间发展、公民社会建构与全球化的关系，并围绕乌托邦议题的争端、反思其激进的种种可能性，着力于本土艺术生态的改善和当代艺术的普及。同时，它把珠三角作为与全球艺术界的连接点，积极开拓交流活动，推动外来研究人员对本地的文化情景进行研究，以达成崭新而又独特的艺术文化图景。

（四）艺术+

艺术+阅读空间位于19楼展厅夹层，提供丰富而独特的当代艺术与文化书籍、画册、艺术报刊、档案等资料，从2013年起逐步向公众免费开放，为学者、学生、艺术家与观众提供研究和学习参与的机会。而艺术+系列商店、艺术+少儿课堂是美术馆开展的一系列配套设施，致力于为公众和社区打造一个可以自主停留、歇息、消费、学习和交流的文化场所，并为少年儿童提供一个寓教于乐的场所。其目的是让观众能够在此停留更久，不仅仅是单纯地看展览，还有一些享受的项目，以丰富生活艺术化的形式和内涵。

第二节　艺术走进社区："榕树头"

在华南街头文化当中，榕树头是一个行人驻足、居民聊天、聚集和调停村内矛盾的地方，象征着传统社区的中心。"榕树头"是自2016年起免费向公众开放的全新项目空间，位于美术馆正门入口旁的临街玻璃墙内。美术馆希望借助这一公共空间，重塑城市不再复见的社区邻里关系，同样作为面向观众的直接窗口。

参与性和开放性是该项目空间的关注点。每年的不同季节，艺术家将受邀针对周边社区语境及"榕树头"的空间特点，提出独立小型个展方案，制作"场域限定"（Site - specific art）的艺术品。其中包括但不限于装置、影像、声音、行为、事件等多种形式。

一　新公共艺术："共野"

自2003年开始，艺术家郑波开展了一系列以"野草"为主题的新公共艺术项目，通过对城市中各种野生植物的来历和习性的解析与叙事，进而观察它们在中国现代化进程中的视觉符号和引申意义，从中探索植物与城市、社会、政治的关系。在受邀进行生态观察和项目研究后，郑波将黄边社区划分成7个区域：时代玫瑰园、金碧雅苑、新兴白云花园等中产住宅区，城中村——黄边，昔日的国营企业——二矿工厂及宿舍、现改用为停车场的荒废农田以及汽修作坊和旧公交总站。

郑波、资深景观设计师魏志姣和参与者一起，通过两次工作坊，采集生长在周边不同区域的野草，将它们移植到榕树头项目空间中，汇聚成临时的"野园"，由美术馆持续种植到展期结束。这些无名的野草将在植物学家的帮助下被辨识、编号、归类，最终归档。展期完结之时，这些植物将以"领养"的形式，让观众把植物带回家继续种植。郑波期望通过"共野"项目来一场艺术与人类学田野的实践。他认为采集的过程当中必然对社区造成介入；而这种介入正好为参与者提供了一个窗口，认识这个社区更多的面貌。

2016年4月10日及17日，两场工作坊每次共招揽30人，每组三至四人，以分组形式采集植物，类型、数目不限。参与者被要求在采集植物的同时，进行（1）近镜拍摄植物的原貌；（2）拍摄植物与所在地的近景，显示周遭与之共生的植物；（3）拍摄植物所在地的远景，显示该植物所处的周遭环境；（4）以地图定位和笔录记下植物所在地的位置。活动日结束后，参与者将上述资料整理归档交回项目助手。第二步，魏志姣和她的友人根据照片辨认植物品种。最后郑波加入品种名称，并且整理及编号各组收集的植物，成为文献墙的主要内容。

4月23日，项目展览开幕当天共举行了三场讲座。第一场是策展团队与广州美术学院艺术史教授樊林的对话，讨论美术馆的公共教育功能及新尝试。第二场由郑波、魏志姣与广东外语外贸大学朱志刚教授、"南亭研究"发起人陈晓阳教授讨论关于人类学研究和田野调查对艺术项目的作用。第三场由郑波、魏志姣与中山大学公益慈善研究院成员陈焯宏分享包括移动人口在内的城市议题。

二　社区与植物"共野"

这次艺术项目，实际上是一场以艺术为名的社区体验和微型调研，让参与者从感性和理性角度介入社区之中。

（一）反思植物的价值

F组在黄边南路采集时，差点误摘便利店主人Z婆婆种植在旧盆栽里的艾草。细问之下了解到，Z婆婆会将自己春节买来的年橘和捡来的被遗弃的盆栽一同放置在店前种植。其中最久的一盆已经种植了五六年。因此，F组成员了解到，社区里不乏一些即兴消费主义者——逢年过节购买一些观赏用盆栽，没有善终就将之丢弃，但同样不乏Z婆婆这样的"植物拾荒者"。

E组在途中看到一盆早被遗弃但仍然茂盛的盆景植物，便将它从杂草中挖出，带回美术馆。成员在分享时反思到，盆景植物是人为刻意制造的观赏性植物，虽然它在出生和成熟的时候，聚万千宠爱在一身，然而最终被人抛弃并与野草生存在一起。可见，植物的价值不过是人为赋予的价值，与它们的外表或者生命力无关。

（二）反思人与社会

G组参与者SXH表示，每个区域各有特点。黄边村的生态环境令人吃惊：几乎没有土壤裸露在外面，野生植物大多矮小，只长在阴暗处。故此，G组只能挖掘到一些依附在墙边和夹缝中的苔藓类植物和小草，在栽种展示的时候，与其他组别茂盛而高大的植物形成鲜明对比。G组分享说，城中村本就人口密集、寸金尺土，在人都要挣扎求存的情况下，野草就更不可能生存下来了。而C组所到的荒废农田，是无人理会的人口边缘地带，植物自然获得更多的生存空间。由此可见，人和自然也处于空间权力的对立面上。

参与者LJY则关注到生活在这里的农民工："他们已经是打工浪潮

的第二代,不被城市接纳,也无法回到家乡。这些被水泥掩盖每一寸土地的城中村,这些拥挤的握手楼,就是他们长久的家。他们来自湖南、四川的口音,就像那些只能长在砖缝里的野草一样,处于边缘。不过,也许正是因为边缘,他们的生命力才显得格外可贵吧。"

(三)特殊的社区、特殊的体验

"共野"策展人谭悦曾形容,实践此项目的优势便是黄边恰恰处于城市发展的"进行状态"。黄边作为典型的城市化样本,折射出工业、商业、地产和一切人造景观逐渐取替原有生态的发展过程。野生植物往往在城市发展步伐中被合理抹杀,几乎得不到关注和讨论。LJY甚至用"自然缺失症"来形容这群习惯于与自然隔离、被"深度城市化"的人。

居民通过艺术的进入也重新认识了自己的小区,产生了新的生活美学。G组成员中有两个小学女生,自愿选择黄边村作为任务地点。其中,PY一家就生活在时代玫瑰园,她也在附近上学,但从未来过这里。队长发现,这些中产家庭的孩子对于城中村表现出了明显的不适应,毕竟城中村和他们的生活环境截然不同。然而通过这次全新的采集体验,他们都体会到亲近自然的乐趣,甚至会主动发现那些有趣的小草,将它们挖掘出来。YPJ也表示,在采集过程中,会发现这些不起眼的野草生命力顽强,有着跟水泥森林不一样的美。对从小在乡村长大的QTT而言,采集则是再一次体验回忆中的乐趣。小时候的她很喜欢和小伙伴们玩过家家,会采集各种野菜、草药等,对这样的拔草活动再熟悉不过。

与一般的社会走访或者社区导赏不同,公共艺术项目能够借"体验式"活动来理解社区,引发多维度的集体反思。平常人愿意采摘野草,却不会拿回家种植。"共野"活动却把野草都带回去,给它们一个家,意义非凡。如樊林教授所说,通过不断有人加入种植活动,"共野"这个项目就能够不断地壮大,引起群众的注意。其价值是给予观众不一样的行动经验和视野,从生活琐事发现社区的另一面。参与者在反馈时并非单纯形容活动"好不好玩",而是试图用过程中的观察所得、与居民的聊天所得,来反思一些社会问题或者感悟生命。比如在得知此次活动是为了寻找野草的时候,Z婆婆就慨叹说:很多人因为野草微小和使用

行动·拓展·创新

价值低就否定了它们的意义，用"野"来形容它们是不对的；它们跟我们一样，有父母、有出生的理由和存在的价值。

通过"共野"，榕树头进行了一次粗略的社区走访，注意到黄边农民工等不同群体，也凝聚了一群关注黄边社区的参与者。如郑波所言，"共野"只是榕树头在社区研究上的开端和基础。榕树头所提供的永久性开放空间让不同艺术家创作驻地项目，具有可以持续观察社区发展的优势。日后的项目，可以用不同的艺术形式，进行更深入的社区调查。2016年，项目部还邀请人类学专业团队对黄边社区进行调研，开始突破参与式活动的层面。以后的艺术家便能参照这些经验所得，来开拓更多的公共议题。故此，后期讲座着重强调如何应用人类学和社会学的方法（论）进一步深化项目背后的社会讨论，使榕树头成为让公众重新审视日常生活之美的平台。

第三节 从社区辐射地域

英国博物馆学家肯尼斯·赫德森指出，博物馆、美术馆功能的"辐射范围"——当地、地区、国家、国际，由浅入深地渗透整个社会[①]。时代美术馆在开馆后，一直在讨论如何适应、融入而非打破所在社区的生态系统，寻求更多与社区互动的机会。而"辐射"则意味着，美术馆还要通过不同的路径"由浅入深地渗透到"多层次的地域范围中。

一 "走，我们到楼下去做搭建"

2014年12月20日至2015年3月19日间，时代美术馆举办第二届社区艺术节"适时别处"，希望美术馆不再只被看作艺术"场所"，而艺术也不只在墙内发生。

艺术节的首场活动是12月21日举行的"走，我们到楼下去做搭建"（下称"楼下搭建"）。活动以亲子的形式进行，邀请邻近小区的家

---

① ［英］肯尼斯·赫德森：《八十年代的博物馆——世界趋势综览》，王殿明等译，紫禁城出版社1986年版。

庭参加。建筑设计师冯果川同参与家庭在前一天进行对谈及分组，引导孩子们仔细观察所居住的社区，讨论大众对社区的需求，并画下相关设施的设计图。活动当天，各小组用纸皮箱、软垫、塑料带等材料，在小区内的休憩空地进行户外搭建。每组设有 2—3 名志愿者协助场地收拾、物资补给等工作。最终将作品原件保留在该处，展出至 2015 年 1 月 4 日。

整个活动的设计与规划基本上由成人负责，孩子则间断性地参与搭建工作。由于到场的孩子大多为 13 岁及以下年龄，当中更有一些几岁小童，对于营造搭建这样重复性的工作耐心不足，经常半途出走到别处玩耍。小区里一些较大的小朋友从旁观察到这一情况，纷纷加入帮忙。在社区其他儿童和参与家庭的家长努力之下，活动历时两个多小时完工。

参与者反映，由于居住地及周边甚少给孩子娱乐活动的地方，美术馆的亲子活动自然成为他们的首选；更因为美术馆的位置就在小区里面"下个楼就到的距离"，避免了路途跋涉。在自己居住的小区内进行户外活动，也让他们感到安全、舒适。

二 扎根社区，服务社区

"楼下搭建"项目中，美术馆通过借用闲置的小区开放空间来扩大活动范围，确实引起了社区居民的关注。不少人驻足观看，还主动询问志愿者如何报名、往后是否还有类似活动举行等事宜，更有热心的小朋友请缨帮忙。这类活动，除了让社区其他人士了解到美术馆活动的性质和目标人群之外，还起了引导和鼓励其加入活动的作用。

社区参与项目突破了美术馆场域和空间限制，介入到社区公共空间，发挥了更大的社区功能和影响力。其一，创造了一个凝聚居民、沟通、合作的机会。其二，创造了一个属于美术馆的品牌推广，将美术馆项目透明化，让公众知道美术馆的活动和工作定位，让居民对美术馆不再陌生，视之为社区的一员。

从事艺术专业及对艺术有兴趣的观众，到馆目的一般是观展和参加座谈会、分享会等较为学术的活动。而黄边社区的居民一般则参加项目部公共活动，当中儿童和家长的参与占很大比例，而且往往能够私下联络其他家庭一同参与。因此，与展览部追求对当代艺术的研究和呈现不同，项目部的策展与活动需要顾及非专业人士的艺术体验和教育，即从普罗大众的知识层面和需求出发，以"普及性"和"趣味性"吸引艺术圈外人士。

有鉴于此，项目部从"知识灌输"转向"行动导向"教育，在学习者自身动手或参与的情景下，通过行动来学习、体验艺术，建构真正属于自己的经验和知识体系。为培养儿童的艺术兴趣，项目部为社区举办长期周末画画班，还策划"亲子专场"等多元工作坊，"楼下搭建""亲子版画工作坊"等家庭艺术活动。不仅让孩子有个邻近、安全的环境，还有机会和家长一起合作动手制作，增进家庭情感，同时能够以有趣的艺术形式刺激他们的感官反应，提高孩子的思考能力、动手能力和创新能力。

美术馆对时代地产物业的居民免费开放参观，不少邻近居民空闲时也会到场参观展览。当前，黄边周边的居民是美术馆最主要的受众之一。周末，美术馆的一楼大厅甚至成为家长们带着孩子来乘凉休憩的地方，体现出美术馆已经成为社区系统的一部分，不仅是一个展览的场所，同样成为一个活跃的社区文化中心和促进区域艺术发展的平台。

三 立足社区，着眼城市

社区艺术节和亲子活动都只服务于黄边这个"小社区"，受惠者相应地也只有黄边居民。2015年初，广州第一条有轨电车线路正式投入运行。时代美术馆受邀，开始发展另一个长期性项目——有轨列车艺术，以期辐射到所在城市。时代美术馆自3月起邀请艺术家或策展人以城市日常生活为文本和灵感来源，创作场地限定的艺术作品，让乘客在这列四节车厢的有轨电车上体验或互动有趣或戏剧多变或情感丰富的当代艺术作品。

第一期项目为"听见，城市的瞬间"，是一场在列车上的声音体验。美术馆邀请英国艺术家组合circumstance编曲，伴随旁白诉说着关于广州和生活当中的故事。第二期项目为挪威艺术家西塞尔·图拉斯（Sissel Tolaas）的有轨电车作品："城市分子式——时代美术馆有轨艺术"。在有轨艺术专列的车厢中，艺术家将复制并通过气味分子，重现关于这座城市的四大元素：人、景、城、水。每节车厢的气味代表一种元素，与有轨电车的旅程紧密呼应，与车上乘客的所见所闻所触互相关联，呈现只属于这个城市这段有轨电车的一种全方位的感官体验。

项目部通过与城市运输系统的合作，成功在广州这个"大社区"实践艺术体验活动。尽管相对于黄边小社区，大社区的艺术活动停留于观众被动接受而不是主动创造的层面，却象征着时代美术馆的渗透力和影响增大，成为更广泛意义上的城市美术馆。

四 参与区域文化建构

由于珠三角当代艺术研究匮乏，时代美术馆还试图承担起本地艺术研究、书写广东美术史的责任，期望将属于广东独特的区域文化推广到国内外，对区域文化的建构和知识生产起到积极的作用。

2016年度，时代美术馆的策展脉络为整理、回顾20世纪八九十年代本土艺术家和团体。最为触目的是于6月开幕的"一小时、没空间、五回展——大尾象工作室"展览，对广州本地艺术团体"大尾象"的作品进行梳理和重建，同时呈现当时广州的社会面貌及历史。

"大尾象"回顾展是"三角洲研究基金"支持的首个研究型、学术型展览，力求呈现90年代社会背景与艺术之间的关系。开幕首日，便有观众说出当代艺术书写的重要性。场内，艺术品的阐释角度决定了作品的意义和价值，但其本身隐含的社会学意义，光凭实物是无法传递的。此时，刊登在场刊上和展签上的作品说明便成为介绍展览主题和传递信念、意义的途径。场外，相关书籍便来补充更多展览未能涵盖的资讯、知识和讨论。初始宣传期间，媒体部在微信公众号上推送新闻稿，还在学术性文章栏目"NBA"（Numerous Brilliant Articles）上发布《"大尾象工作组"艺术展——侯瀚如对林一林来信的回复》和《名为"大尾象"，实则暗示四不像》等针对大尾象工作组的介绍。"大尾象"还期望在11月发行出版物，当中除了有文献墙的时间轴整理外，还会有工作组的学术文章和论著，让外界更深入地了解大尾象与广州当代艺术史之关系。

选择"大尾象"作为主题展览，并不在于其艺术技巧的高超或作品的市场价值，而在于他们作为新时代的艺术人，将议题聚焦于广州社会，进行在地创作，形塑了广东的文化身份，成为地域性的象征。是以策展理念和脉络提供的最明确的展览主线：述说"大尾象"与当代广州社会的关系，同时为"三角洲行动"整理珠三角的区域艺术史做准备。

第四节 案例总结

以艺术介入社群的艺术实践不以传统艺术材料（如大理石、画布或颜料）进行创作，不以传统的对象制造为其创作的目的，并且不以对象的形式状态为重点，而是借着美学经验，挑战寻常的观念与观者的认知系统。时代美术馆一直寻求更多与社区互动的机会，在充满"社区性"的艺术创造过程中，努力打破制度化艺术与公众交流的鸿沟，也引发了不同社群的对话，并且使观众参与到艺术家的创作过程当中。

一 减弱艺术的社会边界

"共野""社区艺术节"等案例，体现出时代美术馆尊重公众的个体性差异，降低美术馆对艺术的话语权和领导权，通过打破场所限制、利用公共艺术项目增加观众的参与程度，强调互动、交流和彼此尊重的方式。

尽管在呈现手法上，"共野"项目的纯白高架种植箱、箱子摆放的位置空间等都是以美术馆的审美趣味来规划和准备的，与其他展览无异。然而，在创作时的群众参与度上，"共野"这类实践项目与一般展览有着明显差异：

首先，尽管艺术家充当创意发起人的角色，但并不赋予自身"美学领导"的权力，力求实现公共艺术的"平等参与"性质。"共野"项目尽量淡化艺术家、策展人对作品的介入。前期宣传时，郑波一再强调不要使用"艺术家"来形容他，应该将他的角色等同于"参与者"。实地进行时，每人都以分工形式协作，通过商讨来达成协议。

其次，"共野"项目不限制参与者的来历背景、技术能力等，彰显了广泛的公共性：不仅仅是场域的公共性或内容涉及公共生活，更重要的是"公共参与性"。采集本身就是带有个人审美趣味的行为,"采集什么""为什么采集"完全由参与者自主决定,取决于不同采集者对植物价值的评定。有些组别重点采集存活率较高的大型植物,有些组则选择较为美观的品种,也有组别采集了富有"故事性"的植物。

再次,公共艺术能够产生社区动员力量。美术馆作为中介,通过公共艺术项目,能够引领居民发现自身与社会的关系,主动了解社会和参与社会事务,寻求更多的社会讨论和实践的可能。因艺术而生成的动员力量,是艺术作用于社会;而最终所呈现的集体创作和思考,则是社会对艺术的反作用。

"共野"罕有地从一次性的参与性艺术活动转化成经验累积、知识生产和引发集体反思的场域,让更多更深入的社区研究和讨论在榕树头不断发酵。

二 以艺术表达社会生活

如果单纯为了服务普罗大众,展览会让艺术走向媚俗,艺术仅仅变为展览的从属品。因此,强调社区性并不意味着将艺术通俗化,成为娱乐消闲的玩意。美术馆还承担着艺术行业的知识生产与教育的责任。

馆长赵趄认为,美术馆的使命是以艺术为原点,在艺术和社区之间努力寻求着平衡点,通过艺术的方式作表达。社区中的艺术节也是以艺术为主体而非纯粹为社区服务。公共项目部与展览部因而分别面向不同群体,是独立但同时为不同群体进行策展的部门。前者重视趣味与艺术的结合,让公众感受渗透在公共空间、私人空间以及日常生活中的艺术,策动社会对艺术的主动关注和体验,不代入专业话语,纯粹让公众从体验中来获得艺术带来的愉悦。而展览部专注于知识生产,将学术研究和社会关怀结合到艺术生产之中,重视对观众艺术认知的构建,让观众从展览中发现新知识、新思维。各种展览、出版和讲座等活动,不再回避晦涩难懂的艺术话语,反而通过解释和传播,让观众走进艺术的世界。

因此时代美术馆在服务于公共文化艺术教育的同时,也影响到更多孩子和家庭学习艺术、体验艺术和理解艺术,有力地增强了社区关怀力量和反思效果,提高了整个社会的艺术基础和社会生活的艺术内涵,而且增加了艺术从业者的社会影响，也促进了当代艺术的发展，推动了当代艺术的持续升温。

三　美术馆的社会辐射

在艺术行业中，美术馆实际上担任了艺术从创作者到接受者再扩散到社会网络的中介人，功能的特殊性让它能够直接面对艺术家和公众，这是画廊、拍卖行等其他艺术机构力所不及的。故美术馆能够通过扩大自身的影响力和渗透力服务更大的社会。首先，时代美术馆以黄边为重心，举行社区艺术节、公众艺术讲堂、艺术展览等，让社区居民感觉到美术馆参观、参与活动甚至闲逛都是家常便饭，形成生活习惯。其次，美术馆通过自主的社区观察和调查工作，逐步发现周边地区的独特之处，建立普遍城市化进程中独特的"黄边叙事"。然后，时代美术馆通过与城市交通体系合作，借助有轨列车的艺术体验，从不同角度关注和诠释城市生活。最后，美术馆承担起区域艺术的史学任务，以"地方重塑"[①]的内容与形式为珠三角地区的当代艺术研究作出贡献。

四　艺术与社区的双向提升

社区美术馆联合公共艺术家，通过艺术实践邀请观众共同参与创作过程并与之建立一个关系的平台，其艺术观念强调的不是理论的探讨与材质的创作，而是关系及社会脉络的重新构造，而艺术家是这个关系平台的催化剂（catalyst）。

当进入到小区或社群当中，艺术家最初是艺术文化的诠释者和对话的邀请者，以其独具而通俗的艺术语汇，引领观众重新去发现其日常生活。而当在地居民也参与创作中时，艺术家的身份转化为对话启发者、教育者，使在地居民开始觉醒自己也可以有艺术创作者的身份，去书写及表达对自己社群的文化及环境的看法。此时，艺术家不再是作品的唯一作者，公众被邀请参与其中，通过介入和互动对话的形式共同完成。最后，艺术家也在与观众的对话和对社会的介入中，获得对艺术的重新理解和创作灵感，从而在今后的艺术作品中重新诠释与书写民族文化中的社会关系、规范与价值系统。

---

① 汪大伟：《公共艺术与地方重塑》，《公共艺术》2015年第4期。

第十三章 扎根于社区的艺术

总之，在这场艺术与社区的对话中，艺术（家）从社区生活汲取灵感，艺术也赋予社区生活另一种审美观。野草、南亭研究等公共艺术是"日常生活革命"的开始，使普通人不仅开始走进艺术的殿堂，还能主动观察邻近社区的需要，开始反省、讨论其身处的文化与环境，重新审美而不是鄙视或无视日常生活。而日常生活进入艺术，扩展了艺术的内涵，使艺术逐渐有力量带来社会的变迁。

研究显示，时代美术馆从构思、设计到实现的过程，反映了珠三角地区独特的社会、经济和文化条件，是一个城市化进程的独特案例。而以社区美术馆为基点的公共艺术从分界不明的艺术新形式，到扮演"公众教育"的新角色，也重新界定了艺术家、观赏者以及艺术作品三方面的关系。在这种意义上，时代美术馆不再是一个封闭的艺术圈子的产物，而是属于公众、面向整个社会的。这个"没有墙的美术馆"，作为社会的艺术引路人，不仅起到了公众美学教育的功能，同时令美术馆成为凝结区域力量的有机体。

第三编　社会组织的创新力

第 十四 章

创变寻路：北京恩派非营利组织发展中心的拓展转向

支持性社会组织在国内的发展经历了理念引入到实践探索的过程，恩派非营利组织发展中心是这一发展进程的重要参与者之一。恩派最初立足上海浦东创立公益孵化器来"助力中国社会创新，培育公益创业人才"，而从公益孵化器到公益创投，是恩派组织自身成长的理念发展与内容扩充，其中涵盖的是恩派主营业务中的两个大项，公益孵化对应社会创业，公益创投对应社区建设。通过调整和扩展实践领域和参与路径，恩派以更为积极的方式寻求组织自身的发展，同时拓展更为适宜的服务助力于社会组织和社会治理。

第一节 公益孵化器的中国发展

一 公益孵化器的引入

公益孵化器作为引导公益创业者建立自身的创业理念，帮助公益社会组织实现资源交流的平台，它所依托的是流动性的、商业化的活动空间，协助解决社会组织所面临的发展问题和实践困难，最终引导社会组织完善和提高自身的能力建设，促进公益人才的浮现与培养。公益孵化器把自身定位于一种支持性系统而非管理系统，它通过提供帮助与咨询来引导社会组织的成长；同时它也把自身看作一种支持性组织而非执行性组织，它并不是直接面对社会建设与社区建设的一线阵地，尽管它总是在其中穿插，但始终发挥着一种穿针引线的作用，弥合管理层面与服务层面的中介区域，服务于致力促进社会力量的多元共建。

中国公益孵化器刚起步,若就现有阶段进行简要划分,可以分为三个阶段:第一阶段是理念引入阶段,以恩玖信息咨询中心系统引进相关理念和建立系列培训课程为标志。早在20世纪90年代中期,中国的一些扶贫机构就开始在国家发展机构的资助下开展能力建设。2001年第一家专门进行社会组织能力建设的机构——"恩玖信息咨询中心"成立,对草根组织的培育和发展产生了广泛的影响,为当时还十分缺乏交流渠道的草根组织提供了与其他组织进行跨地域和跨领域交流的机会,形成了一种同人共聚、相互激励的氛围,从而获得了更大的社会视野。2005年,中山大学公民与社会发展研究中心首先提出"NPO孵化器"的概念,并从2006年开始从事公益领域的培训工作,向公益领域的从业者与志愿者传递如何做项目的工作方法,并进行了大量相关的咨询与支持工作。与此同时还发起成立了"社区和谐基金",目的是成为公益组织的种子基金和过桥基金,给予有需要的公益组织以关键性的资金支持。但这种培训往往局限于对西方的学术理念和工具的简单照搬,使得一些参与培训的组织在面对现实挑战时往往无所适从。

第二阶段从2007年到2009年,以2007年恩派的孵化器项目的出现为标志,草根组织进入了多元手段并行的阶段。恩派的孵化器项目融合了政府支持和企业公益创投的思路,进行了开拓性的公益组织培育模式的创新实践,并在国内的一些城市得到了推广和复制。同时攀西NPO研究所也于2007年6月启动运作攀西"NPO孵化器",不过其影响力相对较弱。在这一阶段,国内的草根组织开始自行探索建设的路径,出现了多元手段并行的局面,主要采用理念培训、小额资助、杂志编写、教材开发,以及网络建设等多种形式来寻求现实的发展之路。

第三阶段始于2009年,恩派公益孵化器模式向全国多个城市扩展,这一带有全国示范性的创新模式获得了政府、资助机构、公益领域、媒体以及各方专家的关注与肯定,各地孵化器先后涌现成立。如2009年10月全国首家由政府和基金会联合筹办的南京爱德社会组织培育中心成立。2010年3月,深圳市民间组织管理局启动"社会组织孵化实验基地"并委托恩派运营。2010年7月,全国首家政府、社会组织与企业合作互助,以培育社会组织为目标的"上海市社会创新孵化器"成

第十四章 创变寻路:北京恩派非营利组织发展中心的拓展转向

立,亦由恩派运营管理。在恩派的带动与推动下,公益孵化器在不断扩张延伸的过程中摸索着更为有效与可行的运作模式。

二 恩派的发展与北京恩派

恩派(NPI)非营利组织发展中心于2006年1月在上海市浦东新区注册为民办非企业单位,登记单位和管理单位均为浦东新区民政局。恩派缘起于上海市浦东新区的综合配套改革。2005年6月21日,国务院批准上海浦东新区为综合配套改革试点,于是,浦东新区开始依托改革开放的先发优势和上海的综合优势,在推动产业升级和经济发展方式转变的同时,积极探索转变政府职能,努力为公共服务类社会组织"腾出空间",构建新型政社合作关系。而自成立起,恩派就将机构自身定位为一个支持型组织,以"助力中国社会创新,培育公益创业人才"为己任,旨在为初创期和中小型民间公益组织提供关键性支持,积极探索在中国公益事业蓬勃发展的初期阶段支持型社会组织的发展道路。恩派的高层管理团队基本上都有企业管理工作背景,这也使得恩派在运作上呈现出比较明显的企业运作和管理方式,具有务实精神和结果导向。因此,自运营以来,恩派一直强调在实践中不断调整战略,其规模和业务也在不断扩展。

尽管恩派在上海落地生根,进而开始向全国范围推广,但恩派最初是从北京开始的。恩派的缔造者吕朝曾在新华社、《公益时报》等单位任职,在此期间,他结识了朱传一、商玉生、徐永光等中国公益界拓荒者。朱传一、商玉生、徐永光等人早在1998年即已创立北京NPO信息咨询中心,但该组织一直没有解决登记注册的问题,只得于2001年按工商注册的方式成立北京恩玖非营利组织发展研究中心。吕朝从《公益时报》离职之后,即被朱传一邀请到恩玖担任副主任,并且在此认识了杨团、何道峰、阎明复、崔乃夫等中国公益领域的前辈。正如前文所述,恩玖曾经在北京推动NGO的能力建设,引入大量国外理念和课程,但理念与课程同国内社会组织的发展现状是脱节的,难以产生实际的效果。虽然在北京的登记注册一筹莫展,上海却出现了恩派创生的契机。上海浦东是当时中国第一个配套改革试验区,商玉生等人在上海做培训时与浦东政府建立了联系,在时任浦东新区社会发展局局长马伊里的邀请下，商玉生、徐永光等人在浦东开辟新的阵地，而吕朝成为得力人选。2006年1月，上海浦东非营利组织发展中心（NPI）在上海浦东新区注册为民办非企业单位，吕朝任法人代表。通过与地方政府的合作，恩派得以登记注册和成功落地，这也意味着更多的认同、信任和资源渠道的取得，对于恩派的就此扎根与迅速成长，有着根本性的意义。而地方政府同样通过建立合作关系，寻找到可资信赖的合作伙伴，补充了自己在社会培育功能上的不足。北京恩玖非营利组织发展中心在2009年也终于完成了民非注册，并在民政部的支持下，于2010年7月8日正式上线了声名卓著的基金会中心网。

随着恩派在上海总部的发展，其业务范围逐步开始辐射长三角、珠三角、京津、川渝等地。陆续在上海、北京、深圳、成都、南京、苏州、东莞和珠海挂牌成立当地恩派，并在天津、杭州、济南、重庆、嘉兴等地设有项目办公室。2009年7月，恩派正式进驻北京，注册成立北京市西城区恩派非营利组织发展中心，首次将公益孵化器模式引入北京。2012年9月北京市恩派非营利组织发展中心成立，并逐步形成了以北京市社会组织孵化中心、西城区社会组织服务中心、朝阳区社会组织综合服务中心及天津天保青年公寓社区服务中心为依托，围绕孵化培育、能力建设、项目评估及平台建设四个方面的核心业务，形成了"一中心多基地"的发展格局。北京恩派作为恩派发展的另一块主要阵地，开始逐步拓展自己的规模，摸索实践的思路。

第二节 立足孵化：恩派的发展主旨

恩派最初引入并运作的公益孵化器理念，是从英国的社会企业孵化器模式所沿袭和借鉴来的。选择公益孵化器的理念，是因为吕朝认为在中国要改革公益存量十分困难，因此在公益领域的发展初期要寄希望于激发增量，发展新人、新钱、新机构、新思路和新制度。公益孵化器的最初落地和运作得益于上海浦东新区政府的支持，在孵化器业务渐渐展开的过程中，也逐步形成了恩派主要的代理托管的运营模式，包括托管

第十四章　创变寻路:北京恩派非营利组织发展中心的拓展转向

运营上海最大的社区服务中心——"三林世博家园市民中心",以及中国第一家社会企业孵化园——"上海市社会创新孵化园"。而随着恩派自身的发展,孵化器业务开始逐步向深圳、苏州、南京、珠海、成都,乃至鄂尔多斯等不同城市复制其运营模式,当时也回到了北京,在2009年7月20日,受到北京市西城区社工委的邀请,筹建并入驻北京市西城区公益组织孵化中心之后,又于2010年12月30日,在北京市社工委的委托下,正式代理托管了北京市社会组织孵化中心,并在随后逐步向不同区县扩展,形成了"一中心,多基地"的发展模式。而在与政府的合作中,代理运营这样的综合性平台,也时刻构成着恩派所自觉的压力。

区别于非营利组织(NPO),恩派(NPI)最醒目的特征就在于它用"I"替代了NPO这一名称中的"O","O"意指"Organization",组织,替代它的"I"则是"Incubator",孵化器,这种对应性的替代实际上正是针对性的指向,恩派期冀孵化的目标即是组织,这是恩派创立之初的发心与主旨,也一直是其发展的核心业务之一。公益孵化器是恩派的核心项目,也是机构成立之后所推动的第一个项目。在上海,恩派在南都公益基金会等机构的支持下,以"有爱心,更要有能力"为口号,开始招募社会组织入壳孵化。其首期项目选择的是五家民间社会组织,这五家入壳孵化的社会组织分别是:渐冻人俱乐部、企业公民在行动、多背一公斤、新途健康促进社、妙心家政。选择社会组织的标准体现在吕朝所写的一篇名为《新民营运动》的文章里,他说:"我们主要选择那些对于社会问题有一些新的创意,但还处于组织创办最初期,能力比较弱的新型NGO。他们现在的生存环境是比较恶劣的,注册比较难,资源之间的渠道也不通畅,很难得到社会的资助,因此他们迫切需要能力建设"。

一　北京恩派的孵化模式

北京恩派托管运营着北京市社会组织孵化中心,其公益孵化器业务对接的是北京市社会办的工作内容,其共同目的在于推动社会组织的数量增长与能力提升。因此北京市孵化中心把组织孵化项目的实施重点定位于扩大市孵化中心的服务覆盖面,吸引会聚组织、项目、人才等资源，提升孵化中心的社会影响力，其目标在于将孵化中心拓展为社会组织资源和技术支持中心。恩派的最初业务同时也是其核心业务是公益孵化器，北京恩派同样承袭恩派自身的传统，推进实施这块较为成熟和模式化的业务内容。北京市社会组织孵化中心作为北京市公益组织孵化的主要运营基地，重点扶持初创期、创新型的、专业服务性公益类社会组织，通过社会组织招募、填写入壳孵化申请书、机构筛选并进行机构诊断，为"入壳"孵化的社会组织提供注册辅导、管理咨询、日常培训、信息调研、社区落地等孵化培育服务，最后出壳，进行后期的跟踪调查。通过这一系列的孵化培育流程（见图14-1）为入壳的机构提供专业的孵化培育服务。

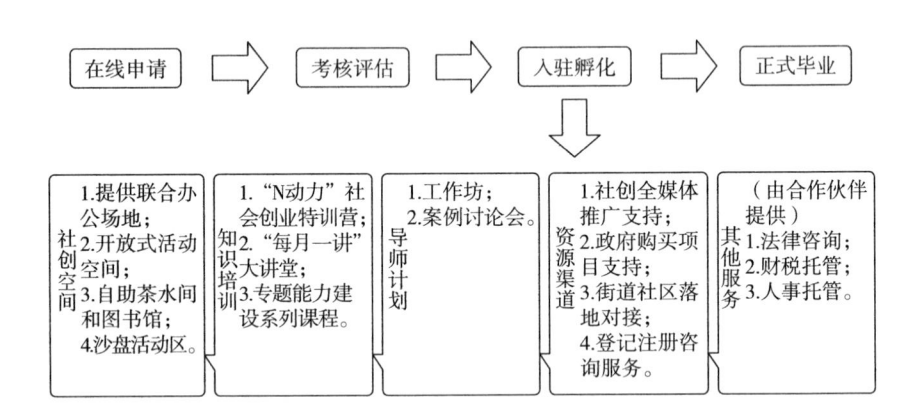

图14-1 孵化培育流程

资料来源：根据调研资料整理。

而为了使孵化培育服务工作辐射更多的社会组织，北京恩派自2012年起开展"短期陪伴成长计划"，为有不同需要的社会组织提供不同程度的孵化路线（见图14-2）。针对初创期的草根社会组织，以3—6个月为周期，提供咨询辅导与能力培训的滚动服务；针对有一定公益能力与发展经验的社会组织，在充分了解其需求和问题之后，选择其中的适宜对象，制订相应的优化方案，进行长期的孵化培育与跟进。

第十四章 创变寻路：北京恩派非营利组织发展中心的拓展转向

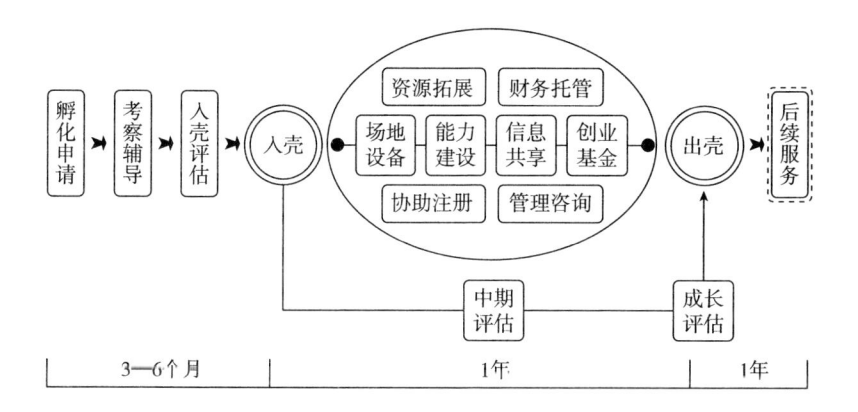

图 14-2 多样化孵化路线

资料来源：恩派孵化业务宣传资料。

二 北京恩派的孵化内容

选择一年的孵化周期来考察，依据《北京市社会组织孵化中心2015—2016年度工作计划》，市孵化中心计划在这一年面向四类服务领域的社会组织提供"入壳"孵化服务，其中主要包括：

1. 为老服务：预计孵化10家，包括居家养老、集中养老、老年人心理关怀、空巢/失独/孤寡老人支持服务、养老产品、老年人照料者支持、养老行业研究等服务领域。

2. 家庭服务：预计孵化10家，包括困境家庭扶助、家庭安全建设、家庭融合教育、家庭问题干预与研究、女性与女童服务等服务领域。

3. 社区发展：预计孵化10家，包括社区融合、社区营造与社区建设、社区文化/经济/社群发展、社区公益金运营、专业社工服务机构支持和社工人才建设等领域。

4. 社会企业：预计孵化10家，可为社会需求提供一定有效产品和服务，以解决一定社会问题为目标，具备商业运营模式，具有可持续发展潜质的经营主体。

除此之外，市孵化中心还计划面向60家社会组织提供壳外创业支持性服务。而"入壳"孵化的服务内容主要包括三个方面：

1. 孵化组织训练营。进行不同服务领域社会组织能力建设课程的研发，并针对"入壳"孵化的社会组织创始人和核心管理人员进行系统性的能力建设培训，以体验引导的方式，来讲授和传递组织运营和管理的经验。每期孵化至少完成10场，全年不少于30场培训活动，计划直接服务500人次左右。

2. 导师陪伴计划。通过"一对一"工作坊和咨询的形式，为处在不同发展阶段、面临不同困境的孵化组织提供面对面的私人定制辅导咨询服务，有效服务增量，提高孵化质量。全年提供不少于100次的定制式咨询服务。

3. 社会创业之旅。为孵化组织和北京市内其他社会组织提供外出参访交流服务，拟设定"社区营造""社会创新"以及其他服务领域等主题路线，鼓励孵化机构和对公益领域、社会创业等议题感兴趣的社会团体或公众，外出参观优秀机构，进行面对面交流，并学习先进经验用于自身机构建设。

在常规性的孵化服务之外，市孵化中心还着力推动构建北京市社会组织创始人伙伴网络，通过建立微信群等方式来组织孵化组织以及其他相关的社会组织共同参与讨论，交流课程体会，实现资源对接和咨询共享。多样化的、多层次的、多内容的孵化服务为不同发展阶段的社会组织提供了切实的咨询与帮助。

三　北京恩派的孵化困境

公益孵化器应对的是最为突出的社会需求，也就是社会组织的能力与规模的严重不足。恩派选择引入公益孵化的发展理念，以公益孵化器作为发端与核心业务内容入手，其目的就在于直接从中国社会组织的发展现状与需要入手，扩展社会组织的数量，敦实社会组织的能力，把社会组织的发展这一显著的社会增量作为直接的关怀。而随着恩派的公益孵化器在全国多个城市的扩展实践，逐渐形成了相对成熟的孵化器运转机制，可以说恩派的孵化器运营已经达至一种模式化运作的阶段。

但从被孵化组织的个体表现来看，其表现并没有整体数字表现得那么光鲜亮丽，孵化组织发展的无助，其实也在反映着孵化器本身的无力。孵化中的咨询与培训很多时候并不能解决组织发展的方向性问题，

第十四章 创变寻路：北京恩派非营利组织发展中心的拓展转向

很难获得核心竞争力。从入壳组织的视角来说，孵化器本身的帮助摆脱不了围绕理念谈理念的问题，分析组织发展的问题，解析组织困境的根源，寻找组织脱困的出路，设定组织前进的方向，这在孵化器的平台上都是容易讨论和沟通的，然而如何让这些设计与规划落到实处一直是孵化器所存在的问题。问题只有在实践过程中才能得到检验，然而实践本身就构成了最大的问题。组织脱离孵化器之后如何立足成为孵化组织与孵化器所面临的最大问题，其中一种重要的解决途径在于争取政购项目，而如果没有项目，孵化器所提供的解决方案也无法围绕具体的项目展开，只能且行且看，能组织什么活动先组织什么活动，组织本身的意义甚至随着无意义的活动在逐渐消解。

在恩派早期的孵化器项目中，资金与物质性支持是很重要的一部分。入壳组织在与恩派签订孵化协议后，恩派不仅为其免费提供办公场地和设备，每月还为组织提供一定额度的小额补贴以用于人员经费和机构运营，这些支持缓解了组织在其发展初期的资金与场地、设备的缺乏困境，对其稳定的发展运行起到了一定的帮助。尽管还是对部分入壳组织提供集中的办公场地，但这种孵化模式已经发生转变，不再提供资金之类的支持内容了，这一方面当然是出于成本的考虑，但更重要的是因为恩派的理念本身在发生转变。单纯针对孵化组织的主观性原因进行考虑固然重要，树立争取的组织理念，规划合理的组织架构，搭建协作的组织网络，完善合格的组织能力，从组织自身来提升自己，是组织发展的必经之路，而相应地从客观环境来讲，外部资源的缺乏一直以来都是中国社会组织发展的严重阻碍。恩派的思路调整，就在于不拘泥于孵化器一途，而是在孵化业务之外，帮助社会组织来寻找另外的支撑，也就是帮助他们去参与项目的运作，通过参与项目来完善组织自身的能力建设，进而推动组织自身的发展。

第二节 着眼社区，恩派的扎根基础

公益创投，是将经济生活中的"风险投资"或"创业投资"的理念运用到投资和帮助立志于公益事业和社会效益的新兴社会企业或公益组织。公益创投面向的对象，主要是初创期和中小型的公益组织，为他们提供创业与发展方面的支持，其中也包括整体性的能力建设，以求寻找和筛选出具有创新理念和创新意识的社会组织，培育和推动他们的发展，进一步改善社会公共服务的质量，满足社会公共服务的需求。在国家治理体系持续改革和治理能力不断推进的时代背景之下，公益创投对于促进社会组织的发展，推动社会部门的整体前进有着十分关键的作用，随着社会治理创新推进以及公共服务外包的兴起，公益创投也逐渐从一个热门的概念术语演变为地方政府的创新实践。上海、北京、南京、东莞、广州、天津等地先后借助公益创投理念，创新公共服务供给方式，扶持和培育了一大批社会组织，具体实践了多种不同的运行模式。

一 社区公益创投的生发

公益创投作为一种推动社会组织成长，提升公共服务水平的操作模式源起自欧美国家。而公益创投的理念和模式由恩玖率先引进国内，2006年在联想集团等企业的支持下，通过"新公益伙伴"计划实施展开。在恩派创立初期，公益创投的理念同孵化器的思路区分并不明确，事实上二者是杂糅在一起来进行的。当时联想等企业在做私募股权投资的同时，也把目光投注到公益领域中来，在北京的蓝筹名座租了一层200平方米面积的写字楼。通过恩玖的领导徐永光、吕朝等人的层层评审，衡量公益创业的发心，考察公益创业的动机，选择公益创业的苗子，最终敲定了瓷娃娃关怀机构、乐邻合作社、影弟工作室、歌路营教育咨询中心、北京启明星成瘾者服务中心、视野中国青年教育交流协会这六家社会组织，作为孵化器的第一批入壳组织。而在艰难地持续了五年之后，这六家社会组织作为正式注册的北京恩派的第一期孵化机构，在2010年6月22日正式出壳。在这孵化器运作的最初版本中，可以看到恩派作为支持性社会组织的发端理念，但是运作的艰难与成效的甚微让恩派开始重新考虑孵化器的进取之路，与支持方的合作也亟待拓展。

北京恩派在北京市朝阳区安贞街道运作一个社区社会组织的培育项

第十四章 创变寻路:北京恩派非营利组织发展中心的拓展转向

目时,本身计划引入5个外部社会组织,同时培育5个社区社会组织,各支持1万元来作为孵化资金。但出于转变思路的考虑,项目领导在执行时,决定尝试变更项目的具体运作方式,希望用这笔项目资金来鼓励居民做实实在在的事情。等项目成型并开始运作之后,再从恩派所孵化的社会组织中,寻找相应服务领域的社会组织来做对接。这一方面切实应对了社区自身所面临的问题,另一方面为恩派所孵化的社会组织提供了打入社区的渠道,公益孵化本身需要通过这样的途径来寻找现实的支撑。当对社会组织的孵化拓展到对社会组织培育的时候,就必须要考虑到社会组织的落地问题,只有成功落地,社会组织才能寻找到自己的支撑,从搀着走路到自己迈步,都要在实际的工作中才能进行。

社会组织与社区的概念事实上是彼此相依的,只有在社区之中才能真正清楚了解社会组织的活动机制。社区本身自始至终都表现为社会组织的落脚之地,社会组织与社区不断地相互作用最终也塑造了社区的基本形态。而更关键的一点在于,社会组织所参与和带来的社会行动,本身成为社会建设与社区建设的重要关切点。随着"社区建设"的概念在"社区服务"的基础上被提出,社区相对于原来的居委会进行了一系列的结构改革和功能调整,而社区建设也成为各地改革实践的重要领域,社会组织也就此逐步占据自身生长的合法性空间,开始获得长足的发展。而在"社会治理"开始取代"社会管理"作为政府执政新理念的当下,社会组织自身的价值与作用在社会治理的体系中越来越受到强调,成为推动社会发展与社会建设的重要力量,而不再仅仅是作为一种补充。

二 社区公益创投的实施

政府本身是一个多层级的体系,各级政府的管辖区域、关切重点、现实需求和资源状况都不尽相同,所以政府购买服务的展开也都是不同层次上的多元化实践性过程。在与街道和社区的合作过程中,恩派最初关心的是专业社会组织的落地,而随着这种合作过程的推进,另一个重要的议题也逐渐被纳入为恩派的业务范畴,那就是社区社会组织的培育,而起依托的形式就是社区提案大赛,它以一种社区公益微创投的形式呈现出来。

北京恩派所推动的公益微创投始于朝阳区的安贞街道。伴随着北京市推动社区治理创新的实践过程，在恩派的辅助推动下，北京市已经在约60个试点社区开展了类似于"社区微创投"的社区提案大赛。在提案大赛中凸显居民的主体地位，培养居民的主动意识，鼓励居民发现、提出和参与到社区事务中来，通过一个个初级的公益项目，来逐渐培育社区的自主公益力量。其中，恩派作为支持机构发挥技术指导的功能，承担提案大赛的整体策划与统筹实施；街道作为政策与资金的支持与提供者，为提案大赛提供必要的行政协调和资金基础；专业性的社会组织作为协助者和引导者，通过参与、服务和共事来促进社区自组织的成长；而社区公益的积极分子，社区自组织以及广大的社区成员，则在提案大赛中共同参与，发挥力量与责任。这里体现的是一种多元共建的理念，多方主体正在从"多元参与"向"多元协作"逐渐过渡，而在参与与协作的过程中，也体现出了一种"参与式的协商"，实现的是一种从提案萌生到项目运作全过程的共商共建。

三 社区营造的升级完善

当社区自生力量得以作为社区公益创投的主体参与到社区建设的时候，在北京恩派的推动下，北京市朝阳区自2014年开始探索推进社区营造计划。在日本和我国台湾，社区营造运动都为保持地区的多样性和独特性，发掘和拓展地区文化传统的潜质做出了很多成功的尝试。而朝阳区的社区营造，主要结合社区建设的具体工作，围绕各个社区，在社区党委和居委会的引领和支持下，接受专业社工机构的技术指导，以满足社区居民需求为目的，以动员社会广泛参与为手段，以居民自治管理为方法，采用组建居民项目管理小组的形式，引导居民发挥社区建设主体作用，自我提出、自助解决社区服务管理需求。其实不难看出，社区营造就是社区公益创投的升级版本。

朝阳区推进社区营造的主要目标在于实现政府行政管理与居民自治的良性互动，不断提升社区"自组织、自服务和自发展"的能力。在激发居民发现社区需求，帮助厘清社区现存问题，协调培育形成居民自治管理项目的同时，要以问题和需求为指引，围绕项目的形成和运作，引导居民以组织化的方式参与。而相对于社区公益微创投，社区营造增

第十四章 创变寻路:北京恩派非营利组织发展中心的拓展转向

加了专业社会组织的角色,强调要发挥专业社会组织的作用,通过社工机构的协调参与,来帮助居民自主项目准确对接到其实施方案,落实项目的目标与要求,确保其预定方向与预期目标的对应落实,从而保证居民自主项目得以在保证居民积极参与的同时,有效地解决所针对的社区问题与需求。

社工机构本身的发展,也是社区营造所关切的内容,作为专业性的社会组织,社工机构的服务内容只有在社区才能得到落实和检验,这不仅需要组织自身具有足够的专业水平与成熟手段,而且需要有良好的合作模式去与街道和社区进行交流,不仅仅是把自身的理念带入到社区,同时也是把握社区自身的基本状况与所存在的社区需求和社会问题,要在接收和理解社区自身的观念与关切的基础上,结合自身的理念与技能,联合社区自身的力量,以及来自政府和其他的多元力量的支持,共同寻求合适的公共服务方式,以提供积极有效的解决方案,并且通过服务理念和专业技能的传递与传授,来影响居民以组织化的方式参与,最终促进社会内生力量的成长,提升社会的整体发育水平。这种实践过程,既是专业社会组织扎根落地,检验自己能力,提升整体水平的过程,也是社会自身力量发掘自身潜能,建构自生组织,实现基层自治的过程,而更重要的是,在这一并进的实践过程中,包括政府、企业、社会组织、社区、居民在内的多元力量都参与到其中,在相互交涉、相互协商、相互协作的过程中探寻多元共治的可行模式。

第四节 创变寻路:恩派的实践反思

从公益孵化器到公益创投,是恩派组织自身成长的理念发展与内容扩充,其中涵盖的是恩派主营业务中的两个大项,公益孵化对应社会创业,公益创投对应社区建设。对于恩派来说,公益孵化器在最初是唯一的核心,由公益孵化器生发出了诸多叶脉,而随着整体大环境的推动与恩派自身的理念发展,社区业务越来越得到重视。如果说孵化业务曾经是核心支柱的话,那么现在,孵化业务和社区业务已经形成齐头并进之势。虽然二者还未能整合起来,但就核心理念和业务内容而言,很多时候是交错重叠,彼此连带的。

在恩派的发展理念中,"增量为王"始终是最为重要的口号,而增量的概念也在理念和实践的层面上不断扩充其内涵与能指,追求增量所关切的不仅仅是数量上的扩充,更是维度上的提升与空间上的增长。而空间上的增长,追求的是"把蛋糕做大",让更多人可以参与分享蛋糕,也就可以拉着更多的人去继续把蛋糕做大。对于增量的追求是一种激励手段,也是维系持久发展的必经之途。社会发展本身是牵涉多个领域,多元力量的整体事务,只有推动不同层面上公益增量的共同增长,才能真正推进社会建设与社区建设的进程。

一 助力社会组织的合法性获取

合法性机制是新制度主义分析的一个核心关键。所谓合法性机制,是指诱使或者迫使组织采纳具有合法性的组织结构和行为的观念力量。[1] 观念力量在这里所指代的是在相应社会中的制度环境,广义的制度环境往往被视作还包含有文化制度、观念制度、社会期待等因素。而在这种合法性机制中,政治性的强制因素,专业性的规范因素和同行性的模仿因素往往都构成重要的影响机制[2]。在中国的现实语境下,尽管在理念上与事实上存在着诸如政治合法性、行政合法性、社会合法性和法律合法性等多种合法性来源,而社会组织可以依循其自身的社会合法性得以生长并享有自主性[3],但正式制度本身所具有的强大的政治效力和法律效力,事实上始终压迫其他合法性机制的表达空间。随着政府购买服务的逐步展开,对于正式的制度性的合法性身份的获取,成为社会组织发展不得不解决的现实问题。而这一现实问题,恩派在与政府合作的过程中,有时候可以成为用来协商的条件和促进发展的手段。

正式的合法性身份的获得是社会组织得以生根运转的重要基础,而在实际的推进过程中,通过政策性的决策和指令来引导,也以一种制度

---

[1] 周雪光:《组织社会学十讲》,社会科学文献出版社2003年版,第75页。
[2] P. J. Dimaggio & W. Powell, "The iron cage revisited: institutional isomorphism and collective rationality in organizational fields," American Sociological Review, Vol. 48, No. 2, 1983.
[3] 高丙中:《社会团体的合法性问题》,《中国社会科学》2000年第2期。

第十四章 创变寻路：北京恩派非营利组织发展中心的拓展转向

性的合法性力量形塑着社会组织乃至其他多元力量的社会行为。朝阳区的社区营造以一种大项目整合的方式，把更多的社会组织纳入社区建设的队伍中来。而通过参与到政府购买服务的项目之中，社会组织本身在积累自身实践经验的同时，也在提升着自身的合法性。林尚立把中国国家秩序建设的路径概括为"通过创造有效性来累积合法性"。[1] 而蔡禾则认为有效性与合法性作为不同的合法性基础，二者之间并不能完全地相互转化，但是存在着息息相关的彼此影响。[2] 这两种合法性基础事实上可以看作"实质合法性"与"形式合法性"在国家治理体系中的体现，如果在社会组织的合法性层面来套用这种合法性区分方式，则分别指向社会组织的制度性参与行为和正式性合法身份，恩派在制度层面从这两个向度都付诸行动，从而也得以拓展组织生存的制度空间。

二 拓展社会组织的资源空间

社会组织的实际运转离不开外部资源的获取。大部分社会组织的资源结构都是多元化的，单靠慈善捐赠并不足以完全撑起成熟的社会组织所希求承担的公共服务体系。几乎所有国家的社会组织都主要依靠政府支持、经营收入或者国外捐赠。[3] 但是多方面的资源架构并不均衡，社会组织自身并不能生产自身所需的外部资源，而自身所生产的服务产品，因为公益性的多方面考虑，实际上也很难参与完全化的市场竞争。企业往往可以通过市场来保持一种"再生产"的流动过程，但社会组织很多时候则难以摆脱对于外部捐助与支持的依赖。

社会组织的资源结构存在的这种"不足"，并不是中国所独有的问题。事实上，在社会发育程度较高，市场化运作比较成熟的国家与社会，同样有着社会组织的资源体量和支持方面的问题。恩派在积极协商、促进政府开展和加大政府购买服务的规模与范围的同时，也在积极汲取其他方面的，特别是来自企业方面的资源支持。2015 年，朝阳区

---

[1] 林尚立：《在有效性中累积合法性：中国政治发展的路径选择》，《复旦学报》（社会科学版）2009 年第 2 期。

[2] 蔡禾：《国家治理的有效性与合法性——对周雪光、冯仕政二文的再思考》，《开放时代》2012 年第 2 期。

[3] 王绍光：《中国公共政策议程设置的模式》，《中国社会科学》2006 年第 5 期。

社区营造计划二期在一期16个社区的基础上，推广到91个社区，而"汇丰社区伙伴计划"二期也同步启动，为朝阳区社区营造计划继续注入资金支持。"汇丰社区伙伴计划"项目本身是汇丰银行（中国）有限公司同恩派基于共同的社区发展认同，以建设熟人社区为核心理念而设计出来的。该项目自2013年底启动迄今已实施两期，累计投入资金1800万元，撬动政府资金1106万元，覆盖56个社区，建立社区基金22个，而2016年汇丰在第三期项目启动后总共投入1000万元，与全国多地政府继续深入社区建设合作。值得注意的是，北京市朝阳区把汇丰计划作为自身推进社区营造的补充资金，而汇丰计划也把撬动政府资金作为其推进社区建设的重要目标之一。恩派在努力搭建多元的资源结构，汲取多样化的资源支持的时候，不同的外部力量本身也在彼此相互推动和促进，共同营造社会组织更为广阔的资源空间，为社会组织的发展提供更为切实的扎根路径与生长平台。

第十五章

互联网逻辑下的公益组织新探索

——以"路人甲"的公益实践为例

自互联网技术走进人类生活以来,政治、经济、社会、文化等诸多方面都发生了巨大的变迁。2015年3月,李克强总理在政府工作报告中首次提出"互联网+"行动计划,为互联网逻辑的大规模运用增添了新动力。在公益领域中,互联网的运用也越来越普遍,网络募捐已经被越来越多的网民接受,并伴随《慈善法》的出台,走向制度化轨道。

事实上,从学术脉络的角度来说,"互联网+公益"的课题还可以追根溯源。兴起于20世纪50年代的技术与组织关系研究已经达成了一些共识:技术与组织的关系已经不局限在"谁影响谁"的简单因果关系上,双方之间相互影响、互为建构的关系已基本定论,论者所讨论的技术之于组织或是社会、制度、组织之于技术,只是偏重点的不同而已。[①] 由此,我们能够站在互联网与公益组织"互构"的基点上讨论这一问题。具体来说,无论是互联网对于传统公益组织的冲击性影响,还是与互联网相伴而生的新兴组织发展;无论是互联网对于公益组织的改造作用,还是组织制度对于互联网的促成与制约,都可以统合到这一思路中来。尤为重要的是,自郭美美事件发生后,中国公益事业遭遇的"十字路口",及其比较敏感的舆论环境,使得互联网时代的公益组织每走一步都是新探索。本章以"路人甲"的公益实践为例,探寻互联网逻辑下公益组织新的运作模式,并展望它对今后公益发展的启示性作用。由于政策准入的原因,路人甲平台已停止运营,而作为当时最为

---

① 邱泽奇:《技术与组织的互构——以信息技术在制造企业的应用为例》,《社会学研究》2005年第2期。

活跃的平台之一，其发起与发展的过程亦能够给予我们诸多启示。

"路人甲"创立于 2015 年 2 月 14 日，是友成企业家扶贫基金会孵化的一个公益捐赠平台，以手机 App 为主要形式，是一个"有温度的专业捐赠平台"，提出的基本理念是"不旁观、不土豪、有反馈、有答谢"。在这个页面上，展示的是一个个最新上线的公益项目，捐赠人用定额 10 元钱支持一次，捐赠后会获得答谢券一张，用来兑换商家的优惠券或者代金券等，后续还可以收到项目反馈卡等进展小贴士。到 2016 年 5 月，路人甲平台已集聚用户十多万人，筹款 200 多万元，复捐率超过 20%，优惠券兑换比例为 15%—20%，兑换之后使用的概率达到 70%，而到 2016 年 9 月时，路人甲平台已集聚用户近百万人，筹款超过千万，成长速度很快。在这个被称为中国首个"惠捐"理念实践者的公益组织中，其组织结构、流程设计、组织理念等各个方面，都彰显了互联网的强大作用，而这些正是网络化时代公益组织的新探索，与未来中国公益事业的发展走向密切相关。

第一节　内核：三个主体的惠捐模式

在路人甲的 App 界面上，我们能够看到以捐款人为核心的三个主体：捐款人、商业机构和公益项目。对于捐款人来说，打开 App，能看到路人甲分栏目推荐的诸多公益项目，这些栏目包括：母亲节专区、最新上线、快乐阅读、患儿救助、大自然保护、特殊群体关怀和中华社会救助基金会专区（笔者于 2016 年 5 月 10 日登录所见）。可见，在栏目设置上，路人甲既关注了时下热点，又有重点推介；既涉及特殊群体，也关照自然环境。在母亲节专区中，第一个项目是中华社会救助基金会的"空巢不空·银天使计划"，在"你陪我长大，我陪你变老"的图片中，是一位老妇人皱着眉头满面皱纹的侧脸，黑色背景，闪烁着几点星光，介绍语是这样写的：

她曾紧紧地将你抱在怀里，唯恐你受到哪怕一丝伤害；他曾高

第十五章　互联网逻辑下的公益组织新探索

高地将你抛起，因为你是他最大的骄傲。只是时光荏苒，你在关爱中逐渐成长，而他们却早已悄无声息地老去，外面的世界吸引着我们渐行渐远，留下面容憔悴的他们独守空巢。10元钱，或许只是一副老花镜，却能为独守空巢的他们送上来自后辈们的温暖与关怀。

如在页面底端选择"支持10元"，就可以通过微信或者支付宝捐出10元钱，随即获赠答谢券一张，选择"去兑换"，可以在诸多商家中兑换面额不等的各种优惠券，券的使用说明中包含的"企业介绍"，对商业机构来说是个很好的宣传机会。至此，一个捐赠流程结束。这个流程如路人甲创始人韩靖参加"中国新常态"——2016宾大沃顿中美峰会时主办方负责人所说："路人甲公益平台颠覆了传统公益的格局，让捐款人、商家和慈善组织之间的关系从单向价值链变成价值闭环，这不仅在中国是最前沿的社会创新，在美国也是非常先进的模式，我们觉得他这次的分享会非常有价值。"[①] 这种价值闭环就是捐款人、商业机构和公益项目之间的依存关系（图15-1），创始人韩靖在他的演讲[②]中这样描述：

> （路人甲）重新定义了三者之间的关系，捐款人在这里面，他们一方面在奉献了自己的爱心，得到了感动的同时，他们也得到了企业给他们的答谢。对于每一个商业机构来说，他们不仅仅做了企业的社会责任，更重要的是，他们还聚集了有价值的用户，促进了自己企业的消费。对于每一个公益项目来说，他们不仅仅得到了善款，得到了发展的资金，同时，他们还用自己一张一张的明信片，来感动着周边的人。大家可以看到，在这里边，没有一个人做出了英雄般的付出，每一个人都扮演了有价值的路人甲，他们在有限付

[①]《路人甲公益创始人韩靖获邀出席2016宾大沃顿中美峰会》，2016年3月28日，http://n.cztv.com/health/11978346.html.

[②] 2015年4月15日，http://v.qq.com/cover/u/us8l1lbnpi1y4ms.html?vid=v1401qw2i63.

出的同时，也得到了别人给他的回报，我们实现了各种跨界的不同身份的路人甲的握手。

相应地，路人甲的组织架构也遵循三个主体的业务关系，30多名员工组成4个部门，创始人韩靖向笔者介绍了各个部门的分工："一个部门专门负责跟公益领域合作，项目上线、收集资料，收集反馈，跟他们联合做一些活动；还有一个是搞优惠券的；还有个专门负责技术开发；还有一个是负责市场推广的，提高路人甲的知名度，等等。"

总之，三个主体不仅组成了一个闭环（见图15-1），也分别实现了各自的价值，达到共赢，即路人甲所说的"惠捐"模式。这种模式是互联网时代的独特贡献。

图15-1 路人甲的三主体价值闭环（笔者自制）

对比传统公益形式，三者联动需要通过慈善仪式等活动才能达成。比如，龙永红在调研中，观察了慈善活动的一套过程："在2010年的'慈善一日捐'中，在总共286家捐赠单位中，有187家是政府机关与事业单位。其组织动员的基本模式为，以区县慈善总会座谈会形式进行部署安排，规定了公务员、事业单位在编人员、工业企业、房地产开发企业各自的劝募标准；明确各牵头单位分块包干分散落实劝募任务，并明确相关行政部门负责，如国税部门、经贸部门牵头，邀请企业单位参与，由省市主要领导出席'一日捐'启动仪式并讲话。"[1] 袁泉在他的

---

[1] 龙永红：《官办慈善组织的资源动员：体制依赖及其转型》，《学习与实践》2011年第10期。

第十五章　互联网逻辑下的公益组织新探索

研究中汇总了调查点 C 区的慈善仪式，将之分为表彰大会、座谈会、见面会/茶会/茶话会、捐赠仪式、启动仪式等具体形式，在这些仪式中，有的是综合性的仪式，有的是企业与社会组织的接洽会，有的是慈善组织或企业与受助者的互动。① 也就是说，捐赠者、企业、社会组织偶尔能够同台出现，有时会出现两个主体，但三者之间联动的实现就很少见了。如果需要达成联动，在传统公益那里则需要分阶段进行，难以常规化运作，三者之间基本上是断裂的。

路人甲平台在一个手机界面上，将三个主体同时呈现，并创造了他们之间的链接机制，形成有效联动，这是传统公益难以想象的，是互联网技术对传统公益事业的直接改造。

这项改造的达成，互联网逻辑起到了关键性的作用。而所谓的"互联网逻辑"又可以分为两个层面，一是天然属性，二是社会属性。天然属性是指互联网作为一种技术本身，它所具有的结构。如英国学者安德鲁·查德威克分析解读 TCP/IP 协议时指出的：其一，每个不同的网络必须代表它自己，当它接入互联网时不应该被要求进行任何内部调整；其二，网络传输应该基于最小的努力的基础上，如果数据包不能抵达最终目标，那么这个数据包应从其来源之处迅速被再次传输；其三，以"黑盒子"来连接网络（这些"黑盒子"后来被称为网关和路由器），信息流动数据包通过网关时不应该有信息滞留，因此，要使信息数据包简单化，避免复杂匹配，能够复原各种失败信息；其四，在运行方面不应有全球层面的控制。这些原则表明了 TCP/IP 的核心价值观，其中第一项传达出的是互联网的无限扩张理念；第二项指出了互联网的活力与灵活性特征；第三、四项原则直接预示着互联网在技术层面是缺少中心化控制的。②

在这个维度中，移动互联网的大规模扩张为路人甲的产生提供了基础性条件。截至 2015 年 6 月，我国手机网民规模达 5.94 亿，这个庞大

---

① 袁泉：《基层慈善实践中的制度变迁研究——以 C 区的慈善活动为案例》，博士学位论文，吉林大学，2014。
② 参见 [英] 安德鲁·查德威克《互联网政治学：国家、公民与新传播技术》，任孟山译，华夏出版社 2010 年版。

的用户群体人数已经超过美国和欧洲的人口总量，存在巨大的用户潜能，而这就是路人甲的目标用户群体，他们便捷地连入网络，是为互联网的开放性逻辑，即查德威克所说的"无限扩张""灵活性""缺少中心化控制"。在这个基础上，捐赠人、商业机构和公益组织都可以自由开放地进入路人甲平台，非常便捷地实现了他们之间的常态共存，打破了要求各方通过慈善仪式共同出席的传统模式。

从社会属性来说，互联网技术必然不只是一项技术，更是具有社会现实色彩的一项应用。自郭美美事件以来，中国慈善公益事业面临着巨大挑战，社会信任已经成为稀缺品，传统公益形式广受诟病。因此，"互联网+公益"被寄予厚望。正如韩靖在演讲中指出的："在中国做公益，缺的不是好人，而是好的组织者。为了让公益成本实现社会化分摊，互联网是最佳的组织工具。"[①] 路人甲三个主体的结构模式，融汇着这一平台对于中国公益现状的理解，以及他们对于互联网的角色期待，如韩靖在笔者的访谈[②]中所说的：

> 我们做公益是为了什么，是为了更多的人参与，还是拿到更多的钱，这个是大家需要去讨论或者思考的。公益领域自己讨论过一次，谁是我们的受益人，他们定成是弱势群体，所以资方活该给，给了我就拿着这个钱去用，资方不能要求我们什么，我们要保持我们的独立性。我就不这么认为，我认为什么叫目标，什么是公益的目标。公益是建立受助群体和捐款人的关系，以及建立受助群体与社会的关系的一个过程，这个关系就是你的目标，不是什么受益人。如果以关系为目标，就不会出现像毕节这样的，越帮越穷，越扶越困，因为你满足了自己去给他一个什么东西之外，你没有去帮助他们建立这样的关系。这种关系才是真正难能可贵的。这种事可能就比较缓慢，但是我们也不愿意去做阶段性的事儿。

---

① 2015 年 4 月 15 日，http://v.qq.com/cover/u/us8l1lbnpi1y4ms.html?vid=v1401qw2i63（网址已变更）。

② 创始人韩靖先生访谈，2016 年 5 月。

第十五章　互联网逻辑下的公益组织新探索

从中可以看出，创始人认为，只有建立起捐款人与受益人之间的联系，甚至是长期关系，才是公益的目标，否则就是"一锤子买卖"，难以长久，且公益效果不好。对于"公益的目标是关系"的理解，即体现了互联网逻辑社会属性的作用机制，在互联网上，三者联动可以轻易达致。也可以说，这些尝试是路人甲对联动缺失的公益困境开出的药方，是路人甲对于当代公益发展的一次回应——用创新式发展尝试解答公益转型的时代谜题。

第二节　形式：细节设计中的感性理念

在惠捐模式的基础上，我们能够看到，从捐款人到商业机构，再到公益项目，除了利益上的共赢外，路人甲对于各个环节的主体体验也有颇多关注，而这些也是建立在互联网逻辑的基础之上的。

一是草根性。中国常规性参与捐赠的人数只有三四千万人，捐赠的频次是0.1次，平均每个人捐赠3美元左右；美国大约有四分之三的家庭平均每年捐赠1800美元，相当于家庭总收入的3.5%。[1] 面对这样的差距，路人甲做出了一些反思，如上所述，让更多的人参与是路人甲的一个重要出发点。普通人，而非富豪、英雄的参与是保障人气的基本条件。韩靖在笔者的访谈中说："现在的慈善机制是打土豪的，现在很多互联网平台也是打土豪的，并没有体现出互联网本身的草根性，这是一种遗憾，所以我们创办了路人甲。"在演讲中，他又对英雄主义的公益做出反思：

> 在今天的中国，我想有一个词大家不愿意提及，是我们在座每一个人心里的痛，就是冷漠。我们不愿意提它，但是我们能感受它就在我们的身边，中国固然需要这些做得很好的英雄，让我们敬佩

---

[1] 参见［美］亚瑟·C.布鲁克斯《谁会真正关心慈善：保守主义令人称奇的富于同情心的真相》，王青山译，社会科学文献出版社2008年版。

行动·拓展·创新

的英雄，但是我们也不能存在一个冷漠的社会里，我们不需要一个一个冷漠的路人，我们需要一个有温度的路人甲，他们不是伟大的英雄，但他就在你的身边，用你的行动来感动你自己。[①]

这些普通人只需要支付 10 元钱，就可以支持他或她感兴趣的公益项目。并且，一次只能支付 10 元，这是路人甲基于中国人捐款调查所得出的数据结论——10 元是意愿性捐款发生频次最高的面额。

在路人甲里我们设立了一个定额的捐钱，点一下 10 块钱，如果想捐 100，好，麻烦你点 10 遍，因为我知道你在点 10 遍过程中，捐的不是你的钱，那是你的时间，你在用你的时间，在用你的关注、你的精力去关注一个公益项目。中国确实需要一掷千金的慈善家，但更需要为数众多的上千万的 10 块钱的慈善家，所以在路人甲，我们号召每个人去做 10 块钱的慈善家。[②]

同时，不只是针对捐款人，对于商家，路人甲依然对草根性充满兴趣。韩靖在访谈中告诉笔者：

我们也希望能给更多小的企业提供参与公益的出口，而不是京东、阿里这样的公司，因为他们的出口其实挺多的，他们也可以成立自己的基金会；但是一个理发店恰恰很难做到这一点，而他们的需求呢，也会比较强烈。如果每个理发店的人也能参与，他再找你推荐个套餐什么的，也没那么烦了。

二是反馈性。如上文所说，路人甲在理念上认同公益的目标是关系，而受捐方面关系的修复与重构是一个相对漫长的过程。路人甲从自己做起，先在他们的平台上构筑起关系的桥梁。一方面，捐款人在捐赠

[①] 2015 年 4 月 15 日，http://v.qq.com/cover/u/us8l1lbnpi1y4ms.html?vid=v1401qw2i63.

[②] 2015 年 4 月 15 日，http://v.qq.com/cover/u/us8l1lbnpi1y4ms.html?vid=v1401qw2i63.

第十五章　互联网逻辑下的公益组织新探索

之后可以在微信朋友圈中发布自己的捐赠信息，向自己的好友彰显其个人的善心，同时，"一起捐"的选项，可以邀请朋友共同达成一个筹款目标。在这个过程中，公益表现为一种传播，或者是一种社交。路人甲通过捐赠人的关系网络扩展，具有以一当十、事半功倍的效果。

另一方面，面对中国公益的反馈困境，路人甲没有发布几十页的公益报告，而是用简洁的温馨小卡片向捐赠人提供项目进展情况。如韩靖所说：

> 很多公益组织都在各种渠道发布自己的财务报表，但是公众仍然不满意，我认为他们走到了一个死循环，我不停发布我的报告，我这边不看不看就不看，我说你不透明不透明就不透明，这是一个死循环，什么出了问题？沟通方式出了问题，一个捐款10块钱的人，没有耐心看完一个长达几十页的项目报告，但他仍然需要一个真实且温暖的反馈，所以路人甲创造了一系列的温暖的反馈的系统。①

三是感性化。从上述过程中我们也能够看出，路人甲处处从三个主体的感受出发进行细节设计，快乐、尊严、满足等方面的情感追求显而易见。比如，对于公益项目的介绍语言、图片，都尽量采取温暖的风格，而不是用触目惊心的方式刺痛捐款人。韩靖在介绍自己的公益之路时，表达了他对公益的基本理解：

> 第一个就是快乐，通过与兴趣结合，让每一个人觉得帮助别人的快乐。第二个就是尊严，在这里边没有受助者，大家都在证明我们值得被人帮助。第三个就是沟通，这是一个跨越族群不同的沟通的方式，让每一个爱好者都有机会向社会证明，我们也是一群有血有肉有爱心的好人。②

---

① 2015年4月15日，http://v.qq.com/cover/u/us8l11bnpi1y4ms.html?vid=v1401qw2i63.
② 2015年4月15日，http://v.qq.com/cover/u/us8l11bnpi1y4ms.html?vid=v1401qw2i63.

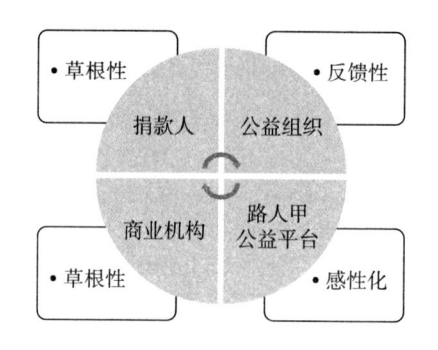

图 15-2　细节设计的特征匹配图（笔者自制）

在这三个方面中，路人甲都自觉地运用互联网逻辑改造原有的公益样态。这里的互联网逻辑，往往混杂了互联网的天然属性与社会属性，二者融汇在一起，共同作用于路人甲的公益实践。也就是说，互联网时代，线上生活已经成为人们生活中不可或缺的一部分，庞大的网民群体为"人人公益"创造了良好的条件，是公益走出土豪依赖和英雄情结的最佳时机。并且，由于互联网的便捷化、快速化、消费化，导致人们并没有足够多的耐心在网络上寻找严肃的内容，因此，简单及时的反馈、温暖贴心的语言，就成为路人甲与用户相处的基本策略。刘少杰提出，在新形势下，感性传播替代了理性传播的地位，前者是以感性形象、影视画面或符号象征传播意识形态观念，而后者则是以文字语词、报刊书籍或有声广播传播意识形态观念，象征化和大众化的感性意识形态传播的主要特征，他进一步指出："以传播感性象征形式为主要内容的大众传播，推动了社会结构的深刻变迁。"[1]

当然，这并不代表互联网逻辑中没有深刻、冷静与反思。事实上，一些公益组织致力于"一分不差"的严谨财务承诺，也产生了良好的效果。如卡斯特所说："网络中主体的多重性以及网络的多元性拒斥了统一的'网络文化'……不过是一种转瞬即逝的文化，是每个策略决

---

[1] 刘少杰：《新形势下意识形态传播方式的变迁》，《吉林大学社会科学学报》2011年第5期。

定的文化，是经验与利益的拼凑，而非权利与义务的宪章。"① 所以，上述感性形式只是路人甲在抓住一部分互联网逻辑之后的初步对接，而这就是他们的基本定位。

第三节　发展：超越鸿沟的创新思路

路人甲成立一年多以来，得到了公益领域的广泛认可。在第五届中国公益节上，路人甲获得2015年度公益项目奖；在2015"点亮爱心梦想"第五届爱心中国公益颁奖盛典上，路人甲创始人韩靖荣获"年度公益人物奖"，路人甲公益捐赠平台荣获"年度最佳公益组织奖"；在世界经济论坛2015年新领军者年会（夏季达沃斯）上，韩靖作为青年社创领袖出席活动；在2016年4月举办的首届宾大沃顿中美峰会上，路人甲公益平台成为首个在国际顶尖商学院演讲的社会企业。可以看出，路人甲作为社会创业典型已经得到了相当程度的认同，是"互联网+公益"的先行者。

在发展趋势上，韩靖告诉笔者，路人甲2.0版的新增功能是本地性的加强，即打开路人甲App，就能够看到附近有哪些公益项目。韩靖指出：

> 本地性，移动互联网技术赋予的革命。新推出的服务与在哪儿有关系，就像大众点评、美团、滴滴打车。从慈善的角度说，本地化是必然特征。本地化的慈善是最有价值的，因为没有任何一个地方的社会问题是相同的。即使是相邻的小区都不一样；校内校外隔着一堵墙，但问题完全不一样。公益的未来一定是本地的公益组织来解决本地的问题。为什么中国民众的捐款呈现应激性反应，就是因为本地化公益不发达，基于社区的公益组织没有。谁天天关心离

---

① [英] 曼纽尔·卡斯特：《网络社会的崛起》，夏铸九等译，社会科学文献出版社2006年版，第190页。

你三千里以外的事？最终起作用的就是在家门口解决自己家门口的问题，互联网特别支持这一点。打开这个应用，就可以看到哪些公益项目正在发生。

这个基于本地性的功能就是韩靖所说的"中国公益的OTO"（Online To Offline）。当公益活动变得像搜索美食一样，必然是一幅不同的图景。更进一步地，为了落实这个想法，路人甲在河南修武设立了第一个试点——一面是前来旅游的游客，一面是"农家院"等商家，惠捐的闭环终于落地。同时，在洽谈这一事项的过程中，当地政府给予了大力支持。韩靖如此解释路人甲与当地政府的关系：

> 因为我做一件事的目标是关系，所以我自然会考虑他的利益，政府在这里面的需求是什么，当地商家的需求是什么，利益是什么，当画完这个图谱以后，必然有一个平衡点，这个平衡点恰恰就是你做这件事的起点。在这个平衡点上做什么事都是对的。像我们在修武做的这件事，当地政府特别欢迎，而且给了很大的支持，政府还拨了款，当地地推的费用都是政府承担，我也没有给政府什么。修武的地方官员特别好，县委书记是个留美的博士，年轻有为，这个人你见了你就会知道他没有私心，他要做的事就是造福当地的老百姓。

在这一系列创新活动中，互联网的LBS（Location Based Service, LBS）技术为路人甲公益的本地化提供了基础性支持。LBS定位服务又叫作移动位置服务，它融合了GPS定位、移动通信、导航等多种技术，通过电信移动运营商的网络（如GSM网、CDMA网）获取移动终端用户的位置信息（经纬度坐标），在电子地图平台的支持下，为用户提供相应服务。LBS技术的天然属性给实现OTO提供了更好的体验，从线上到线下的服务应用越来越广泛，从电商到美食、打车，LBS技术已经对人们的生活产生了广泛的影响，发挥了神奇的作用。

但是，在公益领域，OTO还是一个非常新鲜的想法。这是继网络

第十五章　互联网逻辑下的公益组织新探索

募捐、网络支付和网络查账之后，更具有突破性的尝试。这种尝试也是公益组织"离钱更近"的运作方式，也就是说，除了三主体外，路人甲平台本身也可以从商家优惠券的一端获取利润。待这种模式运作稳定后，就能达到四个主体的"平衡点"，进而推动新公益模式的可持续发展。

如果这种模式能够取得成功，那么，它将成为解决公益争议问题的重要突破口。一方面，在公益是否应该收费的问题上，路人甲的实践为此提供了一条新思路。徐永光在中国人民大学"当代中国文化变迁研讨会"上的发言中指出，中国公益经历了"国让民进萌发期""行政管控回潮期"和"创新突破转型期"。如今，我们正处于第三个时期，正是位于各种公益模式勇于创新、寻求突破的风口上。如徐永光所说，"在这个阶段……在日趋多元的公益文化思潮中，公益市场化与道德化两种观念的对峙与想象，对中国行业的价值导向及其发展不可小觑"。市场化与道德化，涉及的就是公益是否应该收费的问题。即一方认为"正常的公益活动都应符合自愿、等价、有偿的市场交易规则"；而另一方认为公益就是满足感、荣誉感，不应企图任何物质回报。在这场争论中，我们能够看到的主体只有公益组织与受捐人两方，面对公益组织的持续发展和受捐人的弱势，收费与否的确是一个问题。但在路人甲的模式中，他们引入了商业机构，改变了双主体的张力关系，有效回避了它们之间的紧张。也就是说，路人甲不对公益项目收费，转而与商家分享推广费用，如此一来，既保障了善款的单纯运作，又较好地维持了自己的生存，甚至可以获利而无须受到道德方面的谴责。

另一方面，在公益组织与政府的关系上，路人甲的实践提供了一条新路径。在以往的研究中，公益组织常常处于独立性与依附性的纠结之中，表现在学术界，则是两个研究取向的分歧：市民社会与法团主义。"市民社会视角强调独立于国家之外的社会空间及其对国家权力的制衡和约束，而法团主义则强调国家对市民社会的参与、控制以及国家与社

行动·拓展·创新

会之间制度化的联系渠道。"① 在两大视角之间，国内公益组织在独立与依附所形成的光谱中游走，形成了各种各样的中间模式。路人甲通过 OTO 模式，又开辟了一条新路。修武当地政府在支持旅游业发展的同时，也希望通过技术手段更好地进行治理。路人甲与商家的协议中，涉及"不宰客""不使用地沟油"等条款，这与当地政府的治理思路是一致的。

因此，在路人甲 OTO 的探索中，可以看到三主体的价值闭环又兼顾了路人甲平台本身和当地政府的利益，推进了更大范围的共赢结构（见图 15-3）。可以看出，这种结构联通了线上与线下，是互联网逻辑的延伸形式，即互联网早已不局限于虚拟世界，而是更多地与现实融为一体、交相呼应，深刻植入我们的生活中，改变我们的思维方式。

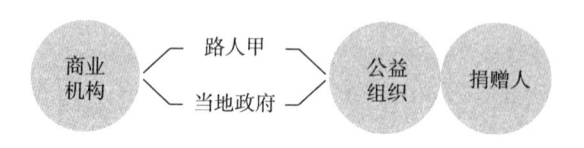

图 15-3　五位一体的共赢结构（笔者自制）

第四节　反思：网络技术的使用限度

从路人甲的现有状况和后期设想来看，互联网逻辑确实对中国公益的发展产生了变革性影响。但是，这并不表明互联网的使用是无限度的。韩靖指出：

> 未来公益还要有更多的入口，千万不要像收割机一样，大家觉得网络这个东西挺好的，很容易收割，原来我不太好找到他们，现

---

① 范明林：《非政府组织与政府的互动关系——基于法团主义和市民社会视角的比较个案研究》，《社会学研究》2010 年第 3 期。

第十五章　互联网逻辑下的公益组织新探索

在好，来吧，咱们终于找到合适机会了，咱们喊拉咔嚓拿着除草机就出门了。这个是我特别担心的情况，我觉得这个会严重地伤害公众对公益的感情，只要再出一个，中国公益的信用体系就会完全崩溃，其实现在不停地在出小问题，只是压倒骆驼的最后一根稻草在哪里，还没来。

同时，在操作层面上，互联网一方面提供了有利模式，另一方面也为违规操作提供了可能性。比如，在路人甲的捐赠走账过程中，韩靖表达了困扰他个人的一个问题：

> 我们现在接的端口有两个，一个是支付宝，一个是腾讯的微信，微信的效果更好，因为转化率更高。然后从一个公益项目组织申请，首先需要有公募资质，如果没有，我们还得给他匹配一个有公募资质的"娘家"，这个合同一来二去地就得三周，有的时候就得拖一个月。有公募资质的更闹心，他没有支付账号，还得给他开一个支付账号，从他开支付账号，到腾讯审查通过，一个月又过去了，我们现在呢，干干净净不过账，但问题在于太慢了。其他平台有变相的解决方案，是代收。但是这事儿我不敢干。其实我挺纠结的，我一方面看着有很多便捷的方法，但它恰恰又处于越界的那一部分。你看Uber，你不是不让我开吗？那我开了又怎么样呢？不是照样还是发展吗？你说他有问题吧，也没人抓他，要不咱就……第二天一想就觉得不行不行，就搞得自个儿也很郁闷。

互联网使用的限度值得我们思考这样的问题：互联网逻辑与公益的最佳结合点在哪里——既需要互联网为公益提供便利条件，又不能透支互联网的便利而走向反面。

一方面，"参与"是公益常态化的关键所在。如韩靖所说，"未来公益还需要更多的入口"，也就是说，让更多的人参与到公益领域中来，做志愿者、做监督者，等等。并且，路人甲的公益OTO，可以实现"今天捐了钱，明天去看看"。这些方式需要互联网作为工具，但目标

261

在于积累更多的人气,在社会上营造更好的公益氛围,毕竟"人人公益"才能让公益领域真正活跃起来。而这并不是仅仅在网上吆喝就能达成的目标,它更需要社会整体进步和比较漫长的舆论培育。

另一方面,制度化是公益治理的重要步骤。这种制度化可以分为两个部分:一个是网络慈善外部环境的制度化,即在大环境中规范其发展,《慈善法》的发布就是其中的重要举措,《慈善法》第二十三条规定:"慈善组织通过互联网开展公开募捐的,应当在国务院民政部门统一或者指定的慈善信息平台发布募捐信息,并可以同时在其网站发布募捐信息。"2016年8月,民政部公布了首批慈善组织募捐信息平台的遴选结果,13家平台入选。2018年5月,第二批(9家)平台名单发布。路人甲因未列其中,不得不慢慢收尾,至停止运营。另一个方面是网络慈善内部的制度化,即探索网络慈善行业的规范化,不只关注发不发展,更专注于其怎样科学合理发展。如在上述操作困境中,应在监管上有所涉及,让细节操作有章可循。这些制度化操作能够引导互联网逻辑更规范地发挥作用,预防过度自由带来的混乱情况。

总之,值得注意的是,不能将互联网作为解决公益困境的唯一出路。自2011年郭美美事件带来公益危机以来,公益领域面临的困境是多方面的,制度、信任、程序、监管等,都需要进行全方位的探索与改革。互联网在这些方面能够起到一些作用,但不能"包治百病"。

第五节　案例总结

互联网时代的到来,推动公益领域发生了巨大的变化。公益模式创新已经成为时代主题。互联网的天然属性与社会属性共同作用,不仅为公益发展提供新基础,也为公益变革提供新思路。路人甲公益平台在这波互联网大潮中创新性地引入"惠捐"模式,将捐款人、商业结构和公益项目联结起来,形成价值闭环。更进一步地,在其未来展望中,他们致力于打造"中国公益的OTO",将线上募捐与线下参与联结起来;同时,尝试将平台本身与商家优惠券一端联结,积极争取试点当地政府

第十五章 互联网逻辑下的公益组织新探索

的支持，与三主体结构勾连起来，达成五方共赢。在这些过程中，路人甲公益平台从每个主体的角度出发，注重感性体验，将公益温暖与公益模式有机结合，将他们理解的互联网精神融汇进来。虽然路人甲平台由于准入因素已停止运营，但它在当时的尝试和努力仍具有重要意义。

这些尝试是互联网逻辑改变公益的组成部分，是我们积累"互联网＋公益"经验的重要一环。然而，在看到互联网积极作用的同时，我们也要对互联网的使用限度有所反思，寻找互联网逻辑与公益变革之间的平衡点，并积极寻求制度创新，探索中国公益健康发展之路。

第 十六 章

要市场，不要救助：以社企促进减贫

——公平贸易标签组织的案例

场景一：

埃塞俄比亚，咖啡的原产地，当地人至今还保持着手工采摘野生咖啡豆，古法烘焙、研磨咖啡的习俗。在西非，咖啡农生产着世界上顶级的咖啡，这些咖啡在欧美市场上绝对是抢手货，但是他们依然贫困，普遍地营养不良、缺乏必要的基础设施和生产设施、学龄孩童没有地方可以上学、疾病横行却没有恰当的医疗……英国纪录片导演弗朗西斯兄弟用《黑金》来展现全球市场体系下繁荣世界与贫困世界的图景。

美国对西非国家的援助，并没有改善咖啡农的贫困境遇，有识之士倡议，要贸易而不要援助。从全球咖啡贸易的链条来看，咖啡豆最终到达消费者，需要经历至少六个环节，大部分的利益都被漫长的流通链条吸收。公平贸易组织提出了一个想法，让烘焙商、分销商直接与咖啡农签订协议。按照协议，咖啡农会保障咖啡豆的品质，而作为回报，订购商将支付给咖啡农一个合理的价格。并且，每一笔订单都会给社区返还一定比例的资金，用作社区的公益事业。社区的代表们，通过民主的程序，议定社区最重要的发展实务，并使用这笔资金来支持该项事业。

场景二：

有着"中国最美乡村"之称的江西婺源，还有另外一个美誉——中国有机茶第一县。地处绿茶金三角的独特优势，造就了婺源茶的高品位，唐代陆羽《茶经》有载"歙州茶生婺源山谷"，经宋代，及至明清，婺源茶在中国茶文化中，始终占据着重要的地位，更成就了徽商的传奇。

20世纪90年代中期，茶乡遇到了困惑，随着国家取消统销制度，

第十六章 要市场,不要救助:以社企促进减贫

在市场经济面前,千年茶乡需要再次出发,大批婺源人,重回"徽骆驼"的传统,到北京、上海等地为茶叶找市场、找出路,尤其是在安溪茶、武夷山茶的盛名下,茶乡重整旗鼓显得十分艰难。1996年,在当地政府的积极推动下,婺源大鄣山云雾茶获得了全国第一个国家AA级绿色食品证书,然而国内有机茶市场狭窄,始终是制约产业发展和农民增收的瓶颈因素。2001年,婺源大鄣山有机茶农协会,通过公平贸易标签组织认证,婺源开启了茶园有机化的供给侧改革,至2014年,全县累计建成有机茶园5.6万亩,并且全部通过欧盟认证,出口绿茶多年占据欧盟市场70%的份额。

销售到公平贸易组织成员单位的有机茶,可以获得每公斤0.5—1.0美元的超额价格。并且,公平贸易组织还会按照订单金额的6%,返还社会基金给茶乡、茶农,而这些基金的用途由茶农民主参与决定,包括用于技术培训、基础设施和公共服务改善以及小额信贷服务。

场景三:

绿耕城乡互助社,一个在中山大学社会工作服务中心和香港理工大学社会工作站支持下运行的社会企业。豆瓣网的介绍性文章中显示,该机构是由专业社会工作者注册社会企业,召集一帮有心人与志愿者,采取"前店后村"的策略,将不被关注的偏远山区建设成为环境优美、文化浓郁、人与自然和谐相处的生态村,将位于繁华都市的公平贸易店建设成为集公平交易、对话合作、公众教育、网络互助的阵地。推动城乡合作,建设和谐城乡关系,共创生态文明与可持续生计发展。

绿耕城乡互助社的服务项目于2009年正式启动,最早选点是在广东从化长流村,经过两个多月的需求评估,督导教师和社工形成了研究报告和项目方案,并与广州市民政局和从化市民政局签订了服务购买的协议,以公平贸易运动理念为核心的、社企守法为支持的农村社工项目正式启动。

从实践来看,"绿耕"的做法,结合了FLO的模式和日本生协的运行特点,一方面农、销对接,缩短中间环节,以过程管理保障食品安全,另一方面采用会员制的形式,形成稳定的联结形式。目前,"绿耕"的项目,已经逐渐扩展到云南和四川等省份,社区支持农业的形式

不断成熟。

以上三个场景，大致勾勒了在全球经济治理、经济正义领域广有影响的公平贸易标签组织项目运转的基本理念和方法。如萨拉蒙所言，20世纪90年代以来，一场全球结社运动在世界范围兴起，这一进程与经济全球化、新自由主义理念的扩展并行，一定程度上构成了全球时代的社会自我保护运动的一部分。在这一章节，我们将借用FLO的案例，呈现国际非政府组织如何创新理念，创新行动策略，捍卫我们的生活世界。

第一节 公平贸易运动的思想起源

简单来说，公平贸易是一种基于对话、协商贸易伙伴关系的体系，强调透明与尊重，该组织世界经济体系更具有正义性、公平性。公平贸易运动得到认同其理念的消费者的支持，通过提供更好的贸易条件，和对边缘生产者的增权，促进可持续发展能力的提升。公平贸易组织致力于追寻全球经济正义的可能性，认为既有的全球贸易规则可以被改进，以促进人的价值和尊严。实践证明，公平贸易组织的活动，有利于减少贫困，有利于应对气候变化和经济危机。研究者认为，公平贸易组织虽然诞生较晚——众多讨论的语境设定在新自由主义全球化时代，但相关思想却由来已久。大致而言，其思想起源包括合作化运动（Co‑operative Moment）、慈善贸易（Charity Trade）、团结贸易（Solidarity Trade）、发展贸易（Development Trade）四个方面。[1]

其一，合作化运动。合作化运动在欧洲开始于19世纪，主要是在英国和法国，邵氏搬运工协会（The Shore Porters Society）是世界上第一个合作社，于1498年建立在阿伯丁（虽然现在它已经股份化，成为

---

[1] Corinne Gendron, Véronique Bisaillon and Ana Isabel Otero Rance, "The Institutionalization of Fair Trade: More than Just a Degraded Form of Social Action", *Journal of Business Ethics*, Vol. 86, Supplement 1: Fair Trade (2009), pp. 63–79.

第十六章 要市场,不要救助:以社企促进减贫

一家私营合伙企业),工业革命时期,科技普遍运用,世界经济创造了举世瞩目的生产力奇迹,但威胁到许多工人的生计,引发了诸多劳动和社会运动的问题,影响着社会秩序,合作化运动是为了解决这种社会困境而产生的。合作化运动虽然起源于19世纪的法国和英国,但是其创立成功是数以百计的成员共同努力推动的结果。这一运动的宗旨在于发展一种合作化经济,这种经济能对产品的生产和分布进行有效的整合。公平贸易的概念的实质恰恰是合作化运动的先驱者们将贸易置于社会工程的保护伞之下。在合作化运动中,REPS(Rochdale Equitable Pioneer Society)的创始人发现了消除超额利润中介的方法,他们希望将商业关系的性质转变为走向民间社会组织本身,同时使市民消费者成为社会变革的行动者。在此种理念的驱使之下,合作化运动不断努力,为推动公平贸易贡献了巨大的力量。

其二,慈善贸易(Charity Trade)。慈善贸易(Charity Trade)与其说是一种贸易形式,毋宁说是一场慈善的帮助活动,其实质是借助商业贸易的形式帮助贫困国家和地区。第二次世界大战后,公平贸易与慈善事业开始变得密切相关。1950年开始,宗教组织和其他非政府组织通过出售工艺品等形式资助贫困国家和地区开发项目,同时在北方协助南方社区和难民,以及帮助边缘化的人群。在慈善贸易的初期,出售工业品的宗教组织和其他非政府组织与后来受到帮助的国家、地区之间并没有直接的联系,其联系大约在50年代末期才开始正式建立起来,这种关系的确立为公平贸易的产生和发展奠定了坚实的基础。

其三,团结工会运动(Solidarity Trade)。有学者提出,公平贸易组织的起源应追溯到20世纪中期美国、英国、荷兰等国家手工品的公平贸易活动。这些运动受到"团结工会"(Solidarity Trade)、合作化运动等政治思潮的影响。公平贸易发展也与团结工会密不可分。这些工会来源于20世纪六七十年代的团结的政治运动中,以及在政治上或在经济上被边缘化的南方国家。这种传统的交易性商务贸易没有那么多类似于慈善活动的承诺,更多的在于那些通过宣扬生命的自由而反对资本主义和新帝国主义的运动者的身上。在努力为改善生产者的生活质量作出贡献之前,他们希望帮助被排斥国家的产品找到出口的方式。团结贸易这

种工会的运动，在很多方面帮助到被排斥国家的产品找到销售的渠道，给了他们一个与发达国家同等竞争的机会，这种团结贸易的帮助极大程度上推动了公平贸易理念和运动的发展。

其四，发展贸易（Development Trade）。20世纪60年代末，国际开发机构和宗教组织发起了"发展贸易"运动，其包括协助南方生产者进行生产和贸易出口。国际发展组织支持如解决贫困和帮助根除由人口、自然灾害的威胁等问题的发展目标。[1] 为了达到组织目标，发展组织提出著名的口号"是贸易，而非援助"，这个口号从20世纪60年代联合国贸易和发展会议（UNCTAD）上开始被运用。这个口号极力描绘南方的需求更多只是商业的规则，如果没有这些援助往往形同虚设。后来，这个口号经常被使用于许多国际团结网络的口号，甚至有许多公平贸易组织接受它并把它作为运动的旗帜。发展贸易与团结贸易、慈善贸易相比较有了很大的进步，此种贸易不再是仅源于公会、慈善组织等民间社会力量，其开始有了正式的运作组织，逐步规则化和系统化，为公平贸易的产生和发展提供了不可小觑的借鉴经验。

第二节　公平贸易组织的发展历程

随着经济全球化进程的加快和自由主义思潮的盛行，资本逻辑延伸到世界的每个角落，发达国家在世界贸易体系中占据主导地位，发展中国家虽然被越来越深入地卷入全球市场体系中，但却处于从属地位，逐渐被边缘化、弱势化。尤其是在农业领域，跨国公司垄断和控制着农产品供销链条的每一个环节（基因、种子、农药、化肥、贸易、加工、分销以及零售），通过延长产品的供应链，从每一个环节中抽取利润，从而实现利益的最大化[2]。在国际贸易中，发达国家掌握着话语权，一些

---

[1] Kocken, M., 2003, Fifty Years of Fair Trade: A Brief History of the Fair Trade Movement, http://www.gepa3.de/download/gepa_Fair_Trade_history_en.pdf. Accessed on 12 July 2005.

[2] 王绍光、王洪川、魏星：《大豆的故事——资本如何危及人类安全》，《开放时代》2013年第3期。

第十六章　要市场，不要救助：以社企促进减贫

国际贸易组织逐渐成为大资本家获利的工具，其负面效应日益突显，不利于世界经济的可持续发展和社会平等。为应对现行国际贸易组织带来的不利影响，国际公平贸易兴起，通过缩减产品供应链，为小生产者赋权，以实现其自身的可持续发展，缩小南北差距，促进社会公平。

目前国际上公认的公平贸易的定义是由FINE制定的，它认为公平贸易是一个基于对话、透明及互相尊重的贸易活动的伙伴关系，旨在追求国际交易的更大公平性，以提供更公平的交易条件及确保那些被边缘化的劳工及生产者的权益（特别是南半球）为基础，致力于永续发展，公平交易组织（由消费者所支持）则积极地参与支持生产者、认知提升及志在改变传统国际贸易习惯的专案等活动[1]。

国际公平贸易标签组织（Fairtrade Labelling Organizations International，简称FLO），是公平贸易组织（Fairtrade Organization）的重要组成部分，创建于1997年，是最大及最多人承认的标准订立及认证的公平贸易标签发行团体，拥有20个团体会员、生产者组织、贸易商和外部的专家。该组织负责订定和审查公平贸易的标准，用以协助生产者在市场上获得利益与维护公平贸易商标的权利。国际公平贸易标签组织是世界上唯一的专门从事公平贸易标准制定的组织。[2] 在2002年，FLO发起了一个新的国际公平贸易认证标章（International Fairtrade Certification Mark），发起的目标在于增加标签产品在超级市场货架上的能见度、促进跨国贸易及简化生产者及进口者之间的程序。现今，有超过16个FLO的认证会员，基于FLO的认证，在数十个产品上使用这个国际公平贸易认证标签，其中包括咖啡、茶、米、香蕉、芒果、可可、棉花、糖、蜂蜜、果汁、坚果、新鲜水果、奎宁、药草、香料、红酒及足球等产品。[3]

---

[1] 2002 The Fairtrade Foundation. http://www.fairtrade.org.uk.

[2] Corinne Gendron, Véronique Bisaillon and Ana Isabel Otero Rance. "The Institutionalization of Fair Trade: More than Just a Degraded Form of Social Action", *Journal of Business Ethics*, Vol. 86, Supplement 1: Fair Trade (2009), pp. 63–79.

[3] 关于公平贸易的资料，https://www.douban.com/group/topic/5002440/.

第三节　公平贸易组织的组织结构

国际公平贸易标签组织自 2004 年 1 月分离成两个组织，分别为国际公平贸易标签组织（FLOInternational）以及公平贸易认证组织（FLO – CERT）。国际公平贸易标签组织主要分为三个部门：标准部门、财务与中央服务部门以及生产经营部门。标准部门负责修订公平贸易的认证标准；财务与中央服务部门负责沟通协调、人力资源、财务与网络服务；生产经营部门负责协助生产者在市场中获利与维护公平贸易认证的权益。

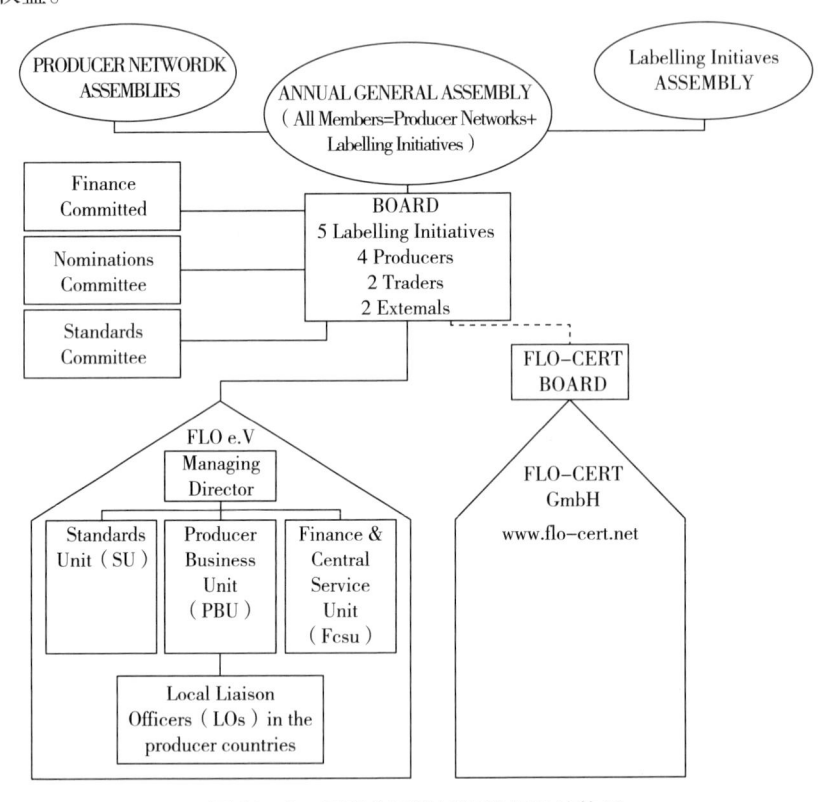

图 16 – 1　国际公平贸易标签组织结构图

资料来源：维基百科，https：//ipfs.fleek.co/ipfs/QmXoypizjW3WknFiJnKLwHCnL72vedxjQkDDP1mXWo6uco/wiki/Fairtrade_ Labelling_ Organizations_ International.html.

第十六章　要市场,不要救助:以社企促进减贫

国际公平贸易标签组织建立并完善公平贸易标准并协助生产者在获得和维持认证及利用市场机会的公平贸易市场。为了保证系统的透明度、标准制定和审查由 FLO 标准和政策委员会的成员负责,生产者组织、商人和外部专家积极参与。国际公平贸易标签组织三个部门各司其职,相互协调。

国际公平贸易认证标章（FLO – CERT）是一个独立的消费者标章,目前有 23 个国家使用。产品上印有这个标章,代表发展中国家的生产者在这件产品的贸易上得到较公平的待遇。"标章"由国际公平贸易标签组织（FLO International）代表 20 个公平贸易倡议者所拥有与保护。带有这个"标章"的产品,必定来自于公平贸易认证组织（FLO – CERT）所认证与监督的生产者。该产品的种植与收成都符合国际公平贸易标签组织所规范的公平贸易认证标准。产品的供应链,同时也受到 FLO – CERT 的监督,以确保产品的完整性。只有被授权者才可以使用这个标章。公平贸易"标章"的图样所呈现的是一个欢呼的人——代表生产者透过公平贸易获得了公平的交易,同时也代表消费者透过公平贸易商品,知道自己做一件与众不同的好事。2006 年的今天,公平贸易"标章"总共发展出下列这些商品：咖啡、茶叶、巧克力、可可、糖、香蕉、苹果、西洋梨、葡萄、李子、柠檬、橘子、蜜橘、小柑橘、荔枝、酪梨、凤梨、芒果、果汁、藜麦、胡椒、青豆、椰子、干果、rooibos 茶、绿茶、蛋糕、饼丁、蜂蜜、葡萄干、麦片、果酱、酸辣酱、调味酱、香草、香料、坚果、葡萄酒、啤酒、甜酒、花、足球、稻米、酸奶酪、婴儿食品、羊毛、棉花以及棉制品。①

第四节　公平贸易组织的工作内容

总体而言,公平贸易标签组织是一种基于消费者和生产者之间新型

---

① 关于公平贸易组织的行动介绍,http：//www.fairtrade.net/about – fairtrade/what – we – do.html.

的贸易模式,实现消费者和农户之间的直接对接,缩短产品的供应链,在道德因素的驱动下实现溢价的销售形式[①],使生产者获得更公平的社会价格。它通过一种标准化的管理,使贸易关系变得比以往更加透明和公正,改变传统的大资本家占据主导地位的贸易局面,使小农生产者有更多的话语权。具体来说其工作主要包括以下几个方面:

一 提供市场保护价,提高小农生产者的收入

公平贸易标签组织,采用一种私营化的标准,当生产者生产的产品符合其要求的时候,这种商品就会被附上"公平贸易的标签",进口商在购买这种商品时,基于一种伦理价值观的驱动,要支付公平价格(fair trade)。这种价格是通过对话及参与所形成的一种协商价格,它不只包含了生产成本,同时也参照了社会正义与环保的原则,为生产者提供更公平合理的报酬。众所周知,咖啡、茶叶等农产品的生产易受气候、病害、供需等多方面的影响,所以市场价格的波动往往是非常显著的,在原有的国际贸易体系下,小农生产者经常入不敷出,贫困化程度加剧,而公平贸易标签组织可以为其提供最低保护价,维护小农生产者的利益。

二 着眼于小农生产者能力建设

1968年,联合国在印度新德里召开第二届"贸易与发展"会议,针对既有国际援助体系的弊端,提出"贸易而非援助"的理念,认为过去对发展中国家的援助,实际上并没有改善其国民的生活水平和社区环境,反倒是"援助"掩盖甚至强化了不公正的国际贸易结构[②]。在此背景下,公平贸易组织更多地关注小农生产者自身能力的建构,为发展中国家的小农生产者提供资金、技术、信息、管理等方面的支持,促进小农生产者自我发展能力的提升。此外,公平贸易组织鼓励将进口商支付的社会溢价,用于社区的基础设施建设和教育基金,为其后续发展提供资金支持。对生产者而言,设置和维持标准都是需要成本的,供应商

---

① 任迎伟、林海芬:《道德消费理论视角下的国际公平贸易运行机理研究》,《当代财经》2009年第3期。

② 梅琳、吕方:《"新社会经济运动":非政府组织与"私营标准"——基于公平贸易标签组织(FLO)案例的讨论》,《福建论坛》(人文社会科学版)2015年第10期。

第十六章 要市场,不要救助:以社企促进减贫

必须支付注册和审查费用,这只是直接费用,还有一些间接费用,像监管和保管等。这些费用是小农生产者难以承受的,因此需要小农生产者之间加强联合,实现信息、技术共享,从而获得政府和发展机构的支持[1]。这就有利于合作社的建立和社区居民之间的情感交流。值得一提的是,这种标准化的生产可以提高管理效率,消费者通过这种标准可以了解他们所购买的商品和生产者的情况,消费者与生产者之间的信息通过标签来传递,标准化的管理方式节约了成本,从而实现生产者的利益最大化。

三 寻求全球贸易的经济正义维度

公平贸易标签组织的目标是改造既存的国际贸易结构,经由可持续发展的方式,增强弱势生产者掌握其生活的能力,给予农业生产者以更为公正的劳动回报,稳定的收入和体面的工作与生活环境,致力于在生活世界中反抗国家和市场逻辑的全面侵蚀,捍卫生活世界的本意,弥补政府失灵和市场失灵,提供社会公共服务,实现其社会维度的诺言。例如,在性别平等方面,能恰当地评价妇女的劳动支付合理的报酬。妇女的报酬以在生产过程中所作贡献而定,坚持男女同工同酬,同时在组织中赋权予妇女;在劳动条件方面,为生产者提供一个健康及安全的工作环境;在环境保护方面,积极鼓励更好的环保实践及负责任的生产手法。此外,公平贸易标签组织作为非政府组织的重要组成部分,其标准的制定是对"国际标准"等官方技术规制(TechnicalRegulations)的一种挑战,借助非政治的手段,以文化聚合、认同聚合,而非利益聚合的形式,对既有的政治经济架构形成一定程度的合法化压力,逐步在公共治理领域中占领一席之地,从而实现自身的政治诉求[2]。

---

[1] Pascal Liu, Private standards in international trade: issues and opportunities, presented at the WTO's WORKSHOP ON ENVIRONMENT – RELATED PRIVATE STANDARDS, CERTIFICATION AND LABELLING REQUIREMENTS, Geneva, 9 July 2009.

[2] J. Meyer, B. Rowen, (1997). "Institutionalized organizations: Formal structure as myth and ceremony". *American Journal of Sociology*, 83 (2): 340–363.

行动·拓展·创新

第五节 公平贸易组织的项目运行

作为整个行动网络的枢纽，公平贸易标签组织负责监督咖啡进口商、农户以及生产者合作社的履约行为[1]，它是连接进口商和农户之间的纽带，这种纽带的连接是通过对产品进行标准化认证来实现的。由于全球化、消费者的喜好以及信息技术的进步，公平贸易标签组织需要不断地调整和制定符合市场要求的新标准，这也是其工作内容的重要组成部分。此外，公平贸易标签组织还是一个平台，作为供应商和生产商之外的第三方主体，可以为争端的解决提供一个平台，在这里冲突、紧张可以通过对话、协商、沟通和交流的方式得到解决。

公平贸易标签的引入加快了公平贸易市场化、商业化、主流化的步伐，使得公平贸易的参与者趋于多元化，运行过程更为复杂。本章将从FLO公平贸易标准、FLO认证监察机制和FLO运转流程三个方面对其进行阐述。

一 公平贸易组织的标准体系

大致而言，公平贸易变迁组织的标准分为一般标准（Generic Standards）和产品标准（Products Standards）两个大的类别。前者是对人的要求，即主要针对进口商和生产者各自的权利和义务关系，后者主要针对产品质量和生产操作等诸方面的要求，呈现为一系列指标，生产者和合作社必须要遵守，包括与实物相符的外观标准，如等级、颜色、形状和瑕疵，产品的营养和损害因素标准。这些标准，由FLO的成员组织、生产者组织合作社、商家、专业人员组成的FLO的委员代表共同制定。

可以说，公平贸易组织的一般标准，是其社会企业性质的集中展现。一般标准规定了加入公平贸易网络的进口商和生产者之间的权责利益关系。一方面，进口商需要达到一定的条件才能够使用"公平贸易"

---

[1] Laura T. Raynolds, 2002. Consumer/Producer Links in Fair Trade Coffee Networks, *Sociologia Ruralis*, 42（4）：404–424.

标签。其中包括：必须根据事先（往往是一个生产周期开始之前）拟定的合同，向生产者合作社直接采购，并且采购的价格必须高于公平贸易标签组织所规定的最低限价；同时，进口商还需要支付0.05美金/磅的社会溢价（Social Premium），这一社会溢价部分，由生产者社区决定如何使用。此外，如果生产者需要，进口商应预付相当于合同价值60%的资金，为生产者提供前期资金支持；另一方面，加入合同的生产者也需要满足特定的标准，并履行相应的责任。其一，加入合同的生产者应该是小农生产者，而非农庄所有者；其二，生产者应加入政治上独立和自治的合作社组织；其三，生产者应积极追求生产过程的生态性，包括保护自然环境，限制化学肥料和农药的使用[①]。按照一般标准，进口商和生产者，被整合到公平贸易的经济体系中，双方具有对等的权利和义务。

二 认证与监察机制

FLO认证机制可分为生产者认证和交易过程监察两个部分。前者确保公平贸易产品来自通过认证的生产者组织；后者确保公平贸易产品采购、加工、销售的过程符合公平贸易标准。认证与监察机制是公平贸易链和一般商业供应链的区别所在，目的在于确保公平贸易的公平、透明度和可责性。

（一）生产者的认证

首先，农民及其生产合作社要成为公平贸易的产品供应方，需向FLO注册和申请认证，由独立组织FLO-CERT负责受理。FLO-CERT独立于所有公平贸易参与者，遵从最严格的规定，以确保认证的信用度。FLO-CERT对申请者进行审核，内容主要包括生产者提供的书面资料、生产者的访谈与工作环境的检查。最后针对审查结果评估生产合作社是否有能力和条件按照公平贸易的标准进行生产经营。在通过认证后，FLO每年会派人员对生产者组织进行考核，以确定认证书是否继续有效。通过FLO认证且持续有效的生产者会被FLO分配给FLO许可进口商。

---

① Laura T. Raynolds, 2002. Consumer/Producer Links in Fair Trade Coffee Networks, *Sociologia Ruralis*, 42 (4): 404-424.

（二）交易过程监察

厂商要从通过 FLO 认证的生产者组织进口的产品或以其为原料的加工品，以公平贸易产品的身份推向市场，同时必须向国内的公平贸易标签签发机构申请公平贸易标签。在 FLO 认证制度中，厂商分为标签使用者（License Labeler）、加工者（License Processor）、进口商（Registered Importer），三者均需按照公平贸易标准运作，并且要定期提交报告以接受监督。厂商通过与 FLO 签订合约取得参与公平贸易的资格，合约授予 FLO 监察权，以确保公平贸易规则得到落实[①]。

三 FLO 运转流程

公平贸易运行流程的起点是发展中国家的生产者，可以是农业小农生产者或劳动工人。他们是获得公平贸易机构认证的生产者合作组织（合作社或者工人团体）的成员。生产者合作组织在公平贸易运作中起着相当重要的作用：一方面作为弱势生产者利益的代言人，主要负责组织公平贸易商品的生产，同国外采购商直接谈判，以协商价格出售公平贸易商品，同时保证在生产者中间公平公正地分配所获得的收益。另一方面，生产者合作组织要履行公平贸易标签组织的规定，确保生产过程遵循其所规定的生产标准、环保标准和劳工标准，即保证公平贸易产品质量。公平贸易运行流程的核心是公平贸易标签认证组织，他们是公平贸易的倡导者和推动者。他们不直接参与贸易过程，主要职责是制定公平贸易认证标准，为另类贸易组织、生产者和贸易商颁发公平贸易标签。公平贸易运行流程的末端环节主要是公平贸易商，可以是进口商、批发商、零售商或另类贸易组织，他们同样也要获得公平贸易认证。在发展中国家，他们与生产者组织签订购买协议，支付公平贸易最低价格和社会溢价，并为生产者提供产品生产方面的建议或技能培训，甚至还在经济和社会形势不好时，对其提供额外资助。在发达国家市场，他们通过世界商店、超市、餐馆、网店等渠道使得公平贸易商品可以顺畅地进入主流市场。

其具体流程见图 16 - 2：

[①] 李万军：《全球公平贸易运行机制与发展潜力研究》，硕士学位论文，华中农业大学，2011 年。

第十六章 要市场,不要救助:以社企促进减贫

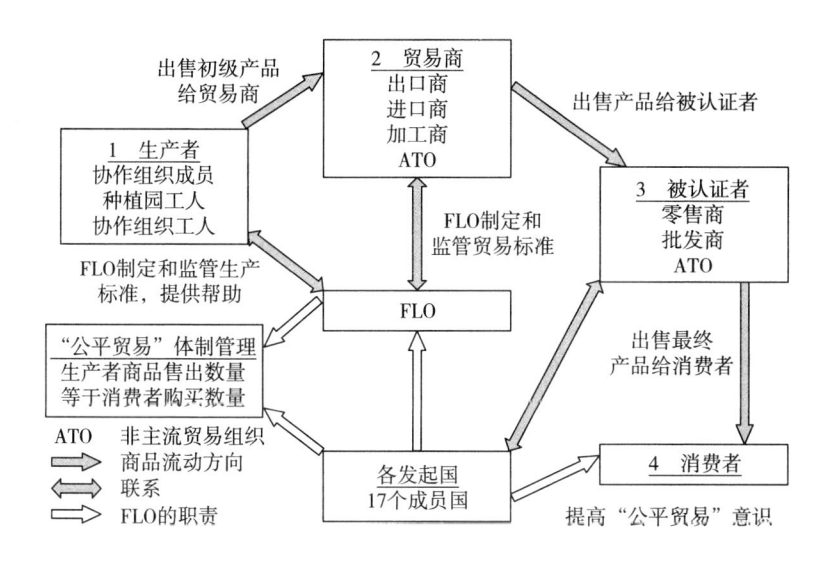

图 16-2 FLO 运行机制图

资料来源:Redfern and Snedker, 2002。

此外,还有无须获得公平贸易认证的公平贸易商业伙伴,主要是发达国家的零售商店。他们没有获得认证,因而不能直接从公平贸易生产者那里购买产品,但可以从另类贸易组织(ATOs)或经认证的公平贸易商那里购买公平贸易商品,然后销售给消费者。公平贸易商业伙伴对公平贸易的市场化也起到了重要作用。法国的 AlterEco,荷兰的 Agro-Fair,英国的 Day Chocolate、Co-op Group,瑞典的 Co-op 公司等等都属于这类贸易伙伴。其中,有些商业组织销售的全部都是公平贸易产品。如英国的 Co-op Group,瑞典的 Co-op 公司等①。

第六节 反思与启示

毫无疑问,自 20 世纪 80 年代末以来,公平贸易认证体系的建立和

---

① 黄梓桢:《公平贸易的企业社会责任效应研究》,硕士学位论文,江西财经大学,2010 年。

完善为公平贸易产品进入主流市场创造了条件,尤其是1997年FLO成立之后,公平贸易产品市场不断扩大,加入公平贸易的生产者和产品种类也不断增加,许多国家的政府和立法机构也开始关注公平贸易的问题,在公共事务方面也越来越具有影响力。但在过去的几年中,研究者对这种乐观的看法提出了多方面的质疑,认为当前公平贸易的运行也面临一些问题。

一 与公平贸易的目标相背离

公平贸易的最终目标是建立一个公平合理的南北贸易结构,从根本上改变发展中国家的弱势地位,但其自身采取的是通过不断地市场化、商业化这种"曲线救国"的道路,为了吸引更多更有影响力的参与者,公平贸易标签组织不得不妥协。随着公平贸易标签在发达国家的成功推广,公平贸易产品销售额大大提高,它为商业企业带来了可观的利润。而与此同时,食品行业巨头们被吸引过来,他们采取搭便车的策略,借助公平贸易组织的标签来迷惑消费者,借以抵消公平贸易对其销售量的影响,或建立自己新的公平贸易产品供应链。因此,有学者对公平贸易标签组织的未来发展产生了担忧:是坚持自己的"非传统地位",改变不合理的贸易格局,还是被市场经济的逻辑所侵蚀,最终沦为一种逐利的工具?

二 单一的消费市场

由于公平贸易消费者的集中特性以及公平贸易消费地区和国家的高度聚集,导致了公平贸易市场的单一,市场的供给与需求极不平衡。以2009年的咖啡市场为例,全球公平贸易咖啡生产者所生产的咖啡中,只有1/7出口到公平贸易市场。目前全球的公平贸易咖啡的消费量仅占咖啡消费总量的1.05%。为了解决需求结构不合理的问题,FLO采取配额分配的方式,因而大部分的生产者仍需以传统的贸易模式进行交易。另外,由于公平贸易认证的生产者组织合作社还在持续增加,公平贸易生产者组织合作社之间也存在激烈竞争,使得公平贸易所带来的收入增量逐渐减少。

三 最低收购价和市场准入问题

作为公平贸易原则之一的最低收购价提高且稳定了生产者及其合作

第十六章　要市场,不要救助:以社企促进减贫

组织的经济收入,基于伦理消费的驱动因素,进口商所支付的社会溢价用于社区发展的基金积累,虽然有利于发展中国家的可持续发展,但是破坏了市场的交易原则,最终不利于市场经济的长远发展。公平贸易产品的认证,需要支付高额的注册费用、检查费用,这在无形之中增加了小农生产者的负担。同时由于全球化的扩展、消费者喜好的变化、地域的限制,公平贸易标签组织的标准越来越多而且也越来越严格,与官方标准相比,需要更好的技术,更高的质量,这实际上提高了市场准入"门槛"。标准的增多不仅增加了小农生产者的负担,而且应对认证标准的复杂程序,所需承担的资金、人力,对公平贸易组织自身来说也是一种负担。①

我国是发展中国家,也是农业大国,农业在我国国民经济中占有重要地位,在新农村建设的过程中,实现农民增收、提高农民组织化水平是发展的重点。公平贸易的最低收购价格、社区发展基金、长期合约等制度,对我国的农业发展有重要的借鉴意义。

（一）整合资源,加强团结

一个行业的发展需要多个部门的紧密配合,单凭政府、企业和农户的努力,是不可能实现根本转变的。公平贸易运动为发展中国家带来了一种全新的发展思路,通过标准化的认证方式将消费者和生产者直接联系起来,缩短了产品的供应链,减少了中间商对农户的"盘剥",有利于实现农户的利润最大化,提高农户生产的积极性。同时公平贸易标准的认证,需要一定的技术和资金支持,这有利于小农生产者之间加强联合,促进社区之间、邻里之间的情感交流,从而有益于社会的稳定。由此,中国农业的发展不应该仅仅局限于政府或企业组织的资金、项目投入,更重要的是为小农生产者赋权,实现经济的可持续发展。②

---

① Christiane Wolff et al, Mplication of Private Standards in International Trade of Animals and Animals Products（2009）.

② 杨淼淼、祁春节:《公平贸易的国际经验对中国果业的启示》,《经济研究导刊》2009年第27期。

（二）增强社会责任，关注弱势群体

公平贸易标签组织非常重视弱势群体的利益。首先，其目标就是改变不合理的贸易结构，实现发展中国家经济的可持续发展；其次，其还关注性别平等和劳工生产条件，坚持男女同工同酬，合理评价妇女在组织中的贡献，要求为劳工提供安全的工作环境；最后，公平贸易组织的产品面向的消费群体和供应商，都是一些有社会正义感、社会公平感的人群，他们对于实现社会的和谐有序发展有很强的责任感和使命感。因此，中国的农业发展也要从这些社会进步人士中汲取力量，关注弱势群体的利益，建立和完善社会保障制度。

（三）采用标准化管理方式，实现规模化经营

公平贸易标签组织的核心就是"标准的认证"。中国的农业发展也可以采用标准化的管理方式。对产品的形状、等级、颜色等都设置一个标准，对产品所使用的农药、化肥等都有一个严格的管控，这样不仅有利于节约管理成本，实现产业化、规模化经营，而且有利于增强产品的可溯性和安全性，消费者通过这样一个标准化的信息，可以了解产品的产地、生产该产品的劳工条件、产品的营养价值，有利于消费者购买到安全、放心的食品。

（四）建立第三方监督机制

公平贸易组织是独立于生产者、商家和消费者外的第三方组织，其针对不同贸易环节，建立的各种制度规范，对各利益相关群体的合作行为及整个生产销售活动都起到了有效的监督和管理作用。这种第三方监督机制有别于政府建立的监督、协调机制，能够更迅速、更公平地保障各合作者的根本利益。中国的农民大多是分散的小农经济，自身力量薄弱，很难应付市场需求的变化，在农民和企业的合作中加入第三方规范，建立监督协调机制，使合作各方形成一个共担风险的利益共同体，保障各方利益主体不受损害[1]。

---

[1] 黄婧、向华：《国际公平贸易运动对中国反贫困事业的启示》，《贵州农业科学》2014年第3期。

第 十七 章

日本社区基金会的本土化发展

——基于京都地域创造基金的案例分析

作为回应快速工业化带来的社会问题的社会组织创新形式，社区基金会自20世纪初诞生于美国，在全球扩散与发展已有百年历史。近年来，社区基金会在中国也开始迅速发展。2017年国务院出台《国务院关于加强和完善城乡社区治理的意见》，鼓励通过慈善捐赠、设立社区基金会等方式，引导社会资金投向城乡社区治理领域。截至2017年底，全国以社区基金会命名的组织已有约130家。社区基金会从广东、上海等发达地区的探索实践，逐步向全国范围拓展。但是社区基金会作为一个从西方社会舶来的组织形式，在移植到中国本土的实践过程中，难免会出现一些水土不服的迷思与困境。而早在1991年，另一个东亚国家日本就已经建立了第一家社区基金会。经过近20年的实践探索，在2009年日本第一家市民社区基金会——"京都地域创造基金"顺利诞生。京都地域创造基金的创设和运营并非依赖于经济界精英的力量，而是借助于包括草根公益人士在内的普通市民的智慧和力量。更为重要的是，京都地域创造基金通过敏锐地捕捉本地社会的最新需求，不断开发出极具创新性的运作项目，在实现传统捐赠文化革新的同时，还成功将认证、资助、援助以及融资等项目运作方式有机融为一体，从而推动了日本社区基金会的本土融合。因此本章尝试总结京都地域创造基金的成功经验，为中国社区基金会的本土化探索提供借鉴。

第一节　京都地域创造基金的创设背景

伴随日本近代化进程的发轫与推进，以企业或企业家名义所设立的基金会（财团）不断涌现，并在日本近代化过程中扮演了重要的角色。[①] 然而，在公益国家独占主义时代，这些基金会在动员市民捐赠以及推动市民社会发展方面受限重重。在此背景下，日本学者出口正之于1986年首次将"社区基金会"这一崭新理念介绍至日本[②]，并随即引起那些有志于推动民间公益活动的精英企业家的极大关注。1990年7月，日本企业家联盟组织之一的"大阪商工会议所"决定向美国派出由企业家、大学教授以及政府官员等共计22人所组成的"社区基金会调查团"，并于同年12月出版发行《社区基金会调查报告书》。1991年11月，经多方筹备和不懈努力，大阪商工会议所成功创设日本第一家社区基金会——"财团法人大阪社区基金会"[③]。

在大阪社区基金会的示范性指引下，具有类似功能的基金会在日本各地相继诞生。尤其是在1998年《特定非营利活动促进法》（通称NPO法）实施后，为了支援特定非营利活动法人（通称NPO法人）和社会企业等社会组织的发展，以普通市民为主导的新型基金会不断涌现。然而，令人遗憾的是，囿于旧公益法人制度的过度规制，这些新型基金会的绝大多数均无法像大阪社区基金会一样注册为财团法人，只能以公益信托、事业组合、NPO法人甚至是营利企业等变通性组织形态开展活动，从而直接导致它们的募捐和资助规模普遍偏小，组织人才较为缺乏，实力与由企业或特定个人单独出资设立的普通基金会相距甚远。

---

① ［日］林雄二郎・山冈义典："日本の财団"、中公新书1984年版。
② ［日］桥本彻・古田精司・本间正明："公益法人の活动と税制—日本とアメリカの财团・社团"、清文社1986年版。
③ ［日］奥平昇郎："コミュニティ财団考—大阪コミュニティ财団の运营に携わって"、"公益法人"第34卷第6号、2005年。

第十七章　日本社区基金会的本土化发展

进入 21 世纪后,已延续百余年的公益法人制度终于被提上改革日程。经过长达 6 年的讨论与酝酿,日本政府于 2006 年正式颁布"公益法人改革关联三法"[①]。较之旧公益法人制度,2008 年起实施的新公益法人制度具有以下几个显著特征:第一,将法人设立与公益认定进行制度性分离;第二,法人设立采取准则主义,废除主管部门许可制度;第三,公益认定不再交由主管部门或国税厅负责,而是授权给由民间专家组成的第三方合议制机构;第四,通过法律法规将公益认定标准等进行明文化,以此提高制度运作的透明度和可预见性;第五,实现监管理念从事先规制转向事后监管。至此,旧公益法人(社团法人/财团法人)与中间法人被统分为一般法人(一般社团法人/一般财团法人)和公益法人(公益财团法人/公益社团法人),从而为日本市民活动团体注册为法人提供了更多的选项。简而言之,新公益法人制度的实施,加上之后进行的 NPO 法修订和相关税制改革,为日本社区基金会的进一步发展提供了坚实的法制保障。

在新公益法人制度的直接推动下,2009 年 3 月,"一般财团法人京都地域创造基金"(Kyoto Foundation for Positive Social Change)正式成立,并于同年 8 月获得公益财团法人资格的认定。正如后文分析中所指出的,京都地域创造基金借鉴却不拘泥于传统社区基金会模式,坚持市民参与理念,并以持续创新的方式将资助、援助和融资等项目运作手段融为一体,在短短几年时间内就已取得令人瞩目的成绩并直接催生大批同类社区基金会的诞生。

2013 年 5 月,京都地域创造基金创始人兼首任理事长深尾昌峰在日本内阁府主办的"互助社会构建之恳谈会第三次会议"中对"市民基金会"概念的模糊性进行了批判,继而提出替代性概念"市民社区

[①] 这三项法案的名称分别为:《有关一般社团法人和一般财团法人的法律》(通称"一般法人法")、《有关公益社团法人和公益财团法人的认定等之法律》(通称"公益认定法")、《为实施"有关一般社团法人和一般财团法人的法律"以及"有关公益社团法人和公益财团法人的认定等之法律"而进行的相关法律完善之法律》(通称"整备法")。

基金会",并将京都地域创造基金定位为"日本第一家市民社区基金会"①。翌年3月,深尾昌峰发表论文《支撑市民性的"市民社区基金会"的定义及其作用》,首次对这个兼顾活动领域和运营主体的新表述——"市民社区基金会"做出全面诠释②:

所谓"市民社区基金会"(civil foundation for our community),是指"以资源中介者的身份,获取包括市民捐赠或市民投资在内的各种社会资源,并通过多种方式将其提供给'以解决地域问题为使命、以市民为行动主体的市民活动'的社会组织"。进而言之,市民社区基金会必须同时满足以下六大要件:(1)面向尽可能多的市民或企业进行募捐,以筹集社区基金会成立所需原始基金或资助本金;(2)独立于政府部门和特定的企业、团体或个人,同时积极推行组织的信息公开和透明化运营,以此获得本地社会的信任;(3)以公益财团法人或NPO法人等公益性较高的法人身份为组织形态,积极充分地利用捐赠税收减免政策,通过各种方式向社会大众展开募捐,同时致力于创造有利于市民参与的社会环境,以此推动更多的市民参与到社区营造活动或社会问题解决活动;(4)根植于本地社会,以多视角和综合性的视点审视本地社会问题,通过连接本地的各种资源,激活本地社会的能量;(5)以支援企业、NPO及其他以"民"为行动主体的各项公益活动、地域营造活动以及社区活动为组织使命;(6)构建"能够让蕴含捐赠者意愿的各项捐赠资源发挥出最大社会效应"的相关制度,面向社会公开遴选资助对象,同时将各方利益相关者纳入项目选考委员会,以此建立公正、公平和透明的资助体系。

此外,根据京都地域创造基金事务局局长(秘书长)户田幸典的统计,截至2014年2月15日,在京都地域创造基金的示范性影响和技术性支援下,日本社区相继诞生9家市民社区基金会以及26家具有相

---

① [日]深尾昌峰:"市民コミュニティ財団が支える共助の社会~官民の役割分担とそれを支える仕組み~"、2003年、内閣府NPOホームページ:https://www.npo-homepage.go.jp/index.html、2015年4月18日。

② [日]深尾昌峰:《市民性を支える"市民コミュニティ財団"の定義と役割》"龍谷政策学論集"第3巻第2号、2014年。

似理念的市民基金会。

第二节 京都地域创造基金的组织使命和治理机制

一 京都地域创造基金的组织使命

翻开《公益财团法人京都地域创造基金：Annual Report 2012》，随之跃入眼帘的是其封面上的一段文字：

> 京都地域创造基金将通过打造崭新的资金循环流以支援市民公益活动，进而为构建可持续发展的地域社会做出应有贡献。为此，我们将"捐赠"视为每位市民应有的社会参与权利之一，通过开发形式多样的捐赠方式，努力实现亟须活动经费的市民活动团体与捐赠者之间的有机连接。此外，为了回应层出不穷的社会问题，我们将与其他机构和团体展开紧密合作，致力于孵化以解决新社会问题为组织使命的公益团体。进而言之，我们将与地方金融机构、企业以及其他事业团体携手合作，通过发挥各自的优势和长处，共同推动地域社会的可持续发展。[①]

紧接着，笔者还在该年度报告的首页发现如下表述："作为日本第一家市民社区基金会，京都地域创造基金将根植于地域社会，努力聚焦于那些迄今为止无法得到有效援助的地域问题，筹集本地的各种资源并将之输送给相关公益团体，以此为构建富裕且可持续发展的地区社会作出贡献。"为此，京都地域创造基金在其章程第4条中将组织使命凝练如下："为了帮助那些有意支援以解决社会问题或激发地域活力为使命的市民以及那些致力于开展公益活动的市民活动团体均能实现各自的愿望，本法人将以资源媒介身份开展斡旋活动，通过构建以各种社会主体

---

① 京都地域創造基金："公益財団法人京都創造基金：Annual Report 2012"、2013年。

为基础的公益创业支援体制，从而为创造和发展富裕且可持续发展的地域社会作出应有贡献。"

为了实现这一组织使命，京都地域创造基金在京都府内开展以下业务：（1）筹集公益活动所需的必需资源，并将其输送至从事公益活动的市民活动团体；（2）为从事公益活动的市民活动团体提供资助、融资以及表彰等服务；（3）开展以支援公益活动为宗旨的"充分利用不动产资源"的业务；（4）为从事公益活动的市民活动团体提供有关组织运营所需资源的业务；（5）为从事公益活动的市民活动团体和资源供给者提供咨询服务；（6）开展有关公益活动的调查研究、信息收集以及信息传播等业务；（7）开展以推进公益活动为宗旨的商业贩卖活动（包括普及启发性读物、捐赠附属物品以及出版发行物）；（8）除前列各项之外的、为构建以各种社会主体为基础的公益创业支援体制所需的各项业务，以及为实现前列各项业务所需的必要业务。

二　京都地域创造基金的治理机制

如前所述，京都地域创造基金属于公益财团法人。为此，按照相关法律规定，京都地域创造基金在内部治理机制上设置了评议员会、理事会、监事以及事务局等组织机构[1]。限于篇幅，本章仅就京都地域创造基金在组织内部治理机制上所体现出来的几个特征进行说明。

第一，有关评议员、理事和监事的人数设置。京都地域创造基金会共设置 10 名评议员（包括 2 名公益界人士、3 名企业界人士、2 名大学教授、1 名艺术界人士、2 名政府界人士）、12 名理事（包括 5 名公益界人士、2 名企业界人士、2 名大学教授、1 名出版界人士、2 名政府界人士）和 4 名监事（包括 1 名公益界人士、1 名律师、1 名注册会计师、1 名大学教授），力图以此更大范围地代表社区公众利益。

第二，有关会计监查人的设置。与其他公益财团法人单独设置会计监查人不同，京都地域创造基金专门选任 1 名注册会计师作为 4 名监事之一，以此强化会计监查人的监督功能。

---

[1] 关于日本公益财团法人制度的介绍，请参见俞祖成《日本非营利组织：法制建设与改革动向》，《中国机构改革与管理》2016 年第 7 期。

第十七章　日本社区基金会的本土化发展

第三，有关事务局体制的设计。与一般的公益财团法人的事务局相比，京都地域创造基金的事务局在人员规模和业务分工上体现出自身特色。首先，在人员规模上，其职员人数多达10人，其中包括5名全职职员、3名兼职职员以及2名计时职员。其次，在业务分工上，事务局职员被划分为四组，即筹款项目组、资助项目组、宣传组以及总务组。需要指出的是，筹款项目组成员均为全职人员。

第四，有关选考委员会的设置。与一般的公益财团法人不同，京都地域创造基金在每个项目中均设置了专门的选考委员会，同时根据理事会表决通过的《公益财团法人京都地域创造基金资助方针》制定各个项目的选考标准。截至2014年5月9日，京都地域创造基金各个选考委员会的委员多达60余人。

第三节　京都地域创造基金的本土化方式

作为日本社区基金会本土化发展的标志性存在，京都地域创造基金在充分借鉴大阪社区基金会运作模式的基础上，创新性地实施了一系列契合本土需求的公益项目。此外，与大阪社区基金会不同，京都地域创造基金在项目运作方式上并未局限于募捐和资助这两类项目，而是开发了包括信息公开认证、资助以及融资等在内的综合性项目运作体系。换言之，它并未将募捐和资助截然分开，而是将两者有机融为一体。限于篇幅，以下仅选取其若干代表性项目进行说明。

一　NPO信息公开认证制度

京都地域创造基金始终认为，接受社会性资助的NPO必须积极推进组织信息公开。其理由在于：通过信息公开不仅能够实现组织的问责义务，而且还能借此向社会广泛宣传该NPO所开展的公益活动，进而获得社会各界的关注和共鸣。为此，京都地域创造基金与第三方机构（NPO法人·京都NPO中心和一般财团法人·社会认证开发推进机构）展开合作，将京都府内申请接受其资助的NPO的信息公开认证业务进行外包（见表17-1）。与此同时，京都地域创造基金对各项目的资助对象所需的社会认证等级要求做出明确规定,并要求受资助团体在项目结束后将"事业报告书"提交至前述两家机构予以公开。

表 17-1　　　　　　　NPO 信息公开认证制度框架

认证等级	认证内容与费用标准	第三方认证机构
STEP1 指引性认证	·信息公开水平达到三星级标准(无第三方确认) ·建立信息公开制度 ·认证免费(有效期 1 年)	NPO 法人·京都 NPO 中心
STEP2 事务局认证	·信息公开水平达到三星级标准,同时需要提交信息公开的原始资料并通过事务局核实 ·所有公开信息的真实性须经第三方确认 ·认证免费(有效期 1 年)	NPO 法人·京都 NPO 中心
STEP3 第三方认证	·信息公开水平达到五星级标准并获得"事务局认证" ·接受专业调查人员的实地调查和访谈调查,同时接受第三方审查委员会的审查 ·获得第三方评估的认证 ·认证费 5 万日元(有效期 2 年)	一般社团法人·社会认证开发推进机构

资料来源:笔者根据京都地域创造基金官方网站的相关资料制作而成。

二　冠名基金项目

凡是向京都地域创造基金捐赠 50 万日元以上的市民、企业或其他团体,即可设立独立的冠名基金。捐赠者可自由决定资助项目的名称、资助对象、资助领域与资助金额。而京都地域创造基金主要负责各个独立基金的具体运作和资助对象的遴选,为此需要从每个冠名基金会中抽取相当于基金总额的 10% 作为管理费。

目前,京都地域创造基金共设有 5 个冠名基金,并对每个冠名基金的项目概要、资助条件、选考委员会、选考标准以及项目评估等均做出详细规定。截至 2014 年 5 月 9 日,冠名基金项目共获得捐款约 4135 万日元,其中多个资助项目得到媒体的关注和报道。

三　事业指定援助项目

京都地域创造基金随时接受计划开展相关公益项目的市民活动团体

所提出的资助申请，然后通过"事业指定资助选考委员会"对这些援助申请的项目宗旨、实施计划以及经费预算等进行审查，从中遴选出具有现实需求性、公益性、前沿性以及可行性的项目。此外，委托第三方机构（社会认证开发推进机构）对那些获得资助资格的市民活动团体的运营体制和信息公开程度进行事前评估。在最终选定资助项目后，京都地域创造基金将为它们提供两个援助方案，即"普通援助"（收取募款总额的1%作为管理费）和"募捐开拓援助"（收取募款总额的5%作为管理费）。

截至2014年5月9日，事业指定援助项目总共设立32个子项目，共计获得捐款7337万日元，资助领域涉及教育、儿童、医疗、文化、地域发展、残障人福利、环境保护、国际支援、灾区支援以及多文化共生等多个领域。

四 主题提案型项目

与事业指定援助项目不同的是，主体提案型项目所接受的并非来自某市民活动团体所提出的针对某个特定公益项目的资助申请，而是市民、企业或市民活动团体就某个特定领域或特定地域所存在的社会问题所提出的资助申请。京都地域创造基金受理此类申请后将设立专项基金，并与提案者（或提案团体）一道为该基金制定筹款计划并展开募捐活动。筹集到一定资金后，京都地域创造基金将为各个专项基金设立独立的资助选考委员会，以此公正、透明地向市民活动团体提供资助。

截至2014年5月9日，主题提案型项目已设立包括"母川·保津川基金""京都儿童基金""京都音乐家支援者基金""灾害志愿活动支援基金"以及"京都环境前沿基金"等在内的9个独立基金，共计获得捐款4861万日元。

五 NPO融资项目

伴随公益创业的发展和壮大，尤其是近年来社会企业的异军突起，日本NPO部门向金融机构寻求融资的需求与日俱增。在这种强烈社会需求的驱动下，京都地域创造基金经过不懈努力，于2009年10月与京都信用金库、京都北都信用金库以及京都府签订多方合作协议，共同创设"京都NPO活动支援融资制度"。2013年6月,该制度得到进一步扩充并更名为"京都NPO支援连携融资制度",从而增加合作团体的数量,融资限额也随之获得提升。

如图17-1所示,扩充后的融资制度的大致框架如下:(1)凡在京都府内设有事务所的NPO法人,均可向京都地域创造基金提出最高额度为500万日元、还贷期限最长为5年的融资申请。该融资主要用于组织运作和设备购置。(2)接到融资申请后,京都地域创造基金将根据理事会事先制定的《"京都NPO支援连携融资制度"公益性审查委员会设置要领》,组建由5名外部专家组成的"公益性审查委员会",对融资申请的公益性进行审查。审查结束后及时向申请团体出具"公益性审查通知书"。(3)通过公益性审查的NPO法人向指定金融机构[①]提交借贷申请书。金融机构将根据京都地域创造基金出具的公益性审查结果进行融资审查。之后与NPO法人签订借贷协议并发放贷款。(4)获得融资的NPO法人根据借贷协议按期还款。根据事先协议,凡是融资额度少于300万日元的贷款,其利息全部由京都市和京都府共同代为支付。不过,如果融资金额超过300万日元,NPO法人则需要支付全部利息的1%,而剩余部分则由京都市和京都府共同代为支付[②]。

截至2013年底,该制度共计融资3980万日元并实现100%的还贷率。由于该融资制度开创了社区基金会携手政府部门和金融机构共同创设NPO融资制度的先河,其制度模式迅速得到关注,其他都道府县的社区基金会竞相效仿。

除上述项目外,京都地域创造基金还实施了"地域未来协创项目""不动产活用项目""慈善企划项目""遗产和继承财产活用项目"以及"特定捐赠信托项目"等充分反映本土需求的创新型项目。另外,京都地域创造基金还致力于推进组织信息公开,除要求受资助团体将项目成果报告提交至第三方机构进行社会公开外,还充分利用官网、脸谱和推

---

① 包括京都信用金库、京都北都信用金库、京都银行以及京都中央信用金库等4家金融机构。
② 实际的利息补助方式是:京都市和京都府向京都地域创造基金提供相关补助金,而后京都地域创造基金替代NPO法人支付利息。

特等社交媒介，以及通过发行季刊 Civien 和《年度事业报告》等纸质媒介进行彻底的信息公开。

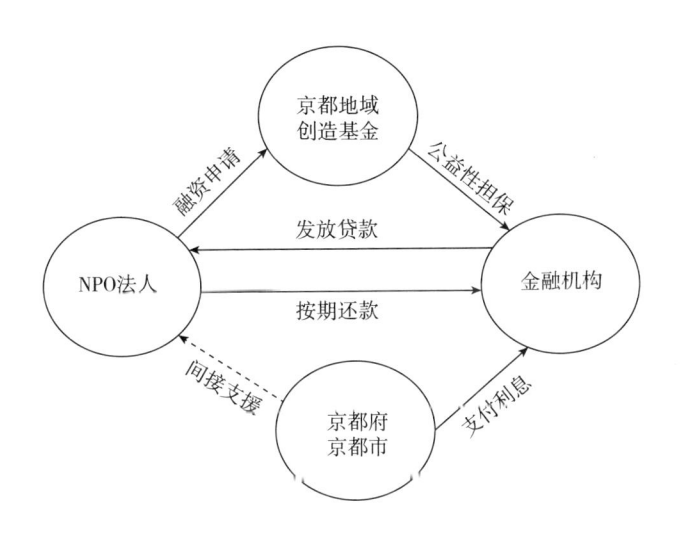

图 17-1　京都 NPO 支援连携融资制度（笔者自制）

资料来源：笔者根据京都地域创造基金官方网站的相关资料制作而成。

第四节　京都地域创造基金的主要成绩及其面临的难题

京都地域创造基金自创设以来始终坚持以市民为主体，致力于开发契合本土需求的创新性项目，同时推行彻底的组织信息公开，从而迅速获得社会各界的支持。如图 17-2 所示，京都地域创造基金的募捐总额和资助总额呈现快速增长之势，成立后第 3 年即突破 1 亿日元大关，而截至 2014 年 5 月 9 日则增至 2 亿日元。

此外，京都地域创造基金自成立以来，曾被 NHK 和 KBS 等全国性电视台、《朝日新闻》和《每日新闻》等全国性报刊以及《京都新闻》等地方性报刊竞相报道多达 70 余次。在京都地域创造基金所开创的

"市民社区基金会模式"的直接推动下,其他都道府县相继成立多达9家市民社区基金会。在此背景下,2014年4月,以京都地域创造基金为核心的10家市民社区基金会共同发起成立"全国社区基金会协会"(全国コミュニティ財団協会),试图通过行业联盟的方式进一步推动市民社区基金会的发展。

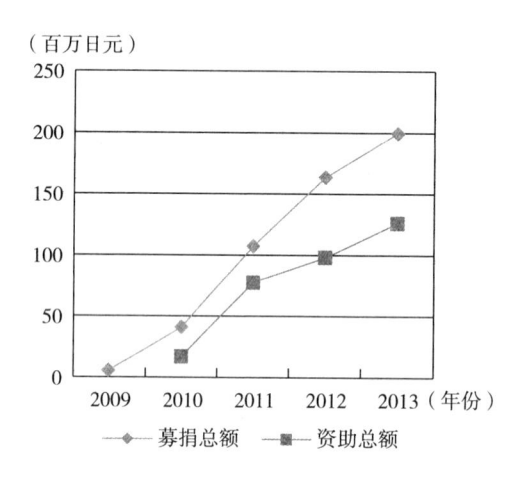

图17-2 京都地域创造基金的募捐总额和资助总额的历年变化(累计)

资料来源:笔者根据京都地域创造基金所提供的数据绘制而成。

当然,京都地域创造基金同样面临不少难题。具体而言包括:(1)它始终面临"如何建立健全作为资源中介组织的运营体制,尤其是如何确保组织运营经费"等涉及组织存续和发展的重大难题;(2)为了充分保障市民的捐赠权利,京都地域创造基金必须在后续项目的开发和实施中持之以恒地将"市民参与"这一要素加以考量和纳入;(3)必须进一步构建起项目评估的有效机制;(4)受资助团体在组织信息公开方面的努力远不足够,从而阻碍社会捐赠的进一步增长;(5)与其他基金会不同的是,市民社区基金会并未拥有雄厚的资金库存,因此京都地域创造基金除了需要通过持续创新的方式获取尽可能多的社会捐赠之外,还须与本地的各种资源拥有者(尤其是与本地金融机构)建立紧密的合作关系,以此推动"社会投资市场"的发育和发展;(6)通过成立"全国社区基金会协会"以构建全国性行业网络，并通过该网络共同分享相关经验和技术，以进一步解决筹款和组织人才培养等问题；(7) 尽管新公益法人制度的实施消解了社区基金会在法人注册和税制优惠等方面的难题，然而在公益信托和不动产利用等方面，相关法律规制仍未消除，为此有必要继续向政府部门进行政策倡导。

第五节 结语

早在 1986 年，"社区基金会"概念就已被介绍至日本，尔后迅速引起以经济界精英为核心的社会有志之士的极大关注。1991 年，参照美国社区基金会的理念和模式，大阪商工会议所主导设立了日本第一家社区基金会——"大阪社区基金会"。借助于大阪商工会议所在日本经济界和政治界所具有的巨大能量，大阪社区基金会成功将美国社区基金会的理念及其制度移植至日本。然而遗憾的是，囿于日本"官僚主义"的影响及其规制严厉的法律制度，大阪社区基金会模式并未得到有效普及。尽管如此，社区基金会所具有的崭新理念仍催生了大批具有相似功能的基金会，并由此推动社区基金会在日本的本土化进程。

2009 年，伴随新公益法人制度的实施，日本第一家市民社区基金会——"京都地域创造基金"顺利诞生。与大阪社区基金会不同的是，京都地域创造基金的创设和运营并非依赖于经济界精英的力量，而是借助于包括草根公益人士在内的普通市民的智慧和力量。换言之，正是因为京都地域创造基金在组织创设和项目运营等各环节均能将市民参与要素纳入其中，它才自称为"市民社区基金会"。更为重要的是，京都地域创造基金借鉴却不拘泥于大阪社区基金会模式，通过敏锐地捕捉本地社会的最新需求，不断开发出极具创新性的运作项目，在实现传统捐赠文化革新的同时，还成功将认证、资助、援助以及融资等项目运作方式有机融为一体，从而推动了日本社区基金会的本土融合。

可以说，在京都地域创造基金所缔造的"市民社区基金会模式"的影响下，日本社会迎来社区基金会的发展高潮。进而言之，经过理念移植与本土融合，作为舶来品的社区基金会在日本逐渐呈现出"活动领域的广义社区化""运营主体的市民化"以及"项目运作的多样化"等本土化特征。结合我国社区基金会的发展状况，我们认为日本经验带来的最大启示可概括为两点，即"构建以市民自治为基础的社区基金会运作模式"与"推动社区基金会的多样化发展"。

一 构建以市民自治为基础的社区基金会运作模式

在我国，为了回应社区需求，促进社区成长，在社区中培育和促进公益慈善，教育个人和社区，增加社区居民对公共事务的参与度并促使其了解慈善事业的价值[1]，深圳和上海等经济发达地区积极引入社区基金会，试图以此破解社区治理难题。截至目前，我国社区基金会的运行模式呈现多元化态势，包括企业主导运行模式、居民主导运行模式和政府主导运行模式[2]，然而绝大多数的社区基金会属于政府主导运行模式。诚然，政府主导运行的社区基金会能够得到政府的大力支持，在政策倾斜、人员拨给等方面有着较大优势，同时自上而下的动员也使得这类社区基金会更易获得企业、媒体、社工等多元相关方的联动。然而，政府主导运行的社区基金会普遍存在独立性较低的问题，同时基层政府过多地干预社区基金会的项目运作和资金使用情况，行政化色彩浓厚，在人员设置上也较少保持多方平衡，居民较少参与到社区基金会的事务中来，从而使得社区基金会理事不能自主决策，居民的参与积极性也受到影响，进而严重制约社区基金会的发展[3]。

而在日本，从首家社区基金会的成立到成功实现本土化融合的市民社区基金会的不断涌现，日本各级政府始终没有随意介入其中，而更多的是以"制度供给者"和"资源支持者"的身份协助社会有志之士成立和发展社区基金会。例如，作为本土化融合典范的京都地域创造基金

---

[1] 周如南等：《社区基金会的动员与运作机制研究——以深圳市为例》，《浙江省委党校学报》2017年第2期。

[2] 徐家良、刘春帅：《资源依赖理论视域下我国社区基金会运行模式研究》，《浙江学刊》2016年第1期。

[3] 周如南等：《社区基金会的动员与运作机制研究——以深圳市为例》，《浙江省委党校学报》2017年第2期。

自创立之初起，就得到京都府政府和京都市政府的大力支持，同时在京都市政府的全力配合下创新性地开发出"京都 NPO 支援连携融资制度"。

简而言之，鉴于日本经验，我们有必要重新审视政府在社区基金会发展过程中的作用及其定位，尽快推动政府实现其角色转换，即从"主导者"转向"支援者"。只有如此，我们才有可能强化社区基金会发展所需的市民自治力量，实现真正意义上的社区基金会的发展。

二 推动社区基金会的多样化发展

一般而言，社区基金会所指的"社区"范围可大可小，其服务范围可以根据实际需要扩张或收缩，即"社区"可以是一个居民区，一个城镇，一个州，一个地区（例如加勒比海地区）乃至一个国家。在世界范围内，大多数社区基金会以城市或城镇为基础。以社区基金会起源地的美国为例，除了乡镇和城市基金会，还有区域级（覆盖多个城市）、州级乃至国家级的社区基金会[1]。受之影响，日本学者在引入社区基金会概念之际就已明确指出"社区基金会是指贡献于特定区域（大至州或省，小至城镇或村落）的基金会"，由此可见其社区基金会的核心在于"本地"概念，而非"区域"大小。与之相关联，日本社区基金会在实践中并未将其服务范围限定于行政化的"社区"，而是倾向定位于一级行政区域（都道府县行政区域）。当然，也有不少日本社区基金会是以某个特定社区为主要活动区域。总而言之，日本社区基金会所辐射的范围主要以省级行政区域为主，同时不排斥以狭义地域为活动范畴。

而在我国，囿于政府的深度介入和强势主导，社区基金会被限定于行政化的"社区"。换言之，在基层政府的推动下，我国的社区基金会主要被限定在社区居委会或街道办事处层面，主要提供社区救助、社区照顾、资助社区公益事业和社会组织发展，服务对象限于本社区（或本街道）居民，地域上互不重叠。为此，有学者明确将社区基金会定义为

---

[1] 饶锦兴、王筱昀：《社区基金会的全球视野与中国价值》，《开放导报》2014 年第 5 期。

"在一定区域内（以社区居委会或街道地域为界限）为解决本社区问题而成立的具有独立性、公益性的一种枢纽型社区社会组织"。简而言之，我国绝大多数社区基金会是在政府主导下成立的，主要服务于"社区治理工作"，从而导致其发展模式缺乏多样性和多元性，进而使其原有的社会功能大打折扣。为此，主导推动我国社区基金会发展的基层官员之一、深圳市光明新区党工委委员乔宏彬曾撰文道："建议成立市区两级社区基金会工作领导小组和指导小组，协调督促市区两级政府部门加强对社区基金会工作的指导和支持，将社区基金会试点工作、社区基金会助推社区治理改革变成各部门的'大合唱'，力争创建社区基金会助推社区治理创新国家级试点，为全国兄弟城市探索更多可复制、可推广的成功经验。"①

我们殷切期待，今后通过政府职能的再定位和重新转换，我国社区基金会在服务范围上可以突破行政化的"社区"区域，从而实现其多样化发展，进而最大激活和充分发挥社区基金会在"促进社区草根类社会组织的成长""凝聚社区并打造有机共同体"以及"满足多元化的捐赠和社区需求"等方面的社会功能。②

---

① 乔宏彬：《美国社区基金会与光明新区社区基金会比较研究》，《特区实践与理论》2015年第2期。

② 崔开云：《社区基金会的美国经验及其对中国的启示》，《江淮论坛》2015年第4期。

第 十八 章

澳门街坊会联合总会：多元服务与双赢合作

一直以来，澳门被称为社团社会。在澳门，居民的自由结社权利得到了政府充分的肯定和尊重。澳门特区政府在社团登记注册上保留了宽松的行政管理准入空间，居民创建或加入社团几乎没有门槛。政府只核实申请成立的社团的名称、章程是否重复，在登记注册时政府只收取很少的印务费，用于在政府公报上刊登章程，而且一般只需要半个月到一个月即可完成所有的法定手续。

在社团登记管理的自由体制下，澳门社团众多，几乎覆盖各个范畴，无论是社会服务、慈善事业、体育竞技，还是专业技术都有相应社团组织，澳门社团的数量和密度十分可观。澳门社会人口60多万，却有7940个社团（截至2017年5月澳门特区政府印务局的数据），平均不到100人就拥有一个社团，社团的密度可谓世界之最。依据澳门特区政府印务局对澳门社团的分类，澳门社团有16个类别，艺术文化类的社团有1486个，科学及科技类的社团有84个，业主类的社团有167个，体育类的社团有1353个，法律类的社团有28个，教育及青年类的社团有735个，基金会类的社团有26个，工商及服务类的社团有827个，文娱活动类的社团有584个，专业类的社团有301个，环境保护类的社团有99个，宗教类的社团有408个，卫生类的社团有236个，社会服务类的社团有1124个，劳工类的社团有228个，其他类的社团有254个。其中，社会服务类社团的数量排在第3位，仅次于艺术文化类和体育类的社团，大概占澳门社团总量的14%。

在社会服务类的社团中，澳门街坊会联合总会可谓是规模最大的社团服务团体。成立三十多年来，澳门街坊会联合总会积极参与房屋、教育、治安、交通、环保、卫生等社会服务工作，维护特区的和谐稳定，关顾居民的各项民生福祉，从街区互助会发展成为遍及居民的自我服务、自我教育、自我管理的自治组织，获得了政府和广大居民的认可与支持，帮助配合特区政府了解民情民意，积极建言献策，为街坊民众提供多元化的公共服务，在澳门社会管理和社会服务中发挥了重要的作用。

本章选取澳门街坊会联合总会为例子，通过介绍其组织使命、发展历程、治理结构等方面的情况，讨论澳门街坊会联合总会多元双赢的社会服务模式。笔者认为，澳门特区政府通过建立与街坊总会的亲密伙伴关系，为澳门居民提供了广泛而细致的社会服务，个中的许多经验非常值得中国内地学习和借鉴。

第一节　澳门街坊总会的基本概况

1983年12月30日，澳门街坊会联合总会正式成立（以下简称澳门街坊总会）。多年以来，澳门街坊总会不断拓宽和深化居民多元化社会服务，致力拓展创新服务，努力提升服务质量。在提供多元化的社会服务中，积极谋求和政府的良性互动关系，达成与政府的双赢合作，倡导爱国团结精神，推动坊众睦邻互助，发展坊会福利和社会公益事业，成为特区政府在社会服务供给中不可或缺的主要力量和载体。

一　组织使命

长期以来，澳门街坊总会以爱国爱澳为己任，致力于服务居民和服务社会，致力于建设更加美好、健康、和谐、快乐的澳门社会。澳门街坊总会是在殖民统治的特殊社会背景下创立的民间自助组织，从成立之初就以团结社区里的华人群体为己任，争取华人在澳门的生存和发展权利。澳门街坊总会的工作宗旨是为居民办实事、谋福祉。秉承"团结坊众、参与社会，关注民生、服务社群、共建特区"的二十字方针，澳门街坊总会坚持爱国爱澳、团结坊众、服务坊众的创会宗旨，服务社区，积极为社区居民服务，为街坊办实事、谋福祉，为市民争取权益。最为典型的例子是1995年澳门青洲木屋拆迁安置事件。1995年10月，澳葡

第十八章 澳门街坊会联合总会：多元服务与双赢合作

政府当局出动防暴警员配合发展商强制拆屋时，发生警民冲突，街坊总会和坊会负责人立即赶赴现场阻止，避免了事态的激化。在这个事件中，居民、政府、开发商之间发生了诸多矛盾，坊会始终坚持尊重居民意愿的原则，进行了多方面、多层次的协调，保证了木屋居民顺利获得政府安置和拆迁补偿的公平、合理的权益。

回归祖国以后，澳门经济快速发展，同时也衍生出许多社会民生问题，诸如住房、交通、教育、养老保障等等。如果不能很好地解决住房难、看病难等问题，就有可能引发深层次社会矛盾。由此，街坊总会非常关注澳门民生问题，积极参政议政，推动和配合政府调查研究市民最关注的房屋、交通、物价等问题，多渠道拓展资源，不断提升社会服务水平。为此，澳门街坊总会在社会和政府中间搭建了一道沟通桥梁，定期约见政府部门，就居民困扰的问题向相关部门反映市民的意见和建议，亦向市民传递各政府职能部门的相关法律和政策信息。

二 治理结构

（一）街坊总会的组成结构

街坊总会的组成结构主要可以区分为管理性组织和服务性组织两个层面。当中，3个分区办事处和28个基层坊会是街坊总会的管理性组织；30多个服务中心和服务机构及50多个大厦业主会是街坊总会的服务性组织。总的来看，当前澳门街坊总会的管理结构日益呈现层级化、复杂化的特点，机构内部的分工越来越明确，同时也越来越细。随着组织发展，澳门街坊总会的组织制度也在不断完善，民主集中制逐渐成为澳门街坊总会的组织原则[①]。

1. 分区办事处

澳门街坊总会有3个分区办事处，依照澳门地理区域的不同分为北区办事处、中区办事处和离岛区办事处。其中，街坊总会北区办事处于2004年5月12日成立，旨在进一步加强与北区居民的联系，关注北区民生事务、社区发展，为北区居民提供更方便的咨询、投诉及个案求助

---

① 李太斌：《上海阳光中心和澳门街坊总会的比较》，《上海青年管理干部学院学报》2006年第4期。

服务，为建设和谐美好的社区做出努力。北区办事处的服务内容包括咨询服务、议员接待市民、受理个案求助、关注社区建设等等。

街坊总会中区办事处是街坊总会辖下的区域性办事机构，自2007年11月12日成立。中区办事处秉承街坊总会的宗旨，积极关注社区治安、交通、环境、卫生等问题，努力为居民办实事、争权益、谋福祉，拓展社区工作，努力打造"成为街坊最好朋友"的社区服务形象。中区办事处全力开拓服务，深入社区发掘问题，接纳坊众所提出的意见、诉求，并就社区内各种问题做个案跟进，协助坊会处理，以创新思维开展多元化的社区服务，协助坊众解决社区存在的各种环境、民生问题，改善生活质量。

离岛办事处是街坊总会在离岛区的办事处，于1998年7月22日成立，办事处旨在通过扎实的社会服务来加强街坊总会与基层坊会的联系，协助基层坊会拓展会务，巩固社区力量。同时关注地区坊会事务、开拓社区议题、开展公民教育、协助坊众解决问题，从而更进一步推动社区睦邻友好的关系，搭建街坊总会与坊众友好交流的桥梁，增进坊众对街坊总会的认知和认同。

2. 基层坊会

街坊总会下设有28个基层坊会，分别是澳门路环石排湾居民互助会、氹仔社区发展促进会、下环社区中心、氹仔坊众联谊会、路环居民联谊会、新填海居民联谊会、筷子基坊众互助会、马黑佑居民联谊会、东北区坊众联谊会、青洲坊众互助会、台山坊众互助会、新口岸区坊众联谊会、炉石塘坊众互助会、十月初五街区坊众互助会、海傍海边街区坊众互助会、新马路区坊众互助会、福隆区坊众互助会、南西湾街区坊众互助会、板营街区坊众互助会、下环区坊众互助会、望厦坊众互助会、草堆六街区坊众互助会、新桥区坊众互助会、提柯区坊众互助会、果栏六街区坊众互助会、沙梨头坊众互助会、水荷雀坊众互助会、三巴门坊众互助会。一般而言，基层坊会以"睦邻互动，关爱社区"为宗旨，是典型的邻里组织，扎根社区，致力提升社区居民的各项生活品质，丰富社区居民的文娱康体活动。

28个基层坊会中，多数基层坊会的成立时间早于街坊总会，有些

第十八章 澳门街坊会联合总会:多元服务与双赢合作

基层坊会如青洲坊众互助会、台山坊众互助会更是早在20世纪50年代就成立的,基本上都是基于各个基层社区坊众互相帮助、互相扶持的需要而设立。回归以来,基层坊会不断推出各种社会服务,服务街坊,敦睦邻里,济贫扶弱,排难解困,举办文娱、康体、旅游等活动,不但凝聚了会员和街坊,也活跃了该区居民的文娱生活,深受坊会会员和澳门居民的欢迎。通过基层坊会组织的各项活动,带动社区居民更积极参与社区公共事务管理的活动,关注社区内的治安、交通、防火等问题,培育了社区居民凝聚友好的团结互助乃至爱国爱澳精神。

总的来看,澳门街坊总会和其下属的各个基层坊会之间更多的是一种相互合作、相互支持和相互依赖的关系。各个地区坊会在资源运作、社会支持以及社会影响力等方面需要依靠总会的支持,总会的影响力也需要各个坊会的支撑[①]。

3. 社区服务中心

澳门街坊总会有30多个服务中心和服务机构、50多个大厦业主会联系会员和社区组织。其中,各服务中心和社区组织由街坊总会成立,但他们不是独立法人,当分别开展儿童及青少年服务、社区服务及长者服务时,澳门由街坊总会社会服务办公室来进行协调。

街坊总会依托各区的社区服务中心来提供社区综合服务。目前,澳门街坊总会的社区服务中心主要包括黑沙环社区服务中心、青洲社区中心、氹仔社区中心、望厦社区中心、祐汉社区中心以及石排湾家庭及社区综合服务中心六个社区服务中心。这些社区服务中心的宗旨在于加强邻里关系,发挥居民互助精神,团结居民参与社区服务,推动居民发挥互助精神,改善社区生活环境。主要服务内容是为区内青少年、妇女、长者以及家庭提供综合性社区服务,比如向居民提供社区及周边生活信息,协助居民适应新社区生活,改善居民生活质量,听取居民意见,反映社区民生问题等等。

此外,澳门街坊总会理事会还设立了社会事务、社会服务、北区工

---

① 陈元元:《澳门街坊会联合总会组织构架探析》,《上海青年管理干部学院学报》2006年第4期。

作、中区工作、离岛工作、公民教育、文康、体育、青年事务、妇女事务、大厦工作、社区经济事务及财务13个工作委员会。这些工作委员会的委员一般都是由职工或受邀请的社会人士兼任，开展不同类型的活动。图18-1是澳门街坊总会的组织架构：

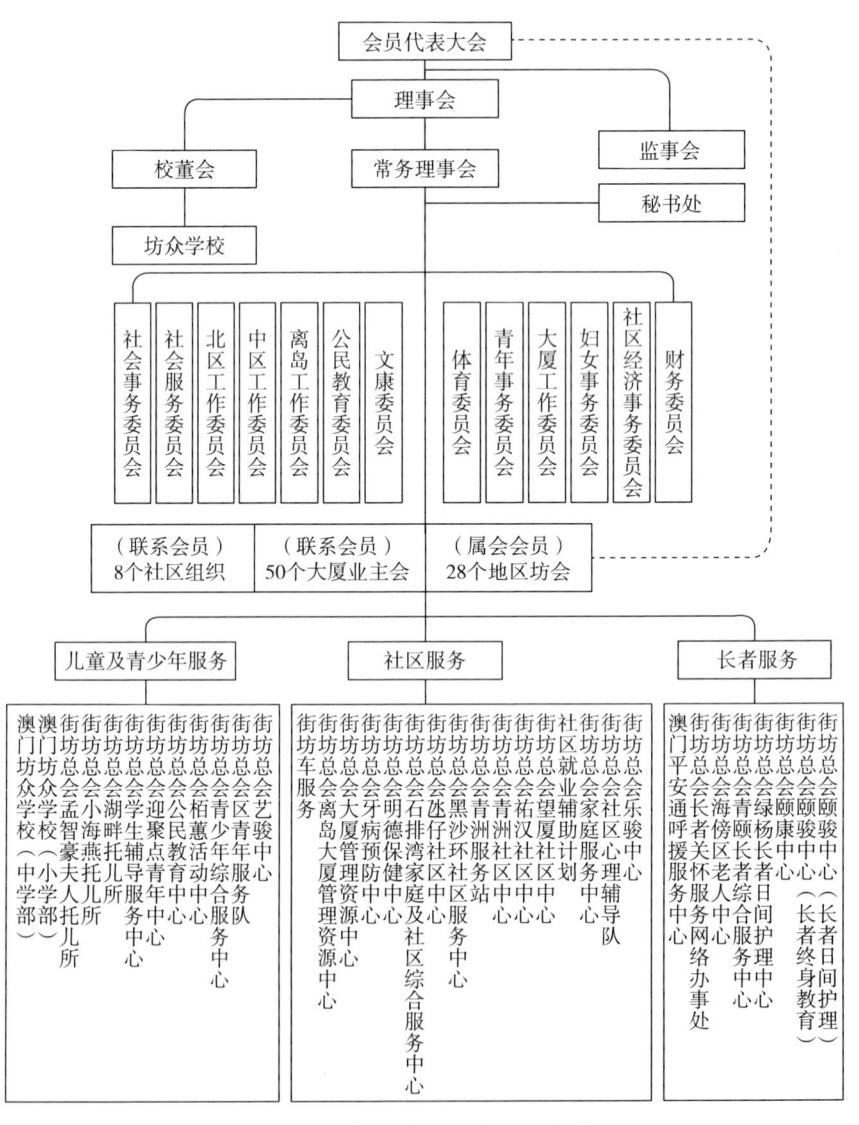

图18-1 澳门街坊总会的组织架构图

资料来源：澳门街坊会联合总会网站。

第十八章 澳门街坊会联合总会:多元服务与双赢合作

(二) 街坊总会的运行机制

基层坊会相当于总会的直属部门,是澳门街坊总会的各项职能能够顺利执行的最重要保证。基层坊会都是一个独立法人,由北区办事处、中区办事处和离岛区办事处进行协调。澳门街坊总会是基层街坊会的领导组织,总会的领导架构由地区坊会代表经由街坊总会全体会员大会选举产生,它担负着管理和支持基层社区组织发展和运作的责任。街坊总会与各基层坊会的关系是目标一致、求同存异、资源共享。双方在互相理解、互相体谅的基础上,进行优势互补,共同寻求社会资源,为所在的社区居民提供优质服务。[①]

街坊总会通过灵活、多样的行政管理、资金运作和项目合作模式,分别与其下属各分会进行联系、分工与合作,促成组织内的团结和发展。街坊总会以及下属各基层坊会的根本目标是一致的,以保障社区居民的利益为合作的基本前提。在保障社区居民的利益这一共同目标的指引下,街坊总会与下属各坊会之间有了沟通和合作的坚实基础。

街坊总会理事会主要负责处理总会的日常事务,协调总会与各基层坊会之间的关系。理事会的成员是由各基层坊会推举的代表组建而成,一旦总会和基层坊会之间出现意见分歧,理事会成员就需要承担说服和沟通各坊会的工作,最大限度地争取基层坊会对总会工作的理解和支持。此外,澳门街坊总会的主要负责人还可兼任各个分会的名誉会长,列席各分会的重大决策会议,以参与讨论的形式协调总会与基层坊会之间可能出现的矛盾。

一般来说,澳门特区政府给街坊总会的拨款是项目拨款的方式,而且必须专款专用。澳门特区政府一般不接受各个基层街坊会个别的项目申请。因此,各基层坊会的活动经费主要是通过街坊总会将各种具体活动项目汇总,统一申报,由政府统一审批,统一划拨费用。

街坊总会和各基层坊会日常行政工作的开支,主要来自于街坊总会和各基层坊会向社会各界的自筹资金。值得一提的是,街坊总会和各基

[①] 陈元元:《澳门街坊会联合总会组织构架探析》,《上海青年管理干部学院学报》2006年第4期。

层坊会之间是互帮互助、团结一致的关系，通过优势互补，合理分配和运用各自所拥有的资源，为社区居民提供优质服务。澳门街坊总会能够在人力、资金、技术和管理经验等各个层次为各基层坊会提供支持和帮助。尤其是对一些自身拥有资源不足的分会来说，就需要更多地依靠街坊总会的支持。比如，各基层坊会行政秘书的月收入中有一部分就是由街坊总会来负责的。此外，街坊总会承担着对各基层坊会新录用社工进行集中、系统的职业技能培训的责任，从而确保各基层坊会拥有一批实务工作经验丰富的专业服务人员。

三 人员及资源状况

截至2016年9月，澳门街坊总会下属坊会和服务中心一共拥有会员超过35000人、义工超过2000人，专职工作人员由创会之初的2人发展到接近800人（包括学校的教职员工）。目前街坊总会理事会和监事会的成员超过200人，来自各区街坊会和社区组织、大厦业主会联系会员的领导成员。

街坊总会经费的主要来源有三个渠道：一是通过筹划社区活动，向政府相关部门申请活动经费；二是总会通过其影响力向企业或者慈善组织，以及社区居民募集资金；三是以收取会员费的形式，向各分会以及其他分支机构寻求支持。街坊总会对资金来源和使用情况有详细的年报，会通过街坊总会的网站进行公布，方便公众监督。

第二节 澳门街坊总会的多元服务

社会服务是街坊总会的立会之本，近年来，街坊总会坚持创新，不断改进服务理念、提升服务水平，致力用更好更优的服务架起团结坊众的桥梁。30多年来，在社会各界和广大街坊的大力支持下，街坊总会的社会服务工作取得很大发展。迄今为止，澳门街坊总会以及下属坊会积极开展多元化服务，开办了2所学校、4间托儿所、30多个不同类型的服务中心、3间诊疗所等，包括颐康中心、青年中心、妇幼中心、望厦老人中心、海傍老人中心、北区临屋中心、青洲社区中心、澳门坊众

第十八章 澳门街坊会联合总会:多元服务与双赢合作

学校、老人服务中心等,形成了一个覆盖全澳、颇具规模的社会服务网络。

目前,街坊总会可提供的社会服务包括街坊车接送、平安通紧急呼援、日间护理、基础教育、托儿、大厦管理咨询、物理治疗、职业治疗、驻校辅导、心理咨询、外展服务、公民教育、各类培训、就业辅导、中医保健和牙科等数十个服务项目,服务对象覆盖社会各阶层和各年龄层。近年来,社区服务中心不断寻求社会服务的创新化和多元化,取得了一定的成效。例如,黑沙环社区服务中心在推动亲子活动方面,为家长及儿童提供平台,提升亲子关系。中心还针对居民因生活带来的压力,开办各类治疗压力工作坊。建立社区互助关怀网络,探访并发掘潜在的单亲、贫困及独居长者、家庭问题等个案,及时提供协助。氹仔社区服务中心经常举办各类文娱、康乐、体育活动和各项兴趣班,丰富居民余暇生活,推动公民教育;青洲社区中心为学生提供功课辅导、教育及训练活动、文娱康乐活动、转介、咨询服务及小组活动等服务;望厦社区中心开展家庭小组活动,组织了妇女才艺小组、"火凤凰"单亲家庭小组以及独居老人自理培训工作,并且加强关注社区居民贫困、患病、伤残、老弱无依的求助个案。

总体来看,街坊总会的社会服务主要分为三大内容板块,分别是社区服务、长者服务、儿童及青少年服务。经过三十多年的努力耕耘,澳门街坊总会的社会服务不断获得广大澳门市民的认可和肯定。2015年,街坊总会的服务突破200多万人次,跟进处理的个案超过6000多宗,提出了60多份改善民生方面的政策建议。

一 社区服务

社区服务包括平安通服务、家庭服务及大厦管理服务、文化康娱服务和心理辅导服务。

(一)平安通服务

澳门"平安通服务"是为独居长者、长期病患等有需要的人士提供一键式按钟求助的一个平台。这是街坊总会以申请政府投标方式承办的社会服务,也是街坊总会和政府合作提供社会服务的第二种主要方式,即"政府主办,街坊总会承办"。一般来讲,澳门政府每年都会出台一系列针对澳门居民的社区服务项目，这些项目可由澳门各个民间组织以投标的方式来承办。街坊总会申报项目，政府提供资助。街坊总会通过竞标承办政府的服务项目，凭借政府的支持，运用社会工作专业的方法和理念，由社区工作者和志愿者一起，完成为社区居民提供服务的目标。

"平安通服务"于2009年3月正式投入运作，为独居长者、年迈夫妇以及其他有需要人士提供24小时紧急支持服务、"汇应聆"长者热线、召唤救护车、致电警方、通知紧急联络人、情绪支持、定时问安、提供社区信息、转介服务、定期探访等服务。2012年8月，"平安通"呼援服务中心又增加了"居家易"计划，为有需要长者提供家居安全评估，资助购买或安装家居辅助设施，让长者有个更加安全的居所。随着澳门经济社会的发展，"平安通服务"的用户结构向多元化发展，除了长者家庭，越来越多双职家庭、轮班工作人士选择使用平安通服务。

目前，"平安通服务"不断受到社会热心人士及社会企业的关注，服务义工队伍也越来越壮大。截至2015年7月，"平安通服务"累计使用的客户多达5000多人次，其中有一半为独居长者。"平安通服务"每月收费100元，如果生活确实困难者，街坊总会还通过与澳门基金会合作成立"平安通慈善基金"资助困难用户使用"平安通服务"，资助对象主要是领取社保养老金的人士、不获批予社工局特援金人士、居住于社会房屋人士及其他有经济困难但有需要使用"平安通"的人士。另外，"平安通慈善基金"通过成立管委会监察基金运作的方式，督导评审"平安通慈善基金"的工作。

(二) 家庭服务及大厦管理服务

街坊总会提供的家庭服务主要有家庭服务中心和乐骏中心。街坊总会的家庭服务中心的目的和宗旨是为了促进家庭的共融，缔结关怀和谐的社区。以家庭服务为核心，强化家庭成员以家为本的价值观，通过活动形式推广道德伦理，提升居民道德水平和个人修养，传承中华民族优秀文化。家庭服务中心寻求了新的发展方向，开设多元化家庭生活教育，以增进家庭和谐，达到中心主要工作目标。服务的对象包括区内居民、贫困人士、单亲家庭、独居老人以及青少年。家庭服务中心通过举

第十八章 澳门街坊会联合总会：多元服务与双赢合作

办亲子活动、讲座、工作坊、健康咨询、个人或家庭辅导、家长持续学习小组、暂托服务等形式，提供家庭综合服务。为丰富会员们的业余生活，更增设了不同类型的亲子活动、家庭小组及兴趣班。

街坊总会的大厦管理服务主要由大厦管理资源中心提供。大厦管理资源中心主要从信息、服务和意见三方面为有需要的大厦业主、住客和管理实体免费提供相关的协助和支持，提供大厦管理调解服务，促进大厦有效管理，提高管理服务素质。在服务中，大厦管理资源中心支持和推动大厦有效管理，就一般大厦管理问题提供意见，并和相关政府部门、专业团体紧密合作，以免费咨询的方式提供大厦管理专业意见。

(三) 文化康娱服务和心理辅导服务

街坊总会专门提供文化康娱服务的主要载体是栢蕙活动中心，其服务宗旨是为中澳居民尤其是青年文化艺术团体提供一个非营利的文化、艺术、康乐、体育活动的场所，推广大众体育及文化活动，开拓社区文化艺术发展的新领域，丰富居民的业余文化生活。

此外，为了加强社区直接心理辅导服务及向市民推广心理健康教育，街坊总会还与澳门特别行政区卫生局合作，成立社区心理辅导队，提供心理辅导服务。社区心理辅导队的成员都需要接受山顶医院精神科的培训，目标是完善并扩大服务网络，以全面地服务亚健康族群，提高本澳居民心理素质，加强面对逆境的能力以及减少精神病发病概率。社区心理辅导队所提供的心理辅导服务，代表着街坊总会与政府合作提供社会服务的第三种模式，即"街坊总会申报项目，政府提供资助"。一般来说，活动项目由街坊总会以及各个基层坊会自己设计，获得政府批准后，相关政府部门会依据一定的标准，为总会提供相应的经费、人力以及技术管理等各方面的支持，保证活动的顺利开展。

二 长者服务

街坊总会的长者服务主要包括独居长者服务、社区老人中心以及长者日间护理中心。

(一) 独居长者服务

街坊总会的独居长者服务主要由"长者关怀服务网络"承担，目的是建立独居长者和义工的联系网络，通过组织义工定期探望，由义工了解和协助他们解决生活的需要，减低独居长者的孤寂感，并建立生活的自信、自立、自强，丰富晚年人生。鼓励义工们坚持自助，为社会增添关爱，建立关怀互助的社区。独居长者服务的主要服务内容包括定期探访、终生规划服务、家居照顾、免费中医诊症服务、文娱活动、节日关怀活动、每月寿星、个别照顾、送汤服务、家居量血压服务、个案辅导等。

（二）社区老人中心

街坊总会的社区老人中心主要包括海傍区老人中心、颐康中心、颐骏中心、青颐长者综合服务中心等，其使命在于组织长者与社会紧密接触，建立良好的人际关系，培养兴趣，发挥潜能，充实晚年。例如，颐康中心为使退休后的长者老有所为，成立了长者社区关注小组，透过组员及小组的活动，关注区内的社会事务、环境问题等，发现问题及时向有关部门反映，使问题能得以尽快解决；颐骏中心的社会服务理念是务求使长者"老有所乐"，在敬老、爱老、护老，让长者在得到服务的同时，亦能在熟悉的社区与家人愉快生活。颐骏中心专业团队包括社工、护士、物理治疗师、职业治疗师及各范畴的导师等。

海傍区老人中心以"社区照顾"的理念，提供一系列方便使用且优质的社区支持服务，改善长者生活，推动社会大众共同建立一个充满关怀的社区。近年来，海傍区老人中心开展各项服务，如家居照顾及支持服务，开办不同类型的兴趣班组，并向有需要的长者提供长者精神健康服务。中心为长者安排各项日常活动并开办不同类型的兴趣班组，务求让长者多学习多尝试，发掘自己的潜能及兴趣，进一步丰富长者的日常生活、活跃身心。同时，心理辅导员就长者的情绪问题提供心理辅导，让长者解开心结并积极面对人生。

青颐长者综合服务中心的愿景是希望通过专业人员的优质服务，提供一个有尊严、自主、安全、安心、舒适的生活环境，让长者对居所产生归属感和认同感，安享充实快乐的晚年生活。借着推动"关爱共融文化"，青颐长者综合服务中心坚持关爱、尽心、尽责的专业团队合作精神，力求为长者提供全面、多元、适当、优质的服务，发展睦邻友好关系，共同营造一个充满"关爱"的居住环境。

第十八章 澳门街坊会联合总会：多元服务与双赢合作

（三）长者日间护理服务

长者日间护理服务主要由"绿杨长者日间护理中心"和"颐骏长者日间中心"承担。"绿杨长者日间护理中心"提供多元化的长者日间护理服务，让长者在得到适当护理服务的同时，继续留在熟悉的社区中，与家人或亲友共聚，保持身心健康。绿杨长者日间护理中心的五大服务是：日间护理服务、健康教育服务、护老者支持服务、长者精神健康服务和家居照顾及支持服务。

"颐骏长者日间中心"的服务对象须通过社工局统一评估、中央轮候机制转介到这里。"颐骏长者日间中心"有社工、护士、物理治疗师、职业治疗师、护理员、厨师、司机及行政人员等组成的专业团队，为有需要的长者提供包括膳食服务、复康活动、护理服务、小组活动、个案工作及复康巴士接送等服务。

三 儿童与青少年服务

街坊总会为贴近本澳各年龄、阶层市民的需要，致力提供多元的服务，青少年发展是社会多元服务中的重要一环。为让青少年多元发展，成为澳门未来的栋梁，街坊总会主要提供教育服务及青年服务等。

（一）教育服务

首先是公民教育。街坊总会成立了公民教育中心，提供公民教育服务。期望系统、有序、多元化、持续地培养青少年独立、懂得尊重、高抗逆性和正面思维等特质，让青少年成为真正的未来社会栋梁。公民教育中心把经验学习作为核心教育模式，培养青少年广阔的世界观，塑造有理想、有创造力、独立和高素质的公民。

其次是幼儿教育。街坊总会设有孟智豪夫人托儿所、湖畔托儿所、小海燕托儿所等三个托幼机构。托儿所的共同宗旨都是透过多元化的活动来发展幼儿的独立性，关心幼儿的学习及成长发展的需要，以培养幼儿身心健康发展的宗旨，配合幼儿身心发展的原则，提供多元智能的培育活动，使幼儿在愉快的环境中得到德、智、体、美全面发展，使其身心健康、活泼地成长，并为未来发展打下良好基础。

最后是中小学教育。澳门坊众学校是幼儿园、小学、中学一条龙教育体系的学校。学校非常重视学校教育与家庭教育及社会教育的配合，注重带领学生走出校门，参与学术、文体、社会公益及服务等活动，增长学生课外知识，同时加深学生对社会的认识，帮助学生树立正确的人生观。

(二) 青年服务

街坊总会的青年服务提供机构有"草六青年中心""社区青年服务队""青少年综合服务中心""艺骏中心""迎聚点青年中心"等。"草六青年中心"以"积极开展青年工作及活动，加强青年间的交流"为宗旨，对在学与社会青年提供各种有益身心及有助国家、社会发展的服务，促进本澳青年的身心发展，以培训、推动青年身心发展为目标，提升青年文化水平、自我增值，从而确立正确、积极的人生观。"社区青年服务队"的服务对象是澳门中区和南区身处不利环境的青少年，通过个人、家庭辅导、小组和社区活动等方式从不同的介入点去协助服务对象，并培养青少年正确的人生观和价值观。

"青少年综合服务中心"根据青少年的需要开展活动，运用社区工作手法，将服务全面整合成驻校服务、非驻校服务及中心服务三大服务，为青少年提供一个全面发展的平台。目前，"青少年综合服务中心"有青年参与社会服务奖励计划、热爱生命工程、正能量启导计划三大品牌活动。

"艺骏中心"主要通过举办艺术、文化及体育等专业培训、展览、比赛、活动及大型会演，鼓励青少年积极参与，充分发挥内在潜能，展现青年人青春活力的风采。从文化艺术、音乐创作、体育发展、休闲娱乐等方面开展工作，促进青少年的全面发展。从品德、自信、人际及才能等多方面构建青少年正确的价值观、社会观及世界观，为青少年提供发展兴趣、展现所长的平台，发掘他们的潜能，增强自信心。"迎聚点青年中心"遵循"传承创新、品味生活、信息交流、休闲学习"的服务方向，为青年提供休闲、聚会、交流及学习的场所和服务，推动青年工作再上台阶。中心主要提供青年生活交流体验计划、品味生活系列课程、青年零空间计划等方面服务。

第十八章 澳门街坊会联合总会:多元服务与双赢合作

第三节 政府与街坊总会的双赢合作

澳门回归祖国以来，澳门的社会服务采用政府资助、民间机构承办的合作模式，澳门绝大多数的社会服务由民间机构提供。当中，街坊总会一直在尝试用多种形式与澳门政府各职能部门进行广泛合作，采取了三种主要的合作方式。一是政府主办，街坊总会参与管理。即对于一些政府主办，但运作情况不佳的社区服务中心，街坊总会提出合作意向和改善服务中心管理模式的方案，通过和政府谈判、协商，使得街坊总会的工作人员参与到服务中心的管理工作中。二是政府主办街坊总会承办。街坊总会通过竞标承办政府的服务项目，凭借政府的支持，运用社会工作专业的方法和理念，由社区工作者和志愿者一起，完成为社区居民提供服务的目标。三是街坊总会申报项目，政府提供资助。这些项目一般是由街坊总会以及各个分会自己设计的活动项目，获得政府批准后，相关行政部门会依据一定的标准，为总会提供相应的经费、人力以及技术管理等各方面的支持，保证活动的顺利开展。[①] 经过30多年的探索和创新，澳门街坊总会和政府之间形成了社会服务的双赢合作模式，街坊总会和政府相关部门以项目化运作的模式，在提供多元化社会服务的同时，实现了政府和民间组织相互获益的合作。

政府与街坊总会的双赢合作模式，反映了澳门特区政府和社团合作提供社会服务的格局特点。这种模式的形成，内嵌于澳门社会特有的历史文化和政治体制。当中，澳门社会特有的"助人自助"的互助精神是社会服务多元双赢模式的内在驱使力；澳门社团监督政府、表达民意、社会服务三位一体的角色定位，则是政府与社会团体双赢合作模式的制度保障。

第一，助人自助的互助精神是政府社团双赢合作模式的内在驱使力。邻里互助、服务社群的理念是街坊总会的基本宗旨，也是街坊总会

[①] 王爱平:《关于澳门街坊会联合总会的分析与思考》，《中国民政》2015年第5期。

最为根本的文化优势,是特有历史背景下所形成的精神和观念。"澳门街坊总会是特殊历史时期和特定社会背景下的必然产物。其民族性、血缘性、精神性强化并催生了生活在共同区域内的坊众联合在一起的组织自觉。"① 正是基于互助的核心理念的街坊互助,使街坊邻居之间基于促进相互交流、交往、了解的需要而自愿成立了街坊总会和基层坊会二位一体的独特的自治组织。这一模式有利于促进基层社区治理,可以为中国内地基层社会管理创新提供有益启示。当中,邻里之间守望相助、关爱彼此、热爱家园、共同建设美好社区的精神尤为宝贵,澳门街坊总会正是在居民互助精神的基础上,发动市民积极参与到社会服务供给的队伍中来,通过多个服务中心和多种服务安排的创新与结合,无缝隙、多元化地提供各种令市民满意的社会服务。

第二,澳门社团监督政府、民意表达、社会服务三位一体的角色定位,是政府社团双赢合作模式的制度保障。在街坊总会所形成的政府社团双赢合作模式中,街坊总会与澳门特区政府各职能部门达成了相互依赖、共同发展的格局。通过长期的工作实践,街坊总会逐步确立了通过与政府之间广泛的联系与合作,实现社团持续发展目标的战略。与此同时,特区政府也希望通过加强政府与民间服务机构的合作来弥补政府自身的不足,满足市民多元化的社会服务需求。由于政府和社团有着优势互补的合作意愿,自澳门回归以来政府就和社团达成了良好的合作伙伴关系。归根到底,政府社团的合作伙伴关系,源于澳门社团监督政府、表达民意、社会服务三位一体的角色定位和制度安排。

以街坊总会为例,街坊总会一是有监督政府的角色功能。街坊总会从1988年开始就派出代表参与澳门立法会选举,通过进入立法会担任议员的方式来监督政府施政,对政府产生了强有力的制约作用,在政府面前,街坊总会并不是附属存在,而是有着相对的对等性和独立性。二是街坊总会有表达民意的角色功能。街坊总会不断帮助市民向政府表达相关的利益诉求,同时也帮助政府收集民意和分析民意,从而起到政府与市民的沟通桥梁作用,对政府施政发挥了良好的帮手和助手的作用,

---

① 王爱平:《关于澳门街坊会联合总会的分析与思考》,《中国民政》2015年第5期。

第十八章　澳门街坊会联合总会：多元服务与双赢合作

也帮助居民解决了很多单独依靠自身所解决不了的问题。三是街坊总会有提供社会服务的角色功能。多年来，街坊总会认真听取一般市民和社会各界对社会服务工作的意见和建议，不断提高服务水平，关心民生，听取民意，为澳门市民提供多元化、专业化服务。

澳门街坊总会之所以能有效发挥社会服务的良好角色，归根到底取决于其形成了社会服务、监督政府与表达民意的三位一体的社团角色。这恐怕也是澳门街坊总会"社会服务双赢合作模式"背后最值得外界研究和学习的所在。正是在三位一体的社团角色定位下，澳门街坊会总会在合作中始终坚持独立性和自主性。一方面，街坊总会在运作经费方面并非完全依赖政府的拨给，除去政府提供的费用之外，街坊总会在运作中所需要的经费有相当一部分来自于社会的募捐和支持。另一方面，澳门特区政府机构较少介入和干预澳门街坊总会社会服务供给的具体运作，确保街坊总会自主运行。

第四节　案例总结

澳门政府与社团的基本关系定位是法团主义，即政府和社团关系的基本定位是合作关系，多数情况下社团是作为政府的助手和伙伴来参与社会治理的活动。一方面，社团帮助政府收集和听取民意，使得政府更容易听到民意，并将民意融入公共政策中，让政策更贴近民意。社团代表社会各个阶层向政府表达和反映居民的各项诉求，澳门居民通过社团表达自身要求，实现与政府之间的双向沟通，社团组织成为澳门居民与政府之间进行沟通联系的中介。另一方面，社团发挥自身的资源优势和专业优势，弥补政府管理和政府供给公共服务的内在不足，帮助政府执行政策和提供社会公共服务。社团成为特区政府施政的合作伙伴，提供包括教育、卫生、公益、慈善、艺术文化、体育竞技、青年妇女等各项社会服务，形成了独有的政府和社团和谐相处的澳门社团文化。澳门社会服务供给的鲜明特色使社团和政府形成了良好的和谐合作关系，社团在澳门的社会服务供给中发挥了举足轻重的作用。在政府和社团的合作体制中，澳门街坊总会致力拓展多元化、优质化、跨阶层的社区服务和社会服务，在社会服务供给中发挥了重要的支撑平台和载体作用，维持了独立性和自主性，形成了与澳门特区政府互利双赢的合作模式。

　　随着澳门经济社会的快速发展，澳门居民对社会服务专业化、多元化与个性化服务的需求日益上升。源于澳门人力资源数量不足和素质缺乏的限制，澳门街坊总会面临着进一步提升社会服务专业化水平的严峻挑战。因此，提高社会服务的专业化水平是未来澳门街坊总会能力建设的重要内容。只有通过提升专业服务水平吸引专业人士加入，提升社会服务的品质，从而以专业化服务水平增强对其会员的吸引力，加强社团在居民中的公信力和影响力，才能反过来进一步强化澳门多元服务和双赢合作的社会服务模式。

第 十九 章

社会组织的双轨制成长模式

——以台湾玛纳—光原社会企业为例[1]

近年来，在全世界范围的社会企业发展潮流下，也在政府各部门的推动下，台湾的社会企业获得了快速的发展，并日益呈现出多元化蓬勃发展的特征。以帮助阿里山原住民经济发展及保护环境等为社会目标的玛纳—光原社会企业是其中典型的事例，它的横跨非营利组织与社会企业的双轨制成长模式具有适应当今社会多元化发展的极大创新性，是在社会实践中逐渐摸索出来的社会组织发展的新路径，具有很大的启发性。

多元性发展是台湾社会企业的重要特征，而非营利组织转型社会企业是其中最重要的路径。关于从非营利组织转型而来的社会企业，吴佳霖从组织决策与治理的角度将社会企业分为三种类型：第一种是非营利组织以附属事业的形式直接设立营利部门从事社会企业；第二种是非营利组织以基金会、协会、工会三种不同类型组织从事社会企业，而且各有分工；第三种是非营利组织决策者与独立设立的社会企业公司决策者相同，如玛纳有机文化生活促进会与光原社会企业股份有限公司。[2] 在这种组织形式中，从要实现的社会目标来看，非营利组织与社会企业是一致的，在行动上又是分工合作的，可以说是一种双轨制发展的运行模式。通过实际走访调查玛纳—光原社会企业并追寻它的发展轨迹，我们可以发现社会企业自律发展的可能性与创新性。

---

[1] 本章所列图均来自台湾玛纳—光原社会企业网站。https://www.aurorase.com/.
[2] 吴佳霖：《台湾社会企业的发展与类型学》，黄德舜、郑胜分、陈淑娟、吴佳霖《社会企业管理》，台湾指南书局2014年版，第52—53页。

图 19-1 玛纳—光原的双轨制成长模式

第一节 玛纳有机文化生活促进会的成立及其运作模式

历史上,台湾阿里山地区存在着紧密的族群关系,但是由于原住民不懂得市场运作,很多当地生产的经济作物不能满足城市人的需要。[①] 因为仅靠现有的技术及生产很难维持家庭的基本生活,于是很多原住民将土地租给生活在平地的人种植茶叶以及其他经济作物,而自己却到城市去打工。长此以往,由于租给平地人的土地大量使用化学肥料与农药,造成了土地污染甚至破坏。另外,原住民的离开也造成了族群邻里关系的疏离,甚至阻碍了原住民文化的传承。虽然邹族具有相对稳固的族群意识,但是由于居住分散及部分居民放弃农耕进入城市,居民感受到了整体族群社会经济地位的下降,但由于缺乏解决这些问题的能力及核心组织,也只能束手无策。而玛纳有机文化生活促进会及后来的光原社会企业的进入,大大改变了当地原住民的生活。

玛纳有机文化生活促进会(简称玛纳)于 2006 年由在台湾辅仁大学任教的郑穆熙神父创立,由陈雅桢担任秘书长,并将办公室设在辅仁大学附近。[②] 同时在阿里山成立分会,由当地的邹族长老来担任分会会长,并于 2007 年完成非营利组织法人登记。玛纳的成立源于 2005 年郑

[①] 笔者研究的主要原住民对象为邹族,据长老介绍在阿里山地区邹族人口为 4000 余人。
[②] 现在移到辅仁大学办公楼内。

第十九章 社会组织的双轨制成长模式

穆熙神父接受台湾"行政院"原住民委员会委托,在执行原住民厨房垃圾利用以及废弃物证照训练后,为了解决厨房垃圾转化为生产肥料问题,神父认为可在阿里山地区推广有机耕作,以此来带动原住民经济的发展。而玛纳的诞生是因为有机耕作本身及认证的程序都很复杂,不是原住民可以单独完成的,必须有外界的支持。玛纳在阿里山成立分会后,农民开始共同学习有机农业。由于有机耕作首先需要改良土地,很长时间不能耕作,玛纳对外募集资金主动租用农地,甚至用事先支付薪水的方式鼓励农民加入有机生产。

玛纳的成立具有明确的社会目的:第一,为了解决原住民经济问题以减少部落青壮年的流失;第二,保护阿里山地区的生态环境,通过推广有机种植,使土地不再受到过度使用化学肥料及农药造成的污染;第三,保护阿里山少数族群的文化并使之传承下去。在公益报告中玛纳是这样描述他们的组织愿景的:我们立志与所有愿意改变自己改变社会的人一起消除贫困,创造人与土地的完美对话,使所有人都能拥有有尊严且富裕的生活。玛纳始终鼓励加入组织的成员思考"我们有什么,而不是我们没有什么,或许我们缺乏的东西还很多,但是我们拥有的也不少"。所以玛纳自成立以来一直提倡"自助人助",也就说原住民不光是需要被帮助的人,也是可以向别人提供帮助的人。就像陈雅桢所说:"如果人是主体的时候,没道理原住民永远都要当弱势,对,他是需要被帮助,但是他也可以是一个提供者,没有道理永远当成一个接受者,也可以是一个提供者。"[1] 这种思想始终贯彻在玛纳以及后来成立的光原社会企业的行动之中,这也是促使玛纳能和当地的原住民形成良好合作关系的关键。因为他们始终把自己放在一个协作者的位置,而阿里山的农民才是真正的主体。到现在为止,加入玛纳的阿里山当地农民已经达到30余户,每年也都会有新的农户加入。

作为非营利组织玛纳在摸索中逐渐建立起了自己的运作模式,主要包括以下几方面的工作。

---

[1] 陈雅桢访谈,2016年3月3日于辅仁大学玛纳办公室。

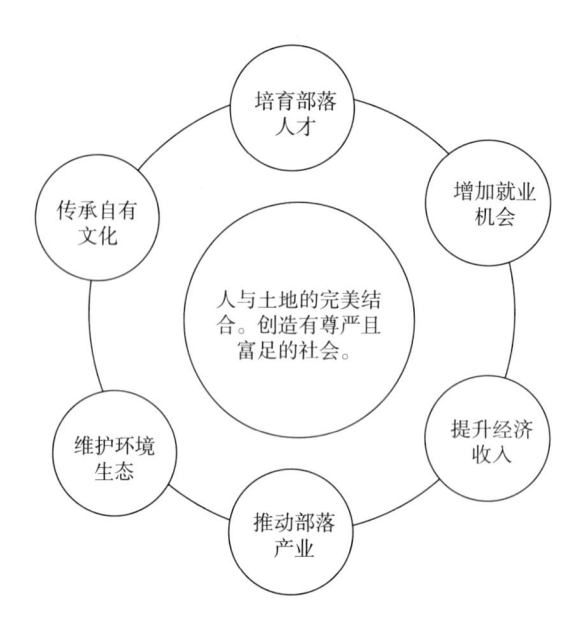

图 19-2　玛纳有机文化生活促进会的使命

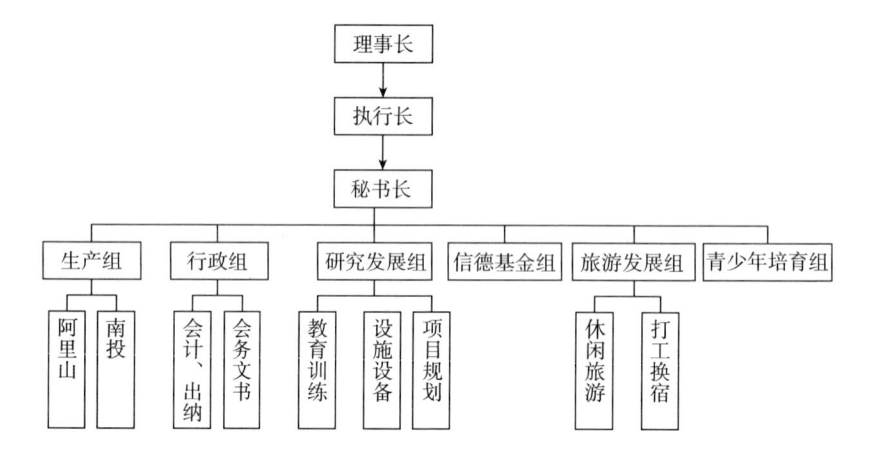

图 19-3　玛纳的组织结构图

1. 产品定价、共同购买：控制协调农友出货价格及产量，确保农友公平；共同购买所需物资，如肥料、防治物资，降低农友支出成本。

2. 教育训练：聘请专业讲师在每月的第二周与第四周的周四，向农友教授有机农业耕作的相关知识，并提供有机验证培训及辅导取得有

第十九章　社会组织的双轨制成长模式

机验证标识；每年训练时长达 200 小时；组织参访有机农场、社会企业等。

3. 微型贷款：与"联合劝募"合作成立"信德基金"，提供农友生产所需融资，并协助制订生产还款计划及督促还款。主要贷给经济状况较差的农友，还款期限为 6 个月至 2 年。将微型贷款命名为信德基金，意指贷款不仅是贷款，也是信心、责任、分享的意思。

4. 建立组织：农友组成生产产销班，实施干部训练计划、制定评价机制。产销班的设立是为了与政府资源接轨；干部培训的目的是培养年轻人的使命感；成立评价小组是为了评估信德基金、设计中长期计划、评价班员的贡献度。从组织结构上看，虽然农友没有缴纳入会的费用，但这已经类似于合作社的组织方式。

5. 扩大产业：发展地域经济的其他产业，如生态教育、观光旅游行程，青少年生态教育活动。①

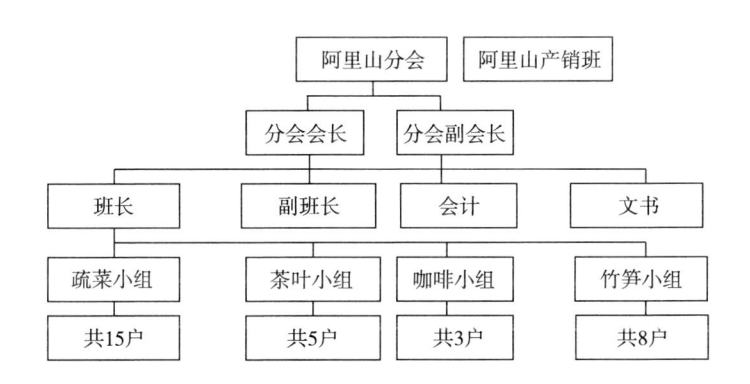

图 19-4　玛纳阿里山分会组织结构图

玛纳成立后资金主要来自各种基金会、企业等的捐助或向政府各部门申请项目经费，其中包括得到台湾"劳动部"《多元就业开发方案》《培力就业计划》的项目资助。在阿里山分会推动有机种植之后，又随

---

① 胡哲生、梁琼丹：《阿里山上的有机之光——光原社会企业》，胡哲生、梁琼丹、卓秀足、吴宗升《我们的小幸福小经济》，台湾新自然主义 2013 年版，第 172—182 页。

之发现文化传承、班员教育训练、青少年教育等各项工作需要推进，而这些活动的推广都需要有资金的支持。尽管玛纳积极在争取外部支持方面做了很多工作，也得到了台湾"劳动部"、"行政院原住民委员会"、联合劝募、红十字会、研华文教基金会等单位的资金协助，但还是发现资金不足是影响机构运转的主要原因。而且非营利组织在销售产品方面也受到法律的种种限制。在这种情况下，为了解决资金及有机农作物经销等问题，光原社会企业应运而生。

第二节　光原社会企业的成立及发展

2008年，为了促进原住民有机农产品的销售及获得稳定的资金支持，以公平贸易概念为前提，陈雅桢力邀具有丰富企业经营经验的好友王鹏超等成立了光原社会企业股份有限公司（简称光原）。[①] 成立光原的最大契机是因为当年遇到三家销售商毁约，痛感有必要建立自己的销售渠道而不过度依赖他人，同时也是为了解决玛纳在资金上的需求。这样，光原与之前成立的玛纳可以各司其职并形成良好的互动。玛纳的工作重点在教育培训方面，聘请经验丰富的专业师资提供有机教育训练，派遣专业团队到田间进行实习教学，举办生态旅游与企业志工活动宣传环保理念，培养原乡部落组织自主建立青年人才管理机制，教育农民采用信息化管理手段等。而光原的工作主要集中在物流销售方面。按照王鹏超的说法，玛纳解决的是人的事情，而光原解决的是事，两者是密切合作相辅相成的。[②] 这种双轨制运行模式的产生是缘于非营利组织发展的需要，也对于组织长期稳定的专业化成长起到了积极的促进作用，也是社会创新的具体体现。

[①] 资本额1000万元新台币，其中获得数位理解社会企业的出资人投资，但与一般企业不同的是投资人不参与利润分配。

[②] 王鹏超访谈，2016年2月24日于光原办公室。

第十九章 社会组织的双轨制成长模式

图 19-5　光原社会企业组织结构图

为了与玛纳的工作密切配合，光原采用了以下的运作模式：

1. 力行产品公平贸易概念：直接向生产者农友购买产品，在流通市场销售或者提供会员宅配。

2. 提供微型贷款：提供生产融资，在产品贩卖之后，再行扣除，主要生产产品为茶叶与竹笋。微型贷款期限为 3—6 个月。紧急需要时也向玛纳提供贷款。

3. 建立商业信息、知识平台：通过与当地玛纳生产组织的合作，协力施行相关的教育训练及创业辅导。协助向厂商争取更优惠的价格，如材料、设备等。

4. 本地经营：雇用当地原住民朋友，在农作上先进行有机种植的尝试，进而实施耕作。与政府资源结合，训练管理人员。

5. 合作管理：协助原住民及玛纳管理其长期发展的产业，如制茶厂合作运输。

从玛纳与光原的运作模式来看，两者在功能上是互补的。通过相同的决策管理层，非营利组织与社会企业相互配合，从而达到共同成长并解决相关社会问题的目的。这种双轨制的运行模式有效解决了非营利组织资源不足及流通渠道不畅的问题。在缺少资源且竞争激烈的社会环境中，单凭为社会奉献的理想与热情是远远不够的，非营利组织若不能与时俱进实施组织结构的改造，增强自身的能力，是很容易被淘汰掉的。在台湾社会，这种非营利组织与社会企业结合发展的双轨制成长模式由于它的灵活性与实用性，也越来越被认同及效仿。玛纳和光原都是为了解决保护环境及原住民的经济问题应运而生的，这说明只是发放物质的时代已经过去，现在是授之以渔的时代。就像陈雅桢所说，阿里山农民的成功才是玛纳—光原真正的成功。[①] 就是这种要求催生了玛纳—光原的双轨制成长模式，并且在实际的操作中不断地演化而保持生机。

第三节　玛纳—光原的发展与协作创新

虽然从成立之初就面临各种困难，比如资金短缺、大大小小的灾害、产品断货等等，到目前已经有超过60位农友（主要以邹族为主）加入玛纳并获得重生式发展。光原成立第二年的2009年，"88水灾"冲走许多耕地。于是玛纳—光原替农民承租土地，并与联合劝募合作成立信德基金开办微型贷款。这种微型贷款不需要担保也不用抵押品，这为农友安心从事有机耕作提供了保障。为了鼓励农民转型做有机生产，光原会在转型的前两年保价收购，之后才会实行差价。光原保证收购有机作物，前提是每位农民必须加入玛纳接受辅导。他们还将个别农户集中起来进行有机认证，再利用光原的销售渠道将产品销往其他批发商、加工制造商或者餐厅。为了促进可持续发展，农民产出的百分之五及光原收入的百分之三要捐给玛纳，用来从事教育训练及宣传推广。在光原的支持下，阿里山的农民也顺利成立自己的产销班，在制定流程、整理货物、包装等方面都已经能够独立运行。

经过不断地探索与坚持，现在玛纳—光原已经发展为阿里山地区最大的农业生产集团：遍布阿里山山美、新美、达邦、特富野等7个邹族部落，目前拥有59块土地，100公顷（2011年验证面积为100公顷，2012年为90公顷）的面积从事有机耕作，也是全台湾第一个通过有机认证的原住民地区，建立起了原住民就业与农业服务的完整网络。光原的成立克服了玛纳成员年产量少的缺点，能够把散落在各地的农民种出来的有机蔬果集体收购，这就有筹码能够与物流商洽谈使产品进入市场。通过玛纳与光原的联手合作与努力，阿里山当地人的生活有了很大改善，家庭经济收入提高并趋于稳定，可以达到月入1万—2万台币甚

[①] 陈雅桢访谈，2016年3月3日于辅仁大学玛纳办公室。

第十九章　社会组织的双轨制成长模式

至五六万台币。通过推广有机耕作也大大改善了当地的环境，同时使环保意识能够在当地扎下根基。从2009—2015年，光原通过计划性生产及保价收购，已经收购了超过577600公斤的有机蔬果，而农友过去5年的收益也超过3800万元台币。尽管不是所有参加玛纳的农友都获得了收入上的增加，但据王鹏超介绍有超过60%的人是从中获益的。[①]

表19－1　　　　　　　　光原的年度产量与产值表[②]

	年度	蔬菜	茶叶	竹笋	咖啡、爱玉	合计
年产量 （单位： 公斤）	2010年	51992	2685	39436	195	94308
	2011年	77680	2140	47720	371	127911
	2012年	82982	2492	44890	393	130757
年产值 （单位： 台湾元）	2010年	1631651	3759000	1380335	117222	6888208
	2011年	2304083	2996000	1671311	223680	7195074
	2012年	2552107	2960650	1487110	249345	7249212

资料来源：胡哲生、梁琼丹：《阿里山上的有机之光——光原社会企业》，胡哲生、梁琼月、卓秀足、吴宗升：《我们的小幸福小经济》，台湾新自然主义2013年版。

除了在阿里山帮助当地邹族种植及销售有机农作物以外，玛纳—光原的事业范围也随着社会需要不断扩大。台湾南投县仁爱乡中正村是布农族的部落之一，人口约1200人。以前这里是优质的水稻种植地，但是为了追求种植经济价值作物，部落水田全部改种槟榔。经过60余年的槟榔种植，造成了土壤酸化，喷洒的农药也越来越多，严重影响了部落环境，甚至造成多起农药致死事件。在"行政院农委会水土保持局南投分局"的支持下，玛纳—光原参与到了中正村的社区产业转型的事业中。由于长年喷洒农药，土地已经不适合有机种植。在多次的尝试之下，决定开始辅导当地的农民养鸡，并由玛纳提供健康无毒的幼鸡。把槟榔树砍下来做鸡舍，而在养鸡的地方不喷农药。到现在，已经有鸡

[①] 王鹏超访谈，2016年2月24日于光原办公室。
[②] 胡哲生、梁琼丹：《阿里山上的有机之光——光原社会企业》，胡哲生、梁琼丹、卓秀足、吴宗升：《我们的小幸福小经济》，台湾新自然主义2013年版，第172—182页。

肉、滴鸡精等多种产品生产，而这些产品全部由光原来收购，并由光原负责屠宰及贩卖，而贩卖所得的一部分会作为教育基金提供给玛纳。玛纳—光原在南投的运作方式可以说是阿里山模式的复制，在当地也成立了以布农族农友（大约10人）为主体的玛纳南投分会。

随着发展的需要，光原又分别于2010年及2013年成立了原动力社会企业有限公司（资本额300万元台币，员工6人）及辅原社会企业有限公司（资本额100万元台币，员工8人）。原动力主要负责加工品的生产管理及产品研发，而辅原是以部落生产的食材为原料在辅仁大学开了第一家咖啡店——Manna社企咖啡，并且在2016年3月在阿里山当地开了第二家咖啡店——"邹"社企咖啡，同时也提供人员培训。这些社企咖啡店的开设一方面有效利用了因为卖相不好而在市场上卖不出好价钱的部分有机蔬菜，[①]另一方面也宣传了有机农业和社会企业，未来也可以成为一个培育、连接资源，社会参与和创业的平台。可以看出，多角化与集团化经营是玛纳—光原围绕有机食品生产加工并经过不断实践探索出来的发展模式，而不断创新的社会企业家精神在其中的作用也最为关键。"我们还是以农业为主，农业这一条利益链很长，所以我们希望添补它的每一个阶段，从生产到中间的物流，一直到末端，不管是到餐桌还是食品。"[②] 王鹏超所说的这种明晰的发展战略是推动玛纳—光原像变形虫一样持续发展的最大动力。

经过不断地创新与努力，玛纳—光原的活动不仅增加了当地农民的收入，也在保护当地环境方面不断努力实践。在保护土地方面，玛纳—光原与邹族农民达成了高度的共识。首先不任意开发土地，而是利用荒废已久或过去大量使用化肥农药的土地，转换为有机耕作。第二，不强调大面积耕作的经济效果，更注重土地承受能力；现在每块农地面积不超过五分地，以离散耕耘的方法维持水土保护。第三，建立了10座太阳能发电设备，每年发电5220度。这些太阳能发电设备除了平时提供

[①] 即使这些蔬菜由于土壤改良需要时间还没有得到有机认证，也可以保证是安全无毒的。

[②] 王鹏超访谈，2016年2月24日于光原办公室。

田间供电之外,还可以在紧急时候提供农友使用。第四,在阿里山上设置理货场,农友因为不需要开车送货到山下,每人每趟可减少 28.28 公斤的二氧化碳排放量。第五,为了发展有机农业,在阿里山上建立有机堆肥场,每年自制堆肥与氮肥,换算下来 5 年间减少使用 798000 公斤的化学肥料。第六,"88 水灾"过后与当地林务局合作在阿里山种植了超过 8000 棵的榉木及其他保持水土的树木。第七,在慈心、杜夫莱茵等机构的协助下,持续 8 年办理产品的有机认证,至今已经投入了 300 万元台币的产品检验费及有机验证查验费。

另外,玛纳—光原在保护阿里山少数民族文化方面也做了很多的工作。第一,长期举办生态学习活动,至今已有 30 个单位 5000 余人次参加,通过活动传达保护环境与少数民族文化的理念。第二,每年举办传承会,邀请相关人员参加体验阿里山原住民的文化,至今已有 700 余人参加了邹族文化之旅。传承会的举办一方面有助于保护阿里山原住民的传统文化,另一方面也宣传了玛纳—光原的活动,从而扩大它们的知名度。第三,每年举办青少年梦想起飞营,原住民学习与分享自己的文化,至今已带领 100 余名原住民青少年参加了海外学习营。第四,免费向部落小学提供食农教育的场地,已经有 300 人次小学生参加。

第四节 非营利组织与社会企业的双轨制成长模式

玛纳—光原是在不断地探索中成长起来的,而非营利组织与社会企业的双轨制成长模式可以说是取得成功的关键所在。这种模式是在实践中摸索出来的,光原的诞生是因为玛纳在商品销售上遇到困难及缺少资金应运而生的,而玛纳和光原的相互协作以及产业的多角化经营是取得成功的关键。为了培养当地的人才,促进当地社会经济的发展,以多角化经营为手段,分别成立与食品生产相关的不同组织(非营利组织或者公司),从当地人才培养、原材料提供、研发整合、生产销售及服务管理,完整地建立起了一个产业链。在这个产业链内,上游培养人才及提供原料，中游研发各种产品，下游负责销售及经营管理。通过这样一个完整的产业链的建构，阿里山当地农民在生产上获得了主动权，而且随时可以接收到消费者的意见反馈。有学者将这种模式总结为合作输出型社区模式，正是外界玛纳—光原的介入活化了当地的经济及社会活力，增强了当地产业的市场竞争力，也是在他们的指导下当地农民才生产出多种有机农作物，并通过集体行销及运输到城市市场而最终提高了当地邹族农民的生活水平。[1]

这种双轨制模式的应用成功地结合了非营利组织与企业的运作方式，并通过合作弥补了相互的不足而实现了共同发展。玛纳作为非营利组织吸收了很多外部的资源，这些包括政府的项目及基金会、企业等的支持。台湾"劳动部"、"行政院原住民委员会"、联合劝募、红十字会、研华文教基金会、摩根大通等都向玛纳提供过资金支持及培训。特别是在 2011 年联合劝募提供了 500 万元台币成立了信德基金，用来向阿里山的农民提供小额贷款支援他们向有机生产转型。而光原通过公司运作，一方面打通了销售渠道在市场上获得营利，而这些营利反过来也可以支援玛纳的各项活动。传统非营利组织由于缺乏自我造血的功能已经很难面对现实社会的需求，甚至连自己的生存都会出现问题。而通过社会企业灵活的特点创新思维，转换组织形态、运作方式以及角色功能，更有机会实现非营利组织的社会目标。在成立宗旨与社会目标一致的前提下，玛纳与光原不断磨合创新运作模式，使非营利组织与社会企业能够取长补短相互促进以实现社会目标。而不断创新是这种运作模式获得强大生命力的源泉，在创新之中，不仅是阿里山当地农民，包括组织内的其他成员也获得了成长。如王鹏超所说："我们不以创造就业为目标，而是希望以创造创业为目标。如果我们成功地扶植一个创业，微型创业就好，做一个小生意就好，他可能就带动 2 到 3 个人就业。"[2]创造创业现在是玛纳与光原的新的目标，围绕着这个目标他们会继续摸

---

[1] 胡哲生等：《社区经济类型与社会企业在社区中的影响力》，《辅仁管理评论》（社会企业专刊）2013 年第 1 期。

[2] 王鹏超访谈，2016 年 2 月 24 日于光原办公室。

第十九章 社会组织的双轨制成长模式

索下去。

这种双轨制模式的应用是实践的结果，也在实践中不断地演化。就像王鹏超所说，他们就是在不断地做各种实验，所以不会考虑将公司上市，因为那样就会逐渐变成利润指向的一般公司而失去社会创新性。另一方面，组织文化建设也是玛纳—光原社会企业非常重视的内容。而这种组织文化建设就是以人的成长为中心。玛纳—光原认为员工是组织最大的资产，也是组织愿景最大的支持者。这种理念上的一致性是促进员工成长的最重要因素。组织非常重视为员工创造各种学习机会，这种学习包括丰富多元的内部培训，同时也鼓励员工参加外部培训。甚至公司会在每年向员工提供一个月的假期鼓励他们到海外去学习，而往返的机票都是由公司来负担。公司也会鼓励老员工不断开拓新的领域，而那些已经相对成熟的领域由新人来接班。这样的一种学习型的组织文化促进了员工个人的成长，同时也增强了组织的凝聚力，这也是玛纳—光原取得成功的最大秘诀。"虽然我们跟着市场，我们不断地看到人有没有得到满足，如果人没有得到满足，什么都不用谈了。"[①] 人的成长才是组织发展的真正目标，而不是组织在市场中的扩大。就是这种以人的成长为最终目的的社会目标是支撑整个团队不断发展的最大动力源，而组织的扩大发展只是手段。

第五节 玛纳—光原成功的经验

玛纳—光原的事业在摸索中不断地创新扩大，也是在台湾社会企业发展中被广泛认同的一种成功模式。对于一个组织的成长，领导人之间的相互理解与沟通是非常重要的。玛纳—光原的三位主要领导人已经认识了二十多年，相互之间已经建立了坚实的信赖关系。王鹏超认为，社会企业做不下去的主要原因有两个。一个是资金的问题，如果一下子投入资金很多规模设定很大那风险就会加大。而玛纳—光原的原则是有多

---

① 陈雅桢访谈，2016 年 3 月 3 日于辅仁大学玛纳办公室。

少钱做多少事,这样可以避免投资风险。而第二个就是创办人理念的问题。如果创办人之间没有相同的理念形成牢固的相互信任,在遇到困难的时候很容易分道扬镳。① 另一位创始人李志强是王鹏超在台湾清华大学学习时的同学,也与陈雅桢早年就相识。从事表演艺术工作的李志强善于对外宣传及沟通,为组织发展发挥了重要的作用。虽然三人个性不同,专业不同,做事的风格也不同,但都从不同的角度对于玛纳—光原的发展作出了不可或缺的贡献,三个领导者间的信任与讨论也为公司的多元化发展激荡出了更多的发展潜力。而陈雅桢更是将他们之间的配合称之为梦幻组合。"我觉得很重要一件事情是,我们三个人都没有觉得我们要有名,我们都觉得我们在为别人做事。"② 而这种价值观上的一致是维护相互信任关系的最重要因素。"我们信任感够,彼此之间不管有什么不同的意见,大家都是为了这个组织。大家想法不一样,OK啊,大家一起来讨论辩证。"③ 这种相互信任共同面对困难的组织文化是支撑组织向前发展的重要资本,而组织的发展也反过来促进了成员自身的成长。

  这种双轨制运行模式的成功也在于它本身的开放性。玛纳—光原成立以来就开始邀请大专院校学生来实习,这也是想通过这种活动启蒙大众对于社会企业的理解。每年玛纳—光原也会定期不定期地邀请相关人士参与聚会,以此缩短彼此距离,增进相互了解。为了让更多的人加深对社会企业的理解,过去5年玛纳—光原受邀参与了上百场的研讨会,通过分享他们的创业历程及经验,来鼓励想投身社会企业的年轻人。玛纳—光原的开放性也表现在与诸多机构、企业的合作及沟通上。在学术上,在台湾首先开办社会企业硕士课程的辅仁大学给予了玛纳—光原很多的协助。玛纳的办公室是由辅仁大学无偿提供的,而且每月两次由辅仁大学组织的"农学市集"都会为玛纳提供销售有机农产品的场地。玛纳—光原对于学术界的研究也始终保持开放的态度,并且希望他们的

---

① 王鹏超访谈,2016年2月24日于光原办公室。
② 陈雅桢访谈,2016年3月3日于辅仁大学玛纳办公室。
③ 陈雅桢访谈,2016年3月3日于辅仁大学玛纳办公室。

模式可以被其他伙伴参考甚至复制。在专业训练及有机认证上，慈心、杜夫莱茵等机构也给予玛纳—光原积极协助，在产品销售上玛纳—光原也一直得到里仁、慈心等机构的帮助而能够利用他们的场地上架销售。开放性是玛纳—光原获得其他机构、企业等支持的重要原因，因为只有开放才会获得信任。

玛纳—光原在发展的过程中也接受了政府部门的项目资助，并与政府部门保持了良好的合作关系。因为组织领导者始终坚持以自身发展为根本方针，也因为获得资源的渠道很多，这就有效避免了对于政府输入资源的依赖。据陈雅桢介绍，2015年玛纳通过政府多元就业等项目获得的资金援助占到所有获得外部资源的40%，而60%来自其他企业、银行以及光原的支持。对于政府的项目支持，陈雅桢持以下的态度："政府的案子来了我就走快一点，政府没案子就照原来的步调。我不会说政府要给我什么案子，我就会改变我的方向。会说，对不起，这不是我的方向，谢谢你信任我。"[1] 这种态度反映了玛纳—光原保持自律发展的方针，而政府项目只是其中一个选择项，如果不能促进组织实现既定的发展目标，政府项目甚至是可以放弃的。这种自律性的坚持一方面保证了组织发展不会发生偏离初衷甚至使命漂移的问题，另一方面也反映出玛纳—光原在不断发展的过程中已经获得了极大的自信。而这种自信是促进玛纳—光原持续发展的最大动力，而玛纳—光原双轨制成长模式的成功是这种自信的来源。

第六节　台湾社会企业发展的创新与意义

非营利组织的商业化转型以及多元化发展倾向可以说是台湾社会企业发展的一个重要特征，而这种多元性也意味着社会组织发展的创新性。关于非营利组织的商业化，J. Gregory Dees 的社会企业光谱（social enterprise spectrum）理论最具有代表性。社会企业光谱依照主要利害关

---

[1] 陈雅桢访谈，2016年3月3日于辅仁大学玛纳办公室。

系人与非营利组织的关系,将社会企业分为三种类型,包括纯慈善的(purely philanthropic)、混合的(hybrids)及纯商业的(purely commercial)三种类型的社会企业。具体而言,纯慈善的是指以接受捐赠为手段的传统的非营利组织,而纯商业的则是指以股东为基础的商业组织,而位于两者之间强调利害人(stakeholders),兼具社会与经济混合动机的类型,才是指社会企业的商业化途径。①

		纯慈善的 ←——————→ 纯商业的		
动机、方法及目标		诉诸声誉 使命驱使 社会价值	混合动机 使命及市场导向 社会及经济价值	诉诸自利 市场导向 经济价值
主要利害关系人	受益者	无报酬	补助金,或混合全额支付者与无报酬	市场行情的价格
	资本	捐款和补助	低于市场的资本,或混合捐款与市场行情的资本	市场行情的资本
	人力	志愿服务	低于市场薪资,或混合志愿服务及全薪职工	市场行情的报酬
	提供者	非现金方式的捐款	特定的折扣,或混合实物捐赠与足额捐款	市场行情的价格

图 19-6 社会企业光谱②

虽有学者指出,Dees 所提出的三种类型,除了中间的混合型,有两者并非社会企业。但是,在这里所指的社会企业并非二分法意义上的社会企业,而是光谱的概念。Dees 的社会企业光谱主要用来解释非营利组织如何应对资源匮乏的困境,最终选择商业化的手段。也就是说,纯慈善代表社会功能的追求,而光谱的另一端纯商业则是代表经济功能的追求。而实际上,社会企业的发展处于两端之间,是一个动态的过

---

① 郑胜分:《社会企业的概念分析》,《政策研究学报》(台湾)2007 年第 7 版。
② Dees, J. Gregory, "Enterprising Nonprofits", *Harvard Business Review*, Vol. 76, No. 1, 1998.

第十九章　社会组织的双轨制成长模式

程。参照这个社会企业光谱，玛纳—光原的双轨制成长模式更是一种创新。因为它不单纯是非营利组织向社会企业转型，而是在保留原非营利组织的前提下，又成立一个全新的社会企业，而非营利组织与社会企业在运营上保持高度的协作关系，工作人员也横跨非营利组织与社会企业开展活动。这种模式不是简单地将非营利组织完全转型为社会企业，而是由非营利组织衍生出社会企业，再与原非营利组织互相配合取长补短，形成一个双轨制成长的系统。这种模式一方面增强了非营利组织获取外部资源的能力而减少了依赖，同时由于非营利组织的使命志向及监督作用，又可以有效防止社会企业在发展的过程中发生过度追求市场利益等使命漂移的问题。

对于社会企业的发展，社会企业家的视野与推动作用是至关重要的。在玛纳—光原的发展过程中，几位发起人充分发挥了社会企业家精神，不断地创新与实践，促使组织形态能够顺应社会发展需求不断地变革。这种社会企业家精神兼具强烈的社会使命感与丰富的企业管理经验，也是推动玛纳—光原向专业而多元化方向发展的最大动力及保证。"光原未来四五年就会慢慢转型，就类似变成一个投资公司。让他们各负责不同的，既竞争又可以合作。我们也不知道这样好不好，一切都是实验。"[①] 就是这样的一种不断实验的创新精神推动着玛纳—光原向着更加具有活力的组织形态转型，而这种转型也充分预示了台湾社会企业发展的更大可能性。

---

① 王鹏超访谈，2016年2月24日于光原办公室。

第二十章

高龄者健康促进活动与社会创新

——以台湾地区扬生慈善基金会为例

从20世纪90年代初期，台湾地区人口开始快速高龄化，社会福利的支出负担也日益严峻。长期以来，台湾地区行政部门以社会福利的观点与思维，制定高龄者相关政策，然后由社会组织配合政策理念来实践，尤其是针对病弱的高龄人口，却忽略了高龄化社会中占绝大多数的健康高龄人口的需求。扬生慈善基金会以社会福利服务型社会组织的新秀之姿崛起，经由自行探索与研发创新之后，以推广"自愈力"的概念与实践活动，专门服务健康、亚健康的长者，使其维持身心健康与具有生命品质的老年后生活。目前，该基金会的实践成果已产生社会影响力，也推动行政部门制定了相关政策。本研究以质性研究方法对扬生慈善基金会进行案例分析，试图从组织结构方面探讨该案例的特点与启示，以及该案例在中国大陆推广的意义。

第一节 问题意识与研究目的

台湾地区在1993年的高龄化比率为7.1%，成为联合国所定义的高龄化社会（aged society）。现今2015年，高龄化比率为12.5%；[1] 2018年，高龄化比率已经超过14%，成为高龄社会（aging society）；2026

---

[1] 台湾"内政部"统计处：《重要参考指标》，http://www.moi.gov.tw/stat/news_content.aspx?sn=9148.

第二十章　高龄者健康促进活动与社会创新

年，高龄化比率将超过 21%，成为超高龄化社会（post‐aged society）。① 高龄人口急速增长，已影响到台湾地区经济与社会的永续发展，但政府仍以"社会福利"的观点，制定高龄者相关政策。日本社会学家金子勇认为在高龄化社会的发展法则中，"85% 为自立的高龄者，15% 则为须依赖他人照护的高龄者"。② 另一位日本社会学家辻正二则表示："健康、自立的老年人在社会系统的建构上，须发挥一定的作用。"③ 因此，在高龄化社会中，即便国情各异，但基本上可用 80/20 的原则来区分健康与非健康的高龄人口比率。并以此来探讨相关议题，鼓励健康高龄者主动参与各种社会活动。

因此，高龄化社会的议题，不仅是照护与年金等社会保障问题，也应重视高龄者的健康维持与生命意义。尤需营造一个能使健康自立的高龄者，借由从事社会参与活动，维持身心健康的氛围与环境。21 世纪初，"活跃老化"（active aging）与"健康老化"（healthy aging）等国际性高龄者政策概念相继被提出。台湾地区受到世界性潮流的影响，在 2009 年推出了《老人健康促进计划》，并强调由社会组织配合、推广与实践"高龄者健康促进"的政策概念。④ 社会组织的出现和行动，与其所处的制度环境⑤及包括"重要决定""公共政策"和"观念风潮"在内的制度结构⑥密不可分。实际上，台湾地区多数社会组织在推广与实践高龄者健康促进活动时，主要目的无非是为了配合政策以便领取补助金，其结果造成社会组织频繁举办活动。然而，多数的活动大同小异，

---

① 台湾"国家发展委员会"：《人口推估（2016—2061 年）》，http://www.ndc.gov.tw/Content.List.aspx?n=84223C65B6F94D72.

② ［日］金子勇：《長寿化と少子化が進む日本社会》，金子勇编《高齢化と少子社会》，ミネルヴァ書房 2002 年版，第 4 页。

③ ［日］辻正二：《高齢化社会とエイジング》，辻正二・船津衛编《エイジングの社会心理学》，北樹出版 2003 年版，第 20 页。

④ "行政院卫生署国民健康局"：《老人健康促进计划（2009—2012 年）》（2009 年版），第 54 页。

⑤ 于什图、官有垣、李宜兴：《非营利组织的相关理论》，萧新煌、官有垣、陆宛苹编《非营利部门：组织与运作（精简本）》，台北：巨流图书公司 2011 年版，第 27 页。

⑥ DiMaggio P. J. and H. K. Anheier, "The Sociology of Nonprofit Organizations and Sectors" *Annual Review Sociology*, Vol. 16, 1990.

难以持续，效果欠佳。

而本研究的目的在于探讨台湾地区推动高龄者健康促进活动的社会组织的组织结构，借由案例的调查与分析，试图寻找出适合台湾地区社会组织推动高龄者健康促进活动的最佳模式，并期望能提供中国大陆社会组织在推动高龄者健康促进活动的启示。本研究选择扬生慈善基金会为案例，原因有三：一是因为该基金会的信念与目标，符合国际高龄者政策理念。该基金会致力于推广与实践高龄者健康促进的概念与活动，与 WHO 和 OECD 分别提出"活跃老化"与"健康老化"的国际高龄者政策理念相符，亦根本解决高龄化社会为高龄者支出过多福利成本，进而影响到国家或地区的财政的问题。二是因为该基金会的成立时间虽短，成果却颇丰硕，已具一定社会影响力。该基金会以创新的管理与运营模式，推广高龄者健康促进的概念与活动，短时间内获得好评与成效，引起了行政部门的关注，甚至影响到相关政策的制定。三是因为该基金会的服务对象为健康与亚健康的高龄者。虽是"社会福利型"的社会组织，该基金会却以其独特的组织信念、目标与实践模式，专注于服务健康、亚健康的高龄者，即长期照护前端的高龄人口，与其他仅服务病弱高龄人口的社会组织相比具有较强的创新性。

第二节　台湾扬生基金会的发展与创新

一　基金会组织构成

扬生慈善基金会成立于 2013 年 3 月，位于台北市，为中小型的基金会，属于社会福利服务型的社会组织，合法登记运营，无宗教背景，无对外募款，亦无政府补助金，运营经费主要依赖董事会的定期捐款。[①] 该基金会是以"预防疾病"的组织信念，致力于推广"自愈力"

[①] 庄家怡于 2016 年 3 月 18 日及 5 月 4 日，分别在台湾台北市扬生慈善基金会与新北市辅仁大学社科院，对扬生慈善基金会 H 执行长进行了两次深度访谈。

第二十章　高龄者健康促进活动与社会创新

(spontaneous healing)①的观念,帮助健康、亚健康的高龄者延缓身心老化,并减缓失智失能的高龄者人数的增长,最终目标是希望能帮助高龄者过上"健康到老、卧病很少"的老后生活。此外,该基金会执行长曾在美国留学并取得MBA学位,也曾在台湾地区的民间中小企业担任管理职长达十年以上,因此在发掘与激发组织成员的潜能,营造积极主动参与基金会运营的组织文化方面富有经验。

该基金会在筹划成立前,除了已了解高龄化社会中健康与非健康的高龄人口结构之80/20法则,亦已把握台湾地区以增强高龄者健康为主的政策方向。如在《老人健康促进计划》中所提到:"发展多重管道,增加资源的可近性、可用性,增进老人自我保健的能力"及"研发不同性别、族群老人慢性病高危险群及慢性病患之防治教材与教案"。②从对H执行长的访谈中,可了解到该基金会的成立动机:

……当初是想说做一些对社会有意义的事,……老人越来越多了……目前台湾大约……80%是所谓自立的长者。……(中略)……我们就想有没有可能透过推广自愈力这样子的概念,让大家live long, die short。

……这两三年来,台湾氛围逐渐改变,发现预防这件事情,比治疗还重要。

另外,关于该基金会的组织文化,通过访谈的内容,可略知一二:

大部分留下来的员工,是因为他们认同自愈力……(后略)……

我们这边还有一个比较特别的文化……就是每个人都有发声的权利。……一定要对这个工作有热忱、热情,……这样的人

---

① Weil et al., *Spontaneous Healing: How to Discover and Embrace Your Body's Natural Ability to Maintain and Heal Itself*, (New York: Alfred A. Knopf, Inc., 1995).
② "行政院卫生署国民健康局":《老人健康促进计划(2009—2012年)》,2009年,第54页。

……可以有创新或改善。……（中略）……怎么样沟通顺利这件事情，还蛮重要的。……要能够触发这种……就是主动来做这件事情（推广自愈力的概念），是蛮重要的一个文化。

"……我们的内部沟通很多，然后大家都蛮重视细节的，……（中略）……然后我们就会有讨论，……会有很多创新。

由上述得知，扬生慈善基金会在成立前，除了对高龄化社会中80/20高龄人口结构有着明确的认识，还能掌握"高龄者健康"的国际性政策与台湾地区的政策方向。该基金会自行探索出了以"推广自愈力"作为组织核心使命，以此规避"同业恶性竞争"，且从其成立动机与服务对象可知，它具有"实现社会价值""社会使命"与"问题解决能力"的社会组织原则。另外，该基金会的每位成员皆能认同"自愈力"的概念，在民主、开放的组织文化环境中，抱持着"热忱""重视细节""主动沟通"与"提出建议"的工作态度，组织成员的"创新发想"不断被激发出来，试图再找出新的方案来实践"自愈力"的概念。

二 组织的人事与财务

从扬生慈善基金会的运营组织结构（见图20-1）来看，最高决策单位是董事会，负责对基金会的运营方向提出建议。董事会推选出1位董事长，董事长聘用1位执行长为女性，负责基金会的运营执行与管理，其下设有：企划、活动、馆务、行政、研究5个部门，各司其职。

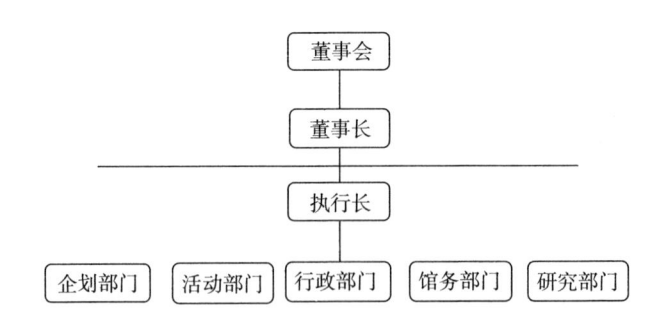

图20-1 扬生慈善基金会运营组织图

资料来源：杨生慈善基金会网页，https：//www.ysfoundation.org.tw/.

第二十章　高龄者健康促进活动与社会创新

目前，董事会成员共 4 位，皆为男性，平均年龄约 55 岁，大学以上的教育程度，皆为已退休的专业人士。职员共 16 位，男性 3 人，女性 13 人，平均年龄约 33 岁，皆为大学以上的教育程度，各有专长，如：护理师、营养师、运动管理员、社工师、精通英日文的研究员等。该基金会的收入主要为固定收入，即成立时的基金利息、董事会的捐款与会员年费。不固定收入为对外培训课程或讲座的收费。支出则为房租、人事费、活动费与出版费等。

关于组织的人事成员，从 H 执行长的谈话中，可窥见其独到的看法：

　　……我们有一些社工背景的人，但是坦白说发现太多社工不好，……所以我们就会开始找各方面的专业，……反正我们里面蛮多元的。

另外，H 执行长在谈到组织未来发展的方向之一时，认为聘用基金会专属顾问极为重要。

　　……我们是比较 care 那群专业的人，但是他们若比较能影响政策，在某种程度上要他们认同。……虽然我们内部有（顾问），但是我们还要慢慢找，譬如：医师、运动专家等，就是基金会的顾问团。

还有，关于该基金会的主要收入为董事会捐款的原因，H 执行长解释道：

　　……我们是用比较慈善事业的模式在进行嘛！……那我们其实也是靠别人的捐款，只是我们是比较小撮的人，……就是一群退休的人士想要推广这件事啦！
　　因为我们的目的是要宣广这个理念，所以才会用比较特殊的方式来做这件事情。

> 我们一直在强调那个……就是效率最大化的问题，不然其实台湾那个（高龄化）速度，10年后是double（两倍）嘛！

由上述得知，扬生慈善基金会尚处于初创期的阶段，董事会成员少，其职能细化尚浅，所以董事会的功能还没有完全发挥。这与萧新煌（2006）的研究相符，亦即台湾地区大多数的社会组织在20世纪90年代后才成立，因组织的历史短，故其董事会运作与功能仍停留在初始阶段[①]。另外，该基金会成员皆为高学历，董事会成员皆为中年男性的社会精英，执行成员的专业背景虽各异，但主要以女性居多。此分析结果亦与萧新煌的研究相符合。该基金会成员的"性别不均"，即便其成员的专业多元，期望以跨"界（专业）"的思维碰撞，激发出创新的想法，增强组织的特色与优势，但也易产生以"单一性别思考"的倾向。此外，增设顾问团的考量，可更加提升其专业化形象与社会影响力。

在财务方面，该基金会主要以初始基金及其利息与董事会定期捐款为固定收入，以"效率最大化"的方式，来推广"自愈力"的概念，期许能解决台湾地区急速发展的高龄化社会根本性问题。

三 组织的业务与制度

扬生慈善基金会的唯一业务目标即为推广"自愈力"的概念，提出强化"自愈力"的具体实践方法为"3（饮食、运动、习惯）+1（人际关系）"，服务台湾地区60岁以上、健康与亚健康的居民。

该基金会的业务内容，以"场域"可分为"扬生60馆"与社区等社会组织。该基金会成立前，曾到日本东京几所银发活动馆考察，其后在台北市的民生社区与台湾师范大学社区先后分别设立"扬生60馆"。"扬生60馆"（以下简称"60馆"）中的"60"，为取其谐音，似"留龄"之发音，意指"留住年龄在60岁"，主要功能即为"自愈力实践馆"。该馆的整体设计与空间营造，如同在家般舒适、自在，宛若一个"社区客厅"，采用会员制，会员可享馆内的健康咨询服务与设施，这

[①] 萧新煌：《台湾的基金会状况与未来发展趋势》，萧新煌、江明修、官有垣编《基金会在台湾：结构与类型》，台北：巨流图书公司2006年版，第7—10页。

第二十章 高龄者健康促进活动与社会创新

也是该基金会最初的业务活动。

该馆内设有"自愈力教室",其教案研发是依据日本介护预防概念、国际最新活跃老化研究,以及欧美团体凝聚和互动概念,再符合台湾地区长者所需而设计出系统化的实践活动。H执行长认为参考欧美日先进国家的经验固然重要,更重要的是如何将这些先进的经验本土化,让台湾地区长者易于接受与实践。从下面的访谈内容中,可更进一步认识:

> 台湾目前没有人在专门做前端(老人长期照护)的人嘛!对,这么系统地做。有时候就是边做边修……所以我们去了一趟日本回来,就设了60馆嘛!……重要的是它的软体……所以开始去研究里面的活动设计和内容,……
>
> 那时候创了一个"自愈力是什么"?……让长辈很明确听得懂。因为如果讲是WHO健康促进,是没有人听得懂。……那我们创了一个3+1口诀,比较好记。……就是把一个活动弄得比较有系统、架构。

由于设立"60馆"的成本过高,基于组织运营成本的考量,基金会已决定不再设立"固定式"的"自愈力教室",而改为"行动式"的"自愈力教室",即主动到社区等其他社会组织推广"自愈力"的概念与实践活动,并训练"种子讲师",使其产生"辐射性效益"。对此,H执行长的说明如下:

> 自愈力教室可以有效率复制的话,我们就不需要自己去设馆。只要让现有这些社区里面的人,都开始愿意去采用自愈力教室就好。……我们的目标是要增加人数……我们开始出去,……培训种子讲师。

另外,在推广"自愈力"概念的行动上,该基金会通过各种途径,如发行《风筝报》季刊,出版《自愈力——找回身体里的医生》《养生

行动·拓展·创新

乐活手册》，拍摄微电影，活用 Facebook 等网络社交媒介，以及在国际学术会议发表"自愈力"相关实证研究论文等，促进推广的力度与广度。H 执行长阐述了该基金会的最终目标是希望能影响政策：

> 我们现在有一些其他不同种类的模式在进行，譬如：出书、手册等，因为毕竟是一个……就是自愈力概念的教育。所以说（以）教育的模式，可能会拍一些影片。……就是用不同的方式，……看可不可以影响政策。

由上述得知，扬生慈善基金会在组织的业务上，是参考"活跃老化"的理论与欧美日先进国家的实践经验，以系统化、规范化、多面向化的模式，结合"效益最大化"的策略与方法，专注于推广"自愈力"概念及相关实践活动。该基金会在推广业务时，除了考量组织本身的成本效益与资源的有效利用，将"价值观念"植入组织内部，借由组织内部成员在推广"自愈力"时与外部产生的互动，不断尝试与修正，不仅使得组织业务的开展逐渐"制度化"，也使得外部其他社会组织在推广"自愈力"时能逐步形成制度，以符合现代社会高度制度化的特性。

四 组织的资源依赖与社会关系资本

在扬生慈善基金会的业务活动中，可看出其适应组织外部环境的能力；在活用组织外部资源方面，可看出其资源依赖与社会关系资本。该基金会因尚属初创阶段，所以积极在组织外部寻求各种资源，采取"把握机会、主动出击"的策略，与行政部门、大学、社区以及其他社会组织，建构不同层级的社会关系网络，进而形成独自的社会关系资本，也引起了相关行政部门对于长期照护前端约八成高龄人口的重视，调整了政策方向。如在《高龄社会白皮书》中提到："……（前略）……提升长者健康识能并促使其重视自愈力。"[①] 该基金会在不同层级的社会关系资本之建立，可从 H 执行长如下的谈话中了解：

---

① "卫生福利部"：《高龄社会白皮书》2014 年版，第 23 页。

第二十章　高龄者健康促进活动与社会创新

与行政部门的关系：

要碰到对的人、对的主事者。……我是随缘啦！但是有机会碰，我就会主动去碰。

与大学的关系：

有些（大学）教师会找我们去学校演讲，……跟他们有些交流。

与社区的关系：

……我们毕竟在台北嘛！以台北为主，……我们就开始到社区，一些社区发展协会、乐龄中心、社区大学、长青学院，还有老人服务中心，就是一些机构啦！

与其他社会组织的关系：

台湾有一些宗教团体，它有非常大的（老人）长青班，……其实他们发现健康很重要，……所以我们开始帮他们带了活动。然后，我们开始培训他们这里面的志工，然后可以由他们自己去带（活动）。

另外，关于"高龄者社会参与"的议题，该基金会有实际的做法，即将其会员安排到社区的几所幼儿园去担任志愿服务，且为其设计志愿服务的内容并实施培训，如"爷爷奶奶说故事"。这样的活动安排，充分符合了"自愈力"实践方法之一的"人际关系"维护，使得其会员在身心上都能健康老化。H执行长对于举办类似的活动，有独到的见解：

我觉得长者去幼儿园当志工，是一个非常好的事。……有些志工他可以念英文绘本给小朋友听；还有一位志工在那边教小朋友种菜、认识植物，……然后另外一群，我们就想到可以培训长者去幼儿园说故事嘛！……所以我们就去找儿童剧团的人，来培训这些长者，……现在他们突然觉得他们自己好像有一些价值存在。……然后幼儿园也开心，所以这就是一个双方互利。

由上述得知，扬生慈善基金会积极与行政部门、大学、社区等建立社会关系"网络"，并借由"自愈力"的"规范（价值观）"与其他社会组织频繁互动，产生了互惠关系，"信任"也随之而生。该基金会在推广"自愈力"的概念与实践活动过程中，逐渐形成了社会关系资本。这使得该基金会能在社会系统的运作中，行事更加有效率，且由上至下皆产生了社会影响力。其中，组织"管理者"，即该基金会执行长由于积极管理与善于活用组织外部的社会关系网络，为组织吸收了更多的外部资源，使其获得生存与发展。

第三节　扬生慈善基金会的特点及启示

本研究以扬生慈善基金会作为案例进行了分析之后，可归纳出四个特点：第一，组织的信念与目标明确，符合"活跃老化"与"健康老化"等国际性高龄者政策理念，最终试图以"自愈力"的实践成果，影响台湾地区高龄者政策的方向。第二，组织历史虽短，但以科学、创新与多角化的运营模式，推动业务的专业化发展，并产生了一定的社会影响力。第三，组织本身具有创新性，勇于颠覆社会福利服务型社会组织的传统思维，而以健康、亚健康的长者为服务对象，协助健康高龄人口能保持健康，减少卧病。这也与组织领导者开阔的视野及台湾开放的社会环境息息相关。第四，作为纯民间的社会组织，通过与各个部门及其他社会组织的积极沟通构建社会网络，甚至影响政府的政策制定，这充分证明了社会组织是对应高龄化社会的重要社会力。

此案例也给予了社会组织发展颇多的启示，证明了社会组织对于高龄社会的重要作用。扬生基金会充分理解了高龄化社会中，健康高龄人口占绝大多数的比率这一事实，因此在台湾地区急速高龄化的社会中，提供了健康高龄者关于健康维持与疾病预防的概念与方法。如此，不仅能使一个国家或地区的健康高龄人口享有生命品质（QOL, quality of life）的老后生活，也能使行政部门缓解因高龄人口快速增长所导致的社会福利经费支出日益庞大的问题。

中国大陆的高龄化问题亦日趋严重，尤其是"一胎化政策"的影响，已导致照护病弱高龄人口的人力短缺。因此，扬生慈善基金会的案例模式在中国大陆也具有一定的现实意义。一方面可以促进改变行政部门长期以社会福利为主重视非健康老人的传统思维，从而减缓高龄人口社会福利经费不断增加的压力。同时，作为应对高龄社会到来的重要力量，社会组织的作用也应引起相关政府部门的重视。另一方面健康高龄人口数若得以维持一定比率，能使社会与经济的发展持续保持活力，也可借鉴日本与中国台湾地区的做法——"老老照护"，意即健康高龄者照护非健康高龄者，以弥补实际所面临高龄者长期照护的人力不足。

后 记

自2012年我担任国家社科基金重大项目"社会组织管理模式创新和推进路径研究"的首席专家开始，按照课题研究计划，课题组成员开始着手对各种类型的社会组织进行实地的考察和调研，同时与国内外高校与研究机构相关方面的专家进行学术沟通与交流，得到国内外许多社会组织研究同行们的大力支持和帮助。同时也学习和实地考察了日本、新加坡、韩国和中国台湾、澳门等公益慈善组织的发展。经过几年的收集和相关类型案例的征集，获得大量的关于社会组织发展与模式创新的研究案例。既有来自发达国家和我国发达地区的公益组织发展的典型案例呈现，还有基于本土的具有地方特色的草根组织发展创新历程的展现。由于受到版面和篇幅的限制，我们不得不忍痛割爱，经过几次筛选、修改和加工处理形成此集。

案例集是由三部分构成。

第一编：社会组织的行动力。选取了6个案例："文化、传播与嵌入式社会行动：黑嘴鸥保护协会的生态智慧"是由朱先平执笔；"北京市西部阳光农村发展基金会：项目的有机生长"是由卢玮静等人合作完成；"教育服务嵌入医疗服务的探索——以北京市新阳光慈善基金会病房学校为例"是由北京七悦社会公益服务中心提供；"人文化社会服务：春苗困境儿童服务体系的探索与创新"是由朱照南、胡宁宁撰写；"合法性悖论：淘宝村民间团体的生存困境"是由董运生、傅园园执笔；"农民合作社的运行机制及模式创新——基于胜利果香农民合作社的个案分析"是由朱兴涛、王向阳撰写。

第二编：社会组织的拓展力。选取了7个案例："地方政府扶持下的枢纽型社会组织——宁波海曙区社会组织服务中心案例"是由林兵、

后 记

陈伟提供,"草根枢纽型社会组织的发展与挑战——以辽宁利州公益为例"由郑南执笔;"草根 NGO 与农村社区互哺——通榆县环保志愿者协会的治沙之道"由李远撰写;"草根 NGO 突破资源困局的跨界合作——以长春心语志愿者协会为例"由沙艳执笔;"社会组织协同参与城市社区治理——以成都'爱有戏'为案例"由李佩瑶撰写;"社会组织促进社区基层治理创新——基于上海'绿主妇'的案例",由杨铿、史心怡提供;"扎根于社区的艺术——广东时代美术馆的探索"由夏循祥、张维慧撰写。

第三编:社会组织的创新力。选取了7个案例:"创变寻路:北京恩派非营利组织发展中心的拓展转向"由王嘉渊执笔;"互联网逻辑下的公益组织新探索——以'路人甲'的公益实践为例"由刘秀秀撰写;"要市场,不要救助:以社企促进减贫——公平贸易标签组织的案例"由吕方撰写;"日本社区基金会的本土化发展——基于京都地域创造基金的案例分析"由俞祖成执笔;"澳门街坊会联合总会:多元服务与双赢合作"由鄞益奋撰写;"社会组织的双轨制成长模式——以台湾玛纳—光原社会企业为例"由郑南提供;"高龄者健康促进活动与社会创新——以台湾地区扬生慈善基金会为例"由庄家怡撰写。

以上案例的形成和撰写,都是执笔者在经过调研并获得大量的第一手资料的基础上完成的,正是由于以上诸位脚踏实地地调研和孜孜不倦地追踪,才使每一个案例言之有物,并真实生动。他们的研究与写作是案例集形成的重要基础。

除了上述案例的写作者的辛勤付出外,我的学生吕方、袁泉在前期策划和案例征集方面贡献了诸多才智,李远、龚小碟等博士研究生等在后期的修订、联络、整理花费了大量的时间和精力。案例集的完成和出版是集体智慧的结晶,凝聚了太多人的心血和智慧。在此,一并向所有参与调研写作、给予支持帮助的各方人士一并表达最诚挚的谢意!同时也向中国社会科学出版社的朱华彬编辑为此书出版所付出的辛苦表示感谢!

崔月琴
2019 年 12 月于长春